교회, 그 그리운 이름

교회, 그 그리운 이름

출판일 · 2021년 5월 31일
지은이 · 이승구
펴낸이 · 김현숙
편집인 · 윤효배
펴낸곳 · 도서출판 **말씀과 언약**
서울시 서초구 동산로6길 19, 302호
T_010-8883-0516
디자인 · Yoon & Lee Design

ISBN : 979-11-970601-3-7   93230

가격 : 20,000원

교회, 그 그리운 이름

이승구

도서출판 말씀과 언약

2021

Theologia

Pro

Ecclesia

Pro Gloria Dei

Seung–Goo Lee

Verbi Dei Minister

Professor of Systematic Theology

Hapdong Theological Seminary

2021

이 책은 〈한국개혁주의연구소〉의 후원으로 출간이 가능하게 되었습니다.
이 땅에 개혁파적인 사상이 가득하게 하기 위해
성경에 충실한 개혁파적인 책들을 출간하도록
귀한 도움을 주신 〈한국개혁주의연구소〉에 감사드립니다.
또한 이런 일이 일어질 수 있도록 매달 연구소를 위해 귀한 후원비를 보내주시는
다음 여러 교회와 성도들께도 깊이 감사드립니다.
이런 후원으로
이 땅에 개혁파적 사상이 가득하게 될 수 있기를 기원합니다.

정채훈 장로 (동부교회)
예수비젼교회 (도지원 목사 시무)
올곧은교회 (십호섭 목사 시무)
만수동교회 (최은준 목사 시무)
신반포중앙교회 (김지훈 목사 시무)
경신교회 (신민범 목사 시무)
언약교회 (박주동 목사 시무)
사명의교회 (김승준 목사 시무)

서문

여기 교회에 대한 또 한 권의 책으로 『교회, 그 그리운 이름』을 독자들 앞에 내어놓습니다. 이 책에서 말하는 우리가 그리워하는 교회는 "하나님의 영광을 위한 교회"입니다. 아마도 교회 문제가 우리들에게 가장 심각한 문제라는 생각이 저의 의식에 작용하고 있는 것 같습니다. 지난 몇 년 동안 주님께서 원하시는 교회가 과연 어떤 것인지를 지속적으로 탐구하면서, 오늘 우리의 입장에서 하나님의 영광을 위해 교회 공동체가 과연 어떤 방향을 지향해야 하는지에 대한 글들을 하나로 모았습니다.

이로써 저는 이제까지 교회 공동체에 대해서 4권의 책을 선보였습니다. 제일 처음 냈던 책인 『교회란 무엇인가』(서울: 여수룬, 1996, 개정판 3쇄, 서울: 나눔과 섬김, 2016, 재개정판, 서울: 말씀과 언약, 2020)는 교회에 대해서 성경이 가르치는 바를 모든 성도들이 읽을 수 있는 설교의 형태로 제시한 책입니다. 그러니 누구든지 읽고 구체적으로 자신들의 교회 생활에 적용할 수 있는 책입니다. 그 다음부터는 이 교회론 강설에서 제시한 바를 좀 더 학문적으로 논의하는 책들로, 둘째 권이 하이델베르크 요리문답의 교회론을 강해하여 제시한 『성령의 위로와 교회』(서울: 이레서원, 2001, 2009년 개정판의 최근 판, 2020)이었고, 셋째 권이 기독교 세계관 시리즈의 한 부분으로 제시한 기독교 세계관적인 교회론인 『한국 교회가 나아 갈 길』(서울: SFC, 2007, 개정판, CCP, 2018)이었습니다. 그 후에도 교회에 대한 논의가 계속 요구되었고 그 요구에 부응해서 쓰여진 여러 글들을 모아 이번에 『교회, 그 그리운 이름: 하나님의 영광을 위한 교회』를 냅니다. 우리가 생각하기로 모든 신학이 참으로 교회를 위한 신학이지만, 이 책에서는 구체적으로 교회를 위한 신학적 논구들만을 모아 제시하였습니다.

이 전에 레온 모리스가 십자가에 대한 책을 네 권이나 쓴 것에 대해서 언급한 적이 있습니다. 그의 런던 대학교 박사 학위 논문을 출간한 『십자가에 대한 사도적 선포』, 십자가에 대해서 가장 폭넓고 자세한 논의로 제시된 『신약의 십자가』(서울: CLC, 1989), 십자가의 의미를 다룬 『구속의 의미』, 그리고 십자가 사건의 다양한 함의를 구체적으로 제시한 『그리스도의 십자가』(서울: 바이블리더스, 2007)입니다. 십자가가 너무 중요한 것이기에 십자가에 대한 책을 네 권이나 썼던 레온 모리스처럼, 교회가 우리에게 너무나 중요한 주제이기에 이렇게 교회에 대한 이 네 번째 책을 여러분 앞에 내어 놓습니다.

주께서 이 책을 의미 있게 사용해 주시기를 앙기(仰祈)합니다.

2021년 봄
합동신학대학원대학교 연구실에서
온 세상에 영향을 미치고 있는 코로나19 사태가 빨리 종식되어
교회의 공예배가 정상화되고, 교회가 사명을 다하여 온 세상이 더 넓고
진정한 의미에서 하나님 앞에서 "정상화" 되기를 기원하면서

인정과 감사의 말

이 책의 내용 중 다음 몇 장의 초안은 다음 같은 방식으로 이전에 발표되었음을 밝히면서, 각 기관의 관계자들과 편집인들에게 그 내용을, 이번에 처음 제시되는 다른 부분들과 같이 묶어서 이 책으로 낼 수 있도록 허락해 주심에 대하여 깊은 감사를 표합니다. 이 책을 내면서 논의를 좀 더 확대하였고, 여러 면에서 더 잘 전달될 수 있도록 손보았습니다. 그러므로 다음에 언급하는 장들에 제시된 것에 대해서는 기본적인 아이디어는 같으나 이 책에서 더 확대된 논의를 볼 수 있을 것입니다. 나머지 내용은 이 책에서 처음을 제시되고 있는 것임을 밝힙니다.

들어가는 말인 "교회의 교회됨을 위하여"는 〈기독교 교보〉 1317 (2018년 9월 1일): 4에 게재되었습니다.

제 1 장인 "온전함"은 목회와 신학 별책 부록에서 여러 교수님들과 함께 온전함을 다룰 때 "교회의 온전함"에 대해서 쓴 글임을 밝힙니다.

제 2 장인 "벨직 신앙고백서의 교회론"의 초안은 2015년 11월 21일에 잠실중앙교회 예배당에서 열렸던 벨직 신앙고백서를 주제로 한 한국 장로교신학회 논문 발표회에서 발제된 논문의 일부로 합동신학대학원에서 내는 학술지인 「신학정론」 33/2 (2015): 150-212에 게재되

었습니다.

제 3 장인 "교회의 속성들과 교회의 표지들의 관계성"의 초안은 합동신학대학원에서 내는 학술지인 「신학정론」 37/1 (2019년 6월): 401-34에 게재되었습니다.

제 4 장인 "'선교적 교회' 운동에 대한 신학적 성찰"은 「목회와 신학」 363 (2019년 9월): 134-38에 게재되었습니다.

제 5 장인 "은혜의 방도로서의 말씀"의 초안은 "개혁교회의 은혜의 방도로서의 하나님의 말씀"이라는 제목으로 2015년 11월 23일에 총신대학교 제 1 종합관, 2층 세미나 실에서 열린 〈개혁주의연대 논문발표회에서 발제되었고(발제집, 「개혁주의 설교의 회복」 [서울: 한국개혁주의 연대, 2015], 35-67), 한국복음주의신학회 학술지인 「성경과 신학」 80 (2016): 73-102에 "은혜의 방도로서의 말씀"이라는 제목으로 게재되었습니다.

제 6 장의 초안은 "교회 공동체는 바르게 가르치고 있는가?" 「목회와 신학」 297 (2014년 3월): 84-89에 게재되었던 것입니다.

제 9 장인 "고린도전서에 나타난 성찬 제정사의 의미"의 초안은 2019년 1월 28일에 신반포중앙교회 예배당에서 있었던 〈한국성경신학회 제 43차 학술발표회〉에서 발제되었고, 한국 성경신학회 학술지인 「교회와 문화」 43 (2019년 8월): 99-156에 게재되었습니다.

제 10 장 "교회에서의 여성 사역 문제에 대한 한 고찰: 디모데전서 2:9-15에 대한 성경신학적 논의'"는 2011년 8월 22일에 신반포중앙교회 예배당에서 열린 한국성경신학회 28차 정기 논문발표회에서 발제한 논문으로, 한국성경신학회 학술지인 「교회와 문화」 28 (2012

겨울): 53-94에 게재되었습니다.

　제 12 장인 "목회자 세습 문제에 대한 한 고찰"은 기독교 학술원에서 열렸던 세습 문제에 대한 세미나에서 발제한 글입니다.

　제 11 장 "추모를 위한 가정 예배 모범안"은 기독교 학문 연구회에서 추모에 대한 기독교적 관점 제시를 위해 연구한 연구 결과입니다.

　제 13 장인 "안수 문제에 대한 성경적 신학적 한 고찰"의 초안은 〈현대종교〉 통권 522 (2019년 4월): 96-103에 게재되었습니다.

　제 14 장인 "한국교회 안에 있는 실천적 문제 세 가지에 대한 검토"는 여러 번 SNS에 실렸었고, 특히 "강단 십자가 부착 금지'의 신학적 의미"는 〈목회와 신학〉 318 (2015년 12월): 160-63에 게재되었습니다.

　제 15 장인 "종교개혁이 문화에 미친 영향: Johann Sebastian Bach를 중심으로"는 2013년 3월 16일(토)에 서울교회 예배당에서 열린 〈종교개혁 500주년 기념 사업회 제 3차 학술대회〉에서 발제된 논문으로, 「신학정론」 (2013년 가을)에 게재되었었습니다.

차 례

제 3 부 교회와 실천

들어가는 말: 교회의 교회됨을 위하여

이곳저곳에서 교회에 대한 안타까운 소리들이 들려온다. 그 모든 이야기의 결론은 오늘날의 교회가 교회답지 않다는 것이다. 그러니 교회가 이 세상에 영향을 미치지 못하는 것은 당연한 일이다. 교회가 걱정스럽고, 따라서 이 사회가 걱정스럽다. 이상 기온으로 말미암은 무더운 여름 보다, 코로나19로 인한 온 세상의 혼란보다 더 심각한 문제를 우리들의 교회가 내포하고 있다. 교회가 병들어 있는데, 우리들이 교회이니 결국 우리들이 영적으로 중병 환자들이다.

그런데 각각의 지교회들을 보면, 각 교회 공동체 안에서 많은 성도들이 열심히 애쓰는 모습도 발견한다. 열심히 모여서 예배하고, 성경 공부하고, 나름대로 열심히 섬기기 위해서 애쓴다. 다들 열심히 하는 것 같은데 왜 한국 교회의 교회답지 않은 모습에 대한 이야기와 사회에 영향을 전혀 끼치지 않는 그런 모습이 나타나서 우리를 걱정시킬까? 열심히 한다고는 하지만 이전과 같은 열심이 없어서일까? 그런 모습도 일부 보이기는 한다. 예전처럼 모든 것을 내어 놓고 섬기는 사람들의 수가 줄어든 것 같은 느낌도 있다. 전적으로 섬기는 사람들도 적은 것 같기도 하다. 그러므로 나름대로 열심히 하는 성도들은 지금 우리가 한다고 하는 헌신보다 더한 헌신을 하려고 해야 한다. 앞으로 우리 사회가 더 급격히 반기독교적인 사회로 나아 갈 수 있기에 이런 상황에서는 참으로 헌신된 모습이 아니면 자신이 그리스도인이라고 하기도 어려워질 것이다.

그러므로 마음속에 그리스도께서 이루신 구속에 대한 감사와 감격에 넘쳐서 자신을 주께 온전히 드려도 부족하다는 그런 마음을 자신이 가지는지를 스스로 점검(self-examination)해 보도록 하자. 이것이 모든 일의 출발점이다. 결국 이 일을 위해 이 책이 쓰여졌다. 십자가 구속에 대한 감사와 감격에서 나오는 헌신만이 진정한 헌신이다. 그렇지 않은 것은 사실 헌신처럼 보이지만 성경이 말하는 헌신이 아니고, 결국 그 모든 것이 가짜였다는 것이 아주 명백히 드러나게 될 것이다. 진정한 헌신은 십자가 구속에 감격하여 나오는, 그야말로 주께 자신을 다 드리는 것이다.

진정한 회개를 촉구함!

그러니 그런 감격의 마음이 그 어떤 방식으로도 없는 사람들은 더 진지하게 회개의 기도를 해야 할 것이다. 하나님께서 진정으로 회개하는 영을 우리의 심령에 쏟아 부어 주셔서 우리가 십자가에서 이루어진 구속을 온전히 이해하고, 그에 감격하여 자신을 온전히 주께 드리는 일에 힘쓸 수 있도록 해 주시기를 위해 기도해야 한다. 우리 시대에 필요한 것은, 모든 부흥 시기에 그러했던 것과 같이, 진정한 회개다. 이제까지 한 번도 주께 진정한 회개를 하지 않은 사람들은 진정 주께 회개해야 하고(이를 회심[conversion], 즉 인생의 방향 전환이라고 한다), 이전에 회심한 사람들은 자신들이 어디서 떨어진 것을 생각하면 주님께 대한 첫 사랑을 회복해야 한다. 우리들이 어떤 정황 속에 있든지 다들 그 정황 속에서 진정으로 회개하면 늘 길이 열린다. 그러므로 이 시기에 진정으로 필요한 것은 이런 회개다. 주님께 기도하자. 우리들로 하여금 진정으로 주께 회개하고 우리가 믿는 주님을 참으로 믿게 해달라고 간절히 기도하자. 진정으로 회개하도록 하자.

예수님 당시에 겉으로도 외면하고 율법의 말씀을 듣지 않던 사람들의 전형인 세리와 죄인들과 외적으로는 가장 율법에 충실한 것처럼 하면서 실질상 주께서 보시기에는 율법의 정신에 가까이 오지 않던 바리새인들이 모두 회개해야 하는 사람들이었던 것처럼, 지금 여기서 우리가 어떤 사람들이든지 그 정황에서 우리 모두가 진정으로 주께 돌이켜 회개하는 것만이 우리와 우리 교회와 우리 사회를 새롭게 할 수 있는 길이다. 이런 진정한 회개 운동이 각 집의 골방에서, 각 교회 공동체의 예배당에서 일어나기를 바란다. 주께서만 우리를 새롭게 하실 수 있다고 믿는 사람들은 모두 다 이렇게 진정한 회개로 나아간다. 참으로 주님을 의지하는 사람들이 할 일은 바로 그런 일이다. 다른 누가 아니라 바로 내가 이렇게 회개할 때, 그런 사람들이 점점 더 많이 있게 될 때 우리가 진정한 교회이다. 이런 회개만이 우리에게 주어진 유일한 선택지이다.

진정 회개한 사람들의 모습을 그려봄

참으로 "회개한 사람들"은 우선 자신들이 무엇을 잘 했다고 하지 않는다. 회개한 죄인에게 무슨 자랑이 있겠는가? 자신은 그 어떤 공로가 없다는 것을 철저히 의식하고 초지일관 자신에게는 그 어떤 공로도 없고 오직 십자가에서 구속을 이루신 그리스도에게 모든 공로를 돌린다. (우리가 이 의식에만 충실해도 우리의 많은 신학적 문제와 교회 내의 상당히 많은 실천적 문제가 사라질 것이 명약관화하지 아니한가? 모든 공로주의와 모든 자화자찬이 온전히 사라지게 된다. 조금 과격하게 말한다면, 그런 신학적 문제와 실천적 문제가 자꾸 나타나는 것은 우리가 참으로 회개하지 않았다는 증거일 뿐이다.) 그러므로 우리들의 모든 문제는 사실 그리스도에게만 돌아가야 할 공로를 중간에 우리들이 그 일부라도 가로 채려고 하는 데 있다.

그리고 이렇게 진정으로 회개한 사람들은 감사하고 감격에 차서, 가장 따뜻하고 온유한 태도로 모든 이들에게 주님의 그 사랑을 표현하려는 온갖 노력을 한다. 그것이 일상생활에서 자연스럽게 드러나 이 세상에 하나님의 사랑이 자연스럽게 공급되는 것이 십자가와 부활의 원리다. 십자가의 구속으로 말미암아 그 십자가와 부활과 관련된 우리들이, 루터가 말한 대로 "하나님 사랑의 도관"(channel of the love of God)이 되기 때문이다.[1] 이것이 주어진 은혜에 저항하지 않는 사람들에게 나타나는 가장 자연스러운 결과다. 우리 주변의 사람들이 하나님의 사랑을 우리를 통하여 공급받게 된다.

---

[1] Martin Luther, "The Freedom of a Christian" (1520), in *Luther's Works* 31: *Career of the Reformer I*, eds., Harold J. Grimm & Helmut T. Lehmann (Philadelphia: Fortress, 1957), 371; idem, "A Sermon on Titus 3:4-8, Early Christmas Morning Service (1522)," available at https://www.blueletterbible.org/Comm/luther_martin/Incarnation/Gods_Grace_Received_Must_Be_Bestowed.cfm; idem, "Larger Catechism" (1529), in *The Book of Concord*, ed. Theodore Gerhardt Tappert (Philadelphia: Fortress, 1959), 407. 특히, 루터의 견해에 근거하여 이를 잘 드러내고 있는 Anders Nygren, *Agape and Eros*, rev. ed. (London: S.P.C.K., 1953), 733-36을 보라.

이렇게 "사랑의 사람들"로 사는 사람들은 진정으로 하나님을 사랑하는 사람들이기에 주께서 성경에서 가르친 바에 따라서 삼위일체 하나님을 경배하기 위해 최선의 노력을 다하지 않을 수 없다. 속으로는 이와 같은 하나님 사랑의 실천자들이 겉으로는 마치 삼위일체 하나님께 예배하기 위해 이 세상을 사는 사람다운 모습을 보인다. 그들은 참으로 "예배의 사람들"이다. 십자가에서 일어난 구속에 의해 하나님께 속한 사람들로서 삼위일체 하나님께 오직 성경에 제시한 방식대로 예배하기 위해 사는 모습을 보일 것이다.[2] 이런 성경적 예배가 곳곳에 늘어 가는 것이 당연한 일이다. 우리 교회에 예배는 많으나 진정 이런 예배를 찾기 힘든 것은 정말 이상한 일이 아닐 수 없다. 이것도 우리가 진정으로 회개한 사람이 아니라는 것을 드러내는 한 전형적 모습이다. 그러므로 참된 예배는 참으로 회개한 사람들의 예배이고, 참되지 않은 예배는 회개와 상관없는 예배 의식들의 집적(集積)일 뿐이다! 이런 것을 과거에 의식주의(ritualism)라고 칭하면서 강력히 비판해 왔고, 또 지금도 그렇게 하고 있지 않은가? 그러니 참으로 믿는다는 우리들이 그런 모습을 보일 수 없다. 그런데 오늘날 한국 교회의 예배에는 때때로, 아니 자주 그런 모습이 나타나고 있다.

하나님께서 받으시는 그 예배 중에 주께서 가장 많은 시간을 할애하셔서 우리를 가르치시고 권면하시는 시간을 마련해 주셨다. 주께서 받으시는 시간을 오히려 우리를 위해 내어 주신 것이다. 이 시간에 우리는 부지런히 하나님의 말씀을 배우고 그에 근거해서 하나님의 뜻

---

[2] 성경적 예배에 대해서는 이미 다른 곳에서 자세히 다루었으므로 이 책에서는 다루지 아니하였다. 이승구, 『한국 교회가 나아 갈 길』, 개정판 (서울: CCP, 2018), 47-141; 이승구, 『교회란 무엇인가』, 최근 판 (서울: 말씀과 언약, 2020), 305-20, 381-95를 보라.

을 분별하도록 애써야 한다. 그리할 때 우리가 참으로 "성경의 사람들"이 되고, "진리의 사람들"이 된다. 여기서 우리가 참으로 예배했는지 여부가 드러난다. 그런데 매우 안타깝게도 이점이 우리들에게 가장 결여되어 가는 부분이라고 여겨진다. 하나님의 말씀을 잘 배워서 그것에 의해서 지신의 존재 전체를 변화시켜 진정 주께서 원하는 사람이 되려는 일이 극히 드물다. 그러나 정상적인 경우라면 날마다 하나님 말씀 배우기를 힘쓰니, 결과적으로 "하나님의 경륜 전체"(the whole council of God)에 대한 이해가 우리에게 형성되는 것이 매우 자연스러운 일이다.

그것에 근거해서 우리의 일상생활에 직면하는 모든 문제들에 대해서 "하나님의 선하시고 기뻐하시고 온전하신 뜻이" 무엇이지 날마다 생각하면서 그것을 실천하여 나가니, 결과적으로 우리 사회의 복잡다단한 문제들에 대해서도 과연 하나님의 뜻에 가장 가까운 것이 어떤 것임을 이 사회에 간접적으로 드러내게 된다.[3] 여기 진정 "하나님의 사람들"이 된 사람들의 모습이 있다. 그러므로 우리 사회에 이런 진정한 그리스도인들이 많아질수록 하나님의 뜻에 가까운 여론들이 나타나게 될 것이고, 비록 세상은 그것을 지향하지 않고 저항하지만 일반 은총 가운데서 그래도 이 세상이 사람들이 살만한 세상으로 유지될 때에는 그런 여론을 따르는 되는 일이 있게 된다. 우리는 우리 사회의 문제

---

3 이를 위해서 필요한 것이 기독교 세계관이다. 이를 위해서 다음에 제시하는 〈기독교 세계관 시리즈〉를 보라. 1권, 이승구, 『기독교 세계관이란 무엇인가』(2003), 최근판 (서울: SFC, 2018); 2권, 『기독교 세계관으로 바라보는 21세기 한국사회와 교회』(서울: SFC, 2005, 개정판, CCP, 2018); 3권, 『한국 교회가 나아갈 길』(서울: SFC, 2007, 개정판, CCP, 2018); 4권 『우리 사회 속의 기독교』(서울: 나눔과 섬김, 2010. 2쇄, 2010, 개정판, 『거짓과 분별』(서울: 예책, 2014); 5권, 『묵상과 기도, 생각과 실천』(서울: 나눔과 섬김, 2015).

를 해결하는 사람들은 아니지만 우리가 진정 그리스도인다운 역할을
할 때에 이렇게 간접적으로 사회에 기여하게 된다.

다시 회개를 촉구함!

그러니 지금 우리가 진정 회개한 사람의 모습을 드러내고 있지 않음이
분명하지 않은가? 앞서 말한 바와 같이 이러 상황에서 우리에게 요구
되는 것은 하나밖에 없다: 진정 하나님께 앞에서 회개해야 한다! "주님
우리들에게 진정 회개의 영을 부어 주셔서 우리들로 하여금 참으로 회
개한 사람으로 주님을 바르게 믿어가게 하옵소서"라고 끊임없이 기도
하면서 말이다. 그렇게 참으로 회개하며 자기를 변혁하는 교회를 위해
이 책의 논의에로 들어가 보기로 하자.

제 1 부

교회의 본질, 속성들, 표지들

1

온전한 교회?

먼저 여기서 이야기하는 '온전함'이 모든 면에서 완전함을 뜻하는 것이 아니라는 것을 분명히 하면서 시작하는 것이 좋을 것이다. 이 세상에 있는 동안에는 그리스도 안에 있는 개인이나 그들의 공동체나 아주 완전하다는 의미의 모든 면에서 온전함에 도달할 수 없다. 그것이 성경의 가르침이고, 성경의 가르침에 근거한 바른 신학자들의 바른 결론이었다. 물론 우리들은 개인이나 공동체나 모두 다 하늘에 계신 하나님의 온전하심과 같이 온전하려고 노력해야만 한다(창 17:1; 마 5:48 참조). 그렇지만 이 세상에 있는 개인이나 교회 공동체가 그렇게 완전해질 수도 없고, 그렇게 될 수 있다고 성경이 가르치지 않는다. 역사 가운데서 많은 사람들이 이런 온전함에 이를 수 있다고 소위 '완전주의'(perfectionism)를 가르친 일은 있었고 그런 가르침은 지금도 있으나,[1] 성경적이고 바른 신학자들은 이것이 옳지 않은 것임을 분명히 드

---

[1] 그 대표적인 예로 John Wesley, *A Plain Account of Christian*

러내어 주었다.[2]

　심지어 완전주의를 주장하는 분들도 그들이 말하는 완전이란 결국 "불완전한 완전"이라고 말하고 있다. 물론 이 세상에서 온전함에 이를 수 없다는 것을 밝히 증거한 사람들 가운데 우리들이 온전함에 이르기 위해 힘쓰고 애써야 한다는 것을 부인한 사람은 한 사람도 없다. 우리들은 모두 온전함에 이르기 위해 애써야 하는데, 그렇게 애를 써도 하나님의 온전한 기준에 비추어 보면 결국 모두 다 온전함에 이르지 못한 존재들로 드러나게 된다는 것을 성경에 비추어 증언하는 것이다.

Perfection (1777; reprinted, New-York: G. Lane & P. P. Sandford, for the Methodist Episcopal Church, 1842); idem, "Christian Perfection," Wesley's Sermon 40, available at: https://web.archive.org/web/20160425235558/http://www.umcmission.org/Find-Resources/John-Wesley-Sermons/Sermon-40-Christian-Perfection; 웨슬리가 말하는 완전주의에 대해서 잘 설명하는 T. A. Noble, Holy Trinity, Holy People: The Theology of Christian Perfecting (Eugene, Oregon: Cascade Books, 2013) 등을 보라. 웨슬리 외에도 천주교회와 퀘이커에서 이런 주장을 한다. 이전의 이전 시대의 완전주의 가르침을 이어서 오늘날도 같은 가르침을 강조하는 예로 다음을 보라: Lawrence W. Wood, "The Wesleyan View," in Christian Spirituality: Five Views of Sanctification, ed., Donald L. Alexander (Downers Grove, Ill.: IVP, 1988), 95-118; 미국 나사렛 신학교의 Roger L. Hahn, with Dean Nelson and Howard Culbertson, "How Entire Is Entire Sanctification," in I Believe: Now Tell My Why (ed.) Everett Leadingham (Kansas City, MO: Beacon Hill Press, 1994), 73-98도 보라.
　2 이런 성경적이고 건전한 논의의 대표적인 예로 다음을 보라: B. B. Warfield, Perfectionism, edited by Ethelbert Dudley Warfield, William Park Armstrong, and Caspar Wistar Hodge (New York: Oxford University Press, 1931); J. I. Packer, Keep in Step with the Spirit (Old Tappen, NJ: Fleming H. Revell Company, 1984); Sinclair B. Ferguson, "The Reformed View," in Christian Spirituality, 47-76.

〈완전주의가 옳지 않음을 성경적으로 잘 드러낸 세 사람〉

그러므로 이 땅의 교회는 그런 온전함을 이루기 위하여 애쓰며, 성령님께 의존해서 믿음의 선한 싸움을 싸워 나가는 전투하는 교회(church militant)이지, 결코 이 땅 위에서 이미 승리한 교회(church triumph)가 아니다. 역설적이게도 이 세상에서 승리한 교회라고 주장하는 곳은 '바른' 교회가 아니다. 교회는 이 땅에서는 항상 주께서 부르신 부름의 상을 위하여 끊임없이 투쟁하며 나아간다. 그래서 이 땅의 교회를 "전투하는 교회"(church militant)라고 하여 왔다. 이 세상에 완벽할 정도로 온전한 개인도 없고, 그런 교회도 없다. 그저 끝까지 주님께서 원하는 방향으로 나아가는 사람과 공동체가 있을 뿐이다.

그러나 그렇게 투쟁하는 개인이 예수 그리스도를 구주와 주님으로 온전히 믿고, 그 믿음으로 투쟁해 나가야 하는 것과 같이 교회가 교회이려면 **반드시 충족시켜야 할 기준이 있다. 그것을 종교개혁자들과 그들을 따르는 분들은 "교회의 표지들"**(*notae ecclesia*)이라고 불러 왔다.[3] 이런 표지가 있으면 그것이 교회이고, 표지가 없으면 교회가

---

3 교회의 속성들에 대한 논의는 이미 오래 전부터 있어 왔으나 교회의 표지들에 대한 논의는 종교개혁시대에 나타났다. 이는 참된 교회와 참되지 않은 교회에 대한 구별 의식이 이 시기에 강하게 나타났음을 보여 준다. 그러므로 호주의 젊은 신

아니다. 교회의 표지는 교회이려면 반드시 가지고 있어야 하는 것이다. 그런 "교회의 표지들"은 무엇일까?

교회가 교회이려면 반드시 지니고 있어야 할 '교회의 표지들'

그것을 한 마디로 표현한다면 '순수한 복음을 선포하는 것'이다. 만일 교회 공동체가 순수한 복음을 선포하지 않는다면 그 공동체는 교회라는 이름을 가졌지만 참된 교회가 아니다. 이 때 '순수한 복음'이란 이 세상에 다른 방도로는 인간의 구원이 도무지 이루어질 수 없고, 십자가에 못 박히어 우리의 속죄를 이루신 예수 그리스도의 속죄 사건을 (*solus Christus*) 믿음으로만(*sola fide*) 구원이 이루어진다는, 그러므로 오직 은혜로만(*sola gratia*) 구원이 이루어진다는 선언이다. 여기서 유의해야 할 점은 이와 유사하게 예수님에 대해서도 말하고, 은혜도 말하고, 십자가도 말하지만 이것에 다른 것들이 더 필요하다고 말하면 그것은 복음이 아니라는 점이다. 복음은 '십자가 + 우리들의 순종의 행위', 또는 '믿음 + 우리의 순종의 공로', 또는 '은혜 + 우리의 선행' 등으로는 표현할 수 없다. 고래(古來)로부터 그런 식으로 말하는 이들의 공동체는 다 진정한 교회가 아니다.

그러므로 다른 모든 것을 배제하고 오직 십자가에서 구속을 이루신 **오직 그리스도를**(*solus Christus*) **믿음으로만**(*sola fide*) 구원이

약학자 마이클 버드가 최근에 시도한 바와 같이(cf. Michael F. Bird, *Evangelical Theology* [Grand Rapids: Zondervan, 2013], 730-40), 교회의 속성들과 표지들을 섞어서 생각하거나 논의하는 것은 정확하지 않은 것이고, 문제를 일으킬 소지가 있다고 여겨진다. 이에 대해서는 이 책의 3장에서 더 깊이 논의할 것이다.

이루어진다고 선언하는 것이 참으로 복음을 선포하는 것이다. 그리고 우리들이 이런 내용을 배운 곳이 성경이므로 성경 이외의 다른 것들에는 의존하지 않는 **오직 성경**(*sola scriptura*)을 말하면서, 그 성경으로부터 배운 **오직 은혜**(*sola gratia*)를 통한 구원을 선언해야 복음을 선언하는 것이 된다. 이렇게 바르고 순수한 복음이 선포되는 곳에 교회가 있고, 바른 복음이 선포되지 않거나 복음이 손상되는 곳에는 교회가 있지 아니하다. 이단들은 교회라는 이름을 가지고 있어도 교회가 아니다. 그 뿐만 아니라 우리들도 **우리 교회가 믿고 선언하는 것이 참된 복음인지를** 심각하게 물어야 한다. 만일에 우리가 이런 참된 복음을 믿고 선언하는 것이 아니라면 우리가 속한 공동체는 교회가 아니다. 그러므로 무엇보다도 우리가 믿고 선포하는 것이 가장 중요한 것이다.

참된 복음을 선포하고 참 복음을 믿으면 성도들이 다 함께 **오직 하나님의 영광만을 위해**(*soli Deo gloria*) 열심히 살게 된다. 참 복음은 이와 같이 그 자체가 하나님의 영광을 위한 것이고, 그 선언의 결과도 하나님의 영광을 드러내는 결과를 가져 온다. 이를 통해서 우리들은 간접적으로 우리가 과연 복음을 바르게 선포하는지 여부를 확인할 수 있다. 인간의 영광이 사라지고 오직 하나님의 영광이 나타나는 교회와 개인의 삶이 나타나게 된다.

그런데 복음은 말로 선포되기도 하지만 눈에 보이는 형태로 제시되기도 한다. 세례와 성찬이 바로 그렇게 복음을 가시적(可視的)인 형태로 드러내는 것이다. 그래서 어거스틴(Augustine)을 포함한 우리 선배들은 성례를 "눈에 보이는 말씀"(*verbum visible*, the visible word of God)이라고 말하기를 즐겨했다.4 오직 그리스도의 속죄만이

---

4 Augustine, *Tractates in the Gospel of John*, 80. 3=*Nicene and*

유일한 구원의 토대임을 선언하였듯이, 십자가에 달리신 그리스도의 몸과 십자가에서 흘린 그리스도의 피에 동참하여서만 우리가 살 수 있다고 참으로 믿으면서 세례와 성찬에 참여함으로 오직 그리스도의 십자가만이 우리를 살리는 유일한 근거라는 것을 세상에 나타내야 한다. 우리는 그리스도의 십자가에서 함께 죽고, 그리스도의 부활에 동참해서 그리스도와 함께 살아난 사람이고, 그것이 우리를 새롭게 규정하여 이제는 모든 삶을 그리스도와 함께 죽고 다시 살아난 사람으로서 산다는 것을 선언하는 것이다. 여기에 우리가 어떤 사람임[正體性]을 드러냄과 그에 부합하지 못한 우리의 모든 것을 회개하며 버려 버리는 일과 주님으로부터 다시 힘을 얻어 주께서 이 세상 속에서 우리로 살게 하신 그런 존재로서의 삶을 살겠다고 다시 다짐하고 살아가는 일이 있다.

그러므로 성례를 바르게 시행하고 성례에 바르게 참여하는 일은 하나님 백성으로 사는 삶과 밀접한 관련을 지닌다. 따라서 교회 공동체는 그 구성원들로 하여금 하나님의 백성답게 살도록 격려하고 그렇게 사는 사람들이 성례에 참여하도록 해야 한다. 이와 같이 하나님의 말씀을 따라 하나님의 백성답게 살아가도록 하는 일을 '교회의 치리'(church discipline)라고 불러 왔다. 그러므로 성례와 치리는 아주 밀접한 관련을 지니는 것이고, 이 모두가 맨 처음에 언급한 복음의 바른 선포와 뗄 수 없다.

Post-Nicene Fathers, vol. 7, ed., Philip Schaff (1888, reprinted, Edinburgh: T&T Clark and Grand Rapids: Eerdmans, 1986), 344. 또한 Contra Faustum, 19. 16=NPNF, vol. 4, ed., Philip Schaff (1887, reprinted, Edinburgh: T&T Clark and Grand Rapids: Eerdmans, 1986), 244에도 나오나 여기서는 좀 소극적으로 언급된다. 또한 어거스틴을 따르면서 Martin Luther, "The Babylonian Captivity of the Church," in Luther's Works 36:46; 그리고 John Calvin, Institutes of the Christian Religion (1559), trans. Ford Lewis Battles (Philadelphia: Westminster, 1960), 4. 14. 6 ("Verba visibilia").

이를 묶어서 이야기하는 사람들은 교회의 교회되는 표가 순전한 복음을 제대로 선포하는 여부일 뿐이라고 하기도 하고,[5] 또 말로 선포되고 귀에 들려지는 말씀의 선포와 그것을 가시적으로 드러내는 성례의 신실한 시행을 교회의 표지들로 이야기하기도 하고 (이 경우에 대부분의 경우에는 치리가 성례의 신실한 시행에 포함되는 것으로 논의되고 있다),[6] 아니면 그 하나하나를 다 밝혀서 '세 가지 교회의 표지들'이라고 말하기도 한다.[7] 그러나 이 세 가지는 서로 다른 견해라기보

---

[5] 복음의 수수한 선포만을 교회의 표지로 제시한 이들로는 제네바의 Theodore Beza (1519-1605), Herborn과 Wiseenberg에서 가르친 Johann Heinrich Alsted (1588-1638), 라이덴과 프라네커의 Gulielmus Amesius (=William Ames, 1576-1633), 라이덴의 Abraham Heidanus (1597-1678), 흐로닝겐의 Samuelis Malresius (=Desmarets, 1599-1673) 등을 들 수 있다.

[6] 교회의 표지를 복음의 순수한 선포와 성례의 바른 시행만으로 언급한 이들로는 John Calvin (1509-64), 취리히의 쯔빙글리의 후계자격인 Heinrich Bullinger (1504-75), 스트라스부르그, 하이델베르크, 노이스타트에서 교수한 Jerome Zanchius (1516-1590), 노이스타트, 하이델베르크, 라이덴에서 가르친 Franciscus Junius (1545-1602), 라이덴, 소무르, 흐로닝겐에서 가르친 Franciscus Gomarus (1563-1641), 프랑크푸르트, 두이스부르그, 그리고 우트레흐트의 교수를 한 Petrus van Mastricht (1630-1706), 프라네커, 흐로닝겐, 라이덴에서 사역한 Johannes Marckius (=à Marck, 1656-1713), Abraham Kuyper 등을 들 수 있다.
근자에 이런 입장에 가깝게 말하면서 교회의 치리는 신실한 말씀의 선포와 성례의 바른 시행을 지지하고 시행하는 수단으로 여기게 되었다고 하는 Gordon J. Spykman, *Reformational Theology: A New Paradigm for Doing Dogmatics* (Grand Rapids: Eerdmans, 1992), 452를 보라. 카이퍼는 좀 지나치게 이런 입장을 강조했다고 할 수 있으니 그는 치리는 교회뿐만 아니라 가정, 학교, 국가 등도 그 사역에 부합하는 일종의 치리를 수행하는 것이므로 치리를 교회의 표지에 넣을 필요가 없다고 하기 때문이다(이에 대한 정보도 Spykman, *Reformational Theology*, 452를 보라).

[7] 이 세 가지를 교회의 표지로 언급하는 이들로는 말부르그 대학에서 가르친 Andreae Hyperius (1511-64), 스트라스부르그, 옥스퍼드, 취리히에서 가르침 Peter Martyr Vermigli (1500-62), 하이델베르크의 Zacharius Ursinus (1534-1583), 라이덴의 Lucas Trelcatius (1573-1607), 츄리히의 Johann Heinrich Heidegger (1633-1698), Zerbst 김나지움 교장이었던 Marcus

다는 실질적으로 같은 것이라고 보는 것이 더 나을 것이다. 따라서 필자가, 다른 논문에서 주장한 바와 같이, 교회의 표지가 하나인가, 둘인가, 셋인가를 가지고 논쟁하는 것은 무의미하며, 개혁자들과 그들의 후예들은 이 모든 것을 연관하여 생각했다고 말하는 것이 더 옳다.[8] 중요한 것은 이런 교회의 표지가 있어야만 교회라고 할 수 있다는 것이다.

결국 사도적 가르침을 그대로 유지하여 복음을 제대로 드러내야만 교회일 수 있음을 강조하는 것은 아주 필수적이다. 이런 요소들이 없으면 교회가 아닌 것이 되니, 이는 교회 존립의 필수적 요소들이라고 할 수 있다. 이는 그저 교회의 건강을 위한 요소들이 아니다. 그러므로 교회의 표지를 가지고 있는가 아닌가는 어떤 공동체가 **과연 교회인가 아닌가의 판단 기준들**(criteria)이다.

Fridericus Wendelinus (1584-1652) 등을 들 수 있다. 또한 벨직 신앙고백서 29조를 보라.

이를 따라서 그리고 이와 함께 교회의 표지로 셋을 언급하는 신학자들로 Louis Berkhof, *Systematic Theology* (Grand Rapids: Eerdmans, 1942), 576f.; 박형룡, 『교의신학 6: 교회론』(서울: 한국기독교교육연구원, 1977), 98-102; 박윤선, 『개혁주의 교리학』(서울: 영음사, 2003), 377; 이근삼, 『개혁주의 조직신학 개요 2』, 이근삼 전집 6 (서울: 생명의 양식, 2007), 283-96; Edmund P. Clowney, *The Church* (Leicester: IVP, 1995), 101; Robert L. Reymond, *A New Systematic Theology of the Christian Faith* (Nashville, Tennessee: Thomas Nelson Publishers, 1998), 860; 그리고 J. Van Genderen, W. H. Velema, *Concise Reformed Dogmatics* (1992), trans. Gerrit Bilkes and Ed. M. van der Maas (Phillipsburg, New Jersey: P & P, 2008), 726 등을 보라.

8 이런 입장을 시사하는 Berkhof, *Systematic Theology*, 576f.을 보라. 이를 언급하면서 이 점을 지적했던 다음 글을 보라. Cf. 이승구, "한국 교회의 연합 문제에 대한 교의학적인 한 성찰", 「성경과 신학」 (2012)=『한국 교회가 나아 갈 길』 (서울: CCP, 2018), 223-24.

교회의 사명(mission): 하나님 나라를 과연 제대로 드러내는가?

이런 참 교회가 이 세상에서 그 역할을 다할 때 그 교회 공동체는 하나님 나라를 잘 드러내게 된다. 여기에 제대로 된 교회, 즉 **사명을 다하는 교회인가 아닌가의 판단 기준**이 있다. 다시 말하자면, 하나님 나라를 제대로 잘 드러내는 교회는 사명을 다하는 교회이고, 하나님 나라를 잘 드러내지 못하는 교회는 그 사명을 다하지 못하는 교회이다. 그리고 사명을 다하는 교회는 건강한 교회이고, 사명을 다하지 못하는 교회는 연약하고 병든 교회라고 하지 않을 수 없다.

하나님 나라를 잘 드러내기 위해서는 먼저 "성경이 말하는 하나님 나라"가 과연 어떤 것인지에 대한 명확한 이해가 목회자들로부터 모든 성도들에게 있어야만 한다. 하나님 나라를 잘 모르는데 하나님 나라를 드러내는 것은 상당히 어렵다. (물론 하나님 나라에 대해서 잘 몰라도 하나님 나라를 드러내는 경우들이 있기는 하다. 그러나 계속해서 그런 상태에 머문다는 것은 정상이 아니며, 매우 심각한 문제가 아닐 수 없다.) 기본적으로 "예수 그리스도의 초림으로 이 세상에 하나님 나라가 영적인 실재(a spiritual reality)로 이 세상에 이미 임하여 와서 우리 가운데서 진행하여 가다가 예수님의 재림 때에 그 나라의 극치(極致, consummation)에 이르게 되는" 그 '하나님 나라'를 잘 알아야만 한다.[9] 그러므로 구속 역사(*historia salutis*)의 진행 가운데서 예수 그리

---

9 이에 대해서는 이승구, 『기독교 세계관이란 무엇인가』 (서울: SFC, 2003), 제 3 장; idem, 『개혁신학탐구』 (서울: 하나 1999, 개정판, 수원: 합신대학원 출판부, 2012), 제1장; 그리고 『하나님께 아룁니다』 (서울: 말씀과 언약, 2020), 7-9장과 그에 인용된 책들을 보라.

스도로 말미암아 구약 시대에 약속되었던 하나님 나라가 이미 이 세상에 임하여 왔다는 하나님 나라의 '현재성'에 대한 바른 이해와 그러나 그 나라가 아직은 그 극치(極致)에 이르지 않아서 후에 있게 될 그리스도의 재림으로 그 나라의 극치에 이르게 될 것임을 믿고 기다리는 하나님 나라의 '미래성'에 대한 분명한 이해가 있어야만 한다. 더구나 그 나라가 하나님이 중심이 되는 참으로 **하나님**의 나라라는 것[theocentricity]과 하나님의 기름부음 받은 자, 즉 메시야를 중심으로 한 나라(Messianic kingdom)라는 것은 아주 자명한 일이 아닐 수 없다.

더 중요한 것은 온 교회가 "실질적으로 이렇게 임하여 온 그러나 아직 극치에 이르지 않은 하나님 나라"에 속한 사람들답게 하나님 나라의 왕이신 예수 그리스도의 통치를 잘 받아 살아가는 일이다. 주께서 주신 말씀인 성경을 순전하고 좋은 마음으로 받아 그 내용을 살피면서 이를 주신 성령님께서 깨우치시는 대로 우리의 구체적 현실 가운데서 그 말씀을 어떻게 적용하여 갈 수 있는지를 분별해야 한다.

그러므로 교회가 건강한 교회가 되어 사명을 잘 감당하는 일에는 실질적으로 성경적인 방식으로 성령님의 인도하심을 받아 나가는 일이 매우 필수적인 일이다.[10] 성령님께서 인도하시는 대로 나아가지 않는 교회는 제대로 된 교회일 수 없기 때문이다. 사실 오늘날 수없이 많은 문제가 교회와 관련하여 나타나는 것은 우리들이 성령님께 온전히 순종하지 않고, 성령님의 인도하심을 받아 가지 않기 때문이다.[11]

---

10 성령님의 인도하심에 대한 성경적인 이해에 대해서는 이승구, 『개혁신학탐구』, 제5장, 81-96과 그에 인용된 책들을 보라.

11 이에 대하여 이승구, "한국 교회의 근원적 문제와 그 극복 방안", 『기독교 세계관으로 바라 본 21세기 한국 사회와 교회』(서울: SFC, 2005), 289-314를 보라.

교회가 하나님 나라를 잘 드러내는 실제적 측면들

그렇다면 교회는 어떻게 하나님 나라를 이 세상에서 드러낼 수 있을까? 교회 공동체의 존재와 활동의 모든 측면이 다 하나님 나라를 드러내는 것이고, 반드시 그리해야만 한다. 과연 어떻게 할 때에 하나님 나라를 잘 드러내는 것이 되는가?

가장 먼저, 교회 공동체의 예배가 하나님 나라를 잘 드러내어야 한다. 하나님께서 놀라운 구속적 능력을 발휘하셔서 이 세상에서 구속하여 낸 공동체가 삼위일체 하나님께 예수 그리스도의 구속에 의지하고, 성령님 안에서 경배하면서 하나님의 나라가 하나님께서 높임을 받으시고 찬양 받으시며, 그의 말씀을 내려주시고 백성들이 그 말씀을 받아 순종하여 하나님의 통치가 이루어지는 것임을 잘 드러내야 한다. 그러므로 바른 교회의 예배는 삼위일체적 사건이며, 하나님 나라적인 일이다. 그런 성격이 우리의 예배에서 나타나야 한다. 구속함을 받은 사람들이 그 영혼의 무릎을 꿇어 절하는 그 태도와 모습이 우리의 예배에서 나타나야 한다. 그러므로 예배는 주께서 가르치신 성경의 지침을 중심으로 하는 것일 수밖에 없다. 예배의 규정적 원리를 중요시하면서 "진리 안에서" 예배하면서 성자의 십자가의 구속에 의존하기 위해서 성령님 안에서 예배하는 "영 안에서의 예배"가 이루어져야 한다 (요 4:24 참조).[12]

---

[12] 이에 대한 자세한 논의로는 이승구, "공예배에 대한 성경신학적 고찰", 『한국 교회가 나아 갈 길』, 최근판 (서울: CCP, 2018)과 그에 인용된 여러 책과 논문들을 참조하라.

둘째로, 교회 공동체 안의 성원들의 관계가 하나님 나라를 드러내는 것이 되어야만 한다. "하나님 나라는 …… 성령 안에 있는 의와 화평과 희락이니라"(롬 14:17)라고 하신 말씀에 비추어 볼 때, 교회 구성원들이 모두 하나님께서 생각하시는 의(義)를 지향해 가고, 오직 하나님께서만 가져다주실 수 있는 화평(和平)과 평강(平康), 즉 '샬롬'(Shalom)을 지향해 가며, 그 결과로 희락과 기쁨이 있게 되는 그런 관계성을 드러내야 이 세상 가운데서 하나님 나라를 드러내는 것이다. 그러므로 다른 곳에서도 마찬가지이지만 여기서 말하는 이런 의와 평강과 희락은 인간이 스스로의 능력으로 만들어 낼 수 있는 것이 아니다. 오직 성령님의 능력에 의해서만 나타날 수 있는 이런 하나님 나라적 가치가 추구되고 드러날 때 그런 인간관계를 가진 교회 공동체가 건강한 교회이며, 하나님 나라를 잘 드러내는 교회다.

오직 "성령으로 행할" 때만 이것이 가능하다. 그런 교회를 향해서 "헛된 영광을 구하여 서로 노엽게 하거나 서로 투기하지 말지니라"고 하시니(갈 5:26), 성도들이 서로 노엽게 하거나 투기하는 현실이 있는 것은 결국 헛된 영광을 구하는데서 나오는 것이며, 성령님을 따라가지 않는 데서 비롯되는 것임을 알 수 있다. 참으로 성령님께 순종하여 가는 하나님 나라의 백성들은 그 인간관계에서 주께서 의도하신 서로 낮은 곳에 서서 섬기는 그 모습이 나타나게 된다(마 20:20-28 참조). 그러므로 "너희 중에는 그렇지 아니하니"(마 20:26)라고 선언하신 하나님 나라의 왕이신 우리 주님의 의도가 우리의 관계성에서 나타나야 한다. 한 마디로, 우리 교회 공동체가 모든 면에서 진정한 '사랑의 공동체'가 되어야 하나님 나라를 잘 드러낼 수 있다.

셋째로, 우리의 교육에서 하나님 나라가 잘 드러나야 한다. 우리의 교육은 결국 하나님 나라 백성이 되게 하는 것이며, 이미 하나님 나라 백성이 된 사람들을 더 온전한 하나님 나라 백성이 되도록 하는 일이다. 그러므로 우리의 교육은 결국 하나님의 교육(*educatio dei*)일 수밖에 없다.[13] 물론 교회에 대해서 생각하는 중이므로 교회가 감당해야 하는 교육적 역할을 중심으로 생각해야 하지만, 그 토대가 되는 교회의 구성원들인 각 가정에서의 교육과 또한 교회가 앞장서서 이 세상 속에서 감당해야 하는 교육 전체, 그러므로 우리들이 감당해야 할 학교 교육과 사회 교육까지를 다 이와 같은 관점에서 생각해야 한다. 그러므로 이 모든 교육이 참으로 하나님 나라를 잘 드러내며, 교육받는 사람들로 하여금 하나님 나라 백성으로서의 삶을 제대로 살게끔 하는 그런 교육이 되어야 한다. 이런 의미에서 우리의 교육은 하나님 나라를 위한 교육이요, 그 의미로 따지면 진정으로 '샬롬을 위한 교육'이 된다. 이 때 샬롬의 의미가 하나님 나라의 성격을 잘 드러내어야 한다는 것을 물론이다.

넷째로, 우리 교회의 정치와 행정조차도 하나님 나라를 드러내는 것이어야 한다. 그래서 가장 성경적인 교회 정치 체제를 지향해 온 교회들은 궁극적으로 그 교회 정치 체제를 통해서 하나님 나라를 드러내려고 노력했다. 교회가 어떤 정치적 일을 하는데 하나님 나라적 성격이 드러나지 않는다면 그것은 그 교회가 제대로 되어 있지 않다는 표가 된다. 우리들은 각 지교회에서의 모든 회의와 행정적 처리에서부터 시작하여 노회와 총회의 모든 회의 과정과 그 내용을 실행하는 일에 이르기까지 하나님 나라를 드러내려는 방식으로 일해야 한다. 그러

---

13 이 점에 대한 논의로 이승구, "기독교 학교와 기독교 학교의 정신",『기독교 세계관으로 바라보는 21세기 한국 사회와 교회』(서울: SFC, 2005, 개정 2013), 201-15; 이승구,『개혁신학탐구』, 제 5장.

므로 교회 공동체가 모여서 회의를 하는데 성령님을 따라가지 않고, 하나님 나라적 성격을 잘 드러내지 않는다면 우리는 건강하고 바른 교회를 드러내는 것이 아니다. 회의를 하면서 발언하는 태도와 사용하는 언어까지도, 또한 궁극적으로 이루려고 하는 것에서도 어떻게 하면 예수 그리스도 안에서 우리에게 이미 임하여 온 하나님 나라를 잘 드러낼 것인가 하는 것을 중심으로 해야 한다.

마지막으로, 건강하고 바른 교회는 자신들만으로 만족할 수 없으니, 예수님께서 말한바 "아직 우리에 들지 않은 다른 양들이"(요 10:16) 있음을 생각하면서 부지런히 하나님 나라의 복음을 아직 교회 공동체에 속하지 않은 다른 사람들에게 전하는 일에 열심이어야 한다. 천국 복음을 선포하는 일이 교회에게 부여된 중요한 과제의 하나이다. 더 엄밀히 말하면 앞의 모든 일들을 통해서 교회는 결국 이 세상의 다른 이들에게 하나님을 아는 빛을 비추고, 또 구체적으로 천국 복음을 전해서 다른 이들도 교회 공동체에 속하게 해야 한다. 이런 뜻에서 선교적인 일은 교회가 행하는 또 하나의 일이 아니고, 교회가 바로 이런 선교적 존재로 존재한다. 요즈음 유행하는 '선교적 교회'(missional church)에 대한 이해에서 비성경적인 부분을 극복한 성경적으로 바른 선교적 교회는[14] 결국 하나님 나라를 잘 드러내어 사람들이 천국 복음을 받아들이고 그들 스스로도 하나님 나라 백성으로 살게끔 하기 위해

---

[14] Darrell L. Guder, et al., *The Missional Church* (Grand Rapids: Eerdmans, 1998)에서 대표적으로 나타나고 있는 오늘날 유행하는 선교적 교회의 문제를 잘 지적하고 바른 방향을 지시하는 대표적인 예로 Michael Horton, *The Gospel Commission: Recovering God's Strategy for Making Disciples* (Grand Rapids: Baker, 2011), 김철규 옮김. 『위대한 사명』 (서울: 복 있는 사람, 2012), 25–34를 보라. 또한 이승구, 『하나님께 아룁니다』 (서울: 말씀과 언약, 2020), 242; 그리고 이 책의 4장을 보라.

존재한다.

이런 모습으로 건강하게 존재하면서 이 세상 속에서 하나님 나라를 잘 드러내는 교회는 흥미롭게도 이 세상의 여러 측면에도 좋은 영향을 미치게 된다. 교회 공동체는 그저 하나님 나라 백성으로서의 삶을 사는 것인데, 이 세상은 이 세상을 섬기는 일로 그것을 받아들이게 된다. 그리하여 건강한 교회 공동체는 주변의 사람들에게도 여러 유익을 끼치고 교회 공동체가 있어서 유익하다는 것을 느끼게 한다. 물론 교회는 그것을 위해 존재하는 기관은 아니다. 그러나 교회가 교회로서의 사명을 다할 때 세상에도 좋은 영향을 미치는 부산물(副産物)을 내게 된다. 그리하여 교회 공동체가 있어 오랜 세월을 거쳐서 노예 제도가 결국은 없어지고, 인권이 존중되는 결과가 나타났을 뿐만 아니라, 열심히 일하는 성도들 덕에 산업이 발전하기도 하고, 도덕의식이 진작되고, 민주주의적 훈련이 이루어져 결국 이 세상이 정치적으로 발전하며 정치 문화가 발달하는 부산물들도 나타나게 된다.[15]

지금 우리의 모습은 과연 어떠하며, 이런 상황에서 무엇을 어떻게 해야 하는가?

그러나 만일에 교회 공동체가 (1) 예배에 집중하지 않는다면, 즉 구성원들이 예배를 소홀히 해서 예배에 잘 모이지 않거나 빠지거나 늦게 오는 일이 많거나 예배에 집중하지 않는다면, 또한 (2) 그 예배가 성경이 말하는 '예배의 규정적 원리'를 잘 드러내지 않는다면, 다시 말해서

---

15 Cf. 이승구, 『광장의 신학』 (수원: 합신대학원출판부, 2010). 특히 정치 문화와 정치 발전에 관한 장인 7장, 185–210을 보라.

성경이 말하는 원리에 따라 예배가 이루어지지 않고, 신약 성경이 말하지 않는 요소들이 예배의 상당한 순서를 차지하고, 인간 중심적인 요소들이 예배 가운데 나타나며, (3) 구성원들이 오직 예수 그리스도의 십자가의 공로에 의존하여 예배하지 않는다면, 즉 진리 안에서의 예배가 드러나지 않고, 성령님 안에서의 예배가 잘 드러나지 않는다면 우리들의 예배는 하나님 나라를 잘 드러내는 예배가 아니다. 만일 그렇다면 우리들은 건강한 교회가 아니다.

또한 우리의 인간관계가 하나님이 말씀하시는 하나님의 형상됨을 잘 드러내지 못하고, 겸손하여 서로 섬기는 모습을 잘 나타내지 않는다면 우리들은 건강한 교회가 아니다. 그리고 우리의 교육이 하나님 나라를 잘 가르치지 못하며, 하나님 나라 백성을 제대로 살게 하지 못한다면 우리는 건강한 교회가 아니다. 우리의 행정과 교회 정치가 하나님 나라의 건전하고 바른 모습을 드러내지 못한다면 우리들은 건강하고 바른 교회가 아니다. 그리고 우리들의 전도와 선교가 우리들을 규정하지 못할 정도로 그저 부속적인 것이라면 우리들은 하나님 나라를 잘 드러내는 건강한 교회가 아니다.

우리 스스로 성경과 바른 신학의 빛에 비추어서도 바르고 건강한 교회도 아니라고 판단할 수밖에 없고, 심지어 교회 밖의 사람들까지도 우리를 그렇게 보는 이 안타까운 상황 속에서 이와 같이 모든 점에서 부족한 우리들은 이제 어떻게 해야 하는가? 이 상황 속에서 우리가 진정 하나님 나라의 교회라면 진정한 회개를 하지 않을 수 없다. 항상 회개하는 것은 진정한 교회의 모습이다. 그러므로 우리들도 우리가 하나님 나라를 잘 드러내지 못하는 부족한 교회라고 인정하면서, 돌이켜서 하나님의 말씀의 가르침에 근거해서 하나님의 의도대로 바른 교회를 회복하는 일을 시작해야 한다.

　　먼저 이 세상에서 이단으로 지목되는 공동체에 속해 있는 사람들, 즉 우리가 앞서 이야기한 교회의 표지를 가지지 않은 공동체에 속한 사람들은 그런 공동체로부터 빨리 나와서 참으로 바른 교회에 속해야 한다. 그것이 그들이 참으로 회개한다는 표다. 교회의 표지를 가지지 않은 공동체에 계속해 속해 있는 것은 회개하는 것이 아니다. 자신들을 이단이라고 하는 공동체는 거의 없다. 그러므로 이 세상에서 이단이라고 자신이 속해 있는 공동체를 지칭할 때 깊이 스스로를 돌아보고 그 이단으로부터 반드시 나와야만 구원함을 얻는다. 대개 이단에서 나오면 또 다른 이단들을 전전하는 경우가 있으니, 항상 건전하고 바른 교회에 속하도록 해야 한다. 그것이 필수적인 일이다. 다시 한 번 더 강조한다. 교회의 표지는 그것이 없으면 교회가 아닌 기준이다. 우리 공동체가 성경의 천국 복음을 제대로 순수하게 증언하지 않으면 우리는 교회가 아니며, 그 말씀을 눈에 보이는 방식으로 제대로 드러내도록 시행하지 않아도 우리는 교회가 아니고, 그런 성례를 제대로 시행하도록 성원들이 하나님 말씀으로 제대로 살아 갈 수 있게 하지 않아도 우리들은 교회가 아니다. 만일 이렇게 교회의 표지를 가지지 않은 공동체에 속한 사람들은 하루 속히 그 공동체로부터 나와 바른 교회 공동체에 속해야만 한다.

　　그러나 우리가 속한 교회 공동체가 교회의 표지를 가지고 있을 때는 비록 우리 교회 공동체가 연약하다고 해도 우리들이 참 교회에 속하게 되었음에 대해서 하나님께 감사하면서, 이 놀라운 은혜를 받았음에도 불구하고 우리 교회 공동체가 하나님 나라를 잘 드러내지 못하는 잘못된 예배, 잘못된 인간관계, 잘못된 교육, 잘못된 교회 정치와 행정, 잘못된 선교와 전도 이해를 가지고 있음에 대해서 참으로 부끄러워하면서 진심으로 회개하고, 그것들을 바로 잡아 참으로 건강하게 하나님 나라를 드러내는 교회가 되도록 힘써야 한다. 진정한 회개는 항상 자신부터 회개하는 것이다. '이 문제는 누구 때문이다'는 마음과 태도가 나타나는 한(限), 우리는 여전히 진정으로 회개하는 것이 아니다. 항상 나 자신으로부터 시작해서 성경을 잘 배워 그 성경의 빛에서 우리의 잘못된 모습을 극복해 가려고 해야 한다.

그러므로 교회의 새로워짐[更新]도 역시 "'오직 성경'(sola scriptura)의 원리"를 따를 때에 이루어진다. 또한 **오직 성경에만 의지하여 교회를 새롭게 하는 사람들은 항상 성령님에게 온전히 순종하여 가는 사람들**이라는 것을 잊어서는 안 된다. 성경과 성령님은 모순되거나 대립할 수 없다. 성경을 영감(靈感)하여 주신 분이 성령님이시기 때문이다. 따라서 성령님은 성경의 가르침에 반하거나 대립하거나 성경과 상관없이 역사하시지 않으시고, 통상적으로는 항상 말씀과 함께 (cum verbo), 즉 말씀을 사용하셔서 역사하신다. 그러므로 교회의 갱신도 '말씀과 함께 하시는 성령임의 역사하심이라는 원리'(cum verbo principle)에 따라서 이루어진다. 말씀이 가르치는 대로 성령 하나님께 순종하는 교회가 지금 여기서 말씀과 성령님으로 우리를 통치하시는 삼위일체 하나님의 통치를 제대로 받아 하나님의 나라를 잘 드러내는 교회다.

이 원리를 따라서 우리들의 교회가 온전히 성령님께 의존해서 성경의 가르침에 충실하여, (1) 오직 신약 성경이 말하는 예배의 요소들을 가지고서 오직 예수 그리스도의 십자가 사역에 의존하여 성령님 안에서 하나님께 예배하기를 힘쓰고, (2) 그 예배 중에서 내리시는 하나님의 말씀의 가르침을 받아 날마다 참된 하나님의 형상됨을 잘 드러내는 인간관계를 지향해 나가고, (3) 그런 일을 이루어 갈 수 있는 교육을 전포괄적으로 힘쓰며, (4) 교회의 정치나 행정에서도 하나님 나라의 원리를 잘 드러내고, (5) 하나님 나라의 기쁜 소식을 널리 전하여 많은 사람들이 천국 복음을 듣고 믿어서 지금 여기서 하나님 나라 안으로 들어와 하나님 백성 역할을 제대로 하다가 우리 주 예수 그리스도께서 재림하시는 그 날, 극치에 이른 그 하나님 나라, 그 영광과 의와 생명이 가득한 영광의 나라를 상속하도록 하는 일에 힘써 나가도록 해야 한다.

참으로 회개하면서 성경을 사용하여 우리를 가르치시고, 우리를 감화하시고 감동하셔서서 이런 방향으로 나아가게 하시는 성령님께 온전히 순종하여 간다면 우리들은 이 세상에서 참 교회일 뿐만 아니라, 하나님 나라를 제대로 드러내는 온전한 교회, 그런 건강한 교회가 되어 갈 것이다. 그것은 끊임없이 그런 성경이 말하는 교회가 되어 가려고 부지런히 애쓰고 노력하는 교회가 되는 것이다. 이런 의미에서 이 땅의 건강한 교회는 항상 애쓰는 교회, 투쟁하는 교회(church militant)다. 부디 우리가 그런 은혜 속에 있는 성령의 능력 안에 있는 교회가 될 수 있기를 원한다.

2

벨직 신앙고백서의 교회론:
벨직 신앙고백서의 교회 이해에 비추어 본
우리들의 교회

〈벨직 신앙고백서〉는 귀도 더 브레(Guido de
Brès=Guy de Bray, c. 1522-1567)가 그 초안
을 작성한 것으로 여겨진다. 일반적으로는 '합
스부르그가의 천주교 통치자에 의해서 박해받
던 플란더스(Flanders)와 저지대(Netherlands)
교회들'인 소위 '십자가 아래 있던 교회들'(the
so-called churches under the cross, *De
Kerken onder het Kruis*)을[2] 변호하기 위해

---

1 이 신앙고백서가 나온 지명(地名)을 중심으로 흔히 *Confessio Belgica*로
언급되는 이 신앙고백서는 〈네덜란드 신앙고백서〉라고 하기도 한다. 17세기의 벨직
은 오늘 날 네덜란드와 벨기에 등 소위 "낮은 지대들"(the low countries) 전체를
지칭하는 용어였음을 기억할 필요가 있다.
2 당대 이 지역 교회들의 상황과 이 지역 교회들의 개혁신학적 방향으로의

귀도가 1561년에 불어로 작성했다고 하나, 귀도 더 브레는 이미 그 이전부터 이 신앙고백서를 작성하기 시작했다고 보는 견해들도 있다.[3] 아마도 귀도는 "1559년 프랑스 신앙고백서가 나온 후에 곧 바로 이 신앙고백서를 작성하기 시작했다"고 말하는 스코트 클락의 말이 정확할 것이다.[4]

그러나 이 신앙고백서가 그저 귀도 자신의 개인적 입장을 표명하는 것이 아니라는 것은 표지 면에 붙인 다음 글에서도 짐작할 수 있다: "신앙고백서. 우리 주 예수 그리스도의 거룩한 복음의 순수성에 따라 살기를 간절히 바라는, 저지대(the Low Countries) 여러 곳에 흩어져 있는 신자들의 일반적 동의로 이루어진 신앙고백서."[5] 특히 이 지

변화에 대한 논의로 W. Robert Godfrey, "Calvin and Calvinism in the Netherlands," in *John Calvin: His Influence in the Western World*, ed., W. Stanford Reid (Grand Rapids: Zondervan, 1982), 93-104, 특히 1540년대부터 1570년까지의 이 지역의 교회들을 지칭하는 소위 "십자가 아래서의 교회들"에 대해서는 99-101을 보라.

[3] 피터 드 영은 1561년에 처음 인쇄된 이 신앙고백서를 그 2년 전부터 귀도 더 브레가 쓰기 시작했다고 한다. Peter Y. De Jong, *The Church's Witness to the World* (St. Catharines, Ontario, Canada: Paideia Press, 1980), 30. Arthur C. Cochrane, ed., *Reformed Confessions of the Sixteenth Century* (London: SCM, 1966, new Edition, Louiville: Westminster John Knox Press, 2003), 185에서 코흐랜은 귀도 더 브레가 이 신앙고백서를 1559에 작성했다고 했고, 갓프리도 이 고백서가 1559년에 쓰여졌고, 1561년에 개정되어 공개되었다고 했다(Godfrey, "Calvin and Calvinism in the Netherlands," 100).

[4] R. Scott Clark, *Recovering the Reformed Confession: Our Theology, Piety, and Practice* (Phillipsburg, NJ: P&R, 2008), 183. 그는 그 배경으로 Daniel R. Hyde, *With Heart and Mouth: An Exposition of th Belgic Confession* (Grandville, MI: Reformed Fellowship, 2007)과 Nicolaas H. Gootjes, *The Belgic Confession: Its History and Sources* (Grand Rapids: Baker Academic, 2007)을 말한다. 스코트 클락이 언급한 이 책들과 1980년에 출간된 De Jong, *The Church's Witness to the World* 가 지금까지 영어로 나온 제일 자세한 논의들일 것이다.

[5] *The Belgic Confession of Faith*, title page, De Jong, *The Church's*

<CONFES-
SION DE FOY:

FAICTE D'VN COMMVN
accord par les fideles qui conuerfent és pays
bas, lesquels defirent viure felon la pureté de
l'Euangile de noftre Seigneur Iefus Chrift.

I. PIER. III.

Seyez toufiours appareiller a refpondre à cha
cun qui vous demande raifon de l'efperance
qui eft en vous.

M. D. LXVI.

BC 3364>

〈1566년 판 벨직 신앙고백서의 표제면〉

역 교회들의 중심 역할을 했던 안트베르프의 목사님들과의 논의를 거쳐 나온 것이다. 왜냐하면 1561년 말 이전에 이미 이것이 "안트베르프의 신앙고백"(The Confession of Antwerp)이라고 언급되었기 때문이다.[6]

〈벨직 신앙고백서〉는 여러 면에서 중요하지만,[7] 특별히 교회의 참된 모습을 잘 표현한 신앙고백서의 하나라는 점을 강조하지 않을 수 없다. 1560년의 〈스코츠 신앙고백서〉와 〈제1 치리서〉에서도 신약 성경이 말하는 교회가 과연 어떤 교회인지를 아주 분명히 표현하였지만, 〈벨직 신앙고백서〉도 그런 교회 이해를 아주 명확히 한다. 또한 전체 37개조로 제시된 이 신앙고백서 가운데서 교회에 대해서 가장 많은 조항으로 고백되고 있으니, (마치 이 책에서 우리가 그러하듯이)[8] 교회가 〈벨직 신앙고

Witness to the World, 31에서 재인용.

[6] Cf. De Jong, The Church's Witness to the World, 32.

[7] 〈벨직 신앙고백서〉 1조–9조까지에 대한 이전 논의들로는 「현대 종교」에 연재된 논의를 보라. 이는 〈이승구 교수의 개혁신학과 우리 사회 이야기〉라는 블로그에 실려 있기도 하다(http://blog.daum.net/_blog/BlogTypeView.do?blogid=02GRV&articleno=13718950&articleno=13718950&categoryId=590133&regdt=20110716110138).

[8] 이 책의 서문을 보라.

백서〉의 작성자들에게 가장 중요한 문제였다고 할 수 있다. 하나님에 대해서 1, 2조와 8-13조에서 고백하니 8개조를 들여 설명하고, 구원에 대해서 16, 17조와 22-26조에서 고백하니 7개조를 들여 고백하고, 성경에 대해서 3-7조에 이르는 5개조에 걸쳐 고백하고, 그리스도에 대해서 18조-21조에 이르는 4개조에 걸쳐 고백하고, 인간, 죄, 인간 정부에 대해서, 그리고 최후의 심판에 대해서 각기 한 조의 고백을 하고 있는 것에 비하면, 교회에 대해서는 27조-35조에 걸쳐 장장 9개조에 걸친 고백을 하고 있으니, 〈벨직 신앙고백서〉의 1/4 이상이 교회에 대한 고백이라고 할만하다.

또한 그 내용은 일반 성도들이 고백하는 것을 중심으로 한 신앙고백이다. 이는 재세례파나 루터파의 교리와는 구별되는 독특한 개혁파적 신앙고백인데, 이는 〈프랑스 신앙고백서〉나 베자의 신앙고백만큼 학문적이지 않고, "마음으로 믿고 입으로 신앙을 고백하는 일반 신자들을 위해 만들어진" 신앙고백서라고 한 것은 정확한 말이다.[9] 당연한 말이지만 〈벨직 신앙고백서〉는 그야말로 교회의 신앙고백서이다.

물론 개신교에서는 이것이 이제는 아주 진부한 말이 되었지만 그렇기에 그 진정한 의미를 상실하고 있는 우리의 상황에서 〈벨직 신앙고백서〉의 교회 이해를 잘 생각해 보는 것은 매우 의미 있다. 물론 성례에 대한 부분까지를 다 포괄해야 〈벨직 신앙고백서〉의 교회론을 다 말한 것이 된다. 그러나 시간과 지면의 제약 때문에 이 글에서는 일단 성례들에 대한 부분을 제외하고 벨직 신앙고백서의 교회 이해에서 특징적인 부분만을 논의하기로 한다.[10]

---

9 Gootjes, *The Belgic Confession*, 76: it is "made for the general believers who believe with the heart and confess with the mouth."
10 〈벨직 신앙고백서〉 31-35장에 근거한 성례 이해에 대해서는 후에 시도

참된 교회의 표지를 셋으로 명백히 드러낸 점

가장 먼저 강조해야 할 것은 〈벨직 신앙고백서〉가 참된 교회의 표지들 (*notae ecclesiae*)를 명확히 하면서 셋으로 제시한 점이라고 해야 한 다. 우리가 이 설명에 익숙하게 된 것은 벨직 신앙고백서의 이 표현을 그대로 받아들이고 있는 기독교 개혁 교회(Christian Reformed Church)의 신학자로서 루이 벌코프가 이 세 가지를 교회의 표지로 제 시하고,[11] 이를 박형룡 박사님과 박윤선 박사님께서 그대로 받아 제시 하였기 때문이다.[12]

교회의 표지를 이렇게 셋으로 제시한 것으로 제일 오래된 것은 〈제네바에 있던 영국 회중들이 사용한 신앙고백서〉(The Confession of Faith used in the English Congregation at Geneva, 1556)에서 였다.[13] 1556년에 제네바에서 나온 이 영국 회중의 고백서는 (1) 구약 과 신약에 있는 하나님 말씀, (2) 그리스도께서 하나님의 약속의 거룩

될 "벨직 신앙고백서의 교회론 (2): 개혁파적인 성례 이해"에서 자세히 논의될 것이 다.

[11] Louis Berkhof, *Systematic Theology*, 4th edition (Grand Rapids: Eerdmans, 1949), 576f.

[12] 박형룡, 『교의신학 6: 교회론』 (서울: 한국기독교교육연구원, 1977), 98-102; 박윤선, 『개혁주의 교리학』 (서울: 영음사, 2003), 377; 이근삼, 『개혁주 의 조직신학 개요 2』, 이근삼 전집 6 (서울: 생명의 양식, 2007), 283-96; 이승구, 『교회란 무엇인가?』 (서울: 여수룬, 1995; 최근판, 서울: 말씀과 언약 2020), 143-221; 이승구, 『하이델베르크 요리문답 강해 2: 성령의 위로와 교회』 (서울: 이 레서원, 2001, 최근 판, 2013), 135-225. 이 책의 1장 각주 6도 보라.

[13] 이 고백서의 전문은 Arthur C. Cochrane, ed., *Reformed Confessions of the Sixteenth Century* (London: SCM, 1996, new edition, Louiville: Westminster John Knox Press, 2003), 131-36에서 찾아 볼 수 있다.

한 표들과 도장[인(印)]들로서 주신 성례, 그리고 (3) 권면과 잘못의 교정으로 이루어지는 교회적 치리(ecclesiastical discipline)를 교회의 표지들로 제시했다.[14] 특히 〈스코츠 신앙고백서〉(the Scottish Confession of Faith, 1560), 18장에서 "(1) 말씀의 참된 선포, (2) 그리스도 예수의 성례의 바른 시행, (3) 하나님의 말씀이 규정하는 대로 바르게 시행되는 교회적 치리"를 "이것에 의해 참된 교회가 거짓 교회와 구별되는 표지들"(the notes by which the true Kirk shall be determined from the false)이라고 했다.[15] 우리가 논의하고 있는 〈벨직 신앙고백서〉(1561)의 〈제 29 조〉에서 이를 상세히 다루었다. 그리고 후에 〈제 2 스위스 신앙고백서〉(Second Helvetic Confession, 1566), 17장 역시 교회의 표지를 셋으로 제시했다.[16]

그러면 참된 교회의 표지들을 말하는 〈벨직 신앙고백서〉 〈제 29 조〉의 내용을 제시하고, 이에 대해서 조금 자세하게 생각해 보기로 하자.[17]

---

[14] *The Confession of Faith used in the English Congregation at Geneva*, IV, Cochrane, ed., *Reformed Confessions of the Sixteenth Century*, 134, 135를 보라.

[15] 이 고백서의 전문은 Cochrane, ed., *Reformed Confessions of the Sixteenth Century*, 163-84에서 찾아 볼 수 있다. 교회의 표지를 다루는 18장은 176-77을 보라. 이에 대한 논의로 이승구, "〈스코틀랜드 신앙고백서〉(1560)의 독특성", 김병훈 편, 『노르마 노르마타』 (수원: 합신대학원 출판부, 2015), 409-34, at 423을 보라.

[16] Cochrane, ed., *Reformed Confessions of the Sixteenth Century*, 224-84, at 265.

[17] *The Belgic Confession*, 이는 여러 곳에 있으나(특히 Cochrane, ed., *Reformed Confessions of the Sixteenth Century*, 189-219). 이하 벨직 신앙고백서로부터의 인용은 북미 CRC 교회의 공식 홈페이지에 제시된 영어 번역본을 토대로(http://www.crcna.org/welcome/beliefs/confessions/belgic-confession)하였음을 밝힌다.

제 29 조: 참된 교회의 표지들

우리들은 하나님의 말씀에 의해서
참된 교회가 무엇인지를
열심히 그리고 매우 조심스럽게
분별해야만 한다고 믿습니다.
왜냐하면 오늘날 세상의 모든 분파들(sects)이
교회라는 이름을 스스로 사용하고 있기 때문입니다.

우리들은 여기서 교회 안에 선한 사람들과 섞여져 있는,
비록 그들이 물리적으로는 교회 공동체 안에 있을지라도
교회의 한 부분이 아닌,
일단의 위선자들에 대해서 말하고 있는 것이 아닙니다.
우리들은 자신들을 "교회"(the church)라고 부르는
모든 잘못된 분파들(sects)과는 구별되는
참된 교회와 그 교제를 구별하는 것에 대해서 말하는 것입니다.

참된 교회는 다음과 같은 표지들을 가지고 있을 때에
참된 교회로서 인식될 수 있습니다.

참된 교회는 복음의 순수한 선포에 힘씁니다.
참된 교회는 그리스도께서 제정하신 바대로의
성례들의 순수한 시행을 사용합니다.
그리고 참된 교회는 잘못들을 고치기 위해
교회의 치리를 시행합니다.

요약하자면, 참된 교회는
하나님이 순수한 말씀에 의해

그 자체를 통치합니다.
하나님 말씀에 어긋나는 것은 모두 거부하면서
예수 그리스도만을 (교회의) 유일한 머리로 붙드는 것입니다.

이와 같은 표지들을 통해서 우리들은 참된 교회를
인식하게 됨을 확신하게 되고,
그런 참된 교회로부터는 그 누구도 분리해서는 안 됩니다.

또한 참된 교회에 속하는 사람들에 대하여는
그리스도인들의   구별되는   표지들(the   distinguishing   marks   of
Christians)로
말미암아 그들을 (참된) 그리스도인들로 인식하게 됩니다.
그들이 한 분신 유일하신 구주이신 예수 그리스도를 받아들인 후에는
그를 믿음과
죄를 피하고 의를 추구하는 것을 통해 그들을 인식하게 됩니다.
또한 그들은 좌로나 우로나 치우치지 않고
참 하나님과 이웃을 사랑합니다.
그들은 또한 육체(the flesh)와 육체의 일을 십자가에 못 박았습니다.

비록 그들 안에 상당한 연약함이 잔존해 있으나,
그들은 성령님으로
그들이 사는 날 동안에,
주 예수 그리스도의 보혈과 고난과 죽음과 순종에
끊임없이 호소하면서,
이것들을 대항하여 싸웁니다.
그들은 예수님에 대한 믿음을 통하여
그리스도 안에서 죄 용서함을 받았기 때문입니다.

거짓 교회는
하나님의 말씀보다는

그 자체와 자신들의 규례에
더 큰 권위를 부여합니다.
그러므로 거짓 교회는
그리스도의 멍에 아래 종속하기를 싫어합니다.
(예를 들어서, 거짓 교회는)
그리스도께서 그의 말씀 가운데서 명령하신대로
성례를 시행하지 않습니다.
오히려 자신들이 원하는 대로
더 하거나 다른 것으로 대체하는 것입니다.
이와 같이 거짓 교회는 예수 그리스도보다는
인간들 위에 (교회를) 세우는 것입니다.
그리고 그들은 '하나님의 말씀을 따라서 거룩한 삶을 살며
거짓 교회의 잘못과 욕심과 우상 숭배를 꾸짖는 사람들'을 핍박합니다.

이 두 가지 교회들을
쉽게 인식할 수 있으므로,
따라서 서로를 명확히 구별해야 합니다.

〈벨직 신앙고백서〉는 '참된 교회'에 대한 관심으로부터 이 고백을 시작하고 있다. 이것은 쯔빙글리가 참된 종교와 거짓 종교를 구별하여 제시하려던 관심에서 그리 먼 것이 아니다. 그런데 〈벨직 신앙고백서〉는 '참된 교회 안에 있는 그러나 실상은 교회의 한 부분이 아닌' 일단의 위선자들에 대해서가 아니라, 당시 세상에 나타난 많은 잘못된 집단들(sects)이 스스로를 교회라고 주장하고 있는 것에 대한 우려 때문에 이 문제에 관심을 가지는 것이라고 밝히고 있다. 물론 여기에 천주교회에 대한 우려가 있다는 것을 부인할 수는 없지만, 일단 벨직 신앙고백서의 표현 형태로는 당시에 나타나고 있는 잘못된 집단들(sects)

이 스스로를 "교회"라고 지칭하는 것이 과연 바른 것인가에 관심을 기울이면서 이 문제에 접근하고 있다. 더 브레가 늘 관심을 가지고 있는 재세례파에 대한 염려가 강하게 나타나고 있는 것이다. 그 이유는 아마도 프랑스에서보다도 이 저지대에서 재세례파의 "여러 분파들이 더 많고, 영향력이 컸기" 때문이었을 것이다.[18] 더 브레는 재세례파를 14개 집단으로 자세히 분류해서 논의할 정도로[19] 재세례파에 대한 관심이 컸고, 그들의 문제점을 잘 지적했다.

참된 교회가 무엇인지는 오직 하나님의 말씀에 의해 알 수 있음을 분명히 하면서, 우리들은 열심히 그리고 매우 조심스럽게 과연 참된 교회가 어떤 것인지를 찾아야 한다고 고백한다. 오늘날 우리들에게도 이것은 중요하다. 그저 몇몇 사람들이 모여서 예배하기만 하면 그것이 과연 교회인가를 심각하게 물어야 한다. 그리고 〈벨직 신앙고백서〉는 참된 교회가 이 세상에서는 항상 참되지 않은 위선자들이 함께 섞여 있는 공동체(*corpus permixtum*, mixed community)라는 것을 분명히 드러낸다. 아주 순수한 교회를 표방하던 도나티스트들과 대립하면서, 교회는 항상 이 땅에서 혼합된 공동체임을 말하던 어거스틴과[20] 그를 따르는 이들을 따라서 이렇게 고백하고 있다. 그러나 이런 입장이 교회는 늘 혼합된 공동체이므로 추구해야 할 방향이 없다는 것이 아님을 분명히 해야 한다. 다음에 언급할 참된 교회의 표지들의 내용 속에도 우리들 가운데 잘못이 있을 수 있음을 분명히 의식하고 있

---

[18] De Jong, *The Church's Witness to the World*, 32.

[19] Cf. 1565년에 더 브레가 낸 *The Rise and Foundation of the Anabaptists or Rebaptized of Our Time* (Rouen, 1565)에 근거한 Scott Clark의 분석, in *Recovering the Reformed Confession*, 331.

[20] Cf. Augustine, *On Christian Doctrine* (397), 3. 32=NPNF, vol. 2, 569; *The City of God* (413-26), 18. 49=NPNF, vol. 2, 392.

다. 이 땅에 있는 참된 교회 안에는 항상 거짓 형제, 거짓 자매들이 있을지라도 그것으로 만족하고 있을 수 없고, 교회로서 추구하고 나갈 방향이 분명하다는 것을 드러내는 것이다. 〈벨직 신앙고백서〉의 작성자와 이에 동의하면서 신앙을 바로 고백한 사람들이 성경에 근거해서 제시한 바에 의하면, 다음 같은 표지들이 있을 때에 참된 교회가 참된 교회로 인식될 수 있다고 한다.

(1) 복음의 순수한 선포에 힘씁니다.(*pura doctrina verbi dei*)
(2) 그리스도께서 제정하신대로의 성례들을 바르게 시행을 합니다.(*recta administratio sacramentorum*)
(3) 잘못들을 고치기 위해 교회의 치리를 시행합니다.(*diciplina Ecclesiastica*)[21]

이 세 가지가 참된 교회의 표지들로서 제시되었다. 〈벨직 신앙고백서〉의 고백자들은 이 세 가지에 힘쓰는 것이 "하나님이 순수한 말씀에 의해 그 자체를 통치하는" 것이며, 따라서 "하나님 말씀에 어긋나는 것은 모두 거부하면서 예수 그리스도만을 (교회의) 유일한 머리로 붙드는 것"이라고 여긴다. 말로만 그리스도를 교회의 머리라고 고백하는 것은 무의미하며, 이 세 가지 일에 힘쓰는 것이 참으로 그리스도를 교회의 유일한 머리로 인정하며 붙드는 것이라고 한다. 그러므로 그리스도를 교회의 머리라고 하면서도 이 땅에 그리스도의 대리자(Vicar of

---

21 이 내용은 〈벨직 신앙고백서〉 자체의 내용이다. 라틴 어귀는 일반적으로 사용하는 것이나 Jan Rohls, *Theologies reformierter Berkenntnisschriften* (Vandenhoek and Ruprecht, 1997), trans. John Hoffmeyer, *Reformed Confesssions: Theology from Zurich to Barmen* (Louisville, Kentucky: Westminster/John Knox Press, 1998), 176에서 취했다.

Christ)를 상정하는 천주교회만이 문제가 아니라, 이 세 가지 일에 힘쓰지 않는 모든 집단들은 사실 그리스도를 "(교회의) 유일한 머리로 붙드는" 일에서 벗어나 있는 것이다. 따라서 그런 집단들은 모두가 다 참된 교회가 아니다.

　　이 세 가지 일에 힘쓰는 공동체는 참된 교회이므로 이런 참된 교회로부터는 그 누구도 자신을 분리해서는 안 된다. 그러므로 참 교회됨을 분명히 확인하는 것에는 거짓된 집단으로부터 자신들을 속히 분리해야 한다는 것을 분명히 하는 소극적인[부정적인] 의도가 있으면서, 동시에 참 교회에 대해서는 그 공동체에 대한 지체들의 의무를 분명히 하려는 적극적 의도도 있다. 그래서 참된 교회의 표지들을 언급한 뒤에는 이어서 참된 그리스도인들의 표지들을 제시하면서, 이런 표지들로서 어떤 사람들이 참된 그리스도인지를 알 수 있다고 고백한다. 그러므로 그리스도인들의 구별되는 표지들(the distinguishing marks of Christians)은 (1) 이미 한 분이신 유일하신 구주이신 예수 그리스도를 받아들여서, "예수님에 대한 믿음을 통하여 그리스도 안에서 죄 용서함을 받았다." (2) 그들은 육체(the flesh)와 그 일을 십자가에 못 박았다. 따라서 그들은 "육체", 즉 부패한 인간성이 추구하는 것을 따라가지 않는다. 그 후에 (3) 그들은 계속해서 예수님을 믿고 의지하며, (4) 죄를 피하고, (5) 의를 추구한다. 물론 "그들 안에 상당한 연약함이 잔존해 있으나, 그들은 성령님으로, 그들이 사는 날 동안에, 주 예수 그리스도의 보혈과 고난과 죽음과 순종에 끊임없이 호소하면서, 이것들을 대항하여 싸운다. 또한 (6) 그들은 좌로나 우로나 치우치지 않고 참 하나님과 이웃을 사랑한다. 그들은 기본적으로 (7) 참된 교회로부터 절대로 자신을 분리시키지 않는다. 또한 나중에 거짓 교회에 대해서 말하는 것에 들어 있는 것을 활용해 이야기하면, (8) 하나님의 말씀을 따라서 거룩한 삶을 살며, (9) 거짓 교회의 잘못과 욕심과 우상 숭배를 꾸짖으며, 따라서 (10) 거짓 교회로부터 핍박을 받는다. 참 교회에 속한 참된 그리스도인들은 이런 모습을 드러내어 보인다.

이에 비해 거짓 교회는 기본적으로 (1) "하나님의 말씀보다는 그 자체와 자신들의 규례에 더 큰 권위를 부여한다." 그러므로 (2) "거짓 교회는 그리스도의 멍에 아래 종속하기를 싫어한다." 그리스도께서 명령하신 것 보다는 자신들이 제시하는 것을 더 중시(重視)한다. 예를 들어서, "거짓 교회는 그리스도께서 그의 말씀 가운데서 명령하신대로 성례를 시행하지 않는다. 오히려 자신들이 원하는 대로" 주께서 명하신 것에 **"더 하거나 다른 것으로 대체한다."**(강조점은 덧붙인 것임).

이와 같이 고백할 때, 〈벨직 신앙고백서〉는 한편으로는 주 예수님께서 친히 제정하신 세례와 성찬 이외에 5 성례를 더하여 이른 바 '7 성례'를 만들어 낸 천주교회를 염두에 두고 비판하면서, 또 한편으로는 이제는 성례가 필요 없다고 극단적으로 나아가는 재세례파의 주장들도 비판하는 것이다. 그 시대뿐만 아니라 이 시대에도 주께서 제정하신 것에 더 하거나 주께서 제정하신 것을 무시하거나 대체하려고 시도하는 집단들은 모두 거짓 교회이다. (3) "이와 같이 거짓 교회는 예수 그리스도보다는 인간들 위에 (교회를) 세운다." 그리고 "그들은 '하나님의 말씀을 따라서 거룩한 삶을 살며 거짓 교회의 잘못과 욕심과 우상 숭배를 꾸짖는 사람들'을 핍박한다." 이와 같이 따지면 본질적으로 같은 말이지만 〈벨직 신앙고백서〉는 거짓 교회의 표지도 세 가지로 제시하는 것이다:

1. "하나님의 말씀보다는 그 자체와 자신들의 규례에 더 큰 권위를 부여한다."
2. "그리스도의 멍에 아래 종속하기를 싫어한다."
3. "예수 그리스도보다는 인간들 위에 (교회를) 세운다."

이 세 가지는 우리가 항상 유념해서 피해야 할 것들이라고 할 수 있다. 그리스도와 하나님 말씀으로부터 떠난 교회 중심주의, 자신들이 원하는 대로 하고 싶어 함, 인간들 위에 교회의 토대가 놓여짐, 그런데 이 세 가지는 현대의 여러 교회들에게서도 그 모습을 드러내고 있다. 그러므로 참된 교회의 세 가지 표지와 함께 거짓 교회의 이 모습들도 생각하면서 우리들은 우리가 속한 교회가 성경이 말하는 바른 교회가 되도록 해야 한다. 최소한 거짓 교회의 이 세 가지 모습이 없도록 하고, 더 적극적으로는 참된 교회의 세 가지 표지가 있게 해야 한다.

또한 참된 교회의 세 가지 표지들을 제시할 수 있으면서도 정작 그 내용에는 별로 신경을 쓰지 않는 교회는 과연 이런 표지들을 가지고 있는 참 교회인가 하는 질문을 해야 한다. 우리들이 정신을 차리고, 과연 우리가 이 표지들을 참으로 이해하고 있고, 이런 표지가 있는 참된 교회의 모습을 드러내고 있는지를 반성해야 한다. 이런 반성이 없이 그저 이 표지들을 제시만 하는 것은 무의미하다.

이를 분명히 하기 위해서 참된 교회의 표지들을 하나하나 좀 더 상세히 검토해 보기로 하자.

첫째로, 참된 교회는 "오직 성경에 계시된 교리들"만을 믿고 고백하는 교회이다. 우리들이 믿고 가르치는 것이 과연 성경이 가르치는 것인지를 늘 살피고 분별해야 한다(cf. 행 17:10-12). 참된 교회는 성경이 가르치는 것과 어긋나는 것을 믿거나 가르칠 수 없다. 그러므로 옛 교회가 잘 몰라서 명확히 바른 교리를 붙들지 않은 것을 보면서 성경의 명백하게 바른 해석이 잘 드러난 오늘날 우리들도 그저 과거의 교부들이 가르치던 것과 같은 형태의 가르침만을 가지고 있어도 좋다고 하는 것은 심각한 문제를 일으킨다. 오래 전부터 고백되어진 사도신경에 이신칭의에 대한 가르침이 없다는 근거에서, 또한 교부들의 가르침에 명백한 이신칭의의 가르침이 드물었다는 핑계를 대면서 이신칭의를 믿지 않아도 참된 교회의 일부일 수 있다고 주장하는 것은 그야말로 궤변이다.

바울의 가르침에 근거해서 또한 종교개혁 시기에 그 바울의 가르침의 진정한 의미를 잘 드러내어 준 것에 근거해서 우리들은 이신칭의를 명백히 선언하고 가르치는 교회만이 참된 교회라고 해야 한다. 그러므로 오늘날 개신교 일각에서 이신칭의를 거부하며, 이런 가르침이 루터가 바울의 가르침을 잘못 읽은 것이라는 생각이[22] 널리 퍼져가고 있는 것은 아주 심각한 문제라고 하지 않을 수 없다.

또한 참된 교회는 성경이 가르치는 "하나님의 경륜 전체"(the whole council of God)를 믿고 가르쳐야 한다. 교회의 실천에 대한 실용적 고려 때문에 성경 전체의 가르침이 다 드러나지 않도록 하면 안 된다. 이신칭의를 배운 사람들은 이와 함께 자연스럽게 성경이 가르치는 성화(聖化)도 강조하게 된다. 그러므로 "우리들은 성경 모두(tata Scriptura)를 가르쳐야 한다"고 할 때만[23] 가장 균형 잡한 길로 나아

---

22 다 알다시피, 이런 주장을 "바울에 대한 새로운 관점"(NPP)라고 한다. 이 문제에 대한 논의로 이승구, 『톰 라이트에 대한 개혁신학적 반응』 (수원: 합신대학원 출판부, 2013); 김병훈 편, 『행위로 구원?』 (수원: 합신대학원 출판부, 2017)와 그에 인용된 여러 책들을 보라.

가는 것이다.

둘째로, 참된 교회는 성례들을 순수하게 시행하는 교회이다. 예수 그리스도께서 성례를 제정하신 것을 잘 살피면서 예수님께서 제정하신 성례들만이 우리들 가운데 있도록 힘을 쓰는 사람들만이 참된 교회이다.[24] 이신칭의를 잘 믿고 고백하면서도 주께서 제정하신 성례를 무시하는 사람들은 심각한 문제를 가진 것이고, 끝까지 그렇게 고집해 나가면 결국 자신들이 거짓 교회임을 온 세상 앞에 선언하는 것이 된다.

잘 몰라서 이를 존귀하게 여기지 않을 때는 잘못하는 것이기는 하지만 용서받을 만하다. 그러나 성경의 가르침을 통해서 예수님께서 "성부와 성자와 성령의 이름 안에로" 세례를 베풀라고 하셨음을 배우고, 세례 받은 자들이 그리스도의 몸과 피에 합당하게 참여하도록 성찬을 제정하셨다는 것을 배우고서도, 이를 존귀하게 여기지 않는다면 그것은 이를 제정하신 예수님을 무시하는 것이다. 그러므로 참된 교회

---

23 이 지극히 당연하고, 자연스러운 말을 아주 분명히 한 사람들이 바로 개혁파 전통에 있는 사람들이다. 개혁파의 "성경 전부 다"(*tota scriptura*)에 대한 강조로 다음을 보라. "칼빈의 해석학은 '전체 성경'(the *tota Scriptura*)을 그 출발점으로 한다."(W. Van 't Spijker, "Calvin: Biographie und Theologie," in B. Moeller, ed., *Die Kirche in ihrer Geschichte: ein Handbuch*, Band 3 [G ttingen: Vandenhoeck & Ruprecht, 2001], 209, cited in V. E. D'Assonville, "Calvin as an Exegete of Scripture," *In die Skriflig* 44, Supplement 3 (2010): 129–43, at 136; Fred Klooster, "How Reformed Theologians 'Do Theology' in Today's World," in *Doing Theology in Today's World: Essays in Honor of Kenneth S. Kantzer*, eds., John D. Woodbridge & Thomas Edward McComiskey (Grand Rapids; Zondervan, 1994), 240f.; Herman J. Selderhuis, ed., *The Calvin Handbook* (Grand Rapids: Eerdmans, 2009), 380; D. A. Carson, "Challenges for the Twenty–first–century Pulpit," in *Preach the Word: Essays on Expository Preaching: In Honor of R. Kent Hughes*, eds., Leland Ryken and Todd Wilson (Chicago: Crossway, 2007), 177–78.

24 이에 대해서 이 책의 9장 성례에 관한 장을 주의해 보라.

는 성례에 대한 성경 전체의 영감된 가르침을 존귀하게 여기고 이에 순종한다. 예를 들어서, 세례나 성찬이 **그 자체로 역사하는**(*ex opera operato*) 것과 같은 기계적 이해를 강조하는 것도 성경적 가르침에 반(反)하는 잘못된 일이다. 천주교회와 일부 개신교에서 나타나는 세례 중생설(baptismal regeneration theory)도 그와 같은 오해의 대표적인 것이다.

그러므로 이신칭의를 분명히 하며, 따라서 성화를 강조하고, 따라서 참으로 성경적 성례 이해를 가지고 있어야 참된 교회이다. 이런 성경적 성례관을 분명히 하는 개신교도들끼리는 각자 철저히 성경적 이해에 근거한 각 교단의 성례전에 대한 이해를 더욱 발전시키면서 과연 자신들의 이해가 성경에 근거한 것인지를 깊이 생각하면서도, 동시에 서로의 차이에 대해서는 성경에 같이 순종하는 다른 개신교도들을 형제로 여기면서 각자 그 자리에서 좀 더 성경적으로 가기를 노력하면서 그들을 그리스도 안에서 형제와 자매로 인정한다. 종교개혁 시기의 츄리히 협약(*consensus Tigurianus*) 같은 시도의 의미가 여기에 있다.[25] 오늘날 우리들은 더 이와 같은 방향으로 나아가기를 힘써야 한다.

셋째로, 참된 교회는 그 지체들에 대해 성경적 치리를 하는 교회이다. 참된 교회의 지체들은 그 교회의 머리되신 예수 그리스도의 영적인 권세 아래 있는 사람들이다. 그러나 그리스도의 영적인 통치를 받는 교회의 회원들은 동시에 교회를 통하여 (주께서 세우신 목사님들과 장로님들인) 교회의 장로님들의 영적인 지도를 받는다. 그러므로 목사님들은 신실하게 하나님의 말씀을 잘 가르쳐야 하고, 목사님들과

---

[25] 이 문제에 대한 좋은 논의의 하나로 박상봉, "요한 칼빈과 하인리히 불링거의 성만찬 일치: *Consensus Tigurianus*,"『노르마 노르마타』, 77–112를 보라.

장로님들은 힘을 합하여 그 교회의 지체들 모두가 하나님의 말씀에 따라 살도록 노력해야 한다. 이를 치리 또는 권징(discipline)이라고 부른다. 교회의 지체들이 하나님의 말씀에 따라 살도록 하는 모든 일이 이에 속한다. 가장 적극적으로는 성경에 나타난 성도의 의무를 힘써 행하도록 해야 한다. 소극적으로는 죄를 범하지 않도록 하고, 혹시 죄가 있는 경우에 그것을 회개하도록 인도하고, 고치고 바른 방향으로 다시 나가게 하는 것을 치리와 권징이라고 한다. 이 때 참고할 원리가 마태복음 18:15-20의 원리이다.[26]

참된 교회에도 항상 죄와 허물이 있다고 주께서는 말씀하시고, 이런 죄와 잘못이 있을 때에 그것을 성경적인 방식으로 다루어 나가야 하는 것이 참된 교회의 책무다. 그 목표를 의식해야 한다. 우리들 모두가 성경이 가르치는 대로 성경이 말하는 방향으로 살아가도록 해야 한다. 여기에 치리의 목적이 있고, 또한 치리가 참된 교회의 표지의 하나인 이유가 있다.

그러므로 궁극적으로 생각해 보면 교회의 표지 세 가지는 연합하여 있는 것이다. 전통적으로 교회의 표지들로 여기 〈벨직 신앙고백서 29조〉가 선언하는 것과 같이, 복음의 순수한 선포, 성례의 신실한 시행, 그리고 이를 위한 권징의 바른 시행을 제시해 왔다.[27] 그런데 개혁자들과 그 후예들 중에서 때때로 둘이나[28] 하나만을[29] 교회의 표지

---

26 이 문제에 대한 자세한 논의로 이승구, 『하이델베르크 요리문답 강해 2: 성령의 위로와 교회』, 237-53; 또한 이승구, 『교회란 무엇인가』, 207-21을 보라.

27 이 세 가지를 교회의 표지로 언급하는 이들로는 본서 1장, 각주 6을 보라.

28 교회의 표지를 복음의 순수한 선포와 성례의 바른 시행만으로 언급한 이들로는 본서 1장, 각주 5를 보라.

29 복음의 순수한 선포만을 교회의 표지로 제시한 이들로는 본서 1장, 각주 4를 보라.

로 언급한 때가 있다. 그러나 그들이 하나나 둘만을 참된 교회의 표지라고 말할 때에도 그 내용을 잘 살펴보면 결국 나머지가 다른 것 속에 들어 있는 방식으로 제시하였음을 볼 수 있다. 그러므로 사실 참된 교회의 표지가 하나인가, 둘인가, 셋인가를 가지고 논쟁하는 것은 무의미하며, 개혁자들과 그들의 후예들은 이 모든 것을 연관하여 생각했다고 말하는 것이 더 옳다.[30] 바빙크도 그런 견해에 동의하면서 다음과 같이 말한 바 있다:

> 알스테드, 알팅, 마레시우스, 훗팅거, 헤이다누스, 투레티누스, 마스트리흐트 등은 이런 차이란 내용보다는 **명칭상의 차이**이며, 사실상 단지 단 하나의 표지, 즉 설교, 교육, 고백, 성례, 생활 등에서 다양한 방식으로 시행되고 고백되는 하나이며 동일한 말씀이 존재한다고 올바로 지적했다.[31]

그러므로 교회의 표지는 "셋으로 나타나는 하나"이며, 또한 "하나로

---

[30] 이런 입장을 시사하는 Berkhof, *Systematic Theology*, 576f.을 보라. 바빙크에 의하면, 비트링가도 이런 입장을 천명했다고 한다(Herman Bavinck, *Reformed Dogmatics*, ed., John Bolt, tr. John Vriend, 4 vols. [Grand Rapids: Baker, 2004], 4, section 494=박태현 역, 『개혁교의학 4』, 369를 보라). 바빙크는 M. Vitringa, *Doctrina christinae religionis, per aphorismos summatim decripta*, 6판 IX, 101-109를 언급한다.

그래서 〈프랑스 신앙고백서〉(the French Confession of Faith, 1559), 26-28항에서 〈프랑스 신앙고백서〉가 교회의 표지를 둘로 제시하고 있다고 말하는 분들도 있고(그 대표적인 예가 Godfrey, "Calvin and Calvinism in the Netherlands," 101이다), 그 내용을 보면서 셋으로 제시한다고 하는 분들도 있을 정도이다(그 대표적인 예가 Bavinck, *Reformed Dogmatics*, 4, section 494=박태현 역, 『개혁교의학 4』, 369이다). 그러므로 내용으로 보면 같은 것이라는 것이 여기서도 잘 드러난다.

[31] Bavinck, *Reformed Dogmatics*, 4, section, 494=『개혁교의학 4』, 369, 강조점은 필자가 덧붙인 것임.

집약되는 셋"이라는 특성을 가진다. 예를 들어서, 바빙크가 잘 지적하듯이, "말씀의 순수한 시행은 또한 교회의 치리의 시행을 포함"하기 때문이다.[32]

　　따라서, 이런 전체적 이해에서 보았을 때 도날드 블뢰쉬의 다음 같은 말에 나타난 태도가 과연 이 시대에 우리들이 취할 수 있는 바른 태도인가를 심각하게 묻지 않을 수 없다: "복음주의 개신교 안에서는 종교개혁의 교회를 그리스도의 바른 교회라고 하고, 천주교회를 거짓 교회라고 말하는 것이 일반적인 일이었다. 그러나 좀 더 성경적인 입장은 하나의 거룩하고 사도적인 교회가 종교개혁에 의해서 회복할 수 없게 쪼개진 것이라고 보는 것이다."[33] 복음주의자의 한 사람으로 알려진 블뢰쉬가 왜 이와 같이 말하는 것인지에 대해서 우리들은 아주 심각한 의문을 제기해야 한다. 종교개혁은 "로마와 교황의 교회로부터의 분리였지, 참된 교회로부터의 분리는 아니었기" 때문이다.[34] 오히려 종교개혁은 오랫동안 흐려져 버린 참된 교회를 이 땅 위에 명확히 나타나게 한 사건이다.

교회에 대한 역사적 이해를 잘 드러낸 점

---

[32] Bavinck, *Reformed Dogmatics*, 4, section, 494=『개혁교의학 4』, 372.

[33] Donald Bloesch, "Is Spirituality Enough?" in *Roman Catholicism: Evangelical Protestants Analyze What Divides and Unites Us* (edited by John Armstrong; Chicago: Moody Press 1994), 152: "It has been fashionable in evangelical Protestantism to regard the Reformation church as the true church of Christ and the Roman Catholic church as a false church. A more biblical stance is to see one holy and apostolic church irremediably fractured by the Reformation."

[34] Bavinck, *Reformed Dogmatics*, 4, section, 494=『개혁교의학 4』, 373. 이 때 바빙크는 F. Turretinus와 M. Vitringa, De Moor 등도 같이 언급한다.

교회에 대한 고백을 하는 〈제 27 조〉에서 〈벨직 신앙고백서〉는 교회에 대한 역사적 이해를 잘 드러낸다. 다소 긴 〈제 27 조〉를 그대로 옮겨 놓고, 논의를 시작하는 것이 좋을 것이다:[35]

제 27 조: 거룩한 보편적 교회

우리들은
하나의 단일한 보편적 교회(one single catholic or universal church)를
믿고 고백합니다.
그것은 참된 기독교 신자들의 거룩한 회중과 모임인데,
그들은 예수 그리스도의 피로 씻어지고,
성령님에 의해 성화되고 인쳐져서
예수 그리스도 안에 있는 온전한 구원을 기다리는 사람들입니다.

이 교회는 세상의 처음부터 존재해 왔으며
끝까지 있을 것이니,
이는 영원한 왕이신 그리스도께서는 그의 시민들 없이
있을 수 없다는 사실로부터 분명히 드러납니다.

그리고 이 거룩한 교회는 온 세상의 분노에 대항하여
하나님에 의해 보존되어 왔으니,
잠시 동안 인간의 눈으로 볼 때는 아주 작게 보이고,
심지어 거의 꺼진 것처럼 보일 때에도
(하나님에 의해 보존되어 온 것입니다).

---

[35] *The Belgic Confession of Faith*, "Article 27: The Holy Catholic Church."

예를 들어서,
　아합이 통치하던 매우 위험한 시기에
　주님께서는 바알에게 무릎 꿇지 않은 사람들
　7,000명을 당신님을 위해 보존하셨습니다.

그러므로 이 거룩한 교회는
　특정한 곳의 특정한 사람들에
　한정되거나, 묶여지거나, 제한되지 않습니다.

오히려 교회는 세계 전체에
　퍼져 나가고 퍼져 있는 것입니다.
　(그렇게 온 세상에 퍼져 있어도
　　이 거룩한 교회는)
　한 분의 같은 성령님 안에서
　신앙의 힘으로
　한 마음과 한 뜻으로
　연결되어 있고 연합해 있는 것입니다.

이 고백으로 〈벨직 신앙고백서〉는 교회의 속성을 셋으로 언급하면서 역사 과정 가운데 있는 교회를 명확히 이해하려고 한다. "하나의 거룩한 보편적인 교회"(one single catholic or universal church) 또는 "그 하나의 보편적인 교회"(the holy catholic church)라고 교회에 대해서 고백하고 그 내용을 설명하여, 전통적으로 교회의 속성을 사도성과 함께 통일성, 거룩성, 보편성으로 언급하는 틀을 벨직 신앙고백서는 바꾸어 제시하였다. 이후에 벨직 신앙고백서의 이런 표현에 주의하는 사람들은 교회의 속성을 언급할 때 '사도성'을 언급하지 아니한다.[36] 아마도 이것은 사도성을 그 내용상 사도적 가르침에 대한 충실성으로 이해하는 개신교적 전통을 따라서, 그것은 이미 우리가 다룬 "하나님 말씀의 순수한 선포"에서 언급된 내용이라고 생각하였기 때문일 것이다. 개혁파 교회론에서는 이런 의미로 사도성을 이해하면서 사도성을 따로 언급하며 넣기도 하고,[37] 이를 교회의 표지에서 다룰 것임을 분명히 하면서 교회의 속성에 대해서 말할 때에는 이 사도성을 언급하지 않고, 통일성, 거룩성, 보편성으로 제시하기도 한다.[38] 따라서 이렇게 교회의 속성을 셋으로 제시한 것은 아마도 〈벨직 신앙고백서〉의 전통을 따른 것이라고 여겨진다.

물론 그 이전에 1536년에 나온 〈제 1 스위스 신앙고백서〉〈제 14 조〉에서 교회에 대해서 고백하면서 "이 살아 있는 반석 위에 세워

---

[36] 그 대표적인 예가 Louis Berkhof이다. 그의 *Systematic Theology*, 4th edition (Grand Rapids: Eerdmans, 1949), 572-76.

[37] 그 대표적인 예가 Hermann Bavinck의 교회론(*Reformed Dogmatics*, 4, section, 496=『개혁교의학 4』, 379-85)과 G. C. Berkouwer의 『개혁주의 교회론』(서울: CLC, 2006)이다. Michael Horton도 사도성을 따로 언급하고 있다 (*Pilgrim Theology* [Grand Rapids: Zondervan, 2011], 410-19).

바빙크는 세 가지 외에 사도성과 무결점, 무오류까지를 교회의 속성으로 언급하면서, 내용과 해석은 천주교회의 해석과 달리 제시한다.

C. Bouwen 목사는 심지어 〈벨직 신앙고백서〉를 강해하면서도 고백서 표현과는 달리 교회의 속성을 넷으로 언급한다. Cf. C. Bouwen, *Notes to the Belgic Confession*, available at: http://spindleworks.com/library/bouwman/belgic/ART27.htm.

사실 이런 전통은 천주교 교회론에서 비롯되었다고 할 수 있다 천주교 교회론이 이 4 속성을 언급한다는 표현으로 Bavinck, *Reformed Dogmatics*, 4, section, 493=『개혁교의학 4』, 364, n. 124를 보라. 밸라르민은 15개의 교회의 속성을 언급하기도 했다고 한다(Bavinck, *Reformed Dogmatics*, 4, section, 493=『개혁교의학 4』, 363f.: 가톨릭 교회라는 이름 자체, 고대성, 지속 기간, 신자들의 다수성과 다양성, 주교들의 계승, 고대 교회와의 교리의 일치성, 지체 상호간 그리고 머리와의 일치, 교리의 거룩성, 교리의 유효성, 초대교부들의 유효한 삶, 영광스런 기적들, 예언의 빛, 반대자들의 고백, 교회를 반대한 자들의 불행한 종말, 현세적 행복).

[38] 그 대표적인 예가 Berkhof, *Systematic Theology*, 572-76이다.

진 살아 있는 돌들로부터 **하나의 거룩하고 보편적인 교회**가 세워지고 모여진다고 우리들은 주장합니다"라고 고백한 일도 있었다.[39] 또한 이 것은 1563년에 공표된 〈하이델베르크 요리문답〉도 교회를 지칭하면서 그저 "거룩한 공교회"(the holy catholic church)라고 말하고 있다(제 54 문답).[40] 물론 〈하이델베르크 요리문답〉이 이렇게 말하는 이유는 이것이 그저 사도신경에 있는 "거룩한 공교회"를 설명하는 맥락에서 나왔기 때문이다. 따라서 사도신경을 중심으로 설명할 때는 교회의 통일성, 거룩성, 보편성을 교회의 속성으로 제시한다.

이에 비해 〈니케아 신조〉를 좀 더 친근히 따르려고 하는 사람들은 이에 더하여 사도성도 언급하는 경향이 강하다. 그러나 교회의 속성을 말하면서 사도성을 언급하느냐 아니냐 하는 것이 사실 그렇게 중요한 것은 아니다. 사도성을 제대로 이해하고 제시하기만 한다면 별 문제는 없기 때문이다.

제대로 된 개신교회는 '사도성'을 "사도적 가르침의 계승"으로만 이해한다. 우리들이 사도들의 가르침을 그대로 계승해 가야 함을 강조한다. 이것은 "사도적 지위의 계승"이나 사도적 권좌가 있는 자리의 계승을 주장하는 천주교회의 가르침과 대척(對蹠)적이다.[41] 사도적

---

39 *The Fist Helvetic Confession of 1536*, Article, 14, in Cochrane, ed., *Reformed Confessions of the Sixteenth Century*, 105: "We hold that from living stones built upon this living rock *a holy, universal church* is built and gathered together."(강조점은 덧붙인 것임).

40 이에 대해서 하이델베르크 요리문답 54문답과 이에 대한 여러 강해서들의 해당 부분과 함께 이승구, 『성령의 위로와 교회』, 275f.과 이에 대한 설명으로 69-84도 보라.

41 Cf. Bavinck, *Reformed Dogmatics*, 4, section, 496=『개혁교의학 4』, 384: "개신교도들은 '위치와 인물의 계승'이 아니라, '교리의 계승'이 참된 교회의 속성이라고 올바르게 말했다."

지위의 계승을 말하지 않고 그저 사도적 가르침의 계승을 강조한다면, 우리들도 바빙크처럼 기꺼이 교회의 '사도성'을 인정하고 말할 수 있다. 그래서 우리들의 교회도 사도적 교회(apostolic church)라고 언급하기도 한다.[42] 그러나 이런 의미, 즉 사도적 가르침의 계승만을 강조하려는 것이라면 〈벨직 신앙고백서〉나 〈하이델베르크 요리문답〉과 같이 굳이 사도성을 따로 언급하지 않고, 교회의 속성으로 교회의 통일성, 거룩성, 보편성을 언급하는 것으로 족(足)할 것이다.

〈벨직 신앙고백서〉는 이전의 다른 신앙고백서들 특히 〈스코츠 신앙고백서〉(1560)나 〈치리서들〉(1560, 1578)과 함께 교회는 "참된 기독교 신자들의 거룩한 회중과 모임"이라고 제시한다.[43] 교회를 **"구속함을 받은 사람들"**이라고 이해하는 것이다. 사실 교회를 하나님의 백성(people of God)으로 이해하는 것은 천주교회도 그리한다. 그러나 천주교회의 '가르치는 교회'(*Ecclesia docens*)와 '가르침을 받는 교회'(*Ecclesia discens*)의 구별[44] 등으로 인해 하나님 백성으로 교회를 이해하는 것이 상당히 퇴색된 것과 같이, 오늘날 개신교회도 교회에 대한 현실적 오해가 난무하는 상황에서 1561년에 "교회"를 "참된 기독

---

42 Cf. 이승구, 『기독교 세계관으로 바라보는 21세기 한국 사회와 교회』 (서울: SFC, 2007), 302-305를 보라.

43 이에 대한 논의로 이승구, "스코틀랜드 신앙고백서〉(1560)의 독특성," 『노르마 노르마타』, 409-34, at 422; 이승구, "스코틀랜드 교회 〈제 2 치리서〉(1578)에 나타난 장로교회의 모습", 『노르마 노르마타』, 449-78, at 453.

44 이 용어들에 대한 가장 자세한 설명은 Ron. J. Vogalke, "*ecclesia docens*," in *Encyclopedia of Christian Education*, eds., George Thomas Kurian, Mark A. Lamport, vol. 3 (Lanham, MD: Rowman & Littlefield Publishers, 2015), 434-36이라고 여겨진다. Thomas Stapleton (1598 사망)을 중심으로 하여 트렌트 종교 회의 이후에 이런 구별이 발전되었다는 설명으로는 James T. Bretzke, ed., *Consecrated Phrases: A Latin Theological Dictionary*, 3rd edition (Collegeville, MN: Liturgical Press, 2013), 69를 보라.

교 신자들의 거룩한 회중과 모임"이라고 언급한 것이 상당히 신선하다고 여겨질 정도이다. 이것은 우리들이 그만큼 교회에 대한 성경적 이해로부터 멀어져 있다는 표라고 하지 않을 수 없다. 그러나 교회는 〈벨직 신앙고백서〉가 잘 말하고 있듯이 "예수 그리스도의 피로 씻어지고, 성령님에 의해 성화되고 인쳐져서, 예수 그리스도 안에 있는 온전한 구원을 기다리는 사람들"이다. 여기에 "이미와 아직 아니"의 구조가 나타나고 있는 것을 관찰할 수 있다.[45] 교회는 이미 "예수 그리스도의 피로 씻어지고, 성령님에 의해 성화되고 인쳐진" 사람들이다. 그러나 그들의 온전한 구원이 아직 다 나타난 것은 아니어서 그들은 동시에 "예수 그리스도 안에 있는 온전한 구원을 기다리는 사람들"이기도 하다. 이 두 측면 모두를 잘 이해하는 것이 매우 중요하다.

그러므로 교회는 그리스도의 십자가 사건으로 구속된 사람들이다. 그러나 그렇다고 해서 교회가 신약 시대에 비로소 존재하게 된 것은 아니고, 이미 그 이전부터 있었음을 〈벨직 신앙고백서〉는 아주 분명히 말한다. "이 교회는 세상의 처음부터 존재해 왔으며, 끝까지 있을 것"이라고 하기 때문이다. 이것은 이미 구약 시대에 그 시대의 용어로 선포된 복음이 있었고, 그것을 믿는 사람들이 있었으며, 그들도 하나님의 경륜 가운데서 "예수 그리스도의 피로 씻어지고, 성령님에 의해 성화되고 인쳐져서, 예수 그리스도 안에 있는 온전한 구원을 기다리는 사람들"이라고 이해될 수 있다. 물론 구약의 성도들은 그리스도의 십자가 사건을 알지 못한다. 그러나 그들은 그 시대에 하나님께서 구원의 계획에 대해서 선포하신 바를 믿었고, 그런 의미에서 믿는 사람들

---

45 하이델베르크 요리 문답이 말하고 있는 구원 이해와 그리스도인의 삶에 대한 이해에 이런 구조가 있다는 논의로 이승구, 『하이델베르크 요리문답 강해 3: 위로 받은 성도의 삶』 (서울: 나눔과 섬김, 2015), 28–39를 보라.

로 여겨졌음을 함축적으로 말한다.

또한 이 하나님의 백성들이 스스로의 힘으로 존재하는 것이 아니라는 인식도 분명히 하며, 때로는 이 세상의 큰 세력들에 의해서 거의 없어져 가는 것 같이 될 수도 있음을 말한다. 이는 〈벨직 신앙고백서〉가 처음 고백될 때의 정황을 언급하는 표현이기도 하다. 많은 사람들이 자신들의 방식으로 [즉, 천주교회적 방식으로] 하나님을 예배하고 하는 일이 프랑스와 이탈리아와 스페인에서 계속되어 왔고, 그들의 예배 방식과 믿는 바를 "낮은 지대"(Low countries)에 사는 사람들에게도 요구하며, 성경을 따라 바르게 하나님을 섬기고 예배하는 사람들을 핍박하여 그들이 거의 없어져 가는 것처럼 보이는 그 상황에서도, 이 소위 "십자가 아래 교회"를 하나님께서 보존하셨고 보존하실 것이라는 그들의 믿음을 다음과 같이 고백한다:

> 그리고 이 거룩한 교회는 온 세상의 분노에 대항하여
> 하나님에 의해 보존되어 왔으니,
> 잠시 동안 인간의 눈으로 볼 때는 아주 작게 보이고,
> 심지어 거의 꺼진 것처럼 보일 때에도
> (하나님에 의해 보존되어 온 것입니다).

"꺼져 가는 불길도 *끄지 아니하신다*"는 그 구약의 말씀을 자신들의 정황에 적용하면서 주님에 대한 신앙을 고백해 냈다. 북 이스라엘이 아합과 이세벨의 통치 가운데서 참 여호와 신앙이 사라져 가는 상황 가운데서도 바알에게 무릎 꿇지 않은 사람 7,000이 있다고 선언하신 성경 말씀을 확실히 믿으면서 자신들이 살고 있는 그 시대에도 참 하나님의 백성은 있다고 선언한다.

따라서 "이 거룩한 교회는 특정한 곳의 특정한 사람들에게 한정되거나, 묶여지거나, 제한되지 않는다"고 선언한다. "오히려 교회는 세계 전체에 퍼져 나가고 퍼져 있는 것"이라고 적극적으로 표현하기도 한다. 이것이 교회의 보편성에 대한 선언이다. 보편성은 선교로 표현된다고 말한 바와 같이,[46] 벨직 신앙고백서도 참된 교회는 "세계 전체에 퍼져 나간다"고 하여 일종의 선교적 의식을 표현하고 있다. 그리고 현실적으로 또 온 세상에 퍼져 있다고도 표현했다. 여기에도 일종의 "이미와 아직 아니"의 구조가 나타난다. 온 세상에 퍼져 나가서 결국 온 세상에 퍼져 있는 것이 된다. 그러나 이는 진행 과정 중에 있다.

이렇게 "온 세상에 퍼져 있어도 이 거룩한 교회는 하나이다"는 선언이 교회의 통일성에 대한 선언이다. 그것에 대해서 〈벨직 신앙고백서〉는 믿는 우리들이

(1) 한 분의 같은 성령님 안에서
(2) 신앙의 힘으로
(3) 한 마음과 한 뜻으로

"연결되어 있고 연합해 있음"을 분명히 한다. 이 하나 됨은 제도나 기구의 하나 됨이 아니고, 인간의 노력으로 되는 것도 아니라, 기본적으로 성령님 안에서 이루어지는 영적인 하나 됨임을 분명히 하고, 오직 신앙의 힘으로 되는 것이라고 하고서, 따라서 그에 따라, 즉 성령님과 신앙에 따라서 우리가 한 마음과 한 뜻으로 연합해야 한다고 말한다. 바빙크가 잘 표현하고 있듯이, "교회의 통일성은 물론 일차적으로 영

---

46 이에 대해서는 이승구, 『교회란 무엇인가?』, 123을 보라.

적인 성격이지만, 그럼에도 불구하고 객관적으로 그리고 실제로 존재하며 또한 전혀 보이지 않는 것도 아니다."[47]

교회 지체들의 의무들을 분명히 제시한 점

이렇게 교회가 구속된 사람들임을 분명히 하고서 〈벨직 신앙고백서 제 28 조〉에서는 교회 지체들의 의무들을 아주 명확하게 제시한다. 〈제 28 조〉의 제목이 "교회 지체들의 의무들"(The Obligations of Church Members)이다. 우선 그 내용을 언급해 보기로 하자.[48]

우리들은 이 거룩한 모임과 회중이
구원받은 자들의 모임이고,
이를 떠나서는 구원이 없으니,
사람들은 그들이 신분과 조건이 어떠하든지
그 누구도 이 회중으로부터 떨어져 나가
스스로 만족해서는(content to be by themselves) 안 된다고 믿습니다.

오히려 모든 사람들은
교회에 참여하고 교회와 연합해야만 합니다.
교회의 가르침과 치리에 복종함으로,
예수 그리스도의 멍에 아래 머리를 숙임으로,
그리고 하나님께서 그들에게 주신 은사에 따라서
같은 몸의 지체들로서

---

[47] Bavinck, *Reformed Dogmatics*, 4, section, 496=『개혁교의학 4』, 380.

[48] *The Belgic Confession*, Article 28.

서로를 세워주기 위해 섬김으로써
교회의 통일성을 유지해야 합니다.
그리고 이 통일성을 더 효과적으로 지키기 위해서
하나님의 말씀을 따라서
하나님께서 이 교회를 세우신 곳에서는 어디서나
이 회중에 속하기 위해서
이 참된 교회에 속하지 않은 사람들로부터 자신들을 구별시키는 것이
모든 신자들의 의무입니다.
국가의 권세자들과 왕의 법령이 이를 금하고,
따라서 죽음과 물리적 형벌이 따라 온다고 해도 말입니다.

그러므로 이 참 교회로부터 떨어져 나가거나
또는 그에 참여하지 않는 것은
하나님의 규례에 반(反)하여 행동하는 것입니다.

이 〈제 28 조〉는 매우 구체적이며 그 당시 상황을 반영하고 있는 매우 비장한 고백이다. 이 조항은 참된 신자들의 의무를 기본적으로 세 가지로 제시하고 있다.

첫째로, 하나님께서 참 교회를 세우신 곳에서는 어디서나 이 참 교회에 속하기 위하여 "이 참된 교회에 속하지 않은 사람들로부터 자신들을 구별시키는 것이 모든 신자들의 의무"라고 말한다. 참된 교회가 주님의 은혜로 세워져 있는데도 여러 이유 때문에 이 참된 교회에 참여하지 않는 것은 하나님의 규례에 어긋난다고 말한다. 이는 우리가 위에서 언급한 교회의 표지를 분명히 가지고 있는 참 교회에 속하여야 하며, 그러기 위해선 "이 참된 교회에 속하지 않은 사람들로부터 자신들을 구별시키는 것"이 참된 신자의 의무라는 것이다. 이단에 속한 사람이 계속 이단에 머물러 있어서는 안 되고, 그로부터 나와서 참 교회

에 속해야 한다는 말이다. 이는 당시 상황에서, 참 신자라면 천주교회로부터 나와서 교회의 표지가 있는 참 교회에 속해야 한다는 말이었다.

둘째로, 이렇게 참 교회에 속한 사람들은 결코 참 교회로부터 자신들을 떼어 내면 안 된다고 선언한다. 왜냐하면 "이 거룩한 모임과 회중이 구원받은 자들의 모임이고, 이를 떠나서는 구원이 없기" 때문이다. 개혁파 교회는 처음부터 참된 교회를 떠나서는 구원이 없다고 단언해 왔다. 복음이 참된 교회 안에 있고, 따라서 그 안에서 죄 용서가 주어지고, 참된 말씀의 양육이 주어지기 때문이다.[49] 그러므로 "사람들은 그들이 신분과 조건이 어떠하든지 그 누구도 이 회중으로부터 떨어져 나가 스스로 만족해서는(content to be by themselves) 안 된다"고 선언한다. 이는 오늘날 한국 교회 안에 흔히 "가나안 성도"라고 **잘못 지칭되는** 사람들의 심각한 문제를 지적해 주는 말이 아닐 수 없다. 참된 성도는 항상 참된 성도들의 회중으로부터 "그 어떤 방식으로도" 떨어져 나가서는 안 된다. 우리는 항상 우리가 교회 공동체를 형성하는 지체(肢體)라는 의식을 강하게 가지고, 그 공동체와 연합하여 그와 함께 있어야 한다.

셋째로, 그러면 좀 더 구체적으로 우리는 교회 공동체 안에서 어떤 일을 해야 하는가? 〈벨직 신앙고백서〉는 교회의 통일성을 유지해야 할 의무가 있다고 한다. 어떻게 하는 것이 교회의 통일성을 유지하는 것일까? 이와 관련해서 세 가지를 언급하고 있다:

(1) 교회의 가르침과 치리에 복종함

---

49 이 점에 대한 강조로 이승구, 『성령의 위로와 교회』의 제 2부 2장인 "교회 안에서 주어지고 교회가 같이 누리는 은혜"를 살펴보라.

    (2) 예수 그리스도의 멍에 아래 머리를 숙임
    (3) 하나님께서 그들에게 주신 은사에 따라서
        같은 몸의 지체들로서 서로를 세워주기 위해 섬김

이 세 가지는 교회 안에서 우리가 하는 모든 활동을 요약하는 전포괄적인 것이다. 기본적으로 교회의 가르침에 복종해야 한다는 것은 먼저 열심히 교회의 가르침을 받아야 한다는 말이다. 참된 교회의 표지에서 언급한 바와 같이 하나님의 순수한 말씀의 가르침이 없이는 참된 교회가 없으므로 교회는 일차적으로 순수한 복음을 잘 배워 나가는 공동체이다. 여기 개신교회(protestant church)의 특징이 있다. 항상 하나님의 말씀을 배워가는 교회, 그래서 자신들이 무엇을 믿는지를 아는 교회가 참된 교회요 그것이 개신교회였다. 지금도 우리들은 그렇게 하나님의 순수한 말씀을 잘 배워가야 한다. 가르침을 받을 때는 그 성경의 가르침에 복종하는 태도로 가르침을 받는 것이다.

    따라서 그 말씀에 따라 살도록 하는 교회의 치리에도 복종하게 된다. 그것은 그리스도의 멍에 아래 머리를 숙이는 겸손한 태도를 요구하며, 그렇게 겸손하게 하나님의 말씀을 배워 나가는 성도들은 각자에게 하나님께서 주신 은사에 따라서 다른 성도들이 그리스도의 몸된 지체로서 잘 성장해 갈 수 있도록 하기 위해 섬기는 일을 하게 된다. 이와 같이 우리는 일차적으로 교회 공동체 안의 다른 사람을 위해 존재해야 된다. 그리고 그렇게 섬기는 공동체가 온 세상 가운데서 다른 사람들을 교회 공동체 안에 속하게 하기 위해 온갖 희생과 사랑의 실천을 통해서 복음의 밝은 빛을 비추어 교회 공동체 안으로 사람들을 이끌어 들이는 일을 해야 한다.

교회의 정치 형태를 분명히 한 점

〈벨직 신앙고백서〉는 이 교회 공동체가 과연 어떤 정치 형태를 가지고 이 세상에 있어야 하는 지에 대해서도 아주 분명한 입장을 표현하고 있다. 먼저 이를 이야기하는 〈제 30 조: 교회의 통치〉와 〈제 31 조: 교회의 직원들〉을 제시하고, 이에 대한 논의를 하기로 하자.[50]

> 우리들은 이 참된 교회가
> 우리 주님께서 그의 말씀 가운데서 우리들에게 가르쳐 주신
> 영적인 질서에 따라서 통치되어져야만 한다고 믿습니다.
>
> 따라서 하나님의 말씀을 설교하고
> 성례를 수종드는
> 목사들 또는 목회자들이 있어야만 합니다.
>
> 또한 목회자들과 함께
> 교회 위원회(the council of the church)를 구성할
> 장로들과 집사들이 있어야만 합니다.
>
> 이런 방식으로
> 참된 종교가 보존되고,
> 참된 교리가 전개될 수 있으며,
> 악한 사람들이 영적으로 고쳐지고 견제되어서
> 가난한 사람들과 고난당하는 모든 사람들이
> 그들의 필요에 따라서
> 도움을 얻고 위로를 받을 수 있는 것입니다.

---

50 *Belgic Confession*, Article 30: The Government of the Church.

또한 이런 방식으로
교회 안에서 모든 것이 제대로
그리고 질서 있게 이루어지게 되는 것입니다.

신실하고
바울이 디모데에게 준 규칙에 따라서
적절한 사람들이 선출되어 그 직무를 수행한다면 말입니다.

⟨제 31 조: 교회의 직원들⟩[51]
우리들은 하나님 말씀을 섬기는 분들(목사들)과 장로들과 집사들은
주님의 이름으로 하는 기도와 함께
하나님의 말씀이 가르치는 대로 질서 가운데서
교회의 합법적인 선거에 의해서
그 직무로 선출되어져야 한다고 믿습니다.

그러므로 모든 사람들은
자신들을 부적절하게 앞으로 내세우지 않도록 주의해야 합니다.
오히려 하나님의 부르심을 기다려야만 합니다.
그래서 자신들이 부름 받았음을 확신해야 하고
하나님으로부터 자신들이 그 직무로 선택 받았음을 분명히 해야 합니다.

말씀의 사역자들은
그들이 어디서 섬기든지
모두 같은 세력과 권세를 가진 것입니다.
왜냐하면 그들 모두가
교회의 유일한 보편적 감독이시요
교회의 유일한 머리이신

---

[51] *The Belgic Confession*, Article 31: The Officers of the Church.

예수 그리스도의 종들이기 때문입니다.

더구나,
하나님의 거룩한 질서가
침해되거나 멸시받지 않도록 하기 위해서
모든 사람들은 할 수 있는 한
말씀의 사역자들과 교회의 장로들을,
그들이 하는 일 때문에
매우 존귀하게 여겨야만 한다고 말합니다.
또한 불평하거나 싸우거나 다툼이 없이
그분들과 화목해야 합니다.

이와 같이 〈벨직 신앙고백서〉는 "우리 주님께서 그의 말씀 가운데서 우리들에게 가르쳐 주신 영적인 질서"가 있음을 분명히 하며, 교회는 마땅히 이런 "영적인 질서에 따라서 통치되어져야만 한다"고 고백한다. 교회는 "우리의 유일한 주인이신 그리스도께서 우리에게 규정해 주신" 이 영적인 질서로부터 벗어나는 일을 해서는 안 된다는 것은 〈제 32 조〉에서도 강조한다.[52] 그 영적인 질서를 하나님의 말씀인 성경에서 찾아 그에 따라 교회의 직원을 찾고, 교회는 통치를 받아야 한다는 것이다.

성경의 가르침으로부터 교회의 유일한 머리시요, 보편적 감독이신 예수 그리스도의 가르치심을 따라 하나님의 말씀을 가르치고 성례를 수종할 목사들과 장로들과 집사들이 세워져야 하고, 그들이 교회 위원회(the council of the church)를 구성하게 된다고 고백한다.

---

[52] *The Belgic confession*, Article 32: "they ought always to guard against deviating from what Christ, our only Master, has ordained for us."

그들을 세우는[장립(將立)하는] 방식도 하나님의 말씀인 성경의 가르침을 따라서 "주님의 이름으로 하는 기도와 함께, 하나님의 말씀이 가르치는 대로 질서 가운데서, 교회의 합법적인 선거에 의해서 그 직무에로 선출되어져야 한다"고 고백한다. 교회의 직원들은 성경의 가르침을 따라 주님께 간절히 기도하는 중에 회중들이 질서 있고 합법적인 선거에 의해 세워져야 한다고 선언함으로써, 벨직 신앙고백서는 아주 이른 시기에 성경이 가르친 바에 근거하여 가장 민주적인 방식으로 교회의 직원들을 세움을 분명히 한다.

따라서 각 사람은 "자신들을 부적절하게 앞으로 내세우지 않도록 주의해야" 한다는 것을 강조하여, 있을 수 있는 문제를 미리 예상하면서 각 사람은 "오히려 하나님의 부르심을 기다려야만" 한다고 말한다. 그런 태도를 가진 사람들이 회중들에 의해 질서 있고 기도 중에 합법적인 방식을 선출되면 "자신들이 부름 받았음을 확신할 수" 있고, "하나님으로부터 자신들이 그 직무에로 선택 받았음을 분명히" 할 수 있다고 한다.

이렇게 할 때에 교회가 자기의 기능을 잘 하게 될 수 있으니, 곧 (1) 참된 종교가 보존되고, (2) 참된 교리가 전개될 수 있으며, (3) 악한 사람들이 영적으로 고쳐지고 견제되어서, (4) 가난한 사람들과 고난당하는 모든 사람들이 그들의 필요에 따라서 도움을 얻고 위로를 받을 수 있게 된다고 한다.

이를 위해 말씀 사역자들의 평등성(parity)을 아주 강조하고 있다. 중세적인 위계질서가 교회와 목회자들 사이에 있어서는 안 된다는 것을 분명히 한다. "그들이 어디서 섬기든지"라는 말에 이것이 함의되어져 있다. 이것은 현대에도 매우 적실한 의미를 지닌 말이 아닐 수 없다.

또한 이와 같이 하나님의 말씀에 따르기로 하는 것은 예배에서
도 분명히 나타나서, 〈벨직 신앙고백서 제 32 조〉의 한 부분에서는
"우리의 예배에서, 어떤 방식으로든지 우리의 양심을 억압하고 강요하
는 모든 인간적 창안물들과 모든 법들을 거부해야만 한다"고 강하게
말한다.[53] 이는 천주교회와 같이 성경이 말하지 않은 요소들을 예배
가운데 가지고 그와 같은 방식으로 예배하도록 강요하는 것이 옳지 않
다고 천명하는 것이다.

*****

이제까지 우리는 〈벨직 신앙고백서〉에 과연 어떤 "교회 이해"가 나타
나 있는지를 살펴보았다. 이를 찬찬히 살펴보면 우리 시대에도 그대로
적용할 수 있는 아주 좋은 이해가 표현되고 있음을 잘 알 수 있다. 특
히 〈벨직 신앙고백서〉가 말하고 있는 교회 정치 형태를 생각해 보면
이 신앙고백서의 초안 작성자인 귀도 더 브레를 왜 화란에는 그런 이
름이 없는 데도 불구하고 **"장로교" 목사**라고 하는지를 이해할 수 있게
된다. 그런 점에서 대한예수교장로회는 이 〈벨직 신앙고백서〉의 교회
론을 깊이 생각하면서 우리 교회에 잘 반영해야 할 것이고, 다른 교단
들도 이런 성경적 이해를 존중해야 할 것이다. 부디 우리가 이 고백서
의 교회 이해를 잘 드러내는 교회가 되었으면 한다.

---

[53] *The Belgic Confession*, Article 32: "Therefore we reject all human
innovations and all laws imposed on us, in our worship of God, which bind
and force our consciences in any way."

3

교회의 속성들과 교회의 표지들의 관계성

전형적인 개혁파 교회론에서는 교회의 속성들(*attributa ecclesiae*)과 교회의 표지들(*notae ecclesiae*)을 나누어 설명해 왔다. 이것은 우리가 전 장에서 살펴 본 〈벨직 신앙고백서, 1561〉에서도 잘 나타난다. 속성과 표지들의 기능과 성격이 다르다고 여겼기 때문이다. 이것이 천주교 교회론과 종교개혁의 교회론의 큰 차이들 가운데 하나였다. 종교개혁 이전 시대에는, 비록 동서로 나뉘어져 동방교회와 서방교회로 존재하고 있었지만, 모두가 자신들이 속해 있는 "한 교회"를 생각하면서 교회의 속성들만을 논의했었다. 루이 벌코프가 잘 말하고 있는 바와 같이, "교회가 외적으로 하나일 때에는 교회의 표지에 대한 요구가 잘 느껴지지 않았기" 때문이다.[1] 그러나 종교개혁 시대가 되자 과연 어떤 교회가 참

---

[1] Louis Berkhof, *Systematic Theology*, 4th enlarged edition (Grand Rapids: Eerdmans, 1941), 576. 이것이 의미 있으니, 종교개혁이 일어나는 시기에 이탈리아 예수회에 속한 천주교 변증가인 밸라르민 추기경(Robert Ballarmine, 1542-1621)이 15개의 교회의 표지를 제시하고 있기 때문이다. 그가 제시하는 교회

교회인가를 물으면서, 참 교회의 표지(*notae ecclesiae*, marks of the church) 문제가 심각하게 제기되었다.

예를 들어서, 칼빈(1509-1564)은 교회가 "하나의 거룩한 보편적 교회"임을 분명히 하면서, 참 교회를 찾을 수 있는 확실한 표지들에 대해서 말하면서, "하나님의 말씀이 신실하게 선포되어 들려지고, 성례들이 그리스도께서 제정하신대로 집례되는 곳에서는 마태복음 18:20의 말씀대로 하나님의 교회가 존재한다는 것을 의심하지 않는다"고 한다.[2] 그는 "우리는 교회를 식별하는 표지가 말씀의 선포와 성례의 엄수라고 주장한다."[3] 그리고 그는 교회의 치리를 성례의 엄수에 넣어서 논의하면서 강조하고 있다.[4]

의 표지들은 다음과 같다: (1) 그 이름, (2) 고대성, (3) 오랜 지속성, (4) 신자들의 많음과 다양성, (5) 주교들의 계승, (6) 교리에 있어서 고대 교회와의 일치성, (7) 그 지체들 간에 그리고 머리와의 일체성, (8) 그 교리의 거룩성, (9) 교리의 유효성, (10) 초기 교부들의 삶의 거룩성, (11) 그 이적들의 영광, (12) 예언의 빛, (13) 그 대적자들의 고백과 증언, (14) 이 교회를 대적하는 자들의 불행한 운명, (15) 이 세상에서의 행복(Robert Ballarmine, "De eccl. mil..," in *Contoversiis*, IV, c. 4-18, cited in Herman Bavinck, *Reformed Dogmatics*, trans. John Vriend [Grand Rapids: Baker, 2008], 4:307).

2 John Calvin, *Institutes of the Christian Religion* (1559), LCC edition, edited by John T. McNeill, translated by Ford Lewis Battles (Philadelphia: Westminster, 1960), 4. 1. 9.

3 Calvin, *Institutes*, 4. 1. 10.

4 칼빈의 논의에서 이것이 자명하며(*Institutes.*, 4. 1. 9-10을 보라), 이를 특히 언급하는 Edmund Clowney, *The Church* (Leicester: IVP, 1995), 101를 보라. 교회의 표지를 몇으로 말하느냐에 대한 좋은 논의로 이승구, 『한국 교회가 나아

〈François Turrettini, 1623-1687〉　　　　〈영역된 변증신학 강요〉

　　17세기 제네바의 프란시스 튜레틴(François Turrettini, 1623-1687)은 교회의 통일성, 불가시성, 영속성을 긍정하고(그러므로 이 셋을 제시했다고 할 수 있다), 교회의 영광은 때로 어두워지고 약화될 수 있다고 하고, 무오성에 대해서는 그것을 부인하는 논의를 길게 하고,[5] 그 후에 교회의 표지를 전형적인 3 가지 표지로 제시하였다.[6]

　　헤르만 바빙크(1852-1921)는 교회의 표지를 먼저 논의하고,[7] 그런 표지를 가진 참교회가 역사 가운데서 어떻게 나타났는가를 논의한[8] 후, 교회의 속성으로 통일성, 거룩성, 보편성, 사도성, 불멸성(indefectibility)와 무오성을 언급하면서 교황의 무오성을 말하는 천

갈 길」, 개정 확대판 (서울: CCP, 2018), 223-24, ns., 35-38을 보라.

　　[5] Francis Turretin, *Institutes of Elenctic Theology*, trans. George Musgrave Giger, vol. III (Phillipsburg, NJ: P& R, 1997), 27-86=Q. V- XI.

　　[6] Turretin, *Institutes of Elenctic Theology*, III: 86-146=Q. XII-Q. XV.

　　[7] Bavinck, *Reformed Dogmatics*, 4:307-16.

　　[8] Bavinck, *Reformed Dogmatics*, 4:316-19.

주교와 달리 개신교에서는 "참된 신자들의 모임으로서의 교회의 무오성"만이 인정될 수 있는데, 그것도 "그 왕이신 그리스도께서 항상 그의 이름을 부르며 그에게서만 구원의 모든 것을 찾는 신자들의 모임이 있도록 하실" 것이라는 의미에서 있을 수 있는 것이라고 밝힌다.[9]

이에 비해서 벌코프(1873-1957)는 교회의 속성을 통일성, 거룩성, 보편성으로만 제시하고,[10] 그 후에 교회의 표지를 〈벨직 신앙고백서〉 29항에 따라서 말씀의 참된 선포, 성례의 바른 시행, 그리고 치리의 신실한 시행으로 제시하고 있다.[11] 벌코프를 따라서 박형룡 박사(1897-1978)도 교회의 속성을 통일성, 거룩성, 보편성으로 제시하고, 사도성과 무오성을 천주교회가 말하는 것이라고 하면서 "우리의 종교개혁의 사부들은 정당히 말하되, '인물들과 처소들의 계승' 보다도 '교리의 계승'이 참 교회의 표지라 하였다."고 하면서 바빙크를 언급한다.[12] 그런가 하면 표지에 대해서도 한 절을 따로 제시하여 전형적 세 가지 표지를 제시하였다.[13]

웨스트민스터 신학교의 에드문드 클라우니(1917-2005)도 교회의 속성으로 사도성, 통일성, 거룩성, 보편성을 논의하고[14] 그 후에 한 장을 할애하여 교회의 표지를 다루었다.[15] 화란 아뻴도른 신학교의 얀 반 헨데렌(Jan van Genderen, 1923-2003)과 빌럼 헨드릭 벨레마

---

9 Bavinck, *Reformed Dogmatics*, 4:324f.
10 Berkhof, *Systematic Theology*, 572-76.
11 Berkhof, *Systematic Theology*, 576-78.
12 박형룡, 『교의신학/교회론』 (서울: 한국기독교교육연구원, 1977), 70. 이 때는 그는 Bavinck, *Gereformeerde Dogmatiek*, IV, 353을 언급하고 있다.
13 박형룡, 『교의신학/교회론』, 98-102.
14 Edmund Clowney, *The Church* (Leicester: IVP, 1995), 71-98.
15 Clowney, *The Church*, 99-103.

88 ● 교회, 그 그리운 이름

(Willem Hendrik Velema, 1929년생)가 같이 낸 『요약된 개혁파 교의학』에서는 교회의 속성을 전통적인 네 속성으로 제시하고,[16] 그 후에 교회의 표지를 〈벨직신앙고백서〉 29항에 따라서 세 가지로 제시하고 있다.[17] 스프롤(1939-2017)도 교회의 속성과 표지를 나누어 잘 설명하였다.[18] 웨인 그루뎀(1948년 생)은 독특하게 교회의 속성에 대한 언급은 따로 하지 않고, 교회의 표지만 두 가지로 제시하고 있다.[19] 교회의 치리에 대해서는 교회의 권세를 다루면서 후에 논의하고 있다.[20] 이와 같이 전통적으로 개신교 신학에서는 교회의 속성과 표지를 나누어 제시하는 것이 일반적이었고, 그렇게 하는 분명한 이유가 있었다.

그런데 현대에 제시되는 교회론들 가운데서는 마치 다시 이전 시대로 되돌아가서 교회의 표지와 속성을 잘 구별하지 않으려는 성향이 나타난다. 이렇게 교회의 속성과 표지를 구별하지 않는 경우에 어떤 때는 전통적으로 언급되던 속성들을 표지로 제시하는 일도 있다.[21] 이렇게 오늘날 어떤 신학자들은 교회의 속성과 표지를 동일시하는가

---

[16] J. van Genderen & W. H. Velema, *Concise Reformed Dogmatics* (1992 Dutch Edition, Phillipsburg, NJ: P & R, 2008), 707ff.

[17] Genderen & Velema, *Concise Reformed Dogmatics*, 726-28.

[18] R. C. Sproul, *Everyone's A Theologian* (Sanford, FL: Reformation Trust Publishing, 2014).

[19] Wayne Grudem, *Systematic Theology: A Introduction to the Biblical Doctrine* (Grand Rapids: Zondervan, 1994), 864-67.

[20] Grudem, *Systematic Theology*, 894-900.

[21] 그런 대표적인 예가 근자의 위키피디아의 교회의 속성들과 표지들에 대한 설명 글(https://en.wikipedia.org/wiki/Four_Marks_of_the_Church)과 천주교의 볼티모어 요리문답 제 155문("155. What are the chief marks of the Church? The chief marks of the Church are four: It is one, holy, catholic or universal, and apostolic." Available at: https://www.catholicity.com/baltimore-catechism/lesson12.html), 그리고 후에 언급할 꼬이 교수와 브링크 교수의 설명이다.

하면, 어떤 신학자들은 교회의 속성을 중시하면서 교회의 표지를 그저 지나가면서 언급하는 모습을 드러낸다. 이것이 과거의 개혁파 교회론과 오늘날의 교회론의 차이의 하나이다. 이 글에서는 오늘날의 교회론의 이런 성향을 드러내면서 그것을 과거의 좀 더 분명한 개혁파 교회론과 대조시키려고 한다. 현격한 대조를 위해서 오늘날 제시되는 신학들 가운데서 그래도 개혁파적 신학으로 또는 복음주의 신학으로 제시되는 몇 신학자들의 시도들을 검토하기로 한다.

그리하여 이 글을 통해서 나는 **교회의 속성들과 표지들은 명확히 구별되어야 하니, 교회의 속성들은 이미 그리스도에 속해 있다는 교회의 존재적 특성 때문에 비록 그런 속성들이 현저하게 나타나지 않아도 교회가 이미 그런 존재임을 인정하고 그런 방향으로 노력해 나가면 교회이지만, 교회의 표지들은 그것들이 있지 않으면 전혀 교회가 아니라는 종교개혁의 중요한 통찰**을 다시 드러내어 강조하고자 한다. 다시 강조하면서 표현하면, 교회의 표지들이 없으면 교회가 아니다: 그러나 교회의 속성은 그것을 온전히 드러내지 못해도 교회가 그런 방향으로 나아가면 교회이다. 스코틀랜드 교회에서 교회의 표지 문제와 관련해서 논의하던 바를[22] 우리 식으로 변용해서 말하자면, 교회의 표지들은 교회의 존재(*esse*)를 규정하는 것이고, 교회의 속성들은 교회의 건강(*bene esse*)을 측정하는 것이다. 이것이 이 짧은 논문이 주장하고자 하는 기본 주장(these)이다.

---

22 스코틀랜드 교회에서 한 때 교회의 두 가지 표지는 교회의 존재(*being*)를 위한 것이고, 교회의 치리는 교회의 건강(*well-being*)을 위한 것이라는 논의가 있었다. 이에 대한 좋은 논의로 Berkhof, *Systematic Theology*, 576을 보라.

꼬르넬리스 봔 데어 꼬이와 하이스베르트 봔 덴 브링크의 견해

〈Cornelis van der Kooi 교수〉　　　〈Gijsbert van den Brink 교수〉

네덜란드 자유대학교 신학부의 이전에는 제일 젊은 조직신학 교수였었으나23 이제는 가장 연로한 조직신학 교수가 된 꼬르넬리스 봔 데어 꼬이(Cornelis van der Kooi, 1952년 생)와 우트레흐트에서 학위를 하고 그곳에서 조직신학을 가르치다가 이제는 꼬이 교수의 젊은 동료가 된 하이스베르트 봔 덴 브링크(Gijsbert van den Brink, 1963년생)가 2012년에 네덜란드어로 『기독교 교의학』(Chrstelijke dogmatiek: Een inleiding)을 내었고, 이 책이 화란에서 가장 많이 팔리는 신학 책의 하나가 되었다는 소식을 들었었는데, 이 책의 영어 번역판이 2017년에 출간되었다.24 자유대학교에도 여러 조직신학 교수들이 있고, 또

---

23 이제는 소천한 이정석 교수가 자유대학교에서 박사 과정을 밟을 때인 1980년대 상황에 대한 언급이다.

각기 다른 입장을 제시하기 이제는
그런 식으로 말할 수 없지만 그래도
이 책이 21세기 초 자유대학교의 신
학적 입장을 드러내고 있다고 할 수
있다. 누구나 알다시피, 자유대학교
조직신학은 초기 카이퍼, 바빙크의
신학적 입장에서 상당히 멀어져 가고
있다. 매우 자유주의적이었던 해리
카이테르트(Harry M. Kuitert,
1924-2017) 교수와 비교하면25 지금
은 그래도 상당히 정통주의 개혁파에
가까워졌으나 지금도 성경관으로부
터 신학의 상당히 많은 문제에 있어

서 정통적 개혁신학과는 다른 입장을 제시하고 있음을 이 책을 통해서
더 분명히 확인할 수 있다.

교회의 속성들과 표지에 대한 견해에서도 역시 정통 개혁파의
입장과는 다른 입장을 제시하고 있다고 할 수 있으니, 이 두 분은 교회
의 속성들을 교회의 표지들과 동일시하면서 논의하고 있기 때문이다.
처음부터 그들은 니케아 신조에 교회의 네 가지 표지들(*notae*

---

24 Cornelis van der Kooi & Gijsbert van den Brink, *Christian
Dogmatics: An Introduction* (Grand Rapids, MI: Eerdmans, 2017). 세계개혁신
학회에서 늘 만나는 이 신학자들에 대해 이런 논의를 하는 것이 상당히 겸연쩍기는
하나, 건설적 논의를 위해 비교적 비판적인 논의를 하고자 한다. 이하 이 글에서 이
책으로부터의 인용은 본문 가운데 ( ) 안에 면 수 만으로 표하도록 하겠다.
25   카이테르트에   대해서는   다음을   보라:
https://en.wikipedia.org/wiki/Harry_M._Kuitert.

ecclesiae)이 언급되어 있다고 하면서, 통일성, 거룩성, 보편성, 사도 성을 언급한다(626). 이렇게 교회의 속성을 표지라고 표현하는 것 자체가 개신교 신학에서는 상당히 낯선 것이다. 그리고는 종교개혁이 그 수를 둘이나 셋으로 축소시켰다고 말하면서 말씀의 바른 선포와 성례의 바른 시행을 언급하는 아우구스부르크 신조 7항과, 이에 더하여 교회의 치리(church discipline)를 말한 것이 〈벨직 신앙고백서〉 29항이라고 한다. 이와 연관해서 그들은, 바빙크는 "교회의 순수성을 영속적인 특성으로 만드는 것은 비현실적인 것이라고 하면서 치리를 교회의 표지에서 제거하였다"고 말한다.[26] 그러면서 "교회의 역사가 네 가지 고전적 표지들은 불충분하고 아주 모호하다는 것을 잘 드러내어 준다"고 하면서, "표지들의 기능이 바뀌었다"고 한다(626). 즉, "이전에는 표지들이 참된 교회와 그렇지 않은 교회들을 구별하는 수단으로 섬겼으나, 이제는 조심스러운 자아 성찰의 인도자(a guide)가 되었다"고 한다(626). 아마도 이 두 분의 의식 속에는 이제는 표지(*notae ecclesiae*)를 가지고 참된 교회와 거짓된 교회를 구별하는 수단으로 사용할 수 없다는 함의가 있는 듯하다.

이와 같이 교회의 표지와 교회의 속성을 같은 것으로 취급하고 있지만, 속성에 대한 그들의 논의는 우선 시작은 비교적 건전하다. 먼저 교회의 통일성에 대해서 논의하면서 "교회의 본질적 통일성은 하나님의 통일성에서 발견된다."고 한다.[27] 즉, "성부 성자, 성령의 통일성

---

[26] Van der Kooi & van den Brink, *Christian Dogmatic*, 626. 이 때 그들은 Herman Bavink의 *Reformed Dogmatics*, 4:305-7을 언급한다. 그러나 과연 이 주장이 과연 옳은 지에 대해서는 후론할 것이다.

[27] Van der Kooi & van den Brink, *Christian Dogmatic*, 626: "Its essential unity is found in the unity of God."

이 교회의 영적인 통일성이 무엇을 함의하는 지를(엡 4:4-6; 요 17:11) 근본적으로 규정한다"고 말한다(626f.). 그러므로 이는 "단일 형태성 (uniformity)이 아니라, 방향과 역동성에서의 통일성"을 함의한다는 것이다(627).

그런데 논의를 계속해 가면서 결국 종교개혁은 "교회를 정상화 시키는 비상조치로(an emergency measure)" 의도된 것이므로(627), 여러 대화를 통해서 상호 관계가 무르익어서 이제 상당히 상호 이해에 도달한 이런 상황에서는 천주교회와 개신교회들이 이렇게 나뉘어져 있는 것을 계속 유지하는 것이 타당성이 있는가 하는 매우 놀라운 질문을 한다(628). 이런 넓은 의미의 교회의 통일성을 강하게 강조한 예로 그들은 자신들의 전임자의 한 사람이었고 이제는 조기 은퇴한 브람 반 데 베이크(Abraham van de Beek, 1946년생)의 『그리스도의 몸과 정신: 교회와 성령의 신학』을 언급한다.[28] 브람이 이제는 천주교회와 하나됨을 회피할 이유와 필요가 없다는 것을 강조했을 때 놀랐었던 우리들은[29] 그에게 상당히 가까이 가는 이 두 분의 논의에 대해서도 다시 놀라게 된다.

교회의 하나됨이 지역에서, 특히 이 통일성을 구체적으로 표현해 내는 구체적인 지교회의 예배를 위한 모임과 성찬에서 잘 나타나야 한다(628)는 것에는 기본적으로 동의하고, "성찬 상에 우리는 우리가 친구들로 선택한 사람들과 함께 만나는 것이 아니라, 그들이 예수 그

---

[28] Cf. Abraham van de Beek, *Lichaam en Geest van Christus: De theologie van de kerk en de Heilige Geest* (Zoetermeer: Meinema, 2012).

[29] 2007년 7월에 루마니아 트란실바니아의 Cluj에서 세계개혁신학회(IRTI) 7차 모임에서 브람은 이런 주장을 하여 많은 참석자들을 놀라게 하였었다. 이 때 발제된 글들을 모아 출간한 *The Unity of the Church: A Theological State of the Art and Beyond*, ed., Eduardus Van der Borght (Leiden: Brill, 2010)도 참조해 보라.

〈미국 뉴브룬스윅 신학교에서 열린
세계 개혁신학회 도중 신학교
도서관에서 담소하고 있는 에디 봔
데어 보르트 교수의 모습〉

리스도에 의해 선택된 것이다. (이처럼) 통일성은 그 [그리스도] 안에 있다"는(628) 말에도 동의하면서도, 그 말의 함의에 대해 불안한 마음이 든다. 또한 우리들의 서로 다른 강조점과 그로 인한 나뉘어짐이 문화적 사회적 인종적 다양성이 있는 상황에서 기원한 경우들이 많으니, "우리들이 차이를 넘어 나아가서 최고의 목적으로서의 우리의 정체성을 주장하지 못하게 하는 핑계 거리가 될 수는 없다"는 주장(628)에 대해서도 선뜻 찬동하기 어렵다. 이런 다원주의에 대한 비판으로 20세기에 끌라스 스낄더의 논의가 있었다는 것도 좀 받아들이기 어렵고, 이를 문화적, 경제적 인종적 다양성에 적용한 예로 그들의 동료인 에디(Eduardus A. J. G. van der Borght, 1956년생)의 책을[30] 언급하는 것은 한편으로는 잘 이해되면서도, 결국 그 절단선이 무엇인지에 대한 심각한 질문을 하도록 한다. 그러므로 통일성에 대한 우리의 질문은 "그 통일성의 범위와 절단선이 과연 무엇인가?"이다. 일단 지금 그들이 말하는 것은 현재 교회라고 언급되는 모든 공동체가 그 통일성의 범위 안에 있는 듯하다는 인상을 받는다.

　　교회의 거룩성에 대한 언급도 일단은 건전하게 시작된다. 거룩한

---

[30] Cf. Ed. A. J. G. van der Borght, *Sunday Morning - the Most Segregated Hour: On Racial Reconciliation as Unfinished Business for Theology in South Africa and Beyond* (Amsterdam: Vrije University, 2009).

교회라고 말할 때 우리들은 "우선 교회와 그 지체들의 도덕적 질(質)에 대해서 말하는 것이 아니다."(628)고 하면서 고린도전서 1:30을 인용하여 우리가 말하는 "거룩성은 기독론적으로 정의된다"(628)고 정통적 교회론의 논의를 잘 제시한다. 이에 근거하여 "메시야를 중심으로 모인 하나님의 백성은 하나님 나라의 통치에 따라 살도록 기대된다"고 하면서 마태복음 5-7장과 마 5:48을 적절하게 인용하여 제시한다(629).

교회의 보편성에 대한 설명도 건전하게 시작하여 "카톨리코스"(Katholikos)라는 희랍어 단어가 "-에 대해"(over)라는 뜻의 "카타"(kata)와 "전체"(whole, entire) 라는 뜻의 "홀로스"(holos)가 합쳐져서 만들어진 단어임을 설명하고, 5세기 레린스의 빈센트(Vincent of Lérins)가 그의 책(*Commonitorium*)에서 한 말인 "우리들은 **어디서나 그리고 모든 이들이 믿어 온 바에 머물러 있어야만 한다**"는 말로 잘 규정하고, "빈센트에게는 통일성은 신앙의 내용, 신조에 놓인 것이다"고 설명하고 있다.[31] 그 후에 천주교회에서는 보편성의 양적인 측면이 주도적이고, 개신교회는 보편성의 질적인 측면이 주도적이라는 논의 (630)는 그 말에 꼭 동의하지는 않아도 흥미로운 관찰로 여길 수 있다. 개신교적 관점에서는 복음의 보편성이 중요한데 그것은 "현재의 교회만이 아니라 모든 시대 모든 곳의 교회에도 적용되는 것이다"(630)는 말은 의미 있다고 여겨진다.

특히 개혁파 전통에서는 이런 질적인 의미가 가장 중요한 것으로 등장하여, 그리스도가 우리의 전 실존에 영향을 미쳐야만 한다고 하면서 카이퍼의 영역 주권 개념을 잘 강조해 내고 있다. 그리고는 "만

---

[31] Van der Kooi & van den Brink, *Christian Dogmatic*, 630, 강조점은 덧붙인 것임.

일 교회가 이런 의미에서 참으로 보편적이라면, 하나님께서 통치하시는 모든 삶의 영역에서 적극적 의도를 드러내야 한다"(630)고 말하여, 앞에서 거룩성을 언급하면서 공적인 영역에서 영향력을 잘 드러내야 한다는 것과 연관하여 제시한다. "'나라가 임하옵시며'라고 기도하는 사람마다 보편화하는 방향으로 나아간다"(630)는 주장도 의미 있다. "현대 개혁파 영성에서는 '가톨릭'이라는 말에 표현되어 있는 본래적 보편성이 문화와 관련하여 의미심장하게 확대되었다"는 것도 매우 중요한 지적이다.[32]

그런데 이와 연관해서 "개신교인들도 '가톨릭'이라는 명칭을 주장해야만 한다고 하면서 크로넨부르크와 데 루베르의 2007년에 낸 책의 제목인 『우리도 가톨릭이다: 개신교 보편성에 대하여』를 언급하는데,[33] 이것보다 좀 더 강하게 이야기해야 오해가 없어질 것이다. 그들의 진술에서 얻게 되는 인상은 "천주교회도 그들이 주장하는 대로 가톨릭인데, 우리 개신교도 가톨릭이다"는 것이다. 개혁자들이, 그리고 그들이 인용하고 있는 카이퍼와 바빙크가 이런 인상을 주는 말에 동의할 것이지를 심각하게 물어야 한다. 더구나 이런 의미의 보편성에 대한 이야기를 과연 어디까지 확대하려고 하는지, 그리고 공적 영역에서 나타나야만 하는 거룩성을 언급할 때 한편으로 동의하면서도 그 함의에 대해서 불안하다. 다시 말하여, 이 분들이 말하는 보편성의 절단선이 과연 있는지가 명확하지 않다.

---

[32] Van der Kooi & van den Brink, *Christian Dogmatic*, 630. 이 때 이분들은 바빙크의 "기독교의 보편성과 교회"(1888)라는 연설문과 카이퍼의 영역 주권에 대한 연설문(1880)을 언급한다.

[33] Van der Kooi & van den Brink, *Christian Dogmatic*, 631. Cf. J. Kronenburg and R. de Reuver, *Wij zijn ook katholiek: Over protestantse katholiciteit* (Heerenveen: Protestantse Pers, 2007).

사도성과 관련해서 천주교회의 사도적 계승의 의미와 개혁자들의 사도적 증언의 연속성, 또한 그 연속성을 목사와 장로들의 회에 둔 개혁파 모델과 회중 전체에 둔 회중교회의 모델과 같이 이전 시대의 예들을 잘 소개한 후에, 근자에 "사도성에 대한 역동적 해석"이 드러났다고 하며 그것을 제시한다(631). 이는 여러 교단 간의 상호 대화와 특히 세례와 성찬에 대한 새로운 문서(the BEM report)에서 제시된 것으로, 성령님께서 백성들을 세상에서 그리스도의 증인들로 보내신다는 것을 새롭게 해석하면서, 성경에서 "사도"라는 말이 12제자에게만 적용된 것이 아니라 더 넓은 그룹들에게도 적용된 것에 근거해서 "전체로서의 교회가 사도적"이라고 한다(632). 그러나 이 말이 19세기와 오늘 날의 어떤 신사도 운동 그룹의 주장과 같이 사도의 직임을 재도입해야 한다는 것이 아님을 말하기도 한다(632). 이런 시도들은 에베소서 4:11-16에 언급된 과제들과 기능들이 예로 언급되었다는 것을 인정하지 못한 결과라고 한다. 그래도 "전체로서의 교회가 사도적"이라는 말이 가져올 수 있는 심각한 문제들을 제대로 의식했는지 의문이다. 신약 초기 교회의 사도들의 역할과 우리의 보냄 받음은 과연 어떻게 다른가가 충분히 설명되지 않은 것처럼 보인다.

마지막으로 이런 네 가지 속성들을 "교회가 그 스스로 가지는 것이 아니고 하나님의 창조적이고 부르시는 말씀 때문에"(because of God's creating and calling Word) 가지게 된다고 한다(632). 이와 연관하여 교회의 정체성은 "밖-중심적"(ex-centric)이라는 독특한 표현을 한다(632). 그러면서 사도성을 〈네덜란드 개신교회(PKN)의 교회법〉 5.1조로 잘 설명할 수 있다고 하면서 이를 인용한다: "말씀과 성례의 공적인 직임은, 회중들로 하여금 구원의 복음과 세상 안에서 부름 받음을 상기하도록 하기 위해, 그리스도에 의해 교회에 주어졌다."이분들은 이 표현이 교회가 그리스도와 연관되어 있다는 것과 하나님에 의해 부름 받았다는 것의 우선성, 그리고 세상의 포럼 안에서의 그 사역의 공적 성격을 잘 주장하며 드러내는 것이라고 한다(632).

이상의 논의에서 잘 나타나고, 특히 맨 마지막 인용문에서 잘 나타나듯이, 꼬이 교수와 브링크 교수는 "네덜란드 개신교회(PKN)의 입장에서의 교회론"을 제시하고 있다고 할 수 있다. 역사적으로 카이퍼, 바빙크의 개혁파 신학과 연관성을 지니고 그와 연관되는 논의를 하지만 결국은 그들이 말하던 개혁파 정통주의에 꼭 충실하지는 않은 입장을 드러내는 것이다. 그것이 그들의 논의에 대한 우리들의 불안의 근본적 이유가 된다.

가장 심각한 문제는 그들이 말하는 그리스도의 교회의 범위가 과연 어디까지 일까 하는 것이다. 우선 현존하는 개신교회들에 천주교회와 동방 정교회를 다 포함시켜 생각하고 있다는 강한 인상을 받게 된다. 그리고 그렇게 넓게 잡게 된 이유가 교회의 표지를 교회의 속성과 동일시하는 데서 온 것이 아닌가 하는 생각을 하게 된다.

마이클 버드의 견해

교회의 속성과 교회의 표지를 동일하여 제시한 또 다른 예로 호주의 퀸스랜드 대학교에서 박사 학위를 하고,[34] 리들리 멜번 선교 대학

---

[34] 2005년에 퀸스랜드 대학교에서 제출하여 학위를 취득한 그의 박사 학위 논문은 "Many will Come from the East and the West: Jesus and the Origins of the Gentile Mission"이다. Cf.

(Ridley Melbourne College of Mission)에서 신학을 가르치고 있는 마이클 버드(Michael Bird, 1974년생)를 들 수 있다.[35] 신약학자로서 바울의 새 관점에 대해서 성경적 입장에서 좋은 비판 논의를 하고,[36] 바울에 대한 복음주의적 견해를 잘 제시하고,[37] 예수님에 대한 성경적 입장도 잘 제시하여[38] 복음주의 신약학의 대표적인 학자로 자리매김을 한 그는 2013년에 『복음주의 신학』을 내었다.[39] 이 책에서 버드 교수는 상당히 성경에 충실한 복음주의 신학을 제시하고 있다. 그럼에도 불구하고,

---

http://ridley.academia.edu/MichaelBird/CurriculumVitae. 이를 출간한 것이 *Jesus and the Origins of the Gentile Mission* (Edinburgh: T&T Clark, 2006)이다.

[35] 현재는 리들리 칼리쥐의 교무처장(Academic Dean)을 하고 있다고 한다. Cf. https://en.wikipedia.org/wiki/Michael_Bird_(theologian).

[36] Michael F. Bird, *The Saving Righteousness of God: Studies on Paul, Justification and the New Perspective*, Paternoster biblical monographs (Milton Keynes, UK: Paternoster, 2007).

[37] Michael F. Bird, *Bird's Eye View of Paul: The Man, His Mission and His Message* (Nottigham: IVP, 2008)=*Introducing Paul: The Man, His Mission, and His Message* (Downers Grove, IL: InterVarsity Press, 2008); idem, *An Anomalous Jew: Paul among Jews, Greeks, and Romans* (Grand Rapids: Eerdmans, 2016).

[38] Michael F. Bird, *Are You the One who is to Come? The Historical Jesus and the Messianic Question* (Grand Rapids, Baker, 2009); *Jesus is the Christ: The Messianic Testimony of the Gospels* (Downers Grove, IL: InterVarsity Press, 2012); 그리고 그의 수상작인 *The Gospel of the Lord: How the Early Church wrote the Story of Jesus* (Grand Rapids, MI: Eerdmans, 2014); 근자의 *Jesus the Eternal Son: Answering Adoptionist Christology* (Grand Rapids: Eerdmans, 2017).

[39] Michael F. Bird, *Evangelical Theology: A Biblical and Systematic Introduction* (Grand Rapids; MI: Zondervan, 2013). 이하 이 단락에서 이 책으로부터의 인용은 본문 안에 ( ) 안에 면수로만 제시하기도 한다.

몇몇 곳에서 전통적 입장에서 벗어난 모습을 보이고 있다.[40] 그 중의 하나가 교회의 속성과 표지를 동일시하면서 제시하는 문제라고 할 수 있다. 그는 교회를 "복음화된 공동체"(the community of the Gospelized)라고 제시하면서 복음주의 교회의 모습을 제시한다(697, 707). 이것은 좋은 표현이라고 할 수 있다. 그런데 문제는 교회의 속성들과 표지를 동일시하면서 논의하는 데서 나타나고 있다.

버드는 교회의 속성들은 종교개혁기에 천주교회가 교회의 표지라고 사용한 것이라고 하면서, 개혁자들은 전통적 의미의 개혁자들이

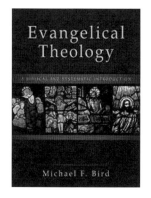

말한 교회의 표지를 말하였다고 한다(739). "말씀과 성례를 강조하는 것의 유익은 교회의 통일성, 보편성, 사도성이 부패할 수 있는 기관들이나 인간 경험의 주관성에 뿌리를 두지 않고 복음의 객관적 실재에 뿌리를 두게 하는 것이다"고 하면서 "사도적 복음이 참된 교회의 유일한 규정적 표지이다"고 말한다(740). 버드가 말하고자 하는 바는 결국 기본적으로는 개신교 정통교회가 말하고자 하는 바와 같은 것이라고 할 수 있다. 그도 후론할 호튼을 인용하면서 "참된 교회의 권위 있는 표지(insignia)는 (1) 복음의 선포와 (2) 성례로 복음의 의미화를 이루는 것이다"고 하기 때문이다(740).

그렇다면, 전체적인 틀에서 교회의 속성들과 교회의 표지를 나

---

[40] 또 다른 문제는 구약 시대의 성도들의 중간 상태에 대한 그의 독특한 이해이다. 이 문제는 2019년 5월 20일(월)에 열린 제 54회 한국 기독교 학술원 공개 세미나에서 발제한 이승구, "죽은 자들의 영혼은 어떻게 되는가?': 중간 상태에 대한 성경적 신학적 이해"에서 지적한 바 있다.

누어 설명하는 것이 더 나은 것이 아닌가 하는 제안을 하고 싶어진다. 그 둘을 같이 묶어서 제시하는 버드의 논의의 틀이 이를 같이 생각하게 할 수 있는 위험이 있고, 마치 개혁파 교회만이 교회의 표지를 다른 식으로 제시하고 있다는 인상을 주게 한다.

또한 그는 "개혁자들 가운데 많은 사람들이 교회의 표지들을 말씀의 선포와 성례의 바른 시행, 그리고 (어떤 분들은) 교회 치리의 적용으로 규정하였다"고 말하고 있는 데(739), 이것은 개혁파 교회론에서 교회의 표지를 하나로 말하거나 둘로 말하거나 셋으로 말해도 그것이 결국은 같은 것이라는 그 내용상의 일치를 잘 고려하지 않은 것이라고 여겨진다. 더구나 치리를 본질적 표지가 아니라고, 더 정확히 말하며 건강한 교회의 표지라는 것을 주류 개혁자들이 인정하였다고 하면서 벌코프가 말하는 것을 그 근거로 제시하였다.[41] 그런데 벌코프는 권징의 시행은 "교회의 순수성을 보존함에 절대적으로 필요한 것이라고 한다.[42] 또한 칼빈이 『기독교 강요』에서 말씀의 선포와 성례의 바른 시행 – 이 둘을 강조하여 말한 것을 언급한다.[43] 그런데 칼빈은, 우리가 위에서 언급한 바와 같이, 성례에 치리를 포함시켰다고 이해하는 것이 더 옳을 것이다.[44]

이외에 전통적으로 교회의 속성들을 설명하는 것에서는 정통적

---

[41] Bird, *Evangelical Theology*, 739. 여기서 그는 Berkhof, *Systematic Theology* (Grand Rapids, MI: Eerdmans, 1942), 578을 언급한다.

[42] Berkhof, *Systematic Theology*, 576, 577.

[43] John Calvin, *Institutes of the Christian Religion* (1559), LCC edition, edited by John T. McNeill, translated by Ford Lewis Battles (Philadelphia: Westminster, 1960), 4. 1. 12–15.

[44] 이런 이해를 잘 표현한 논의로 다음을 보라: Edmund P. Clowney, *The Church* (Leicester, UK: IVP, 1995), 101: "⋯ but [he] included discipline in the proper observance of the Sacraments."

입장과 거의 같은 입장을 취하여 설명하고 있다. 문제는 버드가 이를 교회의 표지라고 하면서 설명하고 있다는 데에 있다(735, 736). 그러나 그 내용은 전통적으로 교회의 속성으로 제시된 바이다. 이 부분에 대한 설명에서 그의 특이한 설명으로는 다음 부분을 언급할 수 있을 것이다. 교회의 하나됨은 당신님의 백성을 그의 귀한 소유가 되도록 부르시는 하나님의 하나의 선택하시는 행위로부터 나온다고 한다(735). 성경이 교회의 하나됨에 대한 언급들을 잘 제시하고, 마지막에 "교회의 하나됨은 우리들이 성찬에서 나누는 **한 덩어리** 빵에서 아름답게 상징된다(고전 10:17)"고 잘 말한다.[45] 다양성과 다양성 가운데서의 통일성을 잘 설명한 후에 다음 같이 요약하고 있는 그의 말은 상당히 정확한 것이다.

> 그렇다면 교회의 하나됨은 기독론적이니, 교회는 그리스도를 머리로 하는 한 몸이기 때문이다. 교회는 또한 삼위일체적이니, 이는 성부, 성자, 성령의 통일성을 반영하는 하나의 공동체이기 때문이다. 교회는 복음 선포적(kerygmatic)이니, 이는 하나의 복음적 신앙에 근거하고 있기 때문이다. 교회는 성례전적이니, 한 세례에 참여하고 한 떡에 참여하기 때문이다. 그리고 교회는 가시적이니, 교회는 다른 이들과의 구체적 관계성 가운데서 이를 표현하기 때문이다(736).

마지막 말만 조금 가다듬어 교회는 "가시적이며 동시에 불가시적"이라고 하는 것이 더 성경과 정통적 입장에 충실하게 표현하는 것이었을 것이다.

거룩성과 관련해서는 이것도 하나님께서 주신 지위(a

---

[45] Bird, *Evangelical Theology*, 736. 강조점은 덧붙인 것임.

God-given status), "그리스도 안에서의 지위"(a position in Christ)
이면서, 동시에 교회가 그것을 향해 나가가야 하는 윤리적 상태(an
ethical state), 즉 "바르게 살아내야 할 부르심"(a calling to be
appropriately lived out)이라고 잘 지적한다(736). 그리고 첫째 측면
과 관련해서 "거룩성은 하나님께서 자신을 위하여 교회를 거룩하게 구
별하심에 의해 창조되었다"고 말한다(736). 두 번째 측면과 관련해서
는 "그럼에도 하나님께서는 그의 백성들이 그의 앞에서 거룩 가운데서
살도록 부르신다"고 한다(736). 특히 교회의 거룩성이 삼위일체에 근
거를 두고 있다는 것을 지적하는 것이(737) 버드의 큰 기여 중 하나이
다. 그는 다음 같이 설명하고 있다:

> 거룩하신 성부께서 당신님을 위해서 거룩한 백성을 불러내셨고(신 7:6;
> 출 19:5-6; 벧전 2:5), 예수 그리스도께서는 그를 따르는 자들을 거룩
> 하게 하기 위해 자신을 구별하셨으며(요 17:19), 거룩의 영이신 성령님
> 께서 그의 백성들의 마음과 정신과 태도에 거룩한 삶을 이루어내신다(시
> 143:10; 롬 8:1-11; 14:17; 갈 5:5, 6:8).(737)

그리고 종국적으로 "거룩하신 하나님께서 거룩한 백성과 함께 거룩한
곳에 거하시는 것이 구속사의 종국적 상태"임을 말하여 교회는 거룩하
고 거룩하여 질 것임을 분명히 한다.

보편성과 관련해서는 "예수 그리스도께서 계시는 곳에 보편적
교회가 있다"는 안디옥의 이그나티우스(Ignatius of Antioch, d. 108)
의 말을 인용하고 있다.[46] 그러므로 엄격히 말해서 '독립 교

---

[46] Ignatius, *Smyrn.* 8. 2, cited in Bird, *Evangelical Theology*, 738,
n. 93.

〈Ignatius of Antioch, d. 108〉

회'(independent church)라는 표현은 말이 안 되는 것임을 잘 지적한다(738). "그리스도로부터 독립한 것이 교회일 수 없는 것처럼 다른 교회들로부터도 독립하여 교회가 될 수도 없기 때문이다."(738)는 설명은 매우 중요한 진술이다. "오늘날 많은 복음주의 교회들의 교회론적 유아론은 보편성의 건강한 강조로 교정될 필요가 있다"는 말도(738) 이와 연관해서 매우 중요한 강조이다. 또한 이와 연관해서 다음 같은 칼빈의 말을 적절히 인용한 것도 매우 효과적이다:

> 우리들이 우리의 머리이신 그리스도 아래서 다른 지체들과 연합하지 않는다면 미래 상속의 희망도 없다. 그래서 교회는 보편적(Catholic or Universal)이라고 불린다.[47]

보편성에 대한 강조의 맨 마지막 말도 매우 적절하게 표현되었다: "보편성은 다른 지역의 다른 교회들 안에서도 하나님께서 역사하고 계심을 인정하는 것이다. (수많은) 남자와 여자들을 자신에게로 이끄시고, 예수 그리스도의 기치 아래서 함께 이끄시는 방식으로 말이다."(738)

또한 사도성에 대한 천주교회의 주장과 개신교의 주장을 잘 대조하고, 사도적 직임의 계승을 말하는 천주교적 사도성 주장이 옳지

---

[47] Calvin, *Institutes*, 4. 1. 2, cited in Bird, *Evangelical Theology*, 738, n. 94.

않고, 사도적 가르침의 계승을 말하는 개신교의 주장이 옳음을 잘 드러내고 있다(738f.).

이런 설명들과 인식은 매우 옳고 귀한 것이다. 성경과 정통신학의 통찰을 잘 반영하는 것이기 때문이다. 단지 교회의 속성들과 표지를 동일시하면서 논의하는 것이 버드의 진술의 문제라고 할 수 있다.

마이클 호톤의 견해:

교회의 속성들을 중시하면서, 표지는 그저 지나가면서 언급하는 유형

서부 웨스트민스터 신학교의 다작(多作) 교수인 마이클 호톤(Michael Horton, 1964년생)은 그의 『조직신학』에서[48] 주로 교회의 속성들을 중심으로 논의를 하면서[49] 교회의 표지에 대해서는 한 각주에서 언급

할 뿐이다.[50] 또는 사도성을 언급하면서 사도성을 검증하는 기준으로 제시하고 있다. 즉, 호톤은 성령님의 현존과 사도성의 표지가 "바르게 선포된 말씀과 바르게 시행된 성례"라고 한다(874). 그는 또한 "말씀이 (바르게) 선포되고 성례가 (신실하게) 시행될 때마다, 광야가 생수의 강변의 우거진

---

48 Michael Scott Horton, *The Christian Faith: A Systematic Theology for Pilgrims on the Way* (Grand Rapids, MI: Zondervan, 2011). 이하 이 단락에서 이 책으로부터의 인용은 본문 안에 ( ) 안에 면수로만 제시하기도 한다.

49 Horton, *The Christian Faith*, 828-903.

50 Horton, *The Christian Faith*, 896, n. 41.

정원으로 꽃피게 된다"고도 말한다(878). 그러므로 그가 교회의 표지를 무시하는 것은 아님이 분명한데도 그의 조직신학의 구조에서는 교회의 표지를 다루는 항목이 따로 있지 않고, 그의 책의 찾아보기에도 이에 대한 항목은 없다. 그저 사도성에 대한 판단 기준으로 언급되어 있고, 개혁자들의 표지관을 논의를 할 때 그들이 제시하는 교회의 표지에 대해서 각주에서 길게 언급하고 있다.

먼저 교회의 속성에 대한 그의 논의 중 중요한 점들에 대한 논의를 시작해 보기로 하자. 첫째로 그는 "교회의 통일성과 보편성은 상호 의존하는(interdependent) 주제들"이라고 하면서 자신의 논의를 전개해 나간다(847). 다른 분들의 논의에도 교회의 통일성을 다룰 때와 보편성을 다룰 때 논의의 중첩성이 있다. 그런데 호톤은 이를 아주 분명히 하면서 거의 동시에 다루고 있다. 그는 말씀과 성령이 있는 곳에는 "보편 교회의 한 부분이 있다"(a piece of the catholic church)고 하면서 이 논의를 제시한다. 그러면서 그는 "교회의 이 보편성은 가시적 교회의 재구성된 사회성에 반영된다"고 하면서, "그리스도의 몸 안에서 각 지교회(肢敎會, local church)는 다른 교회들을 필요로 한다"(847)고 명확히 말한다. 그러면서 네 가지 명제로 다음 같이 제시한다:

(1) 교회의 보편성과 하나됨은 삼위일체 하나님과의 교제에만 근거한다(847).
(2) 교회의 보편성과 하나됨은 하나님께서 친히 제정하신 은혜의 방도들을 통해 역사하실 때에 분명히 드러난다(847).
(3) 승천의 실재는 우리들로 하여금 위계적 질서를 지닌 교회로 그리스도를 대신하지 못하도록 막아 준다(848).
(4) 교회의 하나됨과 보편성의 궁극적 원천은 하나님의 선택하시는 사랑에 근거한다(851).

이에 근거해서 호톤은 교회성장학에서 동질성의 원리를 주장한 도널드 맥가브란의 논의와[51] 남아프리카 공화국의 흑백 분리 정책(*Apartheid*)을 잘 비판하고 있다.[52]

둘째로, 교회의 거룩성을 "그리스도 안에서의 교회적 거룩성: 밖에서 거룩케 된 교회"(Ecclesial Holiness in Christ: the Church Sanctified 'Outside of Itself')라는 제목으로 다루면서, 이 거룩성이 일차적으로는 은혜로, 우리 밖에서(*extra nos*) 주어진 것임을 잘 논의한다(861). 그 핵심은 "우리들은 그리스도 안에서 거룩하다. 즉, 하나님의 선택과 구속과 부르심에 의해서 교회는 거룩하다"는 것이다(861). "교회는 그 지체들의 거룩성의 원천이 아니고, 교회는 그 거룩성을 그 자신 밖에서, 즉 그리스도 안에서 받는 몸일 뿐이다"(864). 하나님께서 자신을 위하여 자신의 것으로 주장하신 때문에 교회가 세상과 구별되며(이미 주어진 "은사"), 그것이 이 가시적 거룩성을 점점 더 실현하라는 명령법("계속되는 과정")의 항구적 근거가 된다고 한다(861).

이런 전통적 이해에 근거해서 호톤은 교회라는 피조된 표지(creaturely signs)가 "그것이 의미하는 바의 실재로 존재론적으로 화체설적으로 승화된다"는 천주교적 이해를 비판하고,[53] 교회는 실제로

---

[51] Donald McGavran, *Understanding Church Growth* (1970), 3rd and revised edition (Grand Rapids,MI: Eerdmans, 1990), esp., 174-75.

[52] Horton, *The Christian Faith*, 860f. 이 때 그는 다음 책들을 긍정적으로 언급한다. Allan Boesak, *Black and Reformed: Apartheid, Liberation and the Calvinist Tradition*, ed., Leonard Sweetman (Maryknoll, NY: Orbis, 1984), 87; John de Gruchy, *Liberating Reformed Theology: A South African Contribution to an Ecumenical Debate* (Grand Rapids: Eerdmans, 1991), 23-24.

[53] 이를 명확하게 하기 위한 원문 대조: "[creaturely] signs are *elevated*

는 "그 실재의 실제적 전달자가 아니고, 그 실재의 단지 상징이요 예증일 뿐"이라는[54] 자연주의적 입장도 비판한다.

그는 교회라는 "피조된 표지가, 모든 점에서 자연적인 것으로 남아 있으면서도 그것이 의미하는 실재에 참여하는 은혜의 방도가 된다"는 견해를 지지하면서,[55] "사람들과 장소들과 사물들을 성화시키실 때 하나님께서는 피조물의 실재를 그 본질적 선함과 역사적 타락을 모두를 취하셔서 자신의 것이라고 주장하시며, 그것을 해방시키셔서 당신님의 목적을 섬기도록 하신다"고 주장한다(862).

---

ontologically and transubstantiated into the reality signified."(Horton, *The Christian Faith*, 862, emphasis is given). 호톤은 이를 그리스도와 교회를 혼합시키는(conflate) 것이라고 하면서, 교회의 거룩성은 교회 자체의 가시적 형태 안에 두는 것이라고 비판한다(862). 이런 이해에 따르면 교회는 교회에 주입되어서 교회로부터 흘러나오는 본래적 의(an *inherent* righteousness) 때문에 거룩한 것으로 여겨진다고 하면서 이를 비판한다(864). 이런 주장의 대표적인 예로 그는 라너가 하고 있는 아퀴나스의 말에 대한 요약을 들고 있다: "교회를 근본적으로 구성하는 것은 사람들의 마음에 계시는 성령님이시다. 그 나머지 모든 것들은 이 내적인 변혁을 섬기는 것일 뿐이다"(*Summa Thelogica*, I, IIae, q. 106, a. 1, cited in Karl Rahner, "The Church," in *Sacramentum Mundi: An Encyclopedia of Theology*, ed., K. Rahner, et al. (New York: Herder and Heder, 1968), 1:319, cited in Horton, *The Christian Faith*, 864, n. 110. 호톤은 이는 교회를 예수 그리스도의 계속되는 성육신(an ongoing incarnation)과 혼동하는(confusion) 것이라고 하면서 통렬히 비판한다(864). 이런 비판도 호톤의 좋은 기여이다.

[54] 이를 명확하게 하기 위한 원문 대조: "[They] are *mere symbols or illustrations* of that reality but *not really conveyors* of it"(Horton, *The Christian Faith*, 862, emphasis is given). 호톤은 이런 이해의 대표적인 예로 역사를 그림자로 축소하고, 신적 행동의 수직적 발발(the vertical irruption of divine acts)만을 기다리는 바르트의 이해를 들고 있다. 이런 이해는 한 세대에서 다음 세대로 이어지는 하나님의 신실하심과 거의 연관을 가지지 못하게 된다고 한다(863). 이런 이해에 따르면, 역사적 기관과 공적인 사역도 그저 참된 영적 성장을 위해 인간적으로 발전된 비상 조치적 수단으로 여겨지게 된다고 비판한다.

[55] 이를 명확하게 하기 위한 원문 대조: "creaturely signs are means of grace, *participating in the reality signified, while remaining in every respect natural*"(Horton, *The Christian Faith*, 862, emphasis is given).

호톤은 이를 언약적 개념이라고 하면서 성경적인 구속사를 강조하는 이해로 제시한다. 이런 이해에 의하면 "역사 자체가 하늘로부터 내려오는 하나님의 종말론적 승리의 무대로서 하나님에 의해 주장되어진" 것이라고 한다(863). 이런 이해에 의하면, "이 역사 속에서 아담이 [하나님과의] 언약을 어기고 죽음을 가져 왔으며, 그리스도께서 언약을 성취하시고, 그 정죄를 자신이 감당하시고, 새로운 피조계를 가져 오신 것이다"(863). 이런 이해에 의하면, "하나님의 급진적 심판과 급진적 은혜는 역사의 의미를 재정의 하니, 역사는 이 두 세대(이 세대와 오는 세대)의 접합적이며, 그 안에서 교회가 태어난 것으로" 제시된다. 이런 이해에서는 "교회는 **역사 안에 있는 한 기관**인데, 그 역사는 **역사 스스로가 결코 생성시키지 못하는 역사**이다."[56]

그러므로, "종교개혁 신학의 입장에서 보면, 은혜는 자연을 흡수하는 것도 아니요, 자연과 상관없이 오는 것도 아니고, 자연을 통해서 주어진 것이다."(864) 이런 입장에 충실하게 교회의 거룩성을 잘 제시하면서 "하나님에 의해서 거룩케 된 기관들도 결코 구원의 길이 될 수는 없다. 비록 그들이 거룩하고 또한 거룩하게 유지될지라도, 그 안에서 우리는 잃어질 수도 있고, 오직 믿음으로만 구원 받을 수도 있다."는 오스왈드 베이어의 말을 인용하여 제시하고 있다.[57]

호톤에 의하면, "우리들은 항상 하나님의 은혜를 수동적으로 받는 자들이며, 동시에 우리 이웃에게 사랑을 전하는 능동적 주체이다."(869) 이를 그는 다음 같이 아름답게 표현해 낸다: "은혜는 행동들

---

[56] Horton, *The Christian Faith*, 863, 강조점은 주어진 것임.

[57] Oswald Bayer, *Living by Grace: Justification and Sanctification*, trans. Geoffrey W. Bromiley (Grand Rapids: Eerdmans, 2003), 62, cited in Horton, *The Christian Faith*, 868, n. 122.

을 활성화시킨다. 사랑은 신앙에서 흘러나온다. 법정적 경륜은 유효한 변혁을 낳는다: 말씀은 그것이 선언하는 바로 시행한다. 신자들과 교회는 이미 그리스도 안에서 그들이 그러한 바가 된다."(869)

호톤이 강조하는 바는 교회의 속성들, 즉 교회의 하나됨과 보편성과 거룩성은 "성부로부터, 성자 안에서, 성령님으로 주어지는 은사들"이다(870). 이 속성들은 "삼위일체 하나님께서 우리들을 선택하시고, 구속하시고 부르셔서, 그에게 속하도록, 그리고 서로가 서로에게 속하도록 하셨기에 주어진" 은사들이라고 한다(870).

호톤은 사도성도 교회의 속성 중의 하나로 여기면서 따로 한 장을 할애해서 이에 대해서 길게 논의한다.[58] 그는 "다른 교회의 속성들과 마찬가지로 사도성도 자연적으로 이미 주어져 있는 것이 아니라, 은사요, 복음에 의해 규정되는 것"이라고 말한다(872). 그래서 우리들은 사도성을 "역사적 직임"으로 생각하여 "그리스도의 은사를 교회 자체에 자연적으로 주어진 것으로 변화시키는" 로마 천주교적 사도성 이해를 비판하고, 동시에 교회라는 "공식적 기관과 그 사역과 직임들을 그저 인간적인 것으로 여겨 버리는" 오류도 비판한다.[59] 그는 로마서

---

[58] Horton, *The Christian Faith*, 872–903 (Chapter 26: Apostolicity: A Fellowship of Receivers and Deliverers).

[59] Horton, *The Christian Faith*, 872. 천주교적 오류의 대표적인 예는 트렌트 신학자인 호시우스 추기경(Cardinal Hosius)의 "살아 있는 복음은 교회 자체이다"는 진술이다(Yves Congar, *I Believe in the Holy Spirit* [New York: Crossroad, 1999], 153에서 재인용).

지상의 교회를 인간적인 것으로만 여기는 대표적인 예는 "교회의 일은 사람들의 일이고, 결코 하나님의 일이 될 수 없다"고 하며(Karl Barth, *The Epistle to the Romans* [London: Oxford University Press, 1933], 353), 따라서 "(진정한) 교회는 그것이 발생할 때만 있는 것이라고" 그 때에만 그리스도를 증언하는 것이라고 주장하는 바르트의 입장이다(Karl Barth, *Church Dogmatics*, IV/1, 652). 따라서 바르트는 성례는 은혜의 수단이 아니고, 신자들의 반응하는 행위일 뿐이라

10장을 언급하면서 "오직 하나님께서만이 구원하시는 데, (이 때) 피조물적 수단을 통해서 구원하신다"고 말한다. 교회는 하나님의 은혜를 증언하는 것일 뿐만 아니라,[60] "성부께서 성령님을 통해서 성자를 우리에게 주시는 수단"이라는 것이다(873).

그런데 그것도 그는 역동적임을 다음 같이 표현한다: "우리는 그리스도를 현존하게 하고, 사람들의 구체적인 삶에 적합성 있게 하며, 실재적이게 하거나 살아 있는 주체가 되게 하지 못한다. 그리스도께서 심판과 은혜 가운데서 우리에게 말씀하실 때마다 그는 자신을 적합하게 하신다."(873) 물론 이 말은 다양한 함의를 지닐 수 있다. 이 말이 역사적 개혁주의와 맥을 같이 하는 의미로 역동적이라면 우리는 이에 기꺼이 동의할 것이다. 이 말이 그것을 넘어서서 현대신학에서 유행하는 역동성 이해에로 나아가지 않는 것이기를 바란다. 호톤은 "하나님께서 자신이 보내신 권위 있는 대사들을 사용하신다"(873)고 말한다. 이로써 그는 "우리 스스로 하나님을 찾을 수 없고, 우리가 보낼 수도 없다"는 뜻이라고 한다. 그런데 또 한편으로는 "주권적 말씀은 교회적 기관의 보편성, 거룩성, 그리고 사도성 주장을 항상 도전하며, 심지어 타당성 없는 것으로 만들기도 한다"(873)고 말한다. 여기서 그의 논의에 대한 불안감이 나올 수도 있다. 이런 것에 그가 후에 바르트에게 대

고 한다. 나는 호톤이 복음주의 교회들이나 자유교회나 독립교회의 전통을 왜 바르트와 연결시켜서 제시하려고 하는 지(Horton, *The Christian Faith*, 877) 안타깝다. 복음주의 교회나 자유교회나 독립 교회들, 심지어 오순절파도 바르트 주장과는 다른 주장을 한다고 여길 것이다. 물론 그는 교회의 가르침이 본질적인 것이고, 교회의 형태나 방식은 각 세대의 창조성과 실천적 판단에 맡겨진 것이라고 보는 점에서 바르트가 이들 교회의 주장을 더 정교하게 명료하게 말했다고 하는 것이나 그 점에 있어서도 그들 사이에는 다른 점이 있음을 말해야 할 것이다.

[60] Horton, *The Christian Faith*, 872. 이 말을 할 때 그는 바르트의 교회 이해를 생각하는 듯하다. Cf. Horton, *The Christian Faith*, 876.

해 비판적으로 말하는 "역동적 존재론"(actualist ontology)이(876) 작용하지 않기를 바랄 뿐이다.[61] 그럼에도 너무 불안하지 않은 것은 그가 "은혜언약은 그리스도께서 제정하신 정경과 의식들과 직임들을 가진, 그리하여 미래까지 계속되는, 역사적 약속이다"고 말하고 있기 때문이다(873). "삼위일체 하나님은 피조계와 역사 안에서 역사한다, 그러면서도 결코 그와 동화되지 않는다"고 주장하는 호톤은[62] 바르트적 역동적 이해에 굴복하지 않는다. 그래서 호톤은 "사도들의 가르침에 대한 우리 교회의 관계가 사도성을 규정한다"고 하여[63] 전통적 개신교적 사도성 이해를 잘 드러낸다. "목사나 교단이 아니라, 신앙의 내용이 그 교회가 과연 하나의 거룩하고, 보편적인 사도적 교회인지를 판단하는 기준"이라는 것이다(874). 창세기 3:15부터 현재까지 끊어지지 않는 선을 수립하는 것은, 사도성을 주장하는 직임자들이나 그런 교회가 아니라, "성도에게 단번에 주신 믿음의 도"이다(유다 3).(874)

교회는 항상 세워지는(up-building) 것인데, "이 (교회의) 세워짐은 공적이고 질서 잡혀 있고, 훈련된 사역을 통해서 이루어진다"는 호톤의 주장도(879) 역시 한편으로는 천주교적 교회 이해를 비판하면서 또 한편으로는 바르트의 역동적 교회 이해를 비판하면서, 개혁파 전통의 규정적 원리를 사역 일반에까지 잘 적용하여 제시하려는 시도이다.

---

[61] 또한 호톤이 "매 주일 마다 반(半)-종말론적인 사건이 발생한다"(Horton, *The Christian Faith*, 878)과 주장할 때도 같은 불안감이 든다. 여기서 바르트 같은 이해가 나타나지 않기를 바랄 뿐이다.

[62] Horton, *The Christian Faith*, 880: "Trinity works within creation and history while never becoming assimilated."

[63] Horton, *The Christian Faith*, 874. 또한 Horton, *The Christian Faith*, 879도 보라: "루터파와 개혁파 전통에서는, 사도성이 그에 의해서 교회의 말과 행동이 판단되는 그리스도의 사도적 가르침과 동일시된다."

이런 관점은 사도들의 독특한 지위와 사역을 잘 설명한다. 사도들은 "그리스도께서 지상 사역을 하시는 동안 지정하여 세우신 질적으로 독특한 대사들"로 제시된다(879). 그러므로, 사도들의 가르침은 매우 중요하고 독특한 것으로 여겨진다. 따라서 "사도들의 (신약 교회의) 토대를 놓는 사역(the foundation-laying ministry)은 그 후속 사역자들의 교회를 세우는 사역(the 'up-building' ministry)과는 구별되는" 것임을 호톤은 강조한다(885). 따라서 사도들의 설교와 우리들의 설교는 다른 면이 있으니, "사도들의 설교는 성경이 되었다. 그러나 우리의 선포와 신앙과 실천은 그것들이 사도들이 말한 원칙에 따르는 한 사도들과 연속적인 것으로 여겨진다."(886) 마찬가지로 "사도적 성경은 그것을 해석하는 후대의 전통들과는 질적으로 구별된다. 하나는 준거가 되는 교도적인(magisterial) 것이고, 다른 하나는 섬기는 (ministerial) 것이다."(886)

따라서 "교회는 구속 사역을 확정하거나 완성하는 것이 아니듯이 … 교회는 계시를 확정하거나 완성하는 것이 아니다."[64] 우리가 지금 여기서도 "사도적 신앙과 실천을 계속할 때에만 오늘의 교회가 사도적이다."(886)

이와 같은 긍정적인 호톤의 논의는 그가 매우 의도적으로 교회의 속성과 표지를 전체적으로 명료하게 구별하여 제시했으면 더 좋았을 것으로 여겨진다.

---

[64] Horton, *The Christian Faith*, 886: "Just as the church does not extend or complete the work of redemption …. so also the church does not extend or complete revelation."

전통적 개혁파의 논의에 비추어 본 평가

우리는 이상에서 근자의 신학적 논의들에서 교회의 표지들과 교회의 속성들을 잘 구별하지 않으려는 성향이 나타나고 있음을 확인하였다. 그에 비하면, 전통적 개혁신학에서는 교회의 속성들과 표지들은 다른 것이라고 하는 것을 분명히 하면서, 교회의 속성들과 표지들을 구별하여 설명해 왔다.

현대의 어떤 학자들이 왜 이 둘을 같은 것으로 취급하면서 다루거나, 아니면 교회의 속성에 치중하면서 교회의 표지에 대해서는 지나가면서만 다루는지 그 이유를 말하기는 쉽지 않다. 그 이유를 아주 명확하게 언급하고 있지 않기 때문이다. 이 둘을 같은 것으로 다루는 꼬르넬리스 봔 데어 꼬이와 하이스베르트 봔 덴 브링크, 그리고 마이클 버드는 그 둘을 같은 것으로 생각하기에 속성을 다루는 것으로 표지에 대한 것이라고 생각할 것이다. 또한 주로 속성만 다루는 호톤 교수는 교회의 표지를 그 중요성이 덜한 것이라고 여겼는지, 아니면 이미 은혜의 방도로서 말씀에 대한 설교와 성례를 호톤이 앞에서 다루었기 때문일지도[65] 모른다.

호톤은 분명히 자신이 앞부분에서 표지를의 내용을 충분히 다루었다고 생각할 것이다. 사실 그의 글에는 분명히 전통적 의미의 교회의 표지들에 대한 강조가 있다. 교부들과 개혁자들을 따라서 교회를 말씀의 피조물(*creatura verbi*)이라고 정확히 말하는[66] 호톤은 "하나님의

---

[65] Horton, *The Christian Faith*, 751–827.
[66] Horton, *The Christian Faith*, 751, 848.

말씀과 성령이 있는 곳에는 신앙이 있고, 신앙이 있는 곳에는 교회가 있다"고 하며,[67] "말씀과 함께 성례들도 은혜의 방도들이며, 따라서 참된 교회의 **본질적 표지들이다**"라고 정확히 말한다.[68] 또한 치리에 대해서도 한 곳에서 길게 논의하고 있다.[69] 호톤 자신은 전통적으로 말해온 교회의 표지에 대해서 이미 다 논의했다고 생각하는 듯하다. 그러므로 호톤은 내용은 전통적인 것을 다 말하면서도 교회의 표지라는 항목을 따로 설정하여 다루지 않으므로, 마치 교회의 표지들은 덜 중요한 것과 같은 인상을 주고 있다는 점만이 문제라고 할 수 있다.

이들의 논의에서 문제가 된다고 여겨지는 부분을 좀 더 논의해 보자. "바빙크가 과연 교회의 치리를 교회의 표지로부터 제거했는가?" 하는 질문부터 해보기로 하자.[70] 그러나 바빙크가 교회의 치리를 매우 강조하고 있다는 것은 누구나 잘 알 수 있다. 그는 "교회의 치리 사역 (*potestas disclinae*)은 특히 교회를 돌아보는 자들에게 속한 과제이다"고 말한다.[71] 더구나 그는 "말씀에 대한 순수한 사역은 교회적 치리의 적용을 포함한다"고 분명히 말한다.[72] 그리고 그의 『개혁 교의학』의 515 항목 전체가 치리에 대한 강조이다. 바빙크는 개혁파가 교회의 표지들을 하나나 둘이나 셋으로 언급했을 때 "이것은 이름의 차이일 뿐이지 실제로는 하나의 같은 말씀이 있을 뿐이고, 그 하나의 말씀이

---

[67] Horton, *The Christian Faith*, 752.

[68] Horton, *The Christian Faith*, 763, 강조점은 덧붙인 것임.

[69] Horton, *The Christian Faith*, 896-902.

[70] 이 질문은 꼬이 교수와 브링크 교수가 제기한 문제 때문에 나타난 질문이다. Van der Kooi & van den Brink, *Christian Dogmatic*, 626. 이 때 그들은 Herman Bavinck의 *Reformed Dogmatics*, 4:305-7을 언급한다.

[71] Bavinck, *Reformed Dogmatics*, 4:424.

[72] Bavinck, *Reformed Dogmatics*, 4:314.

설교에서, 가르침에서, 고백에서, 성례에서, 삶과 그 밖의 것들로 다양하게 섬겨지고 고백되어지는 것이라고" 말한 알스테드(Alsred), 알팅(Alting), 마레시우스(Maresius), 호팅거(Hottinger), 하이다누스(Heidanus), 튜레틴(Turretin), 그리고 마스트리흐트(Mastricht) 등이 옳다고 말하고 있다.[73] 또 다른 곳에서도 이와 일치하게 "말씀이라는 하나의 표지에 다른 것들도 더한 적용들로 포함된다"고 하면서, "하나님의 말씀이 바르게 선포되는 곳에서는 성례도 순전하게 집례되고, 하나님의 진리가 성령님의 의도와 일치하게 고백되며, 백성의 행위가 그에 따라 형성된다"고 말하여,[74] 하나의 표지 안에 성례와 치리에 대한 모든 것이 포함되어 있음을 잘 언급하고 있다. 그러므로 현재 자유대학교의 조직신학교 교수님들이 그들의 전임자였던 바빙크의 의도를 잘못 전달하고 있다고 우리는 강하게 말할 수 있다.

그렇다면 왜 과거와 현재의 정통적 개혁신학자들은 교회의 속성들을 충실하게 언급하면서도 그와는 구별되는 교회의 표지를 매우 강조하는 것일까? 개혁자들이 이것에 의해서 참된 교회와 거짓된 교회가 구별된다고 한 바에 충실하려고 한 것이다. 교회의 속성은 아직 충분히 하나가 아니어도 그리스도 안에서의 영적인 하나됨을 인정하고 그런 방향을 향해 가면 교회로 인정된다. 마찬가지로 아직 충분히 거룩하지 않아도 그리스도의 구속에 의해 그리스도에게 속해 거룩한 자들이 되었음을(이미 주어진 은혜, *Gabe*) 감사함으로 받아들이고 감사하여 명령받은 대로 성령님께 의존해서 주관적으로도 거룩한 자들과 거룩한 공동체를 향해 나아가면(*Aufgabe*) 그것을 교회라고 할 수 있

---

73 Bavinck, *Reformed Dogmatics*, 4:312.
74 Bavinck, *Reformed Dogmatics*, 4:312.

다. 또한 아직 충분히 보편적이지 않아도 그리스도의 구속과 성부의 처음 계획하심과 성령의 부르심이 보편적으로 모든 종류의 사람들을 불러 모으신다는 것을 인정하고 부지런히 복음을 전하여 그런 보편성을 향해 나가면 교회라고 할 수 있다.

그러나 . 하나님의 말씀에 대한 바른 선포가(preached and audible word of God) 없으면 그것은 교회가 아니며, 그 말씀이 눈에 보이는 형태로 바르게 제시하고(visible word of God) 그것에 대한 바른 선포가 있지 않는다면 그런 공동체는 교회라는 이름을 가졌으나 실제로는 교회가 아니다. 또한 성도들이 복음을 참으로 믿는 자로 살도록 모든 삶의 내용이 복음에 물들어 진행되도록 하지 않는다면 그런 공동체도 실상은 교회가 아니다. 여기에 개혁자들과 그들을 따라서 성경적 교회 이해를 강조하는 정통파 신학자들의 교회의 표지에 대한 강조의 의미가 있다. 그런 점에서 교회의 표지는 교회의 존재(esse ecclesiae)를 규정하는 것이라고 할 수 있다. 그렇기에 교회의 표지가 더 근원적인 것이라고 말해야 한다. 물론 바빙크가 잘 표현하고 있듯이, "절대적인 의미에서 참된 교회란 이 지상에서는 불가능하다. 교리와 삶에 있어서 말씀과 성례의 사역에 있어서, 온전히 그리고 모든 부분에서 하나님의 요구에 부합하는 교회는 하나도 없다."[75] 마찬가지로 절대적으로 거짓된 교회도 없다. "천주교회가 거짓된 교회일지라고 그 안에 참된 교회의 많은 잔재들이 남아 있는 것이다."[76] 그래도 교회의 표지를 가지고 있으면 참된 교회라고 할 수 있고, 표지가 없으면 교회가 아닌 것이다.

---

[75] Bavinck, *Reformed Dogmatics*, 4:315.
[76] Bavinck, *Reformed Dogmatics*, 4:315f.

참된 교회가 참으로 **더 건강한 교회가 되려면** 참으로 하나됨을 드러내는 방향으로 나아가야 하며, 참으로 거룩함으로 개인과 공동체 전체가 주관적으로도 드러내는 방향을 가야하며, 참으로 보편적인 방향을 향해 나아가야 한다. 그런 의미에서 교회의 속성들은 건강한 교회(*bene esse ecclesiae*)인지, 아닌지를 판단하는 시금석이라고 할 수 있을 것이다. 그러므로 교회의 표지와 교회의 속성을 나누어 제시하는 것은 매우 의미 있는 일이다.

현대 교회론에서 교회의 속성들과 표지들을 잘 구별하지 않으려고 하는 것은 문제가 될 수 있다. 우리가 이 글에서 검토한 분들 가운데 엄밀히 표지와 속성을 거의 동일시하면서 제시한 분들은 꼬이 교수와 브링크 교수 뿐이었다. 마이클 버드는 속성을 주로 말하면서 표지를 따로 생각함을 때때로 나타내지만 그의 조직신학 책에서는 주로 교회의 속성 위주로 제시하고, 마이클 호튼도 주로 속성 중심으로 논의를 하면서 내용상 교회의 표지를 함의하여 논의한다. 그러므로 이 짧은 글을 통해서 나는, 내용상 교회의 표지를 언급하고 있는 호튼과 버드 교수에게는 그들이 논의하는 내용에 있는 바를 **구조적으로도 더 분명하게 드러내어 달라고** 요구하는 것이고, 아주 노골적으로 속성과 표지를 동일시하면서 논의하고 있는 꼬이 교수와 브링크 교수에게는 교회의 속성과 표지를 분리해 달라는 요청을 하는 것이다.

4

"선교적 교회" 운동에 대한 신학적 성찰

근자에 "선교적 교회"(missional church)를 주장하며 그것을 보편화
하려는 시도가 특히 미국과 우리나라에서 상당 기간 계속되고 있다.
영국을 거쳐 미국에서 시작된 이 운동을 매우 긍정적으로 바라보면서
이런 운동의 성격을 강조하면서 이 용어를 "미션 얼"이라고 번역하여
제시해야 한다는 시도까지 나타나고 있다. 흥미로운 시도이기에 우리
는 이를 좀 더 깊이 있게 살펴 볼 필요가 있다.

"선교적 교회"란 무엇인가?

20세기 말에 시작되어 지금까지 계속되고 있는 "선교적 교회" 운동은
교회의 본질(the nature of the church)을 다시 생각하여, 재규정하
고자 하는 운동이다. 선교는 교회가 하는 일이나 기능의 하나가 아니

〈Darrell L. Guder〉

라, '선교적'이라는 것은 교회의 본질에 내재해 있는 것이라고 주장하면서, 이에 따라 교회의 본질을 "선교적"(missional)이라고 재규정하자는 것이다. 그러므로 '선교적 교회 운동'은 교회가 과연 무엇인지에 대하여 나름대로 새로운 패러다임을 제시하려고 한다. 만일에 '선교'가 교회가 하는 일이나 기능의 하나라면, 혹시 "선교적"이지 않은 교회는 비록 교회가 마땅히 해야만 하는 일을 다 하는 건강한 교회는 아니어도 적어도 교회인데 비해서, 만일에 "선교적"이라는 것이 교회의 본질이라면 "선교적"이지 않은 교회는 교회가 아닌 것이 된다. 하나님이 활동하시는 하나님이시기에, 하나님에 의해 보냄 받은 교회도 이 세상에서 반드시 활동적이어야 한다는 것이다. (그런데 후론하겠지만, 여기서 "선교적"(missional)이라는 말이 지니는 함의가 심각한 문제를 가진다).

"선교적 교회"라는 용어가 강하게 등장한 것은 1998년에 대럴 구더가 6명의 개신교 신학자들의 글들을 편집하여 낸 『선교적 교회』라는 책으로부터라고 할 수 있다.[1] 이는 어드만 출판사가 기획하여 낸 〈복음과 우리 문화 시리즈〉(The Gospel and Our Culture Series)의

---

[1] Darrell L. Guder, ed., *Missional Church: A Vision for the Sending of the Church in North America* (Grand Rapids: Eerdmans, 1998). 그래서 그 이전에는 Missionary church라는 말을 사용하고, 그 이 후에는 Missional church 라는 말을 사용하려고 하기도 한다. Cf. Michael W. Goheen, "Historical Perspectives on the Missional Church Movement: Probing Lesslie Newbigin's Formative Influence," *Trinity Journal for Theology & Ministry* 4/2 (2010): 62-84, at 62, n. 2.

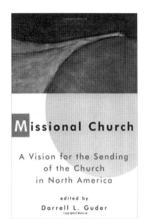

Missional Church

A Vision for the Sending
of the Church
in North America

edited by
Darrell L. Guder

하나였다.[2] 여기서 우리는 "선교적 교회" 개념이 본래 복음과 우리의 문화의 관계를 규명해 보려는 좋은 노력으로부터 나온 것임을 알 수 있다.[3] 이 시리즈에서 "선교적 교회" 개념, 그 뿌리가 되는 레슬리 뉴비긴의 문화적 다양성을 잘 이해하는 신학 사상에 대한 해석,[4] 그의 사상에 근거하여 변하는 세상 속에서 어떻게 확신 있는 증언을 할 수 있을 것인가에 대한 논의,[5] 교회가 어떻게 이 세상 속에서 "선교적 현존"(missional presence)을 할 수 있고, 그것을 이루는 방식에 대한 논의,[6] 그리고 이런 새로운 의미의 "선교적" 신실성이 과연 무엇인가에 대한 논의가 나왔다.[7]

어드만 출판사가 내는 이 시리즈에 속하지 않지만 비슷한 관심을 가지고 기여한 여러 책들도 교회가 근본적으로 "선교적"이며, 그런

---

[2] 이 시리즈에 속한 책들은 이하 각주 7까지에 해당하는 책들이다. 1960년대까지의 가졌던 어드만 출판사의 성격이 점점 변하는 한 양상이 여기서도 나타나고 있다.

[3] 이 시리즈에 속하는 처음 책, 그러므로 결국 선교적 교회 개념을 사용한 처음 책이 George Hunsberger and Craig Van Gelder가 편집한 *The Church between Gospel and Culture: The Emerging Mission in North America* (Grand Rapids: Eerdmans, 1996)이었음을 주목해 보라.

[4] George R. Hunsberger, *Bearing the Witness of the Spirit: Lesslie Newbigin's Theology of Cultural Plurality* (Grand Rapids: Eerdmans, 1998).

[5] Craig Van Gelder, ed., *Confident Witness – Changing World: Rediscovering the Gospel in North America* (Grand Rapids: Eerdmans, 1999).

[6] James V. Brownson, ed., *Storm Front: The Good News of God* (Grand Rapids: Eerdmans, 2003).

[7] Lois Y. Barrett, ed., *Treasure in Clay Jars: Patterns in Missional Faithfulness* (Grand Rapids: Eerdmans, 2004).

관점에서 교회론과 선교학을 결합시키는 이해를 가져야 한다는 논의를 하였다. 교회의 본질을 "선교적"이라고 제시한 크레이그 반 겔더의 책,[8] 이와 비슷하게 교회가 "선교적"이어야 한다는 것을 강조하고,[9] 교회 공동체로 하여금 이 일을 하도록 하는 리더의 중요성을 말하는 "선교적 리더"(missional leader) 개념을 제시하는 책들도 나타났고,[10] 선교적 제자도가 과연 무엇인지를 탐구하는 책도 출간되었다.[11] 그리고 그 전체를 돌아보는 책도 나왔다.[12]

이 문제에 관심을 지닌 사람들이 〈선교적 교회에 대한 대화〉(Missional Church conversation)를 계속하여서 2005년 12월에 미네소타 주 세인트 폴(Saint Paul)에 있는 루터파 신학교에서 "선교적 교회를 상황 속에서 보기: 상황적 선교론"(The Missional Church in Context: Developing a Contextual Missiology)라는 주제로 컨퍼런스를 하였고, 이 때 논의된 것을 중심으로 2007년에 『상황 속의 선교적 교회』라는 책이 나와 "상황적 선교론"(Contextual Missiology)이 제시되었다.[13] 또한 그 다음 해인 2006년 11월에 역시 루터파 신학

---

[8] Craig Van Gelder, *The Essence of the Church: A Community Created by the Spirit* (Grand Rapids: Baker, 2000).

[9] Richard H. Bliese and Craig Van Gelder, eds., *The Evangelizing Church: A Lutheran Contribution* (Minneapolis: Augsburg Fortress, 2005).

[10] Alan J. Roxburgh and Fred Romanuk, *The Missional Leader: Equipping Your Church to Reach a Changing World* (San Francisco: Jossey-Bass, 2006).

[11] David Putnam, *Breaking the Discipleship Code: Becoming a Missional Follower of Jesus* (Nashville, TN: B&H, 2009).

[12] Craig Van Gelder and Dwight J. Zscheile, *The Missional Church in Perspective: Mapping Trends and Shaping the Conversation* (Grand Rapids: Baker, 2011).

[13] Craig Van Gelder, ed., *Missional Church in Context: Helping Congregations Develop Contextual Ministry* (Grand Rapids: Eerdamns, 2007).

교에서 열린 컨퍼런스의 발제문들을 중심으로『선교적 교회와 교단들: 개교회들이 선교적 정체성을 발전시키는 일에 대한 도움』이라는 책을 내었다.[14] 2007년 11월에는 역시 같은 장소에서 "선교적 교회와 지도력 형성"이라는 제목의 컨퍼런스를 하고, 그 결과물로『선교적 교회와 지도력 형성: 개교회들이 리더십 역량을 발전시키는 일에 대한 도움』이라는 책을[15] 내었고, 2012년에는 "보냄 받은 교회 공동체들"을 이룰 수 있는 "영적 형성"에 대한 책도 출간되어[16] 어드만 출판사가 내는 〈선교적 교회 시리즈〉(Missional Church Series)가 나왔다. 이와 같이 20세기 말에 시작된 이 운동은 지금까지 그에 대한 논의가 계속되고 있는 교회 재 정의운동이라고 할 수 있다.

이 운동이 말하는 "선교적"("미션 얼")인 것의 함의로 제시되는 바는 결국 교회의 구조와 예배의 상당 부분을 바꾸어야 한다는 것이다. 때로는 이런 "선교적 교회"에 포함된 것으로 여겨지기도 하고, 또 때로는 느슨하게 연관되어 있는 것으로 제시되는 또 다른 운동인 "이멀전트" 운동이 가지는 문제점은 더 명확하다.[17]

그들 자신이 말하는 대로, "선교적 교회 운동"에서는 "각기 다

---

[14] Craig Van Gelder, ed., *Missional Church and Denominations: Helping Congregations Develop a Missional Identity* (Grand Rapids: Eerdmans, 2008).

[15] Craig Van Gelder, ed., *Missional Church & Leadership Formation: Helping Congregations Develop Leadership Capacity* (Grand Rapids: Eerdmans, 2009).

[16] Dwight J. Zscheile, ed., *Cultivating Sent Communities: Missional Spiritual Formation* (Grand Rapids: Eerdmans, 2012).

[17] '이멀전트 운동'에 대한 좋은 비판적 논의로 Michael Horton, *The Gospel Commission: Rediscovering God's Strategy for Making Disciples* (Grand Rapids: Baker, 2011), 김철규 옮김,『위대한 사명』(서울: 복 있는 사람, 2012), 특히 510-24를 보라.

른 사람들이 각기 다른 강조를 한다."[18] 그러므로, 이 운동이 과연 어떤 토대로부터 시작되었는지부터 논의해 보는 것이 좋을 것이다.

"선교적 교회" 운동의 뿌리

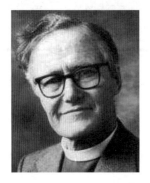 대개 레슬리 뉴비긴(Lesslie Newbigin, 1909-1998)이 인도 선교사로서의 사역을 마치고 영국으로 돌아왔을 때 뉴비긴이 직면한 문제, 즉 선교사인 자신이 본국에 돌아왔을 때 자신이 또 새로운 의미의 선교사가 된 것 같다고 느꼈던 그 문제가 소위 선교적 교회 운동을 촉발시켰다고 여겨진다. 즉, 뉴비긴이 "현대 서구 문화라고 부르는 사물을 파악하고 생각하고 사는 이 전적으로 새로운 방식과 복음 사이의 선교적 만남에 관여하는 것이 무엇일까?"에[19] 대한 논의가 선교적 교회 운동의 중요한 하나의 출발점이라고들 말한다.[20]

---

18 이를 강조하는 글로 Jonathan Leeman, "What in the World is the Missional Church?", an article posted on March 1st, 2000, available at: https://www.9marks.org/article/what-world-missional-church/.

19 Lesslie Newbigin, *Foolishness to the Greeks* (Grand Rapids: Eerdmans, 1986), 1. 프린스톤의 워필드 강좌를 행한 바를 출판한 이 책을 비롯한 레슬리 뉴비긴 신학에 대한 논의로 이승구, 『우리 이웃의 신학들』 (서울: 나눔과 섬김, 2014), 제 11장, 12장, 283-311을 보라.

20 레슬리 뉴비긴의 이 고민과 선교적 교회 운동을 연관시키는 논의들로 다음을 보라: Craig Van Gelder, ed., *Missional Church in Context*, 2-3, 26-27; Goheen, "Historical Perspectives on the Missional Church Movement:

그러나 사실 이것은 전혀 새로운 것으로 나타난 것이 아니고, 이미 1950년대부터 70년대 사이에 〈세계 선교 위원회〉(IMC: the International Missionary Council)에서 논의되고 발전된, 선교에 대한 새로운 이해와 관련된다. 특히 IMC의 1952년 빌링겐(Willingen) 협의회에서 칼 하르텐쉬타인(Karl Hartenstein, 1894-1952)이 제시했던 '하나님의 선교'(missio Dei) 사상이 좋은 토대를 제시했고, 이를 토대로 하여 게오르그 비체돔(Georg Friedrich Vicedom, 1903-1974)이 『하나님의 선교』라는 제목으로 책을 쓰고,[21] 요하네스 블라우(Johannes Blauw)가 교회의 선교적 본질을 제시한 것이[22] 선교적 교회 운동의 매우 중요한 뿌리라고들 생각한다.[23]

그러므로 지금 유행하는 "선교적 교회" 운동은 그저 교회가 선교적인 삼위일체 하나님에 의해 이 세상 속에 보내져서 하나님께서 지금 하시는 일(missio Dei)에 교회 공동체도 적극적으로 참여해야만 한다는 정도의 이야기가 아니다. 우리들은 선교적 교회에 대한 논의를 그렇게 피상적으로나 복음주의적으로 읽지 말아야 한다.[24] 그렇다면

Probing Lesslie Newbigin's Formative Influence," 62-84; Michael W. Goheen, "As the Father Has Sent Me, I am Sending You": J. E. Lesslie Newbigin's Missionary Ecclesiology (Zoetermeer: Boekencentrum, 2000); 그리고 Thomas Schirrmacher, Missio Dei: God's Missional Nature, trans. Richard McClary (Bonn: Verlag f r Kultur und Wissenschaft, 2017), 79.

[21] Georg F. Vicedom, Missio Dei: Einf hrung in eine Theologie der Mission (München: C. Kaiser, 1958).

[22] Johannes Blauw, The Missionary Nature of the Church: A Survey of the Biblical Theology of Mission (Grand Rapids: Eerdmans, 1962).

[23] 이를 인정하고 밝히는 선교적 교회 이론가들의 논의로 다음을 보라: Guder, ed., Missional Church in Context, 2-3.

[24] 물론 이렇게 복음주의적 이해를 가지고 선교적 교회를 제시하고 적용하는 이로 Tim Keller를 언급할 수 있다. Cf. https://www.redeemercitytocity.com/blog/the-missional-church;

오늘날 유행하고 있는 "선교적 교회"는 과연 어떤 문제점을 가지고 있을까?

(Karl Hartenstein, 1894-1952)　　　(Georg F. Vicedom, 1903-1974)

"선교적 교회" 개념과 "선교적 교회" 운동의 문제점

기본적으로 복음과 문화의 관계를 바르게 이해해서 그 둘을 잘 연관시키기 원하는 노력은 귀한 것이고 누구나 관심을 가져야 한다. 그런데 "선교적 교회"는 성경을 있는 그대로 받아들이기 보다는 비평적 입장에서 성경을 살펴보면서 이 일에 관심을 가지고 논의하다가, 그 과정 중에서 복음 자체를 변경시키는 경향이 있다. 이는 선교적 교회 운동의 초기부터 나타나고 있었다. 이런 의식을 표현하는 대표적인 예로 『선교적 교회』에 실린 다음 주장을 보라.

───────────────

https://vimeo.com/89014236; 이 경우에 그와 다른 "선교적 교회" 주장자들의 관계를 잘 살펴야 한다.

문화로부터 자유로운 복음의 표현은 존재하지도 않고 있을 수도 없다. 교회의 메시지인 복음은 필연적으로 그 나름의 시공간에 독특한 언어적 문화적 형태로 표현될 수밖에 없다. 그러므로 복음의 제시도 우리가 신약에 다시 집어넣어 읽게 되는 경향을 가질 수 있는 **다양한 "복음들"**로 표현될 수밖에 없는 연약성을 가지게 된다.[25]

〈Craig van Gelder〉

그러므로 "선교적 교회"의 이해에 의하면, 성경에 있는 것도 문화로부터 자유로운 복음의 표현이 아니고, 그 모든 것도 다시 검토되어야 하는 것으로 이해된다. 그러므로 "선교적 교회"에서 말하는 복음은[26] 전통적으로 말하는 복음과 다른 것이다. 복음 자체와 그것을 문화적으로 표현하는 "복음들"을 이런 식으로 구별해서 말하는 것은 "하나님의 말씀"과 그것을 인간적 표현한 "말씀들"을 나누어 말하던 이전의 신학을 생각나게 한다.

이런 개념에 의하면, 성경은 그 자체로는 하나님의 말씀도 아니고, 복음도 아니라는 말이 된다. 정통파 교회는 이런 입장을 전혀 받아들일 수 없다. 회중들은 (1) 그들이 처해 있는 상황을 잘 읽기를 배워야 하며, (2) 복음으로부터 새로운 통찰을 얻어야 하고, (3) 상호 호혜적 (anticipate reciprocity)이어야 한다는 데에는 적극적으로 동감한다.

---

25 Guder, ed., *Missional Church*, 87, 강조점은 덧붙인 것임.
26 그 대표적인 예로 크레이그 반 겔더가 이해한 복음 이해에 대한 제시로 Craig van Gelder, in *Evaluating the Church Growth Movement: 5 Views*, eds., Gary L. McIntosh & Paul E. Engle (Grand Rapids: Zondervan, 2004), 97-99을 보라.

또한 (4) 각 회중들이 상황적이며 특정적(particular)이라는 것, (5) 사역이 상황적이며 실천적이라는 것, (6) 신학은 항상 상황적이며 관점적(perspectival)이라는 것, (7) 조직은 항상 상황적이며 잠정적이라는 것에 대해서도 부분적으로는 동의할 수 있다.[27] 그러나 크레이그 반 겔더가 이를 설명하는 과정에서 복음과 진리의 절대성이 점차 사라지는 인상을 받게 된다.

특히 포스트모던적 정황 속에서 일종에 그에 대한 적응을 하며 사역을 해야 한다는 강조에서 이런 불안이 더 가중된다. 우리가 하는 모든 것이 특정적(particular)이고, 관점적(perspectival)이고, 잠정적(provisional)이라는 것에는 기꺼이 동의하지만, 복음과 하나님의 사역과 진리도 그러하다는 데로 교묘하게 인도하는 것이 문제이다. "사실 모델 교회는 없고…… 성령님의 사역에 의해서 각 회중이 특정한 장소에 토착화되어야 한다"는[28] 말에 한편으로는 동의하면서도, 이런 말로 그가 결국 하나님께서 제시하신 성경적 교회가 있을 여지를 배제한다는 인상을 받게 된다. 이런 인상은 "사실 보편적 신앙고백이란 있을 수 없다"는 그의 주장에서 상당히 확증된다.[29]

또한 "선교적 교회" 운동에 의해서 선교 개념의 심각한 변화가 나타나고 있다는 것도 말해야만 한다. "하나님의 선교"(*missio dei*) 개념이 처음 나타날 때부터 복음주의 신학자들은 칼 하르텐쉬타인이 제

---

27 이 일곱 가지는 반 겔더가 상황 속에 있는 선교적 회중들의 태도들로 제시하는 바이다. Van Gelder, "Missiology and the Missional Church in Context," in *Missional Church in Context*, 38-42.

28 Van Gelder, "Missiology and the Missional Church in Context," in *Missional Church in Context*, 41.

29 Van Gelder, "Missiology and the Missional Church in Context," in *Missional Church in Context*, 42.

시하는 의미의 하나님의 선교 개념의 심각한 문제를 지적했었고,[30] 지금까지 그 비판은 유효하다. 가장 큰 문제요 아이러니는 하나님의 선교 개념으로부터 고전적 의미의 선교가 제거되거나 사라지는 결과가 나타난다는 것이다.[31] 이는 결국 정통 교회가 말하는 선교의 의미와 "선교적 교회"가 의미하는 선교의 의미가 다르기 때문이다. 그들을 상황 속에 있는 상황적 선교를 하고자 하며, 그것을 잘 드러내는 "상황적 선교학들"(contextual missiologies)을 발전시키기 원한다.[32]

〈WCC적인 Mission Dei 개념 비판의 선두 주자였던 Peter Beyerhaus, 1929-2020〉

이런 문제의 가장 큰 원인은 하나님의 특별은총과 일반 은총을 구별하지 않고 생각하는 데에 있다. 정통적 교회가 성경에 따라 이해하는 선교는 기본적으로 하나님의 특별은총을 전달하는 방식과 관련되어 있다. 그러나 "선교적 교회"와 빌링겐 회의에서의 "하나님의 선교"(missio Dei)는 특별은총과 일반은총을 구별하지 않는 듯하다. 복음이 아직 전해지지 않은 곳에서도 이미 하나님께서 역사하고 계신다는 것은 사

---

30 특히 1961년 WCC 뉴델리 총회와 1968년 웁살라 총회에서 사용된 하나님의 선교 개념에 대한 많은 우려들을 주목해 보라. 김명혁, "서울 선언의 의의와 현대 에큐메니칼 선교 신학의 동향", 「신학지남」 42/4 (1975): 69ff.; 전호진,『선교학』(서울: 개혁주의신행협회, 1989), 17; 특히 Peter Byerhaus와 이동주 교수의 비판을 보라. 그리고 이승구, "성경적 에큐메니즘을 지향하면서",『우리 이웃의 신학들』(서울: 나눔과 섬김, 2014), 368-70, 또한 전체적으로 이승구 외 4인,『WCC, 참된 교회연합운동인가?』(수원: 영음사 2012)도 보라.
31 이점을 지적하는 Schirrmacher, *Missio Dei: God's Missional Nature*, 18을 보라.
32 Cf. Van Gelder, "Missiology and the Missional Church in Context," in *Missional Church in Context*, 43.

실이다. 그러나 그것은 그곳에도 일반 은총이 영향을 미치고 있다는 의미이지 사람들을 구원하는 특별 은총이 이미 그곳에 작용하고 있다는 의미는 아니다. 그런데 "선교적 교회" 운동에서는, 빌링겐 회의에서의 "하나님의 선교" 개념을 적용하면서 정통 교회가 말하는 일반 은총과 특별 은총의 구별을 하지 않으려고 한다.

그 결과, 오늘 날의 선교적 교회 운동에서는, 이미 모든 곳에서 하나님의 사역이 일어나고 있으므로 그런 하나님의 사역을 잘 분별하면서 그 일에 동참하는 것이 하나님의 선교(*mission Dei*)에 참여하는 것이라고 이해된다. 그러므로, 오늘날의 "선교적 교회" 개념에 의하면, 복음을 전하기 위해 하는 활동이 선교가 아니라, 하나님께서 온 세상 안에서 사람들 가운데서 이미 하고 계신 일을 잘 파악해서 그 일에 동참하는 것이 하나님의 선교에 동참하는 것이 된다. 크레이그 겔더가 표현하는 것처럼, 교회는 그리스도의 정의와 평화를 세상의 여러 문화들 속에 가져 오는 계속적인 사역을 "성육신하고" 또는 "체화하여" 가야 한다고 한다.[33] 이와 같은 사회복음주의적 활동이 나타나야 한다는 것이다.

그리하여 선교 개념이 달라진다. 이것에 대해서 마이클 호톤은 **"임의적인 임무변경"**이라는 매우 적절한 용어를 사용해서 이런 "선교적 교회" 운동의 문제를 잘 지적한 바 있다.[34] 그렇게 하는 것은 교회가 "잘못된 방향으로 가고 있는" 것이라는 말이다.

더구나 이멀전트 운동을 추구하면서 "선교적 교회"라는 말을 사용하는 분들의 문제는 더 심각하다.[35] 이멀전트 운동의 중요한 정신

---

[33] Van Gelder, *The Essence of the Church*, 32.
[34] Horton, *The Gospel Commission*, Chapter 9, 강조점은 덧붙인 것임.

적 지주라고 여겨지는 브라이언 맥클라렌은 자신이 "선교적"이라는 말을 선호하는 가장 큰 이유로 "이 용어가 편견과 배타적 태도, 궁극적으로 종교 전쟁으로 이어질 수 있는 우리와 타자 간의 구별을 뛰어 넘을 수 있게 하기 때문"이라고 하면서, "이런 입장은 …… 배타주의와 보편 구원론의 두 극단을 뛰어 넘는 제 3의 길을 제시한다고" 주장한다. 그런 제 3의 길은 무엇인가? 그는 "관대한 무관심"이 바른 태도라고 하면서,[36] 레슬리 뉴비긴과 비슷하게, 구원 문제에 대한 불가지론을 제시한다.

> 모든 사람들이 구원 받을 수 있는 지에 대한 질문에 대한 나의 대답은 다음과 같다: 왜 당신은 내가 이 문제에 대해 어떤 입장을 선언할 자격이 있다고 생각하는가? 그것은 하나님의 역할이 아닌가? 이런 질문은 선교적 그리스도인인 나에게 물을 만한 질문이 아니라는 사실이 분명하지 않은가?[37]

그러므로 맥클라렌이 말하는 선교적 교회는 이런 질문에 답하지 않는 교회라는 것이다. 이와 같이 "선교적 교회" 운동을 하는 분들은 정통적 기독교와는 상당히 다른 주장을 한다. 그에서 더 나아가 이런 다른 입장에서 교회의 본질을 다시 정의하자고 한다. 이것이 오늘날 나타나고 있는 "미션 얼" 운동의 핵심이다.

---

[35] 그들의 문제점에 대한 좋은 지적으로 Horton, 『위대한 사명』, 476-517; 그리고 이승구, 『묵상과 기도, 생각과 실천』 (서울: 나눔과 섬김, 2015), 261-63을 보라.

[36] Brian McLaren, *A Generous Orthodoxy* (Grand Rapids: Zondervan, 2004), 109-10.

[37] McLaren, *A Generous Orthodoxy*, 112.

"진정한 선교적 교회"를 위하여

이상 위에서 잘 살펴 본 바와 같이, 오늘날 유행하여 점점 확장되고 있는 "선교적 교회" 운동은 교회가 본질적으로 선교적이라는 면을 강조하는 것은 좋지만, 그 개념부터 시작하여 여러 방면에서 상당한 문제점을 드러내고 있다.

이런 상황에서 우리는 선교적 교회라는 말을 사용하지 말아야 하는가? 그렇지는 않다고 본다. 오늘날 유행하는 "선교적 교회"가 아니라, 정통 교회가 늘 주장해 온 바에 이미 "성경적 의미의 선교적 교회 개념"이 있고, 더구나 그런 바른 의미의 선교적 교회는 오늘날 유행하는 "선교적 교회" 운동이 지니고 있는 문제점들을 지니고 있지 않다. 그러므로 그런 '성경적 선교적 교회' 개념이 오히려 우리가 주장하고 나가야할 진정한 선교적 교회 개념이다. 이는 마치 "하나님의 선교"(missio dei)라는 말을 1952년에 빌링겐에서 하르텐쉬타인이나 1958년에 비체돔이 사용한 개념으로가 아니라, 이 용어에 성경적 의미를 불어넣어 복음주의적 입장에서 이 용어를 새롭게 사용하는 일이 가능한 것과 비슷하다.[38] 또한 WCC적인 교회연합 운동을 비판하면서도 우리들은 참으로 성경적인 교회연합 운동을 할 수 있고, 또 해야만 한

---

[38] 그렇게 하는 대표적인 예를 다음 같은 데서 찾아 볼 수 있다. Christopher J. H. Wright, *The Mission of God: Unlocking the Bible's Grand Narrative* (Downers Grove, IL: IVP, 2006); Thomas Schirrmacher, *Missio Dei: God's Missional Nature* (Bonn: Verlag für Kultur und Wissenschaft, 2017).

다고 주장하던 것과도 비슷하다.[39]

　　정통 신학에 충실한 사람들 중의 일부는 항상 이런 "진정한 의미의 선교적 교회"를 주장해 왔다. 예를 들어서, 우리 시대의 개혁신학의 젊은 기수 중의 하나인 마이크 호톤은 예수님께서 명령하신 대위임령(The Great Commandment)을 바르게 이해하자고 촉구하는 그의 책에서 정통 교회가 추구해 온 "성경적 선교적 교회 개념"을 잘 제시하고 있다.[40] 그 외에도 정통파 신학은 교회가 예수 그리스도 안에서 이미 임하여 온 하나님 나라의 표지(sign)요, 미리 맛보기(foretaste)이므로, 반드시 하나님 나라를 잘 드러내어야 한다는 것을 이미 오래 전부터 잘 강조해 왔었다.[41] 또한 정통파 교회는 교회는 믿는 사람들이 모이는 곳이 아니라, 하나님 나라의 백성들이라는 것을 오래 전부터

---

　　[39] 이런 논의의 대표적인 예로 Cornelius Van Til, "Reformed Faith and Ecumenism," in *Reformed Pastor and Modern Thought* (Phillipsburg, NJ: P&R, 1971), 이승구 옮김, 『개혁신앙과 현대사상』(서울: 엠마오, 1985; 개정판, 서울: SFC, 2009), 338-44; 이승구, "성경적 에큐메니즘을 지향하면서", 364-80을 보라.

　　[40] Horton, *The Gospel Commission*, 『위대한 사명』, 특히 24, 33-34, 510-24를 보라. 이 문제를 언급하고 있는 이승구, 『묵상과 기도, 생각과 실천』, 258-65에 있는 이 책에 대한 서평을 보라. 또한 예로부터 교회가 보내는 하나님에 의해 보냄 받은 존재라는 전체적 함의를 교회가 강조해 왔음을 말하는 Schirrmacher, *Missio Dei*, 79도 보라. 또한 그가 언급하는, 선교적 교회의 획기적 모습이 종교개혁 때에 이미 나타났다고 주장하는 Reggie McNeal 등의 논의도 보라.

　　[41] 이 용어들이 오늘날 "선교적" 교회 운동에서 자주 쓰는 용어들이다. Cf. Guder, ed., *Missional Church*, 101.
　　이전에도 이런 용어를 정통신학에서도 쓰고 있었다는 그 대표적인 예로 이승구, 『교회론 강설: 하나님 나라 증시를 위한 종말론적 공동체와 그 백성의 삶』(서울: 여수룬, 1996); 『개혁신학 탐구』(서울: 하나, 1999), 제 1 장과 그에 인용된 여러 서적들을 보라. 그러므로 이런 말은 "선교적 교회"를 강조하는 분들이 이렇게 표현하기 전부터 이미 많은 사람들이 성경적 의미로 주장하던 바라는 것을 유념해야 한다.

많이 강조하여 왔다.[42] 진정한 선교적 교회 운동은 오늘날 유행하고 있는 "선교적 교회 운동"이나 "선교적" 교회라는 말이 사용되기 훨씬 전부터 교회가 제대로 된 모습을 가지려고 할 때에는 늘 존재했었다. 우리가 위에서 고찰한 문제점을 전혀 드러내지 않는 이런 "성경적이고 바른 선교적 교회 개념"을 우리는 확산시키고, 우리가 진정한 의미에서 성경적 교회가 되도록 애쓰는 것이 "진정한 선교적 교회"를 이 땅에 있게 하는 일이라는 것을 아주 분명히 해야 한다.

다른 유행에 대해서도 비슷한 말을 할 수 있듯이, 오늘날 유행하고 있는 소위 "선교적 교회"가 그 근원과 추구 방향을 고찰해 보면 과연 교회에 유익을 주는 것인지를 심각하게 고민하게끔 한다. 그러나 진정 성경에 입각한 선교적 교회 개념은 성경적 교회를 추구하는 이들이 처음부터 계속해서 **이 용어 없이도 항상** 추구해 오던 바였다. 이제 이 시대를 사는 우리의 사명은 이 용어를 정말 제대로 사용해서 교회를 규정하여, 우리들의 교회가 바로 그런 "성경적 의미의 선교적 존재 방식"을 잘 드러내도록 하는 것이다.

---

42 이승구, 『교회론 강설』 제 1 장, 이 강설들이 실제 행해진 것은 1992년과 1993년이라는 것도 보라.

제 2 부
말씀과 성찬

5

은혜의 방도로서의 하나님의 말씀

개혁신학은 전적인 하나님의 은혜를 강조하는 신학이다. 그런 점에서 개혁신학은 어거스틴의 은혜 이해를 **계승하면서** 그것을 성경의 가르침에 따라서 **더 철저하게** 만들었다고 할 수 있다. 하나님께서 은혜를 주시지 않으시면 우리는 **그야말로 아무 것도 할 수 없다는 것**이 개혁신학의 입장이다. 따라서 개혁 신학은 처음부터 끝까지 오직 하나님의 은혜에만(*sola gratia*) 의존한다. 그것이 바른 믿음이다. 그리스도께서 십자가에서 이룩하신 구속(*solus Christus*)을 믿는 믿음으로만(*sola fide*) 우리는 구원을 얻는다. 그러므로 우리들은 하나님께서 은혜를 베풀어 주시는 것을 중요하게 여긴다. 구원에서도 그러하고, 우리의 교회와 예배와 삶에서도 그러하다. 하나님의 은혜가 아니면 우리는 아무 것도 아니며 아무 것도 할 수 없다.

들어가는 말: 은혜 전달의 통상적 방도들

그런데 개혁파 교회에서는 하나님께서 은혜를 베푸시되 **통상적으로는 은혜의 방도**(*media gratiae*)**를 사용하셔서** 은혜를 베푸신다는 것을 강조해 왔다. 이는 아주 특별한 경우에는 성령 하나님께서 직접 역사하여 중생시키신다는 것을 인정하는 것이다.[1] 그래서 개혁신학에서는 마치 하나님의 역사하심이 말씀에 갇혀 있는 것 같은 인상을 주는, 루터파 신학자들이 애용하는 "말씀을 통하여"(*per verbum*)라는 용어의 사용을 자제하고, 오히려 성령님께서 "말씀을 사용하셔서, 또는 말씀과 함께" 역사하신다는 뜻으로 "말씀과 함께"(*cum verbo*)를 강조해 왔다.[2] 이렇게 '말씀과 함께 역사하시는 성령님'을 강조하는 것이 개혁

---

[1] 이 경우에 해당하는 것은 유아기에 죽은 아이들을 주께서 구원하실 때에는 성령님께서 그들에게 직접 역사하셔서 그들을 중생시키는 경우이다. 바빙크는 개혁파의 입장을 다음과 같이 정리하여 제시하고 있다: "하나님은 그 수단들에 매이지 않고, 심지어 비상한 방식을 사용할 수도 있으며, 특히 어린아이들을 말씀 없이 거듭나게 하시고 구원할 수 있다. 하나님은 일반적으로 분별의 연령에 이르기 전 죽은 신자의 자녀들에게 그러한 방식으로 역사한다."(Herman Bavinck, *Reformed Dogmatics*, ed., John Bolt, tr. John Vriend, 4 vols. [Grand Rapids: Baker, 2004], vol. 4, section, 440의 마지막 부분, section 522의 마지막 부분=박태현 역, 『개혁교의학 4』 (서울: 부흥과 개혁사, 2011), 55, n. 35. 또한 같은 책, section 442 마지막 부분=박태현 역, 『개혁교의학 4』, 70, 544에서도 같은 말을 한다.

[2] 이 차이에 대한 상세한 설명으로 Bavinck, *Reformed Dogmatics*, 4, section, 522 마지막 부분=『개혁교의학 4』, 특히 540-45를 보라.
　　　그러나 처음에는 루터파와 개혁파 사이의 차이가 거의 없었다는 것, 즉 루터파도 처음에는 "성령님이 비록 말씀과 성례를 자신의 도구로 사용하지만, 오로지 특별한 능력을 통해 믿음을 일으키거나 일으킬 수 있으며, '그가 원하는 언제 어디서나' 믿음을 일으킨다고 가르쳤다"는 것과(Bavinck, *Reformed Dogmatics*, 4, section 522=『개혁교의학 4』, 특히 540) 후기에 논쟁 속에서 "하나님의 말씀은 사람을 회개시킬 수 있는 능력을 그 자체 안에 가지고 있다"고 생각하는 좀 더 굳어진 입장이 나타났다는 것을 주의해서 살펴보아야 한다(Bavinck, *Reformed*

파의 입장이다. 그러므로 개혁파는 성령님과 말씀 모두를 강조해 왔다.

통상적인 '은혜의 방도'로 (1) 선포되는 하나님의 말씀, 즉 들리는 하나님의 말씀과 (2) 눈에 보이는 하나님의 말씀(visible word of God)인 성례만을 언급하기도 하고,[3] 이에 (3) 기도를 더하여 은혜의 방도로 제시하기도 한다.[4] 기도는 기도의 과정을 통해 우리의 생각과 사상과 감정과 세계관을 고치게 하시고, 결국 성경 말씀을 깨닫게 하시고 적용하게 하셔서 주님이 원하는 방향으로 가게 하는 것이니, 그 과정도 중요하지만 결국 그 안에서 하나님의 말씀이 작용하여 은혜를 베풀게 되므로 이는 결국 성경 말씀을 통해 우리에게 은혜를 베푸시는 것의 한 측면이 된다. 그러므로 사실 기도를 은혜의 방도로 언급하는 것이나 이를 빼고 기도의 과정 가운데서 역사하는 하나님의 말씀이 은혜를 베푸는 것이라고 말하는 것이나 그 내용은 같은 것이 된다.

Dogmatics, 4, section, 522=『개혁교의학 4』, 특히 541). 그런데 아우구스부르그 신앙고백서(Confessio Augustana, 1530), 5에서 이미 "성령은 '외적인 말씀 없이'(sine verbo externo) 활동하지 않는다"고 선언하고 있다.

3 이런 입장의 대표자가 Herman Bavinck와 Louis Berkhof라고 할 수 있다. Cf. Bavinck, Reformed Dogmatics, 4, section, 520, Section, 523=『개혁교의학 4』, 529, 547; Louis Berkhof, Systematic Theology (Grand Rapids: Eerdmans, 1949), 606-12, 특히 607. 이런 입장을 따르면서 박윤선 박사는 다음같이 말씀하신다: "어떤 학자들은 교회, 신앙, 회개, 기도 등도 은혜의 방편이라고 말하고 있으나 교회는 은혜의 방편을 실시하는 기관이지 방편 자체는 아니다. 회개, 신앙, 기도 등도 은혜를 받은 결과로 생기는 신자의 주관적인 행위이고 은혜의 방편은 아니다."(박윤선, 『개혁주의 교리학』 [서울: 영음사, 2003], 418). 이런 판단의 배후에 있는 것이 바로 바빙크의 견해이다. 바빙크는 "엄격한 의미에서 오직 말씀과 성례만이 은혜의 방편들로 여겨질 수 있다"(Bavinck, Reformed Dogmatics, 4, section, 519 마지막 부분=『개혁교의학 4』, 529)라고 결론 내린다.

4 이런 입장은 Charles Hodge, 그를 따라서 박형룡, 김홍전 등이 제시하였다. 또한 John Wesley도 다른 요소들과 함께 기도도 중요한 은혜의 방도라고 하였다. Cf. Charles Hodge, Systematic Theology, vol. III (Grand Rapids: Eerdmans, 1995 edition of the 1873 work), 466; 박형룡, 『개혁주의 교의학 구원론』 (서울: 기독교교육협회, 1978), 해당 부분.

본고에서는 은혜의 방도 중 말씀에 대하여 논의하고자 한다. 이 논문에서서 특히 은혜의 방도로서의 "들리는 하나님의 말씀"(또는 눈에 보이지 않는 말씀, *verbum invisibile*)과 "기록된 하나님의 말씀"에 대해서만 논의하기로 하겠다. 루터파와 개혁파에 의하면 "일차적이고 가장 중요한 은혜의 방편은 하나님의 말씀"이기 때문이다.[5]

바울이 "이 말씀이 또한 너희 믿는 자 가운데에서 역사하느니라"(살전 2:13)고 했는데, 이 말씀의 진정한 의도가 어떻게 우리들 가운데서 나타나는 것인지를 살피는 것이 우리의 종국적 목적이다. 그리하여 하나님의 말씀이 믿는 우리들 가운데서 참으로 역사하기를 간절히 원하면서 이 논문을 시작한다.

'하나님 말씀의 삼중 형식' 중 '기록된 말씀' 중심의 이해

개혁신학에서는 늘 하나님 말씀의 삼중 형식에 대해서 이야기하여 왔다. (1) 성육신하셨고 우리를 위해 죽으시고 다시 살아나셔서 지금도 "살아계신 하나님의 말씀"(the living word of God)이신 성자와 그에 대해서 성육신 이전에 구약에서 그에 대하여 기록되어 있고, 그에 대하여 신약에 기록된 (2) 그야말로 "기록된 하나님의 말씀"(the written word of God)인 성경, 그리고 (3) 선포되는 하나님의 말씀(the proclaimed word of God)인 설교가 하나님 말씀의 삼중 형식이다. 이를 20세기에 유행시킨 칼 바르트[6] 때문에 사람들은 흔히 이런 용어와

---

5 Bavinck, *Reformed Dogmatics*, 4, section, 520 앞부분=『개혁교의학 4』, 529.

6 Karl Barth, *Church Dogmatics*, I/1: *The Doctrine of the Word of*

이런 이해를 바르트가 만들어 낸 것으로 오해하는 일이 많이 있다. 그러나 이를 말하는 바르트는 이것이 루터와 개혁자들과 정통파 교회들이 항상 하던 말이라는 것을 인정하면서 말한다.[7] 참으로 이는 바르트 이전에 성경적 신학이 늘 하던 말이었다.

그런데 바르트는 이 중에서 살아계신 하나님의 말씀이신 그리스도 중심의 신학을 전개하여 소위 "그리스도 일원론"(Christo-monism) 또는 그리스도 중심적(Christo-centric) 이해를 제시하였다. 그래서 그에게는 그리스도가 모든 것의 중심이 되고, 그리스도만이 유일의 계시이다. 그는 이런 입장에서 구약과 신약의 내용을 계시와 직접 동일시하기를 거부했으며, 성경도 그 자신이 유일한 계시라고 여긴 그리스도에 의해 판단하려 했다. 그에게는 그리스도가 바로 "그 하나님의 말씀"이다(the Word of God). 그래서 바르트는 계시된 하나님의 말씀에 대해서 논하면서 상대적이지 않은 "**계시 자체**는 사실 예수 그리스도의 인격과 다른 것이 아니며, 그 안에서 성취된 화해와도 다른 것이 아니다"고 단언한다.[8] 이에 비해 성경은 이 계시 자체에 대해서 증언하는 인간의 말이요, 성령께서 역사하시는 순간에만 하나님 말씀이 된다. 그러나 그것이 하나님 말씀인 것은 오직 계시의 순간에서이며, 그 순간도 역사와 시간 안에 있지 않은 것으로 여겨지기에 바르트에 의하면 성경은 문자 그대로 하나님의 말씀은 아니고, 계시의 순간에 하나님의 말씀이 되는(*werden*) 것이다. 그래서 그는 성경을 계시에 대한 **증언**으로 여길 뿐이다. 참으로 바르트는 이와 같이 말한다: "성경은 그것이 계시를 참으로

God, trans. G. W. Bromiley (Edinburgh; T & T. Clark, 1975), 88-124 ("The Word of God in Its Threefold Form").

[7] 이를 말하는 Barth, *Church Dogmatics*, I/1, 121-24를 보라.

[8] Barth, *Church Dogmatics*, I/1, 119.

증언할 때에 하나님의 말씀이다."9

바르트는 이렇게 생각하는 것이 이 시대에 신학이 살아 있을 수 있는 방식이라고 생각한 듯하다. 그러므로 바르트에 의하면 선포된 하나님의 말씀인 설교도 그리스도를 증언하는 것이어야 하며, 오직 그런 한에서만 하나님의 말씀이다. "선포는 그것이 참으로 계시를 약속할 때에 하나님의 말씀이다."10 바르트에 의하면, 이 세상 시공간 가운데 있는 것은 무엇이나 이와 같은 잠정성만을 가지고 있다. 항상 "궁극 이전"의 것(pen-ultimate)이다. 그에게 중요한 것은 항상 시공간을 초월해 계시는 그리스도뿐이다. 바르트는 그리스도를 "살아계신 하나님의 말씀"(the living word of God)이라고 한다. 이것이 소위 "말씀의 신학"의 근본적 내용이고, 여기서 그의 신학의 역동적 특성이 드러난다. 바로 이런 의미의 역동성이 바르트가 말하는 그리스도 일원론(Christo-monism)이고, 그리스도 중심주의(Christo centrism)이다.11

이에 비하여 개혁파 정통주의는 기록된 하나님의 말씀인 성경 중심적 입장을 견지한다. 개혁파 정통주의는 성경을 따라서 성경에 기록된 것을 하나님의 말씀으로 받아들인다. 모세는 자신이 하나님께로부터 받아 전했고 기록한 것을 하나님의 말씀이라고 하면서 모압 광야의 이스라엘 백성들에게 "네가 네 하나님 여호와의 말씀을 청종하면 이 모든 복이 네게 임하며 네게 이르리니"(신 28:2)라고 말했다. 성경에 기록한 것을 하나님의 말씀으로 여기는 것은 예수님 자신의 입장이

---

9 Barth, *Church Dogmatics*, I/1, 111.
10 Barth, *Church Dogmatics*, I/1, 111.
11 이에 대한 논의로 Seung-Goo Lee, *Barth and Kierkegaard* (Seoul: Westminster Press, 1995); 또한 "계시와 역사의 관계에 대한 초기 바르트의 이해", 『우리 이웃의 신학들』 (서울: 나눔과 섬김, 2014, 재판 2015), 155-90을 보라.

기도 했다는 것을 우리들은 강조한다. 예수님께서는 고르반이라는 말을 하면서 부모를 공양하지 않는 유대인들의 잘못을 강하게 비판하시면서, 그들이 하는 일은 "그 부모를 공경할 것이 없다 하여 너희의 전통으로 하나님의 말씀을 폐하는도다"(마 15:6)고 하셨다. 성경에 기록된 것을 소개하면서 "기록되었으되"라고 강한 권위를 부여하면서 말하신 것은 바로 성경에 기록된 것이 하나님의 말씀이라는 뜻이다. 이런 뜻에서 예수님께서는 성경에 기록된 것을 언급하시면서 "하나님이 말씀하시되"(마 22:31)라고 하신다. 성경에 있는 것이 바로 하나님의 말씀이라는 것이다.

또한 성경 자체가 성경에 있는 것을 언급하면서 하나님의 말씀이라고 한다. 예를 들어서, 바울은 로마서에서 "내 사랑하는 자들아 너희가 친히 원수를 갚지 말고 하나님의 진노하심에 맡기라 기록되었으되 원수 갚는 것이 내게 있으니 내가 갚으리라고 주께서 말씀하시니라"(로마서 12:19)고 하여, 구약 말씀을 인용하고 그것을 주께서 말씀하시는 것이라고 한다. 이와 같이 성경은 하나님의 말씀이다. 그래서 우리 개혁파 선배들은 성경을 "기록된 하나님의 말씀"(the written Word of God)이라고 언급하기를 기뻐하였다.

"기록된 하나님의 말씀"과 관련하여 중요한 한 측면이 강조되어야 한다. 그것은 "성경이 완결되자 …… 이제 특별 계시를 새롭게 형성하는 요소들이 더 이상 덧붙여질 수 없었다"는 점이다. "왜냐하면 그리스도께서 오셨고, 그의 사역은 다 이루어졌고, 그의 말씀은 완성되었기 때문이다."[12] 이와 같이 특별 계시가 완성된 상황에서는 "특별 계시는 성경 안에서 우리 모두에게 현존하며 계속 지속될 것이다."[13] 〈웨

---

[12] Bavinck, *Reformed Dogmatics*, 1: section 96=『개혁교의학 1』, 470.

스트민스터 신앙고백서〉도 이를 아주 분명히 천명한다. 우리는 제 1장 성경에 대한 고백을 하면서 1항 마지막에 "하나님께서 자기 백성에게 자신의 뜻을 계시해 주시던 과거의 방식들은 이제 중지되어 버렸다"는 진술과 6항 중에 진술된 "이 성경에 성령의 새로운 계시에 의해서든 아니면 인간들의 전통에 의해서이든 아무 것도 어느 때를 막론하고 더 첨가할 수가 없다"는 말을 중시(重視)해야 한다.[14] 이런 상황은 그리스도께서 재림하실 때까지 계속된다. 그러므로 구속사(*historia salutis*)는 계속되지만, 특별 계시사(*historia revelationis*)는 그쳐졌다. 왜냐하면, 바빙크가 잘 표현하고 있듯이, "하나님의 객관적인 특별 계시는 그리스도의 초림에서 완성되었고, 그 계시의 효과는 그리스도의 재림 시 인류 역사에서 완전히 끝날 것"이기 때문이다.[15]

물론 개혁파 정통주의도 지금도 살아계시고 살아서 역사하시는 그리스도를 강조한다. 그러나 그리스도만이 아니라 성부 하나님과 성령 하나님을 모두 중요시하여 삼위일체 하나님 중심으로 신학을 하려 하기에 개혁파 정통주의의 그리스도 중심주의는 결국 삼위일체 중심주의가 된다. (바르트도 삼위일체를 말하나 그의 삼위일체 이해는 정통적 삼위일체 이해와는 또 다른 방향으로 나아가는 모습을 드러내고 있어서 정통파 신학자들은 그가 제시하는 방식에 대하여 안타까워한다). 개혁파 정통주의는 부활하신 예수 그리스도를 지금도 "하늘"(heaven)에 살아계신 하나님의 말씀으로 존숭하며 경배한다. 그런데 그 예수님에 대해서 알게 되는 것이 바로 기록된 하나님의 말씀인 성경이기에 개혁파 정통주의는 인식론적으로 성경으로부터 살아계신 하나님의 말

---

13 Bavinck, *Reformed Dogmatics*, 1: section 97=『개혁교의학 1』, 475.

14 *The Westminster Confession of Faith*, I. 1. 1, 6.

15 Bavinck, *Reformed Dogmatics*, 1, section 97=『개혁교의학 1』, 475.

씀이신 예수님께 접근한다. 다시 말하여, 기록된 하나님의 말씀인 성경을 통해서 살아계신 하나님의 말씀에게 접근할 수 있기에 정통파 그리스도인들은 기록된 하나님의 말씀을 중요시한다. 그리고 기록된 하나님의 말씀을 성령님께서 사용하셔서 우리에게 은혜를 베풀어 주신다는 것을 강조한다. 그러나 성령님의 역사는 "객관적 계시에 새로운 것

을 첨가한다는 의미에서 말하는 계시는 결코 아니다. 그것은 단지 신자가 이 객관적 계시를 알고 자신의 것으로 삼도록 도울 뿐이다. 그러므로 사람을 그리스도께 인도하는 성령의 사역은 성경에서 일반적으로 다른 이름들, 특히 조명과 중생으로 불린다 (고후 4:6; 요 3:5)."[16] 따라서 "분명한 구분을 위해 [우리 안에서 역사하는 성령님의 사역은] **조명으로 지칭되는 것이 더 좋다**"고 바빙크(1854-1921)는 말한다.[17]

선포된 하나님의 말씀인 설교도 하나님의 말씀이다. 예를 들자면, 바울 사도가 옥에 갇혔을 때에도 사도가 전한 말씀을 다른 형제들이 그대로 전하는 것에 대하여 "형제 중 다수가 나의 매임으로 말미암아 주 안에서 신뢰함으로 겁 없이 하나님의 말씀을 더욱 담대히 전하게 되었느니라"(빌 1:14)고 하고 있다. 그러나 우리들의 설교가 바른 설교이고 하나님 말씀의 전달이려면 항상 기록된 하나님의 말씀을 바르게 드러내는 것이 되어야 한다. 그러므로 **기록된 하나님의 말씀인**

---

[16] Bavinck, *Reformed Dogmatics*, 1, section 96=『개혁교의학 1』, 472.

[17] Bavinck, *Reformed Dogmatics*, 1, section 97=『개혁교의학 1』, 475, 강조점은 덧 붙인 것임.

성경은 선포된 하나님의 말씀인 설교에 대해서 우선권을 가진다. 그러나 동시에 하나님께서는 우리말 성경에 "전도의 미련한 것으로 구원하시기를 기뻐하셨도다"라고 번역된 "선포"로 구원하시기를 원하시는 것이므로, 기록된 말씀은 항상 선포되고 풀어 설명되어야 한다. 그러므로 개혁파 정통주의는 설교도 항상 강조하였다. **성경 없이는 선포될 것이 없고, 선포 없이는 효과적인 전달이 될 수 없다.** 하나님께서는 "선포의" 미련한 것으로 믿는 자들을 구원하시기를 기뻐하셨다(고전 1:21). 하나님께서는 기록된 하나님의 말씀이 선포된 하나님의 말씀이 되기를 원하신다.

여기서 흥미로운 사족 하나만을 덧붙이고자 한다. 그것은 기록된 하나님의 말씀이 처음에는 선포된 하나님의 말씀이었다는 사실이다. 예를 들어서, 아모스는 자신이 선포하는 것에 대해서 이것이 "주 여호와 만군의 하나님의 말씀이니라"고 하면서, 따라서 "너희는 듣고 야곱의 족속에게 증언하라"고 강하게 말하고 있다(암 3:13). 스가랴가 하나님을 대언하는 것에 대해서는 "하나님의 영이 제사장 여호야다의 아들 스가랴를 감동시키시매 그가 백성 앞에 높이 서서 그들에게 이르되 **하나님이 이같이 말씀하시기를** 너희가 어찌하여 여호와의 명령을 거역하여 스스로 형통하지 못하게 하느냐 하셨나니 너희가 여호와를 버렸으므로 여호와께서도 너희를 버리셨느니라"(역대하 24:20, 강조점은 덧붙인 것임)고 한다. 또한 예레미야가 이른 모든 것이 하나님의 말씀임을 다음과 같이 표현하고 있다: "예레미야가 모든 백성에게 그들의 하나님 **여호와의 말씀 곧 그들의 하나님 여호와께서 자기를 보내사 그들에게 이르신 이 모든 말씀**을 말하기를 마치니"(예레미야 43:1, 강조점은 덧붙인 것임). 이처럼 구약에는 하나님의 사람들과 선지자들이 말하는 것이 하나님의 말씀을 전하는 것이라는 것이 곳곳에 나타나고 있다(신 27:10; 신 28:10; 수 3:9; 수 23:14-15; 삼상 9:27; 삼하 7:25, 28; 왕상 20:28; 왕하 22:15; 왕하 23:16; 대하 33:18; 사 21:17; 렘 23:23; 렘 25:27; 렘 39:16; 렘 42:20-21; 렘 45:2). 따라서 구약의 신실한 백성들은 선지자가 전하는 말에 대해서 그것이 하나님의 말씀임을 확신하게 되었다. 예를 들어, 사르밧 과부는 엘리야를 통해 하신 하나님의 말씀이 이루어진 것을 보고서 엘리야에게 "내가 이제야 당신은 하나님의 사람이시오, **당신의 입에 있는 여호와의 말씀**이 진실한 줄 아노라"(왕상 17:24, 강조점은 덧붙인 것임)라고 했다.

또한 처음 신약 교회인 예루살렘 교회가 핍박 가운데서도 열심히 기도하고 "빌기를 다하매 모인 곳이 진동하더니. 무리가 다 성령이 충만하여 담대히 **하나님의 말씀을 전하니라**"(행 4:31, 강조점은 덧붙인 것임)이 말하는 것에서도 사도들에 의해서 선포된 것이 바로 하나님의 말씀임을 분명히 하고 있다. 바울이 저도 여행을 하면서 복음을 전한 것에 대해서 "살라미에 이르러 하나님의 말씀을 유대인의 여러 회당에서 전할 새"(행 13:5)이라고 하며, 비시디아 안디옥에서는 "그 다음 안식일에는 온 시민이 거의 다 하나님의 말씀을 듣고자 하여 모이니"라고 하여(행 13:44) 바울이 선포하는 것이 하나님의 말씀이라고 하였고, 바울이 고린도에서 "일 년 육 개월을 머물며 그들 가운데서 하나님의 말씀을 가르치니라"고 했다(행 18:11). 따라서 사도들의 말을 듣고 복음을 믿는 것에 대해서 "유대에 있는 사도들과 형제들이 이방인들도 하나님의 말씀을 받았다 함을 들었더니"(행 11:1)과 같이 표현하기도 한다. 이와 같이 선지자들과 사도들이 선포한 그 말씀을 하나님께서 성문화하기를 원하여 성경이 형성되고 우리에게 계시로 주어졌다. 또한 기록된 하나님의 말씀인 성경도 계속해서 교회 공동체 안에서 읽혀져서 사람들에게 들려지기를 원하셨다.

그러므로 사실 기록된 하나님의 말씀도 선포된 하나님의 말씀이었다. 바로 이런 의미에서 요한계시록에서는 "이 예언의 말씀을 읽는 자와 듣는 자와 그 가운데에 기록한 것을 지키는 자는 복이 있나니 때가 가까움이라"(계 1:3)고 했다. 또한 골로새서를 보내면서 바울은 "이 편지를 너희에게서 읽은 후에 라오디게아인의 교회에서도 읽게 하고 또 라오디게아로부터 오는 편지를 너희도 읽으라"(골 4:16)고 했다. 그러므로 사도들은 기록된 말씀도 선포되고 들려지기 원한 것이다. 그렇기에 기록된 하나님의 말씀은 선포된 하나님의 말씀의 한 부분이라고도 할 수 있다.

이와 연관해서 선지자나 사도가 선포한 것과 그것을 기록한 것과 우리들의 선포를 정확히 비교하여 연속성과 차이점을 분명히 해야 한다. 선지자와 사도들이 선포한 것은 하나님으로부터 직접 받은 것이다. 나단에게 임한 하나님의 말씀(대상 17:3), 하나님의 사람 스마야에게 임한 하나님의 말씀(대하 11:2) 등을 잘 생각해 보라. 만일에 하나님께서 직접 주지 않은 것을 선포하는 자가 있다면 그는 거짓 선지자로 여겨졌다(신 18: 20, 22 참조). 이렇게 하나님으로부터 받은 것을 전하는 사도와 선지자들의 선포 가운데서 구원을 위해 꼭 필요한 것들을 성령 하나님께서 영감하여 기록하게 하신 것이 기록된 하나님의 말씀인 성경이다. 여기에 선지자와 사도들의 선포와 성경의 연속성이 있다. 성경 기자들이 기록한 것은 결국 하나님께서 직접 주신 것이고, 그것이 하나님의 말씀이다. 그러나 오늘날 목사님들이 설교하는 말은 그것이 성경의 가르침에 일치하는 한 하나님의 말씀이고(여기에 **연속성**

이 있다!), 그것이 성경의 가르침에 부합하지 않으면 하나님의 말씀이 아니다(여기에 **비연속성**이 있다!). 여기서 개혁주의적인 바른 설교와 신비주의의 차이가 드러난다. 조엘 비키도 같은 의미의 말을 다음 같이 표현한 적이 있다:

> 신비주의는 하나님의 말씀으로부터 경험을 분리시키는데 반해, 역사적 개혁주의 신앙은 말씀 중심과 하나님께 영광을 돌리고 그리스도를 높임, 성령님의 역사하심과 같은 경험적 기독교를 요구한다. 이런 설교만이 본질적으로 교회의 건강과 번영을 가져 올 수 있다.[18]

그러므로 우리는 항상 (1) 성경에 근거해서 (2) 지금 여기서 하나님께서 그의 백성들에게 주시는 하나님의 말씀을 전달해야만 한다. 그와 같은 방식으로 "회중에게 살아있는 하나님의 말씀을 전파해야" 한다.[19] 바로 여기서 우리의 다음 주제가 주어진다.

설교가 선포된 하나님의 말씀이려면?(1) – 전제 조건

그러므로 목사님들이 선포하는 설교가 하나님이 말씀이려면 그 설교가 성경의 의도를 통해 나타난 신적 저자인 하나님의 의도를 잘 전달해야만 한다. 성경의 의도, 그리고 궁극적으로 하나님의 의도를 제대로 전달하지 않는 설교는 하나님의 말씀이 아니다.[20]

---

[18] Joel R. Beeke, *Living for God's Glory* (Lake Mary: Reformation Trust, 2008), 신호섭 옮김, 『칼빈주의』 (서울: 지평서원, 2010), 435.

[19] Beeke, 『칼빈주의』, 435.

이를 흥미롭고도 명확하게 전달하기 위해 중세 말기의 교회의 모습을 생각해 보기로 하자. 당시 유럽 대부분의 지역에서는 마을 주민들 상당수가 주일 예배에 열심히 참여하였고 상당히 많은 경우에는 라틴어로 진행되는 미사 순서를 잘 이해하지 못하지만, 미사를 집례하는 사제(제사장, priest)의 일거수 일투족에 주의하면서 소위 하나님께 드리는 "제사"에 정성껏 참여하면서 "은혜 받는" 사람들도 있었고,[21] 곳곳에서는 주일 아침 미사와는 달리 주일 저녁 예배 시간에는 그들이 일상적으로 쓰는 말로 성경과 기독교의 의미를 설명해 주는 설교를 듣기도 했었다. 또한 야외에서 설교자들이 그들이 쓰는 언어로 종교적인 것에 대해서 선포하는 것을 잘 듣기도 했었다.

이런 예의 하나로 후에 〈벨직 신앙고백서〉의 초안을 쓴 귀도 더 브레(Guido de Brès=Guy de Bray, c. 1522–1567)의 어머니가 오늘날 벨기에 지역의 큰 도시인 몽스(Mons)에서 이탈리아 제슈이트 수도사가 길거리에서 설교하는 것을 듣고서는 하나님께 기도하기를 "왜 저에게 이와 같은 아들을 주시지 않으십니까? 내 뱃속의 아기가 당신님의 말씀을 전하는 사람이 되기를 원합니다"라고 기도했었다고 하니,[22]

---

20 이것이 중요한 문제라는 지적으로 Seung-Goo Lee, "A Biblical Theological Hermeneutics, the Pure Preaching of the Word of God, and the Unity of the Church," in *The Unity of the Church*, ed., Eduardus van Der Borght (Leiden and Boston: Brill, 2010), 105–10을 보라.

21 이런 데서 소위 "은혜 받는다"는 말이 얼마나 정확하지 않고 느슨하게 사용되는 지를 우리들은 절감하게 된다. 이는 오늘 날 개신교의 용어 사용에서도 예외가 아니라고 여겨진다.

22 Cf. Thea B. Van Halsema, *Three Men Came to Heidelberg and Glorious Heretic: The Story of Guido de Brès* (Grand Rapids: Baker, 1982), 101. 귀도는 후에 옥 속에서 어머니께 쓴 편지 중에 "어머니는 제가 제슈이트 교도 설교자가 되기를 원하셨지만, 하나님께서 예수님을 설교하는 사람이 되게 해 주셨다"고 말하고 있다.

그녀는 자신이 사용하는 언어로 그 제슈이트 설교자의 설교를 들었음이 분명하다. 그 때의 그 설교는 분명히 하나님의 권위를 가지고 하나님의 말씀을 전한다고 하는 것이었으나 결국 잘 따져 보면 성경에 있는 하나님의 뜻과는 다른 것을 선포하고 있었다. 이렇게 선포된 것을 하나님의 말씀이라고 하기는 어렵다.

제 2 바티칸 공의회(1962-1965) 후에는 천주교회도 그 공의회의 결정에 따라서 많은 성당에서 모두 다 자국의 언어로 미사를 집례하며 강론도 자국의 언어로 한다. 성경을 풀어 설명하기도 하고, 성경에 있는 하나님의 의도를 설명하기도 한다. 그러나 전체적으로 살필 때, 중세 때는 물론 지금도 천주교의 미사 시간에 선포되는 강론을 과연 하나님의 말씀이라고 할 수 있을까?

바로 여기에 루터의 기본적인 고민이 있었다. 만일 어떤 종교 집단 안에서 성경이 가르치는 바른 가르침인 이신칭의(以信稱義)의 복음이 바로 선포되지 않을 때, 그곳을 과연 바른 교회라고 할 수 있는가를 루터는 질문했다. 이런 고민 가운데서 이신칭의 교리는 그와 함께 교회가 서고 넘어지는 교리라는 확신을 가지게 되었고, 따라서 이신칭의를 분명히 선포하지 않는 천주교회는 참된 교회가 아니라고 선언하였다. 물론 이런 선언이 단기간에 쉽게 나온 선언이 아니라는 것에 주의해야 한다.

이 선언을 한 루터도 그렇고, 이런 가르침을 믿고 난 후에 성경적 가르침과 당대 교회의 가르침을 비교한 사람들은 오랫동안의 심각한 고민의 기간을 가지게 되었다. 이것이야 말로 가장 중요한 영적 전투의 기간이었다고 할 수 있다. 그러나 그들이 과연 성령님께 속해 있고 그들 안에 성령님의 역사가 있을 때 그들은 기록된 하나님의 말씀의 바른 의미를 떠나서 선포하는 것을 하나님의 말씀이라고 할 수 없었다. 그리하여 설교는 있으나 하나님의 말씀이 없는 교회에 그대로 속하여 있을 수 없다고 생각하여 천주교회와의 관계를 단절하고, 말씀의 밝은 빛이 비추는 데를 향해 나가기 시작했다.

그리하여 일부는 제네바와 같이 하나님의 말씀을 가장 체계적으로 가르쳐 지는 곳을 향해 가기도 하였고, 일차적으로 성경을 읽고 루터나 다른 개혁자들의 글들을 열심히 읽어 나갔다. 바르게 된 그리스도인들에게는 그냥 설교가 하나님의 말씀이 아니고, **성경의 가르침을 제대로 해석해서 선포해 주는 설교만**이 하나님의 말씀이었다. 참된 하나님의 백성들은 항상 하나님의 말씀을 갈구하고, 그 하나님의 말씀으로 살기 때문이다. 이런 정황 가운데서 예수님께서 시험 받으시면서 인용하셨던 말씀의 참된 의미가 잘 드러나게 된다: "사람이 떡으로만 살 것이 아니요 하나님의 입으로부터 나오는 모든 말씀으로 살 것이라 하였느니라"(마 4:4). 그리하여 어느 시대에 사는 하나님의 백성이든지 하나님의 말씀을 갈구하고, 그것이 없으면 못살겠다고 느낀다. 말씀이 없으면 죽게 되기 때문이다.

그러나 설교가 하나님의 말씀으로 작용하려면 근본적으로 성경을 영감하신 성령님께서 설교를 사용하셔야만 한다. 개혁파에서는 항상 성령님의 역사를 강조해 왔다. 칼빈은 시편 주석에서 이렇게 말한 바 있다: "만일 우리가 계명을 준수하는 능력이 하나님으로부터 온다는 사실을 인정한다면, 그와 동시에 **하나님께서 이해와 깨달음의 눈을 열어 주시기 전까지는 우리 모든 인간들이 눈먼 장님일 뿐**이라는 것도 기꺼이 인정해야 한다."[23] 그래서 개혁파 사람들은 "성령님께서 말씀을 사

---

23 John Calvin, *Comm.* Ps. 119:18, 강조점은 덧붙인 것임.

용하셔서 은혜를 베푸신다"고 했다. 여기 소위 "*cum verbo*의 원리"가 나타난다.[24] 성령님께서 우리가 선포하는 "말씀을 사용하셔서" 하나님의 백성들에게 은혜를 베푸신다. 그러므로 용어 사용에 있어서 "말씀을 사용하셔서"라는 용어를 사용하는 것이 좋다.

과거 청교도들 일부와 그 전통을 따라 로이드 존스 목사님께서 이를 가르쳐서 설교에 "기름 부어주심"(unction, anointing)이라는 용어를 사용하기도 하였다.[25] 성령께서 은혜를 베푸심과 성령의 기름 부어주심 – 이 둘은 같은 것으로 보는 것이 좋을 것이다. 그러나 전통적으로 사용해 온 "말씀을 사용하셔서"라는 표현을 사용하는 것이 더 좋다.

한국 교회에서는 성령님께서 말씀을 사용하셔서 은혜를 베푸신다는 말을 그렇게 자주 사용하지 않았으므로 이런 용어를 써서 표현하는 것은 거의 잃어버린 용어를 다시 발견하는 것과 같다. 핵심은 성령님께서 역사하셔서 **우리의 존재를 하나님의 말씀의 의미에 부합하게 만드시는 일**이다. 그러므로 설교자는 성령님께 온전히 의존하는 수밖에 없다. 그것만이 설교의 말씀이 은혜의 방도로 작용하는 방식이기 때문이다.

그러므로 가장 근본적인 것은 성령님의 역사하심, 즉 성령님께

---

24 이에 대해서 좀 더 자세한 설명으로 이승구, 『하나님께 아룁니다』 (수원: 합신대학원 출판부, 2020), 제 8장 앞부분, 특히 230-34를 보라.

25 David Martyn Lloyd-Jones, *Preaching and Preachers* (London: Hodder & Stoughton, and Grand Rapids: Zondervan, 1971), chapter 16: "Demonstration of the Spirit and of the Power"(304-25, 특히 304-305)를 비롯하여 여러 곳에서 그리하였다. 이를 잘 관찰한, 글라스고우에 있는 국제기독교대학(International Christian College)의 학장인 Tony Sargent는 *The Sacred Anointing: The Preaching of Dr. Martyn Lloyd-Jones* (London: Hodder & Stoughton & Wheaton, IL: Crossway Books, 1994)라는 책을 쓰기도 하였다. 특히 이 책의 52, 58쪽을 보라.

서 선포되는 말씀을 사용하셔서 은혜를 베푸심이다. 은혜를 주시는 주체가 성령 하나님이심을 아주 분명히 하고, 늘 의식하여 우리의 설교 가운데서 성령님께서 역사하시기를 기원하고, 기대해야 한다. 이것은 신비한 일이고, 우리가 도무지 조작할 수 있는 일이 아니다. 그렇기에 사역에 있어서 그 어떤 방식으로 조작하는(manipulating) 시도나 그런 의도가 있지 않도록 해야 한다. 다음 같은 패커의 말이 옳다: "심리

젊은 때에 패커와 노년의 패커를 비교해 보셔요.
〈J. I. Packer, 1926-2020〉

적 압박을 행사하여 무엇인가를 결심하게 만드는 모든 장치들을 제거해야 한다. 그것은 성령님의 영역을 침범하는 뻔뻔스러운 짓이다."26 그러므로 이 일에 있어서 인간은 수동적이고, 성령님께서 역사하시도록 해야만 한다. 패

커가 잘 강조한 바와 같이 "전달된 메시지를 사용하여 인간을 믿음으로 인도하는 일은 오직 하나님의 영이신 성령님께 맡겨야 한다."27

그렇기에 설교와 관련해서도 기도가 매우 중요하다. 설교 준비할 때의 기도, 설교를 준비한 후의 기도, 설교하면서 내적으로 하는 기도, 설교 후의 기도를 하면서, 설교자들은 온전히 주님께서 역사하시도록 온전히 성령님만을 의지해야 한다. 17세기 말과 18세기 초의 장로교 목사로 에딘버러 대학교를 졸업하고, 장로교적 신념 때문에 화란

---

26 J. I. Packer, *A Quest for Godliness: The Puritan Vision of the Christian Life* (Wheaton: Crossway Books, 1994), 163.

27 Packer, *A Quest for Godliness*, 164.

으로 갔다가 돌아와 런던에 있던 스코틀란드 회중을 섬긴 아주 열정적인 설교자로 알려진 로버트 트레일(1642–1716)은 이렇게 말한 바 있다: "많은 훌륭한 설교들이 효력을 발생시키지 못하는 것은 그것을 연구하고 준비할 때 기도가 부족했기 때문이다."[28]

또한 의도적으로 조작하지 않더라도 설교자가 어떤 식으로 말하거나 행동하면 성도들이 은혜 받는 듯 하는지를 알아 그런 방법을 추구하는 것도 매우 위험한 것이다. 오랫동안 설교하면서 이런 분위기를 알아 그런 분위기를 추구해 가는 것도 결국 인위적 시도라는 것을 인식해야 한다. 성실하게 목회하고 인위적 조작을 하지 않는 목사님들도 이런 분위기 형성을 성령님의 역사라고 오해하기 쉽기에 이점을 강조한다.

설교가 선포된 하나님의 말씀이려면?(2) – 하지 말아야 할 것들

이제 좀 더 구체적으로 성경을 어떻게 풀어서 가르쳐야 그것이 은혜의 방도로 사용되는 일에 기여하는 것인지를 생각해 보기로 하자. 먼저 다음과 같이 하는 것은 성령님의 사역과는 거리가 멀다는 것을 분명히 하는 일을 해보기로 하자.

---

[28] Robert Trail, *The Works of Robert Trail* (Edinburgh: Banner of Truth Trust, 1975) 1:246, Beeke, 『칼빈주의』, 436에서 재인용.

첫째로는 역시 지나친 알레고리적 해석의 문제점을 말해야 한다. 물론 성경 자체가 알레고리적으로 해석하는 때에는 우리도 알레고리를 적용해야 한다. 예를 들어서, 씨 뿌리는 자의 비유와 관련하여 이 비유를 주신 주님 자신이 "씨는 하나님의 말씀이요"(눅 8:11), 또한 가라지 비유에서는 "좋은 씨를 뿌리는 이는 인자요…. 밭은 세상이요, 좋은 씨는 천국의 아들들이요, 가라지는 악한 자의 아들들이요, 가라지를 뿌린 원수는 마귀요, 추수 때는 세상 끝이요, 추수꾼들은 천사들이니"(마 13:37-39) 등으로 설명하셨으므로 우리도 마땅히 이를 따라야 한다. 그러나 그렇게 알레고리적 의도가 없는 것에 대하여 알레고리적 해석을 하는 일은 바른 성경 해석이 아니고, 바른 설교라고 할 수 없다.

둘째로, 성경 본문에 대한 문맥을 벗어난 읽기와 그런 탈문맥적 읽기에 근거한 설교도 하나님의 의도를 제대로 전달하는 것과 거리가 멀고, 동시에 성령님께서 은혜의 방도로 역사하시는 것과도 관계없다. 예를 들어서, (이제는 더 명확하게 번역되어서 그렇게 오해하는 사람이 거의 없지만) 시편 23편을 설명하면서 "내 원수의 목전에서 내게 상을 베푸시는 도다"는 말씀을 설명하면서 참 하나님의 백성들에게는 원수들이 보는 데서 우리에게 상(償)을 주신다고 설명한다면 그와 같은 것이 맥락을 벗어난 읽기와 설교의 전형이라 할 수 있다.

문맥에 유의하지 않음으로 본문 자체의 독특한 강조점을 잘 드러내지 못하는 예로 신약적 종말 개념을 잘 드러내면서도 안타깝게 고린도후서 5:15, 17의 문맥에 잘 유의하지 않음으로 그 본문이 제시하는 그리스도 안에 있는 "만물의 새로운 피조물 됨"을 잘 드러내지 못하는 예들이 있다.[29] 그들은 일반적인 해석을 따르면서 "누구든지 그리

---

[29] G. K. Beale, "The New Testament and New Creation," in Scott J.

스도 안에 있으면, 그들은 새로운 피조물"이라고 논의한다. 이와 같은 해석과 논의들을 (고후 5:15, 17의 문맥을 잘 드러내면서) 구속사적이고 신약-종말론적인 의미에서의 피조계 전체의 그리스도 안에서의 새로워짐에 대한 언급임을 잘 드러낸 해석들과 대조해 보는 것이 좋을 것이다.[30]

이와 비슷한 점의 하나로 요한계시록 21장에 나타나는 새 예루살렘을 어떻게 이해하고 제시하는가 하는 문제도 생각해 볼 수 있다. 물론 다른 해석의 예들도 있지만,[31] 오늘날 문맥에 유의하는 대부분의 해석자들은 새 예루살렘은 하나님께서 종국에 있게 하실 새 하늘과 새 땅에 거주하게 될 하나님의 백성, 즉 그리스도의 신부인 교회를 표상적으로 표현하는 것으로 이해한다.[32] 특히 요한계시록 21:9 이하에 그

Hafemann, ed., *Biblical Theology: Retrospect & Prospect* (Downers Grove, Ill.: IVP, 2002), 163. 또한 Dumbrell, "Genesis 2:1–17: A Foreshadowing of the New Creation," in Hafemann, ed., *Biblical Theology*, 65도 보라.

[30] 그런 해석의 대표적인 예로 G. Vos, *The Pauline Eschatology* (Princeton, NJ: Princeton University Press, 1930), 이승구 오광만 역, 『바울의 종말론』 (서울: 엠마오, 1989), 78–82; H. Ridderbos, *Paul: An Outline of His Theology* (Grand Rapids: Eerdmans, 1975), 45 등을 보라.

[31] 새 예루살렘을 '실제 도시'(an actual city)로 보아야 한다는 해석의 대표자는 문자적 해석에 집착하는 세대주의자인 John F. Walvoord, *The Revelation of Jesus Christ* (Chicago: Moody, 1966), 313이다.

[32] Cf. R. J. McKelvey, *The New Temple: The Church in the New Testament* (Oxford: Oxford University Press, 1969), 167–76; Robert H. Mounce, *The Book of Revelation*, NICNT (Grand Rapids, Mich.: Eerdmans, 1977), 370f. (그는 Martin Kiddle, *The Revelation of St. John*, The Moffatt New Testament Commentary (London: Hodder and Stoughton, 1940), 415f.과 A. M. Hunter, *Proving the New Testament* (Richmond, VA: John Knox, 1971), 156도 같은 견해를 밝히는 이들로 언급한다); Alan F. Johnson, "Revelation," in *The Expositor's Bible Commentary*, vol. 12 (Grand Rapids: Mich.: Zondervan, 1981), 593f.: "이 성은 미래 영광스럽게 된 상태의 교회이다. 그것은 하나님 나라의 종국적 실현이다"; R. H. Gundry, "The New Jerusalem:

새 예루살렘에 대한 묘사를 하면서 "어린 양의 신부를 보여준다"고 표현하는 데서, 성경 본문으로부터 이것이 아주 잘 드러난다. 그러므로 어떤 사람이 이 본문과 관련해서 다른 해석을 제시하는 경우에는 적어도 왜 그 자신은 왜 다른 해석을 제시하는 지에 대한 논의가 있어야 할 것이다. 그런데도 새 예루살렘을 새 하늘과 새 땅과 거의 같은 것으로[33] 그리하여 "새로운 에덴"(the New Eden)으로까지 표현하는 것은[34] 주어진 본문의 맥락에 충실하지 않은 것으로 여겨진다.

이런 탈문맥적 해석의 전형적인 경우들은 비슷한 단어를 다 연결시키면서 그것에 의미를 부여하는 것이다. 우리들이 신천지의 해석이나 소위 다락방 운동을 하시는 분들의 해석의 가장 기본적인 문제가 바로 여기에 있다.

셋째로, 지나친 도식화도 성경의 뜻을 제대로 전달하는데 방해를 할 수 있다. 때로는 아주 유명한 학자들도 이런 잘못을 범하곤 한다.[35] 물론 성경을 이해하고 설명하는데 어떤 도식이 도움이 될 수 있

People as Place, Not Place for People," *Novum Testamentum* 3 (1987): 254-64. 또한 모호하게 표현하기는 해도 이에 근접하는 해석으로 다음을 보라: Philip E. Hughes, *The Book of the Revelation* (Grand Rapids, Mich.: Eerdmans, 1990), 222f.도 보라: "성도들은, 성육신하신 아드님이 친히 모퉁이 돌이 되신 영적인 성전을 이루는 산돌들인 것(벧전 2:4ff.)과 같은 방식으로 바로 그 성도들이 새 예루살렘의 힘 있는 구성 요소들인 것이다." 특히 227: "이것은 거룩한 성이 생명 없는 돌 벽돌이나 다른 물체들로 구성된 것이 아니라, 구속받은 사람들의 구조임을 보여준다."

[33] 그렇게 이해하고 진술하는 대표적인 예로 Dumbrell, "Genesis 2:1-17: A Foreshadowing of the New Creation," in Hafemann, ed., *Biblical Theology*, 57을 보라. 그는 심지어 이를 "새롭게 되고 보편화된 에덴"이라고까지 표현한다(57, 63). 이는 그가 에덴 모티프를 너무 강하게 생각하는 데서 나오는 문맥에 대한 고려의 부족이라고 여겨진다.

[34] Dumbrell, "Genesis 2:1-17: A Foreshadowing of the New Creation," in Hafemann, ed., *Biblical Theology*, 57, 63.

다. 그러나 그 도식이 성경을 주실 때 하나님께서 의도하신 것이 아닐 때는 무리하게 우리가 그 도식을 넣어서 읽는 것이기에 주의해야 한다.

이런 도식화의 가장 흔한 예로 지나친 모형론을 찾는 것을 생각할 수 있다. 성경 자체가 제시하고 있는 바른 모형론이 있다. 그에 따라서 구약의 어떤 제도나 인물이 오실 그리스도의 모형이라고 정당하게 말할 수 있는 것이 있다. 구약 희생 제사 제도와 그와 관련된 것을 (구약의 입장에서는) 장차 오실 메시아와 관계시키는 것은 성경 자체에 제시된 모형론을 잘 따르는 것이다. 그러므로 우리들은 성경에 그에 대한 시사(示唆, hint)가 분명히 있는 경우에만 이런 모형론을 도출해야 한다. 성경에 그런 시사가 없는 데 그런 모형론을 찾으려 하는 것은 언제나 심각한 문제를 일으킨다.[36]

예를 들어서, 여리고성에서 라합이 늘어뜨린 붉은 줄을 그리스도의 구속의 피에 대한 모형으로 본다든지,[37] 야곱이 에서에게 제공한

---

[35] 예를 들어서 창세기 2:4a는 이전 부분을 요약하므로 창세기 1:1-2:3에서 '창조하다'(create)라는 말과 '만들다'는 말이 각기 7회 나오도록 하여 창조의 온전함과 완성을 시사하며 창세기 1장과 2:3의 상호 연관성을 시사한다고 윌리엄 덤브렐(William J. Dumbrell)은 말한다(Dumbrell, "Genesis 2:1-17: A Foreshadowing of the New Creation," in Hafemann, ed., *Biblical Theology*, 53). 이는 흥미롭고 정확한 관찰이고, 과연 그렇다면 (즉, 참으로 창세기 저자가 그런 의도로 글을 썼다면) 이는 매우 중요한 발견이다. 그러나 과연 처음부터 창세기 저자가 7 숫자에 의미를 부여하고서 의도적으로 창조의 온전함을 알리기 위해서 이런 식으로 구성하였다는 것이 사실인지, 또한 히브리 성경을 읽는 이들이 처음부터 이런 독법에 아주 친숙했었는지는 항상 열린 문제가 아닐 수 없다. 또한 창세기 2:2, 3절에 칠일이라는 말이 3번 언급되었는데(2절에 두 번, 3절에 한번) 그 각각이 7단어를 띄어 나타난다는 흥미로운 관찰에(p. 54) 대해서도 역시 그것은 열린 토론의 문제라고 말하지 않을 수 없다.

[36] 대표적인 예로 Vern Poythress, *The Shadow of Christ in the Law of Moses* (Brentwood, Tennessee: Wolgemuth & Hyatt, 1991). 이에 대한 논의로, 이 책에 대한 필자의 서평을 보라(『개혁신학 탐구』, 391-95, 402).

[37] 로마의 클레멘트(Clement of Rome) 때부터 여기 언급된 줄의 색이 붉

붉은 것으로부터 그리스도의 보혈을 생각한다든지 하는 것이 그와 같이 잘못된 도식화를 시도하는 대표적인 예라고 할 수 있다.

요즈음은 학자들의 지나친 도식화 시도가 곳곳에서 나타나고 있어서 그것이 성경에 대한 바른 해석을 방해하는 경우들도 자주 본다. 성경의 상당히 많은 곳에서 "카이 구조"를 찾아 그것에 근거하여 성경을 해석하려고 하는 경우들이 그 대표적인 경우다. 성경의 구조상 분명한 "카이 구조"를 찾아 제시할 수 있는 곳이 있고, 그것을 통해 본문의 강조점이 나타나는 경우들이 있다. 그러나 자의적으로 이런 구조를 거의 모든 곳에서 찾아내는 것, 이와 비슷하게 "삽투법"(挿套法, inclusio)적 구조도 무리하게 찾아내는 것도 성경을 바로 해석하는 것이라고 보기 어렵다.

근자에는 성전 모티프에 대한 집착 때문에 창세기 앞부분에서도 성전 모티프를 찾아 읽어 보려는 해석들이 증가하고 있다.[38] 이것은 잘못하면 창세기 앞부분의 기록 연대에 대한 질문을 일으키고, 과연 하나님께서 처음부터 그런 의도로 그 부분을 작성하게 하셨는가에 대한 질문을 일으키기에 건전한 해석이라고 보기 어렵다고 여겨진다.

은 색이라는 이유에서 그리스도의 십자가에서 흘린 보혈을 모형화하는 것으로, 그래서 여기서 붉은 줄을 늘여 뜨린 것이 라합이 그리스도의 십자가의 피에 의해 구원받았음에 대한 모형이라고 해석하는 이들이 있었다. 그러나 보다 많은 건전한 해석자들은 이런 모형론적인 해석은 전혀 잘못된 해석이라는 것을 분명히 한다.

38 근자에 나타난 이런 도식화의 가장 대표적인 예가 바로 Gregory K. Beale, *The Temple and the Church's Mission: A Biblical Theology of the Dwelling Place of God* (Downers Grove: IVP, 2004), 강성열 옮김, 『성전 신학』 (서울: 새물결 플러스, 2014)라고 할 수 있다. 특히 새 하늘과 새 땅이 그가 말하는 "city-temple"이라는 그의 기본적 명제가 너무 도식적으로 작용하고 있다.

설교가 선포된 하나님의 말씀이려면?(3) - 해야 할 것들

그렇다면 우리가 적극적으로 어떻게 하면 하나님의 말씀인 성경을 바로 해석하여 우리의 설교가 은혜의 방도로 작용할 수 있는 우리 편에서의 최선의 작업을 하는 것일까?

첫째는, 위에서 하지 말아야 하는 것이라고 한 것들을 뒤집어 바르게 해석한 내용을 찾아야 한다. 즉, 성경에 나타난 경우가 아니면 알레고리적 해석을 하지 않고, 문맥을 잘 살펴서 그 문맥 안에서 주어진 본문이 무엇을 말하려고 하는 가를 살피고, 자신이 중요하다 생각하는 도식을 넣어 해석하지 말고, 오히려 본문 자체의 의미가 드러나게 해야 한다. 한 마디로, 여러 사람들이 오랫동안 강조한 바와 같이, 본문에 무엇인가를 넣어 하는 해석(eisgesis)이 아니고 본문이 말하는 해석을 이끌어 내는 것(exegesis)이 되어야 한다.[39] 이렇게 하면 성경 본문으로부터 가장 자연스러운 의미를 찾아내기 쉽다.

둘째는, 그 내용이 과연 어떤 계시사적 맥락에서 주어진 것인지를 파악하고, 그 계시사 내에서의 말씀이 지금 여기에 있는 우리와는 어떤 관계를 지니는 것인지를 분명히 해야 한다. 특히 구약 본문을 생각할 때는 이것이 매우 중요하다. 구약과 우리는 같은 계시사적 정황에 있는 것이 아니기 때문이다. 예를 들어서, 구약의 각종 절기를 우리 시대에 그대로 적용하려 한다는 것은 예수 그리스도 사역으로 그 절기

---

[39] 성경해석학을 공부한 사람들이 늘 기억하는 이 말은 웨스트민스터 신학교에서 오늘날 M. Div.에 해당하는 신학사(BD) 학위를 하셨던 손봉호 교수님께서 오래 전에 존 스킬톤(John Skilton, 1906-1998)에게서 신약학과 성경해석학을 공부하셨던 것을 상기하면서 지나가는 말로 스킬톤이 늘 이를 강조했다고 언급하신 것을 기억한다.

가 지향하던 바가 온전히 성취되었음을 생각하지 않은 잘못된 적용의 대표적인 예가 된다. 일반적으로 구약의 절기와 구약의 율법적 규정들에 대해서는 그 율법이 그리스도의 사역으로 성취된 우리들의 시대에 어떻게 해야 하는가를 잘 알고 그것을 그대로 지키지 않으면서도 다른 문제에 대해서는 계시사적인 고려를 하지 않는 경우들이 많으므로 주의해야만 한다. 또한 구약 절기를 적당히 신약의 절기와 맞추어 그 연속성을 어느 정도 확보하려는 시도도 잘못된 것이다. 구약과 신약은 서로 다른 계시사적 지평에 있음을 분명히 해야 한다.

따라서 그리스도께서 모든 의식법을 온전히 이루신 신약 시대에는 이 땅 위에 더 이상 특별한 직분으로서의 제사장이 따로 있지 아니하고, 모든 성도들이 자신의 삶과 몸을 거룩한 산 제물로 드리는 제사장들이고(롬 12:1) 다들 왕 같은 제사장들 이다(벧전 2:9). 그러므로 믿는 사람들 모두가 그들의 존재 전체로 "하나님이 기쁘게 받으실 신령한 제사를 드릴 거룩한 제사장"이다(벧전 2:5). 이것을 변용하여 이제 신약에는 제사장 직분은 따로 없으나 제사장적인 활동은 있을 수 있다고 생각하며 말한다든지 하는 것은 결국 그리스도께서 온전히 이루신 그리스도의 중보직을 훼손하는 것이 된다.

신약 성경에 있는 명령은 상당수 우리에게 그대로 적용될 수 있다. 이는 신약과 우리가 같은 계시사적 지평에 있기 때문이다. 물론 이 때에도 시간과 역사의 거리가 있기에, 그로 말미암는 해석적 지평의 융합은 필요하다. 더구나 신약 성경이 기록되고 있는 시기는 아직도 계시가 주어지고 있는 상황 가운데서 주어진 계시라는 점에서 요한계시록까지의 특별계시가 완성된 시점에 있는 우리와 다르다는 점도 염두에 두어야 한다. 그러므로 고린도전서에서 "그런즉 내 형제들아 예언하기를 사모하며 방언 말하기를 금하지 말라"(고전 14:39)라고 한 말을 그대로 적용하여 오늘날도 예언이 지속되는 것처럼 생각하거나 그와 같이 말하면 안 된다. 계시사적인 고려가 매우 중요하다는 점을 다시 강조한다. 이것이 우리들의 성경 해석에서 가장 중요한 점이라고 할 수 있다.

셋째는 그렇게 바로 이해된 내용일 우리 교회 성도들에게 잘 전달될 수 있도록 이번에 전할 내용과 방식을 결정해서 될 수 있는 대로 쉽게 그 내용을 차근차근 알려서 우리 교회의 성도들이 하나님의 경륜을 잘 파악할 수 있고, 그 나라 백성 역할을 제대로 하게 해야 한다. 여기서 강조할 것인 설교는 주해가 아니라는 것이다. 이와 관련해서 조엘 비키가 적절한 말을 한 바 있다: "하나님 말씀의 문법적 역사적 의미만을 제공하는 목사는 강연을 하는 것일 뿐 설교하는 것이 아니다."[40] 또한 참으로 바른 교리를 설명하면서도 설교를 잘못하는 일도 있을 수 있다. 리쳐드 박스터는 이런 경우에 대해서 애통해 하면서 다음 같이 말한 일도 있다: "목회자가 참으로 훌륭한 교리를 설교하면서도 엄밀하고도 생명력 있는 적용을 사장(死喪)시키는 것처럼 슬픈 일은 없다."[41]

물론 설교는 철저히 바른 주해에 근거해야 한다. 바른 주해에 근거하지 않은 설교는 바른 설교라고 하기 어렵다. 그러나 주해의 과정 자체가 설교는 아니다. 간혹 주해의 과정을 설교 중에 언급하는 것이 필요한 경우들이 있다. 그러나 대부분의 경우에 있어서는 목사님이 시간을 들여서 철저히 주해한 **결과를 가지고** 성도들에게 설교해야 한

---

[40] Beeke, *Living for God's Glory*, 『칼빈주의』, 434.
[41] Richard Baxter, *The Reformed Pastor* (Edinburgh: Banner and Truth Trust, 1974), 147.

다. 그 결과 그 설교는 생명력 있어야 하고, 결국 "모든 영광을 삼위 하나님께 돌려 드리는 신학적 주해"를 한 **결과가 나타나야** 한다.[42]

이런 의미에서 스펄전은 조금은 과장하면서 "적용이 시작되는 바로 그 지점이 설교가 시작되는 곳이다"라고 말했다고 한다.[43] 〈웨스트민스터 예배 모범〉에서는 목사는 본문이 말하는 교리를 잘 증거한

〈조엘 비키, 1952- 〉
미시간 주 칼라마주(Kalamazoo)에서 태어나 계속해서 그곳에서 공부하고, 웨스트민스터 신학교에서 박사 학위를 한 후에 그래드 래피즈에 있는 "전통적 개혁파 교회"(the Heritage Reformed Congregation)을 목회하면서 청교도 개혁파 신학교(Puritan Reformed Theological Seminary)를 아주 좋은 학교로 만든 귀한 개혁파 목사님이라고 해야 할 것이다.)

후에 "회중에게 그것을 적용함으로써 그 교리를 절실히 느끼게 하고 확신 있게 해야 한다"고 말한 바 있다. 그것이 얼마나 어려운 것인 지를 웨스트민스터 회의에 모인 분들은 잘 알고 있었다. 그래서 그들은 "그것이 설교자들에게 신중함과 열정과 묵상을 요구하는 대단히 어려운 일이며, 부패한 죄인들을 불쾌하게 만드는 일이다"라고 자신들의 경험에서 온 관찰까지를 기록하고 있다. 그리하여 그들은 마음에 감추인 것을 드러내고 "신자의 영적인 상태에 따라 의무를 다하게 하고 그들의 죄를 생각하면서 겸손하게 하

---

42 Beeke, 『칼빈주의』, 434.
43 Beeke, 『칼빈주의』, 437에서 재인용.

고, 위로받음이 강해지도록" 해야 한다고 〈웨스트민스터 예배 모범〉에서 설교 방식까지를 잘 지시하고 있다.[44]

설교가 선포된 하나님의 말씀이려면?(4)
- 듣는 사람들이 해야 할 것들

이상에서 설교를 하는 사람들이 하지 말아야 할 것과 해야 할 일을 언급하였다. 그렇다면 설교를 듣는 사람들은 아무런 책임도 없는 것일까? 성경은 성도의 책임도 있음을 분명히 하고 있다. 바울은 데살로니가 성도들이 과연 어떤 마음과 태도로 설교를 들었고, 그리 할 때에 어떤 일이 있었는지를 다음 같은 말로 소개하고 있다.

> 이러므로 우리가 하나님께 끊임없이 감사함은 너희가 우리에게 들은 바 하나님의 말씀을 받을 때에 사람의 말로 받지 아니하고 하나님의 말씀으로 받음이니 진실로 그러하도다. 이 말씀이 또한 너희 믿는 자 가운데에서 역사하느니라(살전 2:13).

말씀이 설교를 듣는 사람들 가운데서 역사하는 것이 성경적으로 확증된 이 경우에 대해서 바울 사도는 (1) 성도들이 사람의 말로 받지 아니하고 하나님의 말씀으로 받았다고 말하며, (2) 이 말씀이 **믿는 자** 가운데서 역사한다고 말하고 있다.[45] 그러므로 성도들이 하나님의 말씀을

---

44 이는 〈웨스트민스터 예배 모범〉에 나타난 것으로 일반적인 것이다. 그러나 동시에 이를 특히 강조하는 Beeke, 『칼빈주의』, 438 등도 보라. 비키가 한국의 개혁주의 설교연구원에 와서 강연할 때도 이런 측면을 잘 강조한 기억이 있다.

받는다는 마음과 태도로 듣고, 그렇게 배운 말씀을 믿을 때 그 말씀이 믿는 사람들 가운데서 역사한다.

성도들에게 이런 열심과 분별력이 있어야 한다. 하나님의 놀라운 역사가 있을 때에는 성도들에게도 이런 분별에 근거한 노력과 열심히 나타났었다. 그런 시대와 장소의 하나가 청교도 운동이 일어났던 영국이었다.[46] 예를 들어서, 캠브리쥐 세인트 조스 칼리쥐 출신(B.A., 1608, M.A. 1611)으로 1643년 웨스트민스터 회의의 회원으로 참여한 목사님들(Westminster Divines) 중 한 분이었던 죠오지 워커(George Walker, 1581-1651)는 당시 아직도 천주교인들이 많았던 랭카셔(Lancashire)에서도 많은 사람들이 자신들의 지역에서는 바른 "설교를 들을 수 없어서" 바른 "설교를 듣기 위하여 기꺼이 먼 길을 갈 준비가 되어 있었고, 하나님의 말씀을 전하고 해석하는 집회에 참석하기 위해서 사업상의 이익을 다 내려놓고 주중의 노동과 일까지도 제쳐 놓았다"고 하기도 했다.[47] 또한 캠브리쥐 출신의 청교도 목사였던 리챠드 그린햄(Richard Greenham, 1535?-1594?)이 캠브리지 근처의 드라이 드레이톤(Dry Drayton)에서 목회할 때(1570-1588), 캠브리지 학생들과 멀리서 온 방문객들이 늘 그의 설교를 들으러 왔다고 한다.[48]

---

[45] 듣는 사람들의 책임에 대한 논의로 이승구, 『교회란 무엇인가?』 (서울: 나눔과 섬김, 2014), 387-89 ("말씀의 선포와 듣는 자"); 그리고 이승구, 『기독교 세계관으로 바라 본 21세기 한국 사회와 교회』, 최근판 (서울: CCP, 2018), 305-12 ("설교와 종교적 강의를 듣고 보는 성도들의 자세에 대하여")를 보라.

[46] 청교도의 설교와 설교자 이해에 대한 논의로 Leland Ryken, *Wordly Saints: The Puritans as They Really Were* (Grand Rapids: Zondervan, 1990), 91-108을 보라. 또한 엘리자베스 시대의 설교자들에 대한 연구로 E. G. Irvonwy Morgan, *The Godly Preachers of the Elizabethan Church* (London: Epworth Press, 1965); 또한 Robert Oliver, "개혁주의 설교의 뿌리," in Beeke, 『칼빈주의』, 413-26, 특히 421-24을 보라.

[47] Ryken, *Wordly Saints*, 94에서 재인용.

〈Richard Greenham, 1535?-1594?〉

따라서 청교도들은 설교할 사람들을 잘 훈련할 수 있는 교육 기관에 대한 관심이 대단하였다. 가장 대표적인 예는 "엄격한 훈육 가운데서 개신교 설교자들을 훈련하기 위해, 당시 재무장관(Chancellor of the Exchequer)이었던 월터 밀드웨이(Walter Mildway)경이 1587년에 세운" 캠브리지의 엠마뉴엘 컬리쥐(Emmanuel College)의 창설이라고 할 수 있다.[49] 청교도들은 심지어 그들의 교회 건물까지도 설교를 중심으로 재구성하였다. 제임스 화이트(James F. White)는 청교도 예배당의 특성을 다음과 같이 묘사하였다: "깨끗하고 조명이 잘된 예배당은 청교도 예배의 본질적인 것에 집중하였으니, 그것은 아무런 방해 없이 하나님의 말씀을 듣는 것이다."[50] 열심과 함께 바른 분별력이 성도들에게 있어야 한다.

---

[48] Cf. David L. Edwards, *Christian England*, vol. 2: *From the Reformation to the 18th Century* (Glasgow: William Collins Sons & Co., 1983; Grand Rapids: Eerdmans, 1984), 171. 콕스(Cox)에게 쓴 글과 그들에 대해서는 Edwards, *Christian England*, vol. 2: *From the Reformation to the 18th Century*, 172를 보라. 이는 이승구, 『21세기 개혁신학의 동향』 (서울: CCP, 2018), 77-78에서 제시하고 논의한 내용임을 밝힌다.

[49] Edwards, *Christian England*, vol. 2: *From the Reformation to the 18th Century*, 165.

[50] James F. White, *Protestant Worship and Church Architecture* (New York: Oxford University Press, 1964), 107.

〈Emmanuel College, Cambridge〉

*****

마지막으로 다음 같이 심각한 도전의 말을 깊이 새겨야 할 것이다. "하나님께 속한 자는 하나님의 말씀을 듣나니 너희가 듣지 아니함은 하나님께 속하지 아니하였음이로다"(요 8:43). **바르게 선포된 하나님의 말씀을 듣지 않는 것은 결국 자신이 하나님께 속하지 아니함을 드러내는 것이다.**

이것은 말씀을 전하는 사람에게도 큰 도전이며, 말씀을 듣는 사람들에게도 큰 도전이 아닐 수 없다. 말씀을 전하는 사람들이 이 말씀을 친히 하신 예수님이나 그와 같은 태도로 섬긴 사도와 같이 하나님의 말씀을 제대로 전하지 않으면서 이런 주장을 하는 것은 결국 자신들이 하나님의 백성들을 몰아내는 일을 하는 것이기에 그저 삯꾼 정도가 아니라, 하나님의 교회를 해치는 것이다. 또한 말씀을 듣는 사람들이 정당한 하나님의 말씀을 자신들의 이유 때문에 듣지 않는 것은 아합처럼 자신이 하나님께 속하지 아니함을 드러내는 것이 된다.

그러므로 하나님의 말씀을 전하는 사람들이나 듣는 사람들 모두가 하나님 앞에서 "두려움과 떨림"으로 하나님의 말씀을 받는 중요한 일을 잘 감당할 수 있어야 할 것이다. 이처럼 "하나님의 말씀을 제대로 전하고 받는 일"은 우리 시대에 우리가 감당해야 할 가장 중요한 일의 하나이다.

6

현대교회와 교리 설교의 회복

들어가는 말: 교리 설교의 회복을 위하여

모든 사람들이 의식하고 있듯이 오늘날에는 교리가 교회 안에서 점점 더 자취를 감추어 가고 있다. 아주 극단적으로 말한다면, 성도들이 자신들이 믿는 바의 내용을 잘 모르면서 교회에 속해 있다. 중세 교회의 많은 성도들이 그리했던 바와 같이, 오늘날은 천주교인뿐만 아니라 많은 개신교도들도 자신들이 믿고 있는 바가 무엇인지 모르는 경우가 많이 있다. 중세 말기에 많은 천주교도들이 자신이 믿는 바의 내용을 몰라도 그저 교회에 속해 있으면 교회 안에서 구원을 받을 것이라고 믿었던 것과 같이, 오늘날은 많은 개신교인들도 그저 교회 안에 속해 있으면 자신들이 구원 받을 것이라고 생각하는 경우가 많이 있다. 이를 성도들의 우민화(愚民化) 현상이라고 할 수 있다. 이런 우민화는 결국 교회가 그 믿고 고백하는 바의 내용을 잘 가르치지 않는 데서 발생한다.

또한 현대 사회에서는 교단(denomination)이 점차 그 의미를 상실하여 가고 있다. 교단을 불문하고 거의 대부분의 교회들에서 설교되는 바가 비슷하여 설교만 가지고 보면 과연 이 교회가 장로교회인지, 감리교회인지, 침례교회인지, 성결교회인지 등등이 전혀 나타나지 않는 일이 많다. 상당히 많은 교회들의 설교가 다 비슷하다. 더구나 일부 목회자들은 매우 의식적으로 이런 식으로 나아가고 있다. 그리하여 그 교회 명칭에 교단을 짐작하게 하는 바를 제거하기도 하고,[1] 그 가르치는 바나 그 예배의 모습에 있어서 여러 교회들이 점차 통일되어 가고 있다. 이것이 더 바람직한 방향으로 나아가는 것이라며, 즉 각각의 교단이 성경적 가르침으로 통일되고 있다면 우리는 이런 현상을 환영할 것이고 이런 일을 더 일반화하려고 노력해야 할 것이다. 그러나 그렇기보다는 모든 성도들이 이전 시대의 교회와 같이 성경이 가르치는 바를 의식적으로 잘 배워 가려고 하지 않음으로 말미암아 오히려 교회를 바로 세우지 못하게 하는 결과를 나타내는 것으로 보인다. 이것이 아주 심각한 문제라는 것을 말하면서 이 글에서는 성도들에게 왜 교리를 설교해야 하는 지를 생각해 보기로 하자.

교리와 그 성립, 그리고 교리 설교

먼저 그리스도인인 우리들이 모두 같이 고백하는 신앙고백인 사도신경이나 니케아 신경, 아타나시우스 신경 등의 보편적인 신조들과 그 내

---

[1] 그 대표적인 예가 교회 공동체의 이름을 쓸 때 이전과 같이 교단명을 쓰지 않고 Community Church 등으로 교회명의 마지막 부분을 쓰는 것이다.

〈니케아 회의가 열렸던 장소의 모습. 지금은 이 지역이 이즈닉(Iznik)으로 불린다〉

〈이 니케아 예배당이 지금은 이슬람의 모스크로 사용되고 있어서 안타깝다.〉

용에 대해서 가르치는 것을 중심으로 이 문제에 대한 논의를 시작해 보는 것이 좋을 것이다. 이것은 교리 설교는 교파 의식을 조장하는 것이라는 오해로부터 우리를 자유롭게 할 것이기 때문이다. 그러므로 교리 설교는 보편적 신조들에 대한 성경적 가르침으로부터 시작하는 것이 좋다.

이는 우리가 이단이 아닌 정통적인 교회라면 어느 교회나 믿고 고백해야 하는 내용이기 때문이다. 이런 것에도 신경 쓸 필요가 없다고 생각하는 교회나 설교자들은, 의식하지 않은 채 결국 이단으로 나아가는 일을 준비하는 것이다. 이단이 아닌 이상 모든 교회와 그리스도인들은 모두 사도신경이나 니케아 신조, 아타나시우스 신조 등의 내용에 관심을 가져야 한다.

흥미롭게도 그 내용으로는 더 늦게 나타난 니케아 신조가 가장 보편적인 신조로 받아들여지고 있다. 명확하게는 니케아 신조(325)와 콘스탄티노플 신조(381)를 나누어 생각하지만, 일반적으로 콘스탄티노플 신조까지를 포함하여 〈니케아-콘스탄티노플 신조〉를 생각하는 일이 많다. 좁은 의미의 니케아 신조는 아리우스(Arius)의 견해가 옳지 않음을 명확히 하면서 성부와 성자의 동일 본질(homoousios)을 선언하는 신조로 좀 더 짧고, "그리고 성령을 믿사옵나이다"로 고백문이 그쳐진 후에 아리우스주의에 대한 네 가지 저주 선언으로 마쳐지고 있다. 이는 아마도 예루살렘 교회의 세례 고백문에 근거를 둔 것이라고 생각된다.

일반적으로 동방 교회와 서방 교회 모두에서 성찬 예배 때에 일반적으로 사용되고 있는 〈니케아-콘스탄티노플 신조〉는 (또는 콘스탄티노플 신조는) (1) 그리스도에 대해 고백하는 두 번째 부분이 좀 더 길고, (2) 동일 본질(homoousios)을 설명하기 위해 니케아 신조에서 덧붙이고 있는 "성부의 본질로부터"(ἐκ τῆς οὐσίας τοῦ πατρός)라는 말이 생략되어 있고, (3) 성령의 지위와 사역에 대한 긴 진술을 지닌 셋째 부분이 있고, (4) 그 후에 교회와 세례, 죽은 자들의 부활과 영생에 대한 믿음에 대한 고백이 뒤따라 나오고 있다.[2]

성찬 예배 중에 복음서를 읽은 후에 〈니케아-콘스탄티노플 신조〉를 고백하는 일이 처음으로 사용된 것은 안디옥에서 '온전한 베드로'(Peter the Fuller, 476-88 재위) 아래서 된 일이라고 여겨진다. 그리고 공식적으로는 1014년에 서방 교회가 이를 받아들였지만, 그 이전에도 이는 동방 교회와 서방 교회에서 번져 나갔다.

그리고 서방 교회에서는 스페인 거의 중앙에 있는 도시인 톨레도(Toledo)에서 열린 제3차 톨레도 공의회(589)에서 성령에 대해 고백하는 중 "그리고 아들로부터도"(filioque)라는 문구가 덧붙여져서 서방 교회에서는 이 "아들로부터도"(filioque)를 함께 고백하는 일이 일반화되었다. 서방 교회에서는 주일과 큰 축일들에만 이 신조를 사용하였다고 한다. 동방교회에서는 이 "아들로부터도"(filioque)라는 어귀를 제외한 본래의 형태를 지닌 신조가 지금까지 세례 신앙고백문으로 계속 사용되었다.

사실 이 보다 좀 더 단순한 형태의 사도신경은 주로 서방교회에서 많이 사용되었고, 후에는 동방교회도 (비록 예배식이나 공식적 행사에서 사용하는 일은 없어도) 그 내용은 받아 들였다. 약 250년경의 로마 교회의 세례 고백문에서 유래한 것으로 여겨지는 사도신경이라는

---

[2] 그 본문은 이남규, 『신조학』 (수원: 합신대학원 출판부, 2020), 45-47에서 보라.

표제 자체는 390년의 암브로시우스의 서신에서 처음 나타나고 있고, 이런 옛 로마 신앙고백문을 더 확대한 지금의 형태는 8세기 초반인 메로빙가 시대의 수도사이며 선교사라고 할 수 있는 피르미누스 (Pirminius, 또는 Pirmin, c. 670-753)에 의해서 처음 인용되고 있다. 그러므로 이런 신앙 고백은 215년 이후로 교회에서 계속 믿어지고 고백되어 온 것이다.[3]

우리들도 공교회에 속해 있는 교회임을 생각하면서 같은 신앙고백을 해야 한다. 한국 교회가 이단이 아닌 진정한 교회라면 역사상의 정통파 교회와 같은 신앙고백을 해야 하기 때문이다. 그리고 이 신앙 고백을 그 내용에 대한 이해 없이 고백한다는 것은 무의미하다. 그리고 그 내용을 가르치지 않고서 성도들이 그 신앙을 고백한다는 것은 있을 수 없다. 처음 교회나 역사적인 교회는 정신을 차리고 항상 사도신경이 언급하는 내용을 가르쳐 왔고, 대개는 그것을 설교 시간을 사용하여 가르쳤었다. 그러므로 우리들도 이 내용을 교회에서 설교와 여러 방법을 사용해서 가르쳐서 고대 교회와 함께 같은 신앙의 내용을 고백해야만 한다. 더구나 종교개혁 교회는 중세 때 상당히 많은 사람들이 자신들이 고백하는 내용을 알지도 못하면서 그리스도인이라고 하는 바를 개혁하기 위해서 자신들이 믿는 내용을 성경에 근거하여 열심히 가르쳤다. 그래서 개신교도들은 자신이 고백하는 바를 아는 그리스도인이라고 하였던 것을 명심하면서 오늘날의 개신교회도 그 믿는 바를 가르치는 설교를 할 수 있어야 한다.

---

3 사도신경의 역사적 배경에 대해서는 이승구, 『사도신경』 (서울: SFC, 2004), 부록, 최근판, 418-24; 정홍열, 『사도신경 연구』 (서울: 기독교 서회, 2005); 이남규, 『신조학』, 27-34를 보라.

교리 설교와 그 의미

그러므로 교리를 가르치는 설교, 또는 교리를 담고 있는 설교는 기본적으로 다음과 같은 두 가지 의미를 지닌다고 할 수 있다.

(1) 함께 신앙 고백하는 일의 중요성

교리를 가르치는 것은 궁극적으로는 우리가 과거의 공교회와 함께 성경에서 가르친 사도적 가르침을 그대로 고백하는 교회임을 드러내면서, 자신들이 믿는 바를 **모든 성도들이 함께 고백하는 의미**를 지닌다. 사도적 가르침을 가르치지 않고, 교리를 알지 못한다면 우리가 어떻게 같이 고백하는 교회라고 할 수 있는가? 사도들이 가르친 가르침의 내용을 성경에 근거해서 정확히 이해해 보려고 하고, 그것에 근거해서 우리가 믿고 있는 바를 바르게 고백하려고 해야 한다. 그것을 위해서는 사도들의 가르침을 따라서 고대 교회가 고백한 바를 바로 이해하고, 그와 함께 신앙을 고백해야 한다.

(2) 교회 교육의 방법으로서의 교리 설교

이와 함께 교리 설교는 다음 세대의 교회도 같은 고백을 하면서 같이 나아가기 위해 교회를 교육하는 의미를 지닌다. 우리 세대가 제대로 신앙 고백하는 것만으로는 교회가 계속해서 든든히 서갈 수 있는 것이 아니다. 교회는 계대적(繼代的)으로 신앙을 지켜가야 한다. 따라서 교리 설교는 다음 세대에게 바른 성경적 가르침을 가르치는 교육의 의미도 지니고 있다.

그리고 이 두 가지 의미는 서로 밀접히 연관된 것이다. 일단 함께 신앙 고백을 하는 과정이 의미 있으려면 교리(즉 우리들이 성경에 근거해서 믿는 바)를 잘 가르쳐야 하고, 같이 그 내용을 가르쳐야 모두가 제대로 고백할 수 있다.

교리 설교의 방법

그런데 교리를 가르치는 설교에 대해서 많은 오해들이 있다. 그리고 그 오해 때문에 우리들은 교리를 가르치는 교리 설교를 하지 않고, 또한 하지 않으려고 한다. 그 오해들 가운데 대표적인 것은 다음과 같은 것들이다: (1) 교리는 성경의 가르침과 다른 것이다. 그러므로 교리를 가르치지 말고 성경을 가르쳐야 한다. 탈 교리적인 성경적 설교를 해야 한다. (2) 교리 설교는 제목 설교와 같이 서로 연관성을 지니지 못한다, (3) 교리 설교는 딱딱하고, 너무 길어서 지루하다. 그리고 교리 설교는 재미가 없다. (4) 그러므로 교리 설교는 교회에 별 도움이 되지 못한다.

그러나 이 모든 것들은 다 오해이다. 물론 교리 설교를 잘 하지 못하면 이것이 오해가 아니라 교리 설교의 현실을 드러내 주는 것일 수 있다. 그러므로 교리 설교를 잘 하는 방법을 제시하여 바른 교리 설교는 이런 오해를 극복하는 설교라는 것을 드러내는 것이 우리의 과제다.

(1) "한 번에 한 주제씩 성경을 강해하는 설교" 계획

먼저 교리 설교를 하려면 먼저 설교자가 명확한 계획을 가지고 있어야 한다. 교리에 대한 설교는 교리적 진술을 사람들에게 주입시키는 것에 목적이 있는 것이 아니고, 우리들이 **믿는 바가 성경에 근거하고 있다는 것을 보여 주는 것**이다. 그러므로 일련의 교리 설교는 그 설교 하나하나로 보면 그저 해당 성경 본문을 잘 강해하는 강해 설교이다.

일반적으로 강해 설교를 하는 방식은 본문을 연속해서 강해해 가면서 그 본문이 의미하는 바를 잘 드러내어 주는 방법이다. 그러나 또 다른 강해의 방법으로 설교자가 성경의 본문을 익숙히 알고 있는 것에 근거해서 일정한 교리의 내용이 근거하고 있는 성경 본문을 잘 강해하는 것이 있다. 이 일을 제대로 하려면 설교자에게 교리 자체에 대한 바른 이해와 성경 본문에 대한 명확한 이해가 있어야만 한다. 교리를 정확히 알지 못하면 그 교리가 과연 어떤 성경적 근거를 가지고 있는지를 모르게 된다. 그렇게 알고 있는 교리는 우리가 그 성경적 근거를 분명히 하기 전까지는 무익한 것이 된다. 그런 식의 가르침에 계속되면 교리 설교는 성경의 가르침과는 다른 것이라는 생각이 만연(漫然)하게 된다. 그러므로 설교자가 각각의 교리의 성경적 근거를 분명히 알고 있는 것이 매우 중요하다. 그리고 그 교리를 설교할 때에는 그 근거가 되는 성경을 폭 넓은 관점에서 잘 주해한 것에 근거하여 그 안에 내포된 교리를 이끌어 내어야 한다.

이 일을 제대로 행하면 그 결과로 성도들이 성경 본문을 잘 이해하게 될 뿐만 아니라, 교리라는 것이 그저 교회가 교조적으로 고백하는 것이 아니라 성경에 근거해서 성경적 사상을 가지고 고백하는 것임을 이해하게 된다. 이런 방식의 교리 설교는 그 자체만으로는 주어진 본문을 잘 강해하는 강해 설교가 되고, 그것의 교의적 내용을 도출해 내는 매우 교리적인 설교가 되며, 그것이 우리의 삶에 어떤 의미를 지니는 지를 이끌어 내는 매우 실천적인 설교가 된다.

그러므로 그 한편의 설교가 연속적 강해의 한 부분이 될 때는 그 성경책에 대한 강해에 속해 있을 때나 별반 다름이 없는 것이 된다. 왜냐하면 일반적 의미의 강해 설교에서도 그 본문에 담긴 교리의 의미를 드러내는 작업도 해야 하고, 그것이 우리의 삶에 구체적으로 의도하는 바를 분명히 하는 일도 해야 하기 때문이다. 그러므로 좋은 교리 설교는 성경에 대한 바른 강해에서 나오는 것이며, 성경적인 설교다. 다시 강조하자면, 좋은 교리 설교는 성경적 설교이고, 나쁜 교리 설교는 성경적이지 않은 설교다. 또한 역으로, 성경적 교리를 바르게 가르치지 않는 설교는 좋은 기독교 설교가 아니며, 좋은 기독교 설교는 성경의 교리적 내용을 바르게 이끌어 내어 그것이 성도의 사상이 되도록 하며, 그것에 따라 살게 하는 설교다.

(2) "연속적인 설교" 계획

그러므로 좋은 교리 설교는 그저 한 번 하는 설교가 될 수 없고, 연속적인 설교가 되어야 한다. 이런 일련의 설교를 계획하고 수행할 때에 교리 설교의 진정한 의미가 나타난다. 예를 들어서, 주일 아침 설교는 주어진 책들을 연속적으로 강해하는 강해 설교를 한다면, 주일 저녁 예배나 오후 예배 설교는 교리의 내용을 연속적으로 강해하는 설교를 할 수 있다. 가장 쉬운 방식은 사도신경의 내용을 몇 주에 걸쳐서 찬찬히 설명해 가는 것이다.[4] 한 조항 한 조항의 고백이 과연 어떻게 성경적이고 어떤 성경적 근거를 지니고 있는 지를 드러내어 보이면 그것이 완성될 때 우리의 사도신경 고백의 진정한 의미를 모든 교우들이 더 깊이 이해하는 터에서 같이 사도신경을 사용하여 신앙을 고백할 수 있는 것이다.

또 다른 예로 과연 교회가 무엇인가에 대해서 일련의 설교를 할 수도 있다.[5] 또한 신앙에 대한 일련의 설교나[6] 기도에 대한 일련의 설교도[7] 교회와 성도들에게 도움이 될 수 있다. 한편 한편의 설교는 독립되어 있어서 성경을 잘 강해하는 것이면서도, 그 모든 설교들이 연속해서 주어질 때 과연 성경이 가르치는 교회가 어떤 것인지를 잘 드러내는 일을 할 수 있다. 그러므로 좋은 교리 설교는 대개 연속적인 기획을 가지고 이루어지는 설교여야만 한다.

(3) "교리 설교의 다양성을 드러내는" 설교 계획

---

4 이런 설교를 돕기 위해 출간한 책의 하나가 『사도신경』(서울: SFC, 2004, 최근판, 2016)이다.

5 이런 설교의 예로 이승구, 『교회란 무엇인가』(서울: 여수룬, 1996, 개정판의 최근판. 서울: 말씀과 언약, 2020)과 그 배후 사상이라고 할 수 있는 김홍전, 『교회에 대하여』, I, II, III, IV (서울: 성약, 2000, 2001);『그리스도의 지체로 사는 삶』(서울: 성약, 2003) 같은 책들이다.

6 대표적으로 김홍전, 『신앙의 자태』I, II (서울: 성약, 2007, 2008) 같은 책들을 예로 들 수 있다.

7 대표적으로 김홍전, 『예수께서 가르치신 기도』(서울: 성약, 2003); 김홍전, 『주기도문 강해』(서울: 성약, 2004); 김홍전, 『신령한 생활과 기도』(서울: 성약, 2016); 김홍전, 『기도와 응답』(서울: 성약, 2017); 김홍전, 『찾으라 그러면 찾을 것이요』(서울: 성약, 2017) 같은 책들을 예로 들 수 있다.

그리고 이런 설교를 할 때 우리는 다양한 방법을 사용할 수 있다. 매번 설교에서 다른 방법으로 접근하여 성도들로 하여금 흥미를 가지고 성경의 가르침의 깊은 의미를 알 수 있도록 해야 한다. 그렇게 하지 않고 매번 같은 방식으로만 설교하면 모든 이들이 설교가 진행되는 방향을 알기에 단조롭게 느끼며 교리 설교는 재미없다는 생각을 할 수 있게 된다. 그러므로 교리 설교가 "지루하다, 딱딱하다, 재미없다"고 하는 것은 교리 설교 자체 때문에 나온 문제가 아니고, 설교를 하는 사람이 다양성 있게 제대로 설교하지 못하여 생기는 오해다. 그러므로 우리는 매번 다양한 방법을 활용하여 그 설교를 듣고 나면 성경적 교리가 마음에 새겨지고, 그런 성경의 가르침에 근거하여 살게끔 해야 한다.

(4) "교회를 교회답게 하는 교리 설교" 계획

이와 같이 진행되는 재미있고 다양성 있는 성경의 내용을 잘 알게 하고 그것이 함의하는 교리를 잘 이끌어 내는 설교는 결국 성도들을 건강하게 하고 이 땅에서 바른 사상을 가지고 살게끔 한다. 그러므로 바른 교리 설교는 성도들, 즉 교회를 교회답게 하는 데 큰 기여를 한다. 성경적 설교를 듣는 성도들은 성경적 사상을 형성하게 되고, 성경적 삶을 향해 나가게 되기 때문이다.

교리 설교의 한 예로써 요리문답 강해

이러한 교리 설교를 잘 했던 이전 시대의 교회의 좋은 예로 화란 개혁
파 교회와 그 전통을 유지하고 있는 개혁파 교회에서 주일 오후나 저
녁 시간에 〈하이델베르크 요리문답〉을 지속적으로 강해하던 바를 들
수 있다. 〈하이델베르크 요리문답〉을 52주로 나누어 제시하던 때로부
터 지속적으로 주일마다 오후나 저녁 시간에 이 내용을 가르치던 교회
는 자신들이 고백하던 바를 명확히 알고, 그 성경적 근거를 분명히 하
는 교회로 나타날 수 있었다. 이것은 매우 좋은 전통으로 기억될 수 있
다. 그저 기계적으로 일 년에 이 내용에 대한 검토를 마치려 하지 말
고, 몇 년에 걸쳐서 그 내용을 강해하여 성경적 근거를 분명히 하는 방
식도 사용할 수 있다.[8] 그 내용을 성경에 근거해서 강론하기만 한다면
교회는 여러 가지 다양한 방식으로 그 내용을 가르치고, 들을 수 있을
것이다.

또한 〈웨스트민스터 신앙고백서〉에 대한 강해를 생각해 볼 수
있다.[9] 좀 더 쉽게는 〈소요리문답〉에 대한 강해가 시도될 수 있다.[10]

---

[8] 그 대표적인 예로 1998년부터 내고 있는 하이델베르크 요리문답 강해 시
리즈를 보라. 제 1권이 『진정한 기독교적 위로』(1998, 최근판, 서울: 나눔과 섬김,
2016); 『성령의 위로와 교회』(2002, 최근판, 서울: 이레서원, 2016); 『위로 받은
성도의 삶』(서울: 나눔과 섬김, 2015, 재판, 2016), 『하나님께 아룁니다!: 감사의
최고 표현인 기도』(수원: 합신대학원 출판부, 2020). 이외에도 이제 한국에는 〈하
이델베르크 요리문답〉의 주요작성자인 우르시누스 (2006), 김병훈 교수님 (2008,
2012), 김헌수 목사님 (2009, 2010), 허순길 교수님 (2010), 케빈 드영 목사님
(2012), 이성호 교수님 (2013), 김홍만 교수님 (2013), 코르넬리스 프롱크 목사님
(2013, 2017), 송용조 목사님 (2014), 대구 산성 교회의 황원하 목사님 (2015), 부산
유은교회의 윤석준 목사님 (2016), 세움 교회의 정요석 목사님 (2017, 2018), 총체
적 복음 사역 연구소의 정요한 님 (2017), 서철원 교수님 (2019), 그리고 박동근 목
사님 (2020)의 강해서들이 나와 있다. 큰 복이 아닐 수 없다.
[9] 이 예는 너무 많아서 헤아릴 수 없다. 대표적으로 다음을 들 수 있다.

이를 성경의 가르침에 근거해서 가르치면 교리가 죽은 것이 아니라 살아 있음을 분명히 할 수 있는 것이다.

한국에 건전한 교리 설교가 나타날 날을 기대하면서

이 글을 마치면서 한국 교회에 진정하고도 매우 건전한 교리 설교가 나타나고 우리 사상을 잘 이끌어 갈 수 있는 날을 고대하게 된다. 물론 이 일은 쉬운 일이 아니다. 설교자들이 성경 내용도 잘 알아야 하고, 교리의 내용도 잘 알고 있어야 하며, 성경을 무리하게 끌어가지 않는 노력도 해야 하고, 생동감 있게 현실적인 적용도 해야 하기 때문이다. 또한 성도들이 처한 정황도 잘 알아야 하고, 성도들의 현실적인 문제와 그 사고방식도 잘 알아야만 한다. 그래야 그로부터 성경적인 방향으로 성도들의 사고방식과 사고 내용을 고쳐가고 효과적으로 그런 내용의 변환을 이루게 할 수 있다.

좋은 설교는 성경적이어야 하며, 성경에 근거한 교리에 충실한 것이어야 하고, 현실에 적합성을 지녀야 하고, 성도와 교회를 변혁시키는 능력도 지닌다. 그리고 이 모든 것은 서로 분리되지 않는다. 그

Gordon H. Clark (1977), G. I. Williamson, 개정역 (2009), R. C. Sproul, 1, 2, 3 (2011), 이정현 교수님 (2016), 신원균 목사님 (2017), 이광호 목사님 (2018). 대전 언약 교회의 장재철 목사님 (2018). 그리고 개혁신보에 계속 기고하시는 언젠가는 단행본으로 출간될 김병훈 교수님의 해설서도 기대한다.

10 이 예도 너무 많아서 헤아릴 수 없다. 대표적으로 다음을 들 수 있다. G. I. Williamson (1978, 2006), 송영조 목사님 (2006), 김은수 교수님, 1-4 (2011), 최낙재 목사님, 1-4 (2014-15), 정요석 목사님, 상, 하 (2016), 김홍만 교수님 (2017), 김태희 목사님 (2020).

모든 것이 함께 있어야 좋은 설교다. 우리들의 설교는 모두 이런 설교일 수 있었으면 한다. 언제 어디서 설교를 듣던지, 성경의 내용을 바르게 알게 되고, 그것이 가르치려는 교리를 정확히 이해하게 될 뿐만 아니라, 그것이 우리를 이끌어 나가는 바를 향해 강하게 나가도록 해야한다.

7

잘못된 가르침 vs. 바른 가르침
교회 공동체에서 우리들이 잘못 가르치는
내용은 없을까?

교회가 가르치는 내용에 많이 주의하지 않던 때가 과거에도 많았고, 오늘날도 예외적이라고 하기는 어렵다. 오늘날에도 교회들이 정말 제대로 된 가르침을 베푸는 일에 관심을 가지기 보다는 어떻게 하면 사람들이 많이 모일 수 있는가, 어떻게 하면 사람들을 감동시킬 것인가에 신경 쓰고, 좀 나은 경우에는 어떻게 하면 교우들로 하여금 이 세상에서 많은 봉사와 일을 하게 할 수 있는가에 신경 쓰는 경우가 많다. 특히 어린 아이들을 가르칠 때는 효과적인 전달에 더 신경 쓰지, 가르침의 내용에 대해서는 비교적 신경을 많이 쓰지 않는 경향이 있다. 어른들에게 대한 교육에서도 사정은 비슷해서 어떤 대형 교회의 목사님은 자신은 "교리는 아예 가르치지 않기로 다짐하고 목회를 시작했다"

고 말씀하셨다는 말도 회자(膾炙)되고 있다. 이와 같이 의도적으로 교리로부터 관심을 돌리든지, 아니면 무관심하든지 하여 결과적으로 오늘날 우리들은 **교리에 대해서 무지한 한국 교회가 되어 가고** 있다.[1] 또한 그 결과의 하나로 교리적으로 바르지 않은 가르침이 우리 주변에 난무(亂舞)하고 있다. 그리하여 원문에는 그런 의미가 전혀 없지만 동양에서 그렇게 번역한 "교회"(ἐκκλησία)의 한자말을 풀어 쓸 때에 "가르침을 받기 위해 모이는" 교회가 전혀 바른 가르침을 받지 않아 참으로 교회답지 않은 모습을 나타내고 있다. 교회가 교회라는 이름을 가졌으나 실상은 교회가 아닌 공동체가 되어 가고 있으니 이것이 큰 문제가 아닐 수 없다.

그래서 이 짧은 글에서는 그런 잘못된 가르침의 대표적인 예들을 몇 가지 살펴보면서 우리들의 경각심을 분명히 하고, 그러면 어떻게 우리 교회 공동체를 바르게 가르칠 수 있을지에 대해서 생각해 보려고 한다.

잘못된 가르침의 예 1: 삼위일체에 대한 잘못된 예증들

---

[1] 다행히 근자에 교리 교육에 대한 관심이 늘어 가고 있다. 몇몇 분들이 귀한 노력을 기울인 노력의 결과라고 해야 한다. 특히 다음 몇 분들의 노력을 우리는 치하해야 할 것이다. 이전 선생님들 가운데서는 역시 박형룡 박사님과 박윤선 목사님, 김홍전 박사님과 최낙재 목사님, 이근삼 박사님, 허순길 박사님, 근자에는 김병훈 교수님, 송용조 목사님, 김남준 목사님, 이성호 교수님 등이 강조하셨고, 이에 호응하여 실천적인 노력을 많이 하시는 귀한 목사님들과 전도사님들을 말할 수 있다.

삼촌인 Laelius Socinus
Lalio Sozzini

조카인 Faustus Socinus
Fausto Sozzini

이단(異端)이 아닌 건전한 기독교회는 모두 삼위일체 하나님(the triune God)을 믿는다고 고백한다. 즉, 삼위일체 하나님을 믿지 않는 기독교 밖의 유신론자들인 유대교인들이나 이슬람교도들은 "다른 종교들"(other religions)을 가진 분들이고,[2] 삼위일체를 믿지 않는 기독교

---

2 여기에 기독교인이 아니면서 유신론을 가진다고 하는 "고전적 유신론"(classic theism)을 그저 철학적으로 지지하는 사람들을 넣어서 생각할 수 있다. 고전적 유신론을 지지하면서 기독교인인 분들이 있을 수 있다(예를 들어서 Paul Helm). 그 분들은 대개 그 하나님이 삼위일체 하나님이라고 한다. 그런데 여기서 말하는 분들은 그저 "철학자들이 말하는 하나님"(the God of the Philosophers)을 이론적으로 인정하면서 그 하나님을 성경이 말하는 대로 이해하지도 않고, 그 하나님께 기도하지도 않고, 그 하나님께 예배하지도 않는 분들을 말하는 것이다. 그러니 이 "철학자들의 하나님"이 아닌 "철학자들의 다른 하나님"(the other God of the Philosophers)인 만유 재신론(panentheism)은 더 문제가 많다고 하지 않을 수 없다. 만유 재신론을 "철학자들의 다른 하나님"으로 지칭한 대표적인 예로 John W, Cooper, *Panentheism: The Other God of the Philosophers: From Plato to the Present* (Grand Rapids: Baker, 2006)을 보라. 만유재신론을 주장하면서도 하나님이 삼위일체라고 말하는 분들이 있다. 유르겐 몰트만이 그 대표적인 예가 될 수

단체는 참으로는 기독교 단체가 아니라 이단(異端)이다. 19세기까지는 이렇게 말하기만 해도 족했다. 그 대표적인 예로 16세기 종교개혁기에 소시니우스주의자(Socinian)들이 출현했을 때 그들은 모든 사람들로부터 다 이단이라고 정죄되었다.3

그로부터 "단지 한 발자국 더 나아 간" 것에 불과한 유니태리언(unitarian)이4 19세기 미국에서 공식적으로 등장했을 때는5 상황이

있다. 이것이 다음에 이야기할 비성경적이 삼위일체론의 대표적인 예가 될 수 있을 것이다.

3 이탈리아 사람들인 렐리오 소치니(Lelio Sozzini, 라틴어로는 Laelius Socinus)와 그의 조카인 파우스토 소치니(Fausto Sozzini, 라틴어로는 Faustus Socinus)의 견해를 따르는 사람들(Socinians)이다. 라코비안 요리문답(*the Racovian Catechism*, English trans. Thomas Rees, London 1818)을 고백하는 그들은 삼위일체를 믿지 않으므로 천주교회부터도 이단이라고 정죄 받았고, 개신교로부터도 이단으로 정죄되었다. 그들 중위 일부는 폴란드에도 있었고(Stanislas Kot, *Socinianism in Poland. The Social and Political Ideas of the Polish Antitrinitarians*, trans. Earl Morse Wilbur [Boston: Starr King Press, 1957]), 결국 상당수는 지금의 루마니아의 트란실바니아 지역에 있어서 트란실바니아에 지금까지 소시니안 교회가 있고(1568년에 시작된 the Unitarian Church in Transylvania), 소시니안 신학교도 그 곳에 있다. 소치누스의 견해들에 대한 좋은 설명으로 다음을 보라. Marian Hillar, "Laelius and Faustus Socinus Founders of Socinianism: Their Lives and Theology, Part 1," *Journal from the Radical Reformation* 10/2 (Winter 2002): 18-38; idem, "Laelius and Faustus Socinus Founders of Socinianism: Their Lives and Theology, Part 2," *Journal from the Radical Reformation* 10/3 (Spring 2002): 11-24.

4 이는 헤르만 바빙크의 평가다 Cf. Herman Bavinck, 이승구 역, 『개혁주의 신론』(서울: CLC, 1988), 424.

5 그 공식적 출발점은 보스톤의 킹스 채플(King's Chapel)이라고 할 수 있다. 제임스 프리맨(James Freeman, 1759-1835)이 1782년에 목회자가 되어, 1785년에 예배 순서를 온건한 유니태리안 방식으로(mild Unitarian liturgy) 바꾸었다. 그 뒤 1800년에 요셉 버크민스터(Joseph Stevens Buckminster)가 역시 보스톤의 브래틀가 교회(the Brattle Street Church)에 목사가 되어 설교를 하고, 여러 저작 활동을 하고, 독일 비평주의에 관심을 기울여 후대의 유니태리언의 토대를 마련했

〈최초로 Unitarian 으로 변모한 Boston의 King's Chaple〉

조금 달라서 교회 안에서 이런저런 논쟁이 있었고, 결국 그들도 정통파가 아니라고 선언되었다. 그 때까지는 이단은 삼위일체를 믿지 않는데 비해서, 그래도 삼위일체를 믿는다는 사람(trinitarian)은 성경을 믿는 신자들이었기 때문이다.[6] 그러므로 19세기까지는 삼위일체를 믿

다고 한다. 특히 Henry Ware (1764-1845)가 1805년에 하바드 컬리쥐의 신학 교수 (the Hollis professor of divinity)가 되고, 2년 후인 1807년에 역시 자유주의자인 Samuel Webber가 하바드 대학교의 총장이 되어 소위 "하바드 유니태리안"을 형성하는 데 큰 기여를 하였다. 또한 William Ellery Channing (1780-1842)이 연방가 교회(the Federal Street Church)에 1803년에 담임 목사가 되어 유니태리언 지도자 역할을 하였다. 다른 회중 교회들과의 신학적 투쟁의 결과로 1825년에 보스톤에서 미국 유니태리언 협회(the American Unitarian Association)가 결성되었다.

　6 물론 19세기에도 문제는 복잡했으니 그 당시에 삼위일체를 믿지 않던 분들이 예배당에서 예배하지 않은 것은 아니기 때문이다. 삼위일체를 믿지 않던 분들도 예배하고, 설교도 하고, 그들의 설교로 많은 다른 사람들을 감동시키기도 했었

는가(즉, "trinitarian인가?") 아닌가("unitarian인가?")가 어떤 사람이 정통파인지 이단인지를 가르는 중요한 판단 기준의 하나였다.

그런데 20세기 초에 소위 "삼위일체 르네상스"(trinitarian renaissance)가 일어나서 기독교와 관련된 사람들은 상당수 삼위일체를 믿는다고 하고, 삼위일체 신앙을 강조한다. 이제는 모두 다 삼위일체를 믿는다고 하니, 이것은 한편으로는 환영할 만한 것이면서, 동시에 이는 또 다른 문제를 내포한 현상이기도 하다. 20세기와 21세기에 나타난 삼위일체론들의 내용을 잘 살펴보면, 성경이 말하는 삼위일체와는 거리가 먼 경우가 많기 때문이다.[7] 그러므로 20세기 이후에는 19세기처럼 그저 "삼위일체를 믿는가 아닌가"가 아니라, "과연 성경이 말하는 삼위일체"를 믿는가를 심각하게 따져야 한다. 이제는 그저 삼위일체를 말하는 모든 분들이 다 성경대로 믿는 것이 아니라는 것을 유념하면서, 과연 어떤 의미로 삼위일체를 말하는지를 면밀하게 살펴보아야 하는 때가 되었다.

그런데 한국 교회의 문제는 삼위일체가 무엇을 의미하는지 모르는 신자들이 태반이라는 데에 있다. 삼위일체에 대해서 가르치는 일 자체가 드물고, 간혹 목회자들이 삼위일체에 대해서 가르칠 때도, 자

다. 쉴라이어마허(Friedrich Schleiermacher, 1768-1834)의 경우가 그 대표적인 예이다. 1834년 2월 12일 그가 폐렴으로 죽었을 때 장례식에서 그의 설교에 감동했던 수많은 베를린 시민들이 참석했었다는 것은 익히 알려진 사실이다. 그러므로 설교가 아무리 감동적인 것처럼 들려도 성경의 가르침을 그대로 따르지 않으면 그래서 삼위일체를 바르게 믿고 가르치지 않으면 그것은 이단이라는 것을 아주 분명히 해야 한다.

7 이 문제에 대해서 좀 더 자세히 살펴보기 원하시는 분들은 이승구, "새로운 십자가 신학의 삼위일체론에 대한 비판"; "헨드리쿠스 베르코프의 삼위일체론에 대한 비판적 고찰"; 그리고 "판넨베르크 신학에 대한 개혁주의적 질문", 『개혁신학 탐구』(수원: 합신대학원 출판부, 2012), 143-85을 보라.

신들의 가르침이 이단적 가르침을 시사(示唆)한다는 것을 전혀 생각하지 않고 가르치는 경우도 많다. 이것은 참으로 심각한 문제이다. 예를 들어서, 어떤 목사님께서 (나름대로는 삼위일체를 잘 설명하기 위해서) 이 세상의 상당히 많은 것이 같은 본질을 가졌는데 다른 양상들로 나타나는 것과 삼위일체가 비슷한 것이라고 가르치는 경우들을 생각해 보자. 좀 더 구체적으로, 수증기(기체 상태)와 물(액체 상태), 그리고 얼음(고체 상태)이 다 다른 형태를 가지고 있지만 그 본질은 모두 H_2O 가 아니냐고 하면서, 그와 비슷하게 성부와 성자와 성령은 그 형태가 각기 다르지만 같은 존재라고 설명한다면 어떻게 되겠는가? 과거에 그저 이렇게 가르친 분들이 많이 있었다.

그런데 이에 대해서 깊이 고찰해 본 분들은 모두 이것은 사실상 고대 교회에서 이단으로 정죄된 양태론(樣態論, modalism)이라고 아주 분명히 지적한다. 양태론은 한 하나님께서 시대에 따라, 구약시대에는 성부로, 성육신 때에는 성자로, 승천 후에는 성령으로 양태(mode)만 바꾸어 나타난 것이라고 하므로,[8] 이런 설명은 한 하나님이심을 잘 강조하는 것은 좋으나, 결과적으로 삼위(三位)가 구별되지 않는 결과를 낸다. 이에 반(反)해서, 우리가 믿는 성경적인 삼위일체는 성부, 성자, 그리고 성령의 삼위(三位, three persons)가 각기 구별되는 위격(persona, hypostasis, subsistantia)을 지니고 있으나, 그 본질(ousia, essentia, substantia)은 동일하여 성부, 성자, 그리고 성령

---

8 양태론, 특히 사벨리우스(Sabellius)의 견해에 대한 좋은 설명으로 다음을 보라. Herman Bavinck, *Gereformeerde Dogmetiek*, II (1895–1901, 2nd enlarged edition, Kampen, 1906–1911), Section 231=박태현 옮김, 『개혁교의학』(서울: 부흥과 개혁사, 2011), 362=*Reformed Dogmatics*, vol. 2: *God and Creation*, trans. John Vriend (Grand Rapids: Baker Academic, 2004), 288; idem, 이승구 역, 『개혁주의 신론』, 421.

님이 "동일 본질"(*homoousios, consubstantia*)이시라는 것이다.[9] 그러므로 수증기, 물, 얼음의 물질의 삼태와 삼위일체를 비교해 설명하는 것은 성도(聖徒)를 오도(誤導)하는 결과를 내는 설명이고, 결과적으로 양태론적 이단을 가르치는 것이다.

이와 거의 비슷하게 잘못된 유비로 한 사람이 집에서는 '아버지'라고 불리고, 회사에서는 '사장님'이라고 불리고, 교회 공동체에서는 '집사님'이라고 불리지만 결국 한 사람인 것을 생각하면서, 각 영역에서의 역할을 다르지만 결국 한 사람인 것과 삼위 하나님을 비교해서 설명하는 것을 들 수 있다. 대개 이런 설명은 성부의 역할이 다르고, 성자의 역할이 다르고, 성령님의 역할이 다르다고 하는 것을 중심으로 말하면서, 그러나 삼위가 다 한 하나님이라고 설명할 때 나타나는 오류다. 이것도 사실은 양태론적 오류이니 이런 비유를 철저히 따라가면 결국 위격의 궁극적 구별이 없어지기 때문이다. 한 위격이 경우에 따라서 때로는 성부로, 때로는 성자로, 또 때로는 성령으로 불리는 것에 불과하게 되기 때문이다. 그러므로 이런 설명도 사실은 양태론적 이단으로 이끌어 가는 설명이다.

과거 교부들이 든 예증 가운데서도 잘못된 비유들도 많이 있었

---

9 성경적 삼위일체에 대한 정확한 제시와 설명으로 Bavinck, *Gereformeerde Dogmetiek*, II, Section 220=『개혁교의학』, 323-59, 369-405=*Reformed Dogmatics*, vol. 2, 261-88, 296-322; idem, 이승구 역, 『개혁주의 신론』, 371-417, 434-469 (번역은 여기 사용된 용례를 사용하는 것이 좋을 것이다); Geerhardus Vos, *Reformed Dogmatics*, vol. 1: *Theology Proper*, trans. Richard B. Gaffin, Jr. et al. (Bellingham, WA: Lexham Press, 2012) 38-76; Louis Berkhof, *Systematic Theology*, 4th Enlarged edition (Grand Rapids: Eerdmans, 1949), 85-98, 박형룡, 『교의신학 신론』 (서울: 한국 기독교교육연구원, 1977), 그리고 아주 간략한 설명으로 이승구, 『사도신경』, 최근판 (서울: SFC, 2011), 17-27을 보라.

다. 강(江)의 상류와 중류와 하류가 있으나 다 하나의 강인 것처럼 한 하나님이 성부와 성자와 성령으로 계신 것이라고 말한다든지, 나무의 뿌리와 줄기와 열매들이 있으나 한 나무인 것과 삼위일체를 연결시키거나(Tertullian), 광원(光源)과 광선(光線)과 광열(光熱)이 다 빛인 것과 연관하여 한 하나님이 성부와 성자와 성령으로 있는 것이라고 설명하는 것들이[10] 모두 다 잘못된 유비이다.[11] 교부들이 사용했다고 해서 이런 예들을 우리들도 사용해서 설명하면 안 된다. 우리는 역사적 과정을 통해 이런 비유들이 어떤 오해를 만들어 냈는지를 알게 되었기 때문이다. 그러므로 우리가 삼위일체를 설명한다고 하면서 이런 예들을 들어 설명하면 안 된다.

얼마 전에 기독교 계통의 방송에서 하는 방송 설교에서 양태론에도 미치지 못하는 설명을 들은 경우도 있다. 한국에서 뿐 아니라 세계적으로도 굉장히 유명한 한 설교자는 삼위일체를 잘 설명해 주겠다고 하면서 자신이 명함을 세 장 가지고 각기 다른 세 사람에게 나누어 준 것이 삼위일체와 비슷한 것이 아니냐고 설명하였다. 각각의 명함은 자신을 나타내는 것이므로, 자신은 하나이지만 세 명함이 결국은 같은

---

10 이외에도 많은 유비들은 F. Delitzsch, *System der christlichen Apologetik* (Leipzig: Döffling & Franke, 1870), 282ff.와 O. Zöckler, *Theologia naturalis* (Frankfurt am Main: Heyder & Zimmer, 1860), 672ff.를 참조 언급하여 제시하는 Bavinck, *Gereformeerde Dogmetiek*, II, Section 230=『개혁교의학』, 406=*Reformed Dogmatics*, vol. 2: *God and Creation*, 323=『개혁주의 신론』, 471f.을 보라.

11 Cf. Berkhof, *Systematic Theology*, 90: "이런 것들과 다른 모든 비슷한 예증들은 다 결함이 있다."; Bavinck, 『개혁주의 신론』, 478: "칼빈도 자연과 인간계에서 삼위일체에 대한 유사성을 찾는 것의 가치와 적절성에 대한 의심을 표현하였다. 그리고 많은 개혁신학자들과 루터파 신학자들도 비슷하게 자신들의 입장을 표현하였다."

사람을 나타내는 것처럼 한 하나님을 성부, 성자, 성령의 세 가지 방식으로 나타낸 것이 삼위일체 하나님이라고 하였다. 이것이 소위 명함 이론이다. 이것은 사실 위에서 언급한 비유들보다 훨씬 못한 비유이다. 이 비유에 의하면, 명함은 자기 자신을 표현하기는 하지만 자기 자신은 아니다. 그래서 자기 자신이라는 본질은 따로 있고, 같은 세 장의 명함과 같은 삼위가 따로 있는 것 같은 인상을 준다. 그러므로 이런 설명은 이단인 양태론에도 못 미치는 설명이다. 양태론은 적어도 본질의 하나됨은 보존하는데, 이 설명은 그것도 잘 하지 못하고, 각 위격의 차이도 명확히 드러내지 못하는 매우 잘못된 비유가 된다. 이런 잘못된 가르침이 우리나라 기독교 방송 매체들에서 널리 퍼지고 있다는 것이 매우 안타까운 일이다.

삼위일체와 관련한 바른 가르침의 방법

이런 말씀을 다 듣고서 "그러면 삼위일체를 어떻게 가르쳐야 합니까? 어떤 비유를 들어 가르쳐야 합니까?"등의 질문을 하시는 분들이 많다. 먼저 삼위일체와 관련해서는 그 어떤 비유도 들지 말라는 주문을 하고 싶다. 삼위일체는 정말 이 세상의 그 어떤 것과 비교할 수 없는 것이다. 그러니 이를 어떤 비유를 가지고 설명하려고 하지 말아야 한다. 교부들을 비롯한 우리들의 선배들이 예로부터 "삼위일체의 흔적들"(vestigia trinitatis)을 찾아보려고 노력했으나, 그 모든 것을 거부하는 것이 가장 건전한 태도라는 것이 드러났다. 제일 열심히 삼위일체의 흔적들을 찾았으나[12] 그렇게 삼위일체의 유비를 찾는 것을 다 거부하고 오직 심리적 유비만을 생각하던 어거스틴의 경우를[13] 더 철저화하여, 삼위일체에 대해서는 그 어떤 비유도 찾자 않으려고 하는 것이 좋다. 이 문제에 대한 헤르만 바빙크의 다음 같은 말을 깊이 새기는 것이 좋을 것이다:

> 이제 우리는 삼위일체론을 합리적 근거 위에 기초하고자 하는 모든 자들에 대해, 이 교리에 대한 지식은 오로지 하나님의 특별계시에서 비롯된 것임을 의심의 여지없이 주장해야 한다. 성경은 삼위일체론에 대한 유일하고도 최종적인 근거다.[14]

그러므로 오직 성경 계시에 근거해서 이 땅에 오신 예수님은 그저 사람일 뿐만이 아니라 동시에 하나님이신데, 그는 성부 하나님을 아버지라고 불러 자신과 구별하시면서도 "나와 아버지는 하나니라"(요 10:31)라고 선언하셨고, 그의 가르침을 잘 배우고서 자신을 "살아계신 하나님의 아들"로 고백하는 고백을 받아들이셨으며(마 16:16-17; 요 11:27), 세상을 떠나가실 때 즈음에 "또 다른 보혜사"로 성령님을 보내실 것임을 분명히 하시고, 그 성령님께서 자신과 동질의 다른 하나님이심을 계시하신 것을 잘 주목하기만 하면 된다. 사도들은 이것에 주의하면서 예수님을 "우리의 크신 하나님"이라고 부르기도 하고(딛 2:13), 성령님이 하나님이심을 분명히 하였다(행 5:1-11 참조). 그리하

---

12 Cf. Augustine, *De Trinitate*, VI. 10; XV. 2. 이를 지적하는 Bavinck, 『개혁주의 신론』, 479를 보라.

13 Augustine, *De Trinitate*, XIV. 6; XV. 7, 17, 20; *De Civitas Dei*, XI. 26. 이를 자세히 언급하면서 지적하는 Bavinck, 『개혁주의 신론』, 473-75.

14 Bavinck, *Gereformeerde Dogmetiek*, II, Section 231=『개혁교의학』, 2:415=*Reformed Dogmatics*, 2:329.

여 성부 하나님도 하나님이시요, 성자 하나님도 동일 본질의 하나님이시요, 성령 하나님도 역시 동일본질의 하나님이신데, 성부는 성자가 아니요, 성자는 성령이 아니요, 성령은 성부가 아니시어, 각 위(位, person)의 구별이 분명하나 동일본질(homoousios)의 하나님이시라는 것이 삼위일체에 대한 바른 이해다.

이를 가장 잘 보여 주는 것의 하나는 예수님께서 세례 요한으로부터 세례를 받으시고 물에서 올라오시는 장면이다. 죄가 하나도 없으시므로 세례 받으실 이유가 없으신 그 분이 당신님 자신을 백성들과 동일시하면서 세례를 받고 물에서 올라오실 때 "하늘이 열리고 하나님의 성령이 비둘기 같이 내려 자기 위에 임하심을 보셨다"(마 3:16). 그리고 이 때 하늘에서 소리가 있어 "이는 내 사랑하는 아들이요 내 기뻐하는 자라"고 하셨다(마 3:17). 한 장면에 성자와 그 위에 임하신 성령과 성부가 각기 나타나셨다. 여기 서로 구별되어 있으나 동일본질이신 삼위가 있는 것이다. 우리가 경배하며 섬기는 하나님이 바로 이런 삼위일체 하나님이시다. 그것을 성경이 가르치는 한도 내에서 바르게 이해하고, 가르치고, 그런 삼위일체 하나님을 섬겨 나가야 한다.

그 이상 하나님의 내적인 관계에 대해서는 성경 계시가 문뜩문뜩 보여주는 한도 내에서 배워서 삼위일체 하나님 안의 소위 "내신적(內神的) 관계성"에 대해서도 계시의 한도 내에서 말하기는 하지만, 삼위일체 하나님은 궁극적으로 신비(神秘, mystery)다. 그러나 이 말은 우리가 하나님을 모른다는 말이 아님에 주의해야 한다. 계시가 가르치는 한도 내에서는 그 하나님에 대해서 바르게 말할 수 있고, 하나님에 대한 지식이 가능하다(Pace Kant).[15] 그래서 우리가 성경 계시에 근거해서 삼위가

---

15 나름대로 인간 이성의 한계를 분명히 하려는 동기에서 임마누엘 칸트

구별되나 그 삼위가 동일 본질의 하나님이시라고 했던 것이다.

그래도 지금 우리가 알고 있는 것은 마치 1세기 사람들이 동경(銅鏡)에 자신을 비추어 보는 것이 같이 희미하게 보는 것에 불과하나 우리가 "하늘"(heaven)에 이르러 삼위일체 하나님과 마주할 때에나 특히 우리 주께서 재림하신 이후에 우리가 몸을 다시 가지게 될 때에는 아주 확실한 지식을 가지게 될 것이다. 이것을 가르쳐 바울은 "그 때에는 얼굴과 얼굴을 대하여 볼 것이요 …… 주께서 나를 아신 것 같이 내가 온전히 알리라"(고전 13:12)고 하였다.

그 때를 기대하면서 계시의 한도 내에서 주께서 이미 삼위일체에 대해서 가르쳐 주신 것에 충실하여 양태론적 설명이나 그에도 못

(1724-1804)는 우리는 현상계(the realm of Phenomena)에 있는 것에 대해서만 이성을 사용할 수 있지, 현상계 밖의 소위 예지계(the realm of noumena)에 대해서는 이성을 적용할 수 없다고 주장하였다. 따라서 칸트는 현상계에 있지 않는 하나님에 대해서는 우리가 전혀 알 수 없고, 하나님에 대한 인식 작용이 불가능하므로 하나님은 인식의 대상이 아니고 신앙의 대상이라고 주장하였다(여러 책 중에 특히 Allen W. Wood, *Kant's Rational Theology* [Ithaca: Cornell University Press, 1978; Onora O'Neill, *Kant on Reason and Religion*, The Tanner Lectures on Human Values, Delivered at Harvard University, April 1-3, 1996). 칸트 이후에는 상당히 많은 분들이 이런 입장을 받아들여서 논의하는 일이 많아졌다. 그래서 칸트 이전의 신학과 칸트 이후의 신학을 대조하여 말하는 일이 많이 있다(대표적으로 아돌프 폰 하르낙의 최초 미국 제자로 자처하던 하버드 대학교의 무어 교수가 하르낙 출생 60주년을 기념한 책인 Edward Caldwell Moore, *Outline of the History of Christian Thought Since Kant* [New York: Charles Scribner's Sons, 1912]에서도 그러하다). 오늘날 상당히 많은 신학자들은 이런 입장에서 신학을 하려고 한다. 그러나 참된 신학자들은 칸트 이후의 상황 속에서도 하나님께서 계시하신 내용을 가지고 인식 활동을 할 수 있음을 주장한다. 우리들은 다 칸트 이후의 시점에서 칸트가 말하는 것이 무엇인지를 아는 입장에서 신학을 한다. 이 칸트 이후의 정황 속에서 칸트적 전제를 가지고서 신학을 하느냐, 아니면 칸트 이후적 상황에서도 칸트적 전제에 반(反)해서 성경 계시를 받아들이고 중요시하면서 하나님에 대한 인식 활동이 가능하다고 하면서 신학을 하느냐 하는 것이 큰 차이를 만든다.

미치는 설명을 하지 말고, 성경이 가르치는 그 모습을 제시하며 영원한 신비이신 우리 삼위일체 하나님에 대해서 성경대로 가르치고, 동시에 그 지식을 가지면서도 항상 삼위일체의 신비 앞에서 살아야 한다.

잘못된 가르침의 예 2: 예배를 제사라고 제시하는 일

우리들의 교회 공동체가 흔히 잘못 가르치는 또 하나의 예로 예수 그리스도를 믿게 된 사람들이 더 철저하고 온전히 하기 위해서 먼저 하나님께 정성껏 "제사해야 한다"고 하는 가르침에 대해서 생각해 보기로 하자. 대개 이런 가르침은 신약과 구약의 시대적 성격을 잘 생각하지 않아 신약과 구약을 섞어 생각하는 데서 나왔다고 할 수 있다.

    대개 이런 설명은 아브라함이 하나님의 부르심을 받고 갈 바를 알지 못하고 나아가 가나안 땅에 이르렀을 때에 하나님께서 그에게 나타나서 "내가 이 땅을 네 자손에게 주리라"라고 말씀하시자(창 12:7) 아브라함이 "자기에게 나타나신 여호와를 위하여 그곳에서 단을 쌓고"(창 12:7), 또 벧엘 동편 산으로 옮겨 "그 곳에서 여호와를 위하여 단을 쌓고 여호와의 이름을 불렀다"(창 12:8)는 것이나, 롯을 그가 원하는 곳을 차지하도록 하여 떠나보내고서는 "헤브론에 있는 마므레 상수리 수풀에 이르러 거기서 여호와를 위하여 단을 쌓았더라"(창 14:18)는 말과 같이, 족장들의 삶의 결정적인 순간에 제단을 쌓고 하나님께 제사한 것들을(창 14:8-19; 22:1-19; 26:25) 강조하면서 주어진다.

    특히 자기 방식대로 약삭빠르게 살던 야곱이 거짓말로 인해 아비의 집을 떠나가던 중에 꿈을 꾸고서 벧엘에서 단을 쌓은 일(창

28:17-22)과 오랜 세월이 흐른 후에 다시 돌아와 세겜에 이르러 세겜 성 앞에 장막을 치고 그 장막 친 밭을 하몰의 아들들의 손에서 은 일백 개로 사고, 거기 단을 쌓고 "엘 엘로헤 이스라엘"(אֵל אֱלֹהֵי יִשְׂרָאֵל, 하나님, 이스라엘의 하나님)이라고 한 것(창 33:18-20), 특히 디나 사건 이후에 "일어나 벧엘로 올라가서 …… 하나님께 단을 쌓으라"하신대로 (창 35:1) 벧엘에 이르러 "거기서 단을 쌓고 그곳을 엘 벧엘이라 부른" 것(창 35:7), 그러자 하나님께서 야곱에 나타나 복을 선언하신 것(창 35:9-15) 등이 아주 적극적으로 인용되면서 하나님의 백성은 어디서 나 하나님께 단을 쌓아야 한다고 강조하는 설교를 많이 듣게 된다. 또한 그래야 복을 받게 된다는 말도 많이 듣게 된다.

여기서 지금 우리가 과연 어떤 시대에 살고 있는지를 생각해 보아야 한다. 우리 주 예수 그리스도께서 구속사의 정점에 우리에게 임하셔서 그의 몸으로 온전하신 제사를 드리셔서 구약의 모든 제사가 지향하던 바를 **다 성취하신 시대**에 우리가 살고 있다.[16] 이 점을 아주 분명히 기억해야 한다. 히브리서가 강조하고 있는 대로 "예수 그리스도의 몸을 단번에 드리심으로 말미암아 우리가 거룩함을 얻었다"(히 10:10). 구약 시대의 수 없이 많은 제사장들이 "매일 서서 섬기며 자주

---

16 이런 이해에 대한 좋은 요약적 설명으로 다음을 보라. Augustine, *The City of God* 17:20 ("that sacrifice has succeeded all the sacrifices of the Old Testament, which were slain as a shadow of what was to come"); Berkhof, *Systematic Theology*, 362, 364-66; 이승구, 『사도신경』, 183-97; Robert Letham, *The Work of Christ* (Downers Grove, IL: IVP, 1993), 126-52; Robert L. Reymond, *A New Systematic Theology of the Christian Faith* (Nashville, TN: Thomas Nelson Publishers, 1998), 628-702, 967; Michael Horton, *The Christian Faith* (Grand Rapids: Zondervan, 2011), 그리고 이를 요약한 그의 *Pilgrim Theology* (Grand Rapids: Zondervan, 2011), 196-207.

같은 제사를 드리되" 실상 "이 제사들로는 언제든지 죄를 없게 하지 못하거니와 오직 예수 그리스도는 죄를 위하여 한 영원한 제사를 드리시고 하나님 우편에 앉으사 그 후에는 자기 원수들로 자기 발등상이 되게 하실 때까지 기다리신다"(히 10:11-13). 그러므로 예수님께서는 "한 제물로 거룩하게 된 자들을 영원히 온전케 하셨다"(히 10:14). 이 말로부터 히브리서 기자는 따라서 구약에 약속하신대로 이제는 "저희 죄와 불법을 다시 기억하지 아니하신다"는 것이 이루어졌다고 하며, "이것을 사하였은즉 **다시 죄를 위하여 제사드릴 것이 없느니라**"(히 10:18)고 아주 명백하게 선언하고 있다. 이것이 십자가에서 이루어진 구속을 믿는다는 것의 매우 중요한 한 측면이다.

기독교는 예수 그리스도께서 십자가에서 이루신 구속을 믿는 "구속 종교"이다(역시 *Pace* Kant). 그래서 우리들은 십자가를 그렇게도 강조한다. 그렇다면 십자가에서 이루신 구속 이후에는 제단을 쌓고 제사하는 일이 폐하여 졌다. 신약 교회는 이 사실을 깨닫고, 이 복음의 말씀이 선포되자 이전에 제단에서 섬기던 제사장의 큰 무리도 "이 도에 복종했다"(행 6:7). 이것은 더 이상 제단을 쌓고 제사하는 일이 없어졌다는 원칙을 웅변적으로 말해 준다. 그 이후로 그리스도인들은 더 이상 하나님께 제사를 드리지 않고, 제단을 쌓지 않게 되었다. 그 사건이 발생할 때는 사람들이 미처 몰랐었으나 갈보리 언덕에서의 예수님의 죽으심만이 그들의 **유일한 제사**였고, 그 골고다 언덕 위의 십자가만이 그들의 **유일한 제단**이었다. 다시는 제단을 쌓지 않게 된 것이다. 이것이 신약 교회이다. 그러므로 신약 교회는 더 이상 의식(儀式, ritual)으로서의 제사를 드리지 않는 교회이다. 제사를 드리면서 기다리던 구약교회와는 달리, 제사를 완성하신 그리스도의 영단번의 희생

제사로 말미암아 더 이상 희생제사로서의 제사를 드리지 않는 신약교회가 이 땅에 있게 되었다. 이 얼마나 놀랍고 혁명적인 일인가!

처음에는 이 놀라운 사건에 감사하면서 예배를 하여 가던 교회가 점차 정신을 차리지 않고 살아가면서, 아무 생각 없이 점차 신약과 구약을 섞어 가는 일이 발생하게 되었다. 감사의 표현인 예배를 제사(祭祀, sacrifice)라고 표현하는 일이 잦아졌고, 이 예배를 인도하고 목회하시는 사람들을 제사장(祭司長 또는 司祭, priest)이라고 부르고, 예배 중에 성찬을 집례하던 상을 제단(祭壇, altar)이라고 부르는 일이 점차 일반화되어 갔다. 이렇게 교회가 성경의 순수한 형태로부터 타락하는 일이 발생했다. 예를 들자면, 약 80경에 클레멘트는 이렇게 말했다: "만일에 우리들이 흠 없고 거룩하게 희생제사를 드리는(have offered its sacrifices) 감독을 떠난다면 우리의 죄가 적지 않을 것이다."[17] 진리를 선포하는 분들을 중심으로 교회가 있음을 강조하는 것은 옳으나, 그 표현 중에서 이미 잘못된 이해가 이렇게 나타난 것이다.

변증가인 순교자 저스틴은 약 155년경에 유대인들에게 헛된 제물을 가져 오지 말라고 하는 말라기 1:10-11을 인용한 후에 이 본문은 또한 "이방인들의 제사에 대해서 말했으니, 즉 모든 곳에서 그에게 제사를 드리는 우리들(us, who in every place offer sacrifices to Him), 즉 유카리스트의 떡과 잔을 [드리는 우리들]에 대해서 말하였다"고 하였다.[18]

---

[17] Clement, *The First Epistle of Clement to the Corinthians* 44=*The Ante-Nice Fathers*, vol. 1: *The Apostolic Fathers, Justin Martyr, and Irenaeus* (Edinburgh: T&T Clark, 1867, reprint, Grand Rapids: Eerdmans, 1989), 17.

[18] Justin Martyr, *Dialogue with Trypho the Jew*, 41=*The Ante-Nice*

약 189년경에 이레니우스(Irenaeus)도 역시 말라기 1:10-11을 인용한 후에 "이 말로써 [하나님께서는] 하나님의 이전 백성들은[유대인들은] 하나님께 제사하기를 그치게 될 것이고, 그러나 모든 곳에서 희생제사가, 순수한 희생 제사가, 그에게 드려지게 될 것인데, 그의 이름이 이방인들 가운데서 영광을 받으시게 될 것이기 때문임을 분명히 하신다"고 했다.[19]

253년경 카르타고의 키프리안도 그의 서신 가운데서 다음 같이 주장했다: "우리 주님이시요 하나님이신 그리스도 예수께서 성부 하나님의 대제사장이시고, 당신님 자신을 아버지께 희생제사로 드리셨고, 이것을 그를 기념하여 행하라고 명령하셨다면, 그리스도께서 행하신 것을 그대로 모방하는 사제는 참으로 그리스도의 직임을 수행하고 있는 것임에 틀림없다. 그리고 그가 그리스도께서 자신을 드리신 것에 따라서 드린다면, 그는 교회 안에서 참되고 온전한 희생제사를 성부 하나님께 드린 것이다."[20]

Fathers, vol. 1, 315.

[19] Irenaeus, *Against Heresies*, 4. 17. 5=*The Ante-Nice Fathers*, vol. 1, 484: "… indicating in the plainest manner, by these words, that the former people [the Jews] shall indeed cease to make offerings to God, but that *in every place sacrifices shall be offered to Him and that a pure one*; and His name is glorified among the Gentiles."(강조점은 덧붙인 것임). 그리고 4권 18장 전체(*The Ante-Nice Fathers*, vol. 1, 484-86)가 신약 교회가 드리는 "순수한 희생 제사"(a pure sacrifice)에 대한 설명으로 제공되고 있다.

[20] Cyprian of Carthage, *The Epistles of Cyprian* 62:14=ANF, vol. V: *Hippolytus, Cyprian, Caius, Novatian* (Edinburgh: T&T Clark, 1867, reprint, Grand Rapids: Eerdmans, 1990), 362: "For if Jesus Christ, our Lord and God, is Himself the chief priest of God the Father, and had first offered Himself a sacrifice to the Father, and has commanded this to be done in commemoration of Himself, certainly the priest truly discharges the office of

예루살렘의 시릴도 350년경에 성찬 때에 성령님께서 역사하여 주시기를 구한 후에 "영적인 희생제사, 피 없는 예배를 마친 후에 우리들은 그 화해의 제물(that propitiatory victim)을 놓고 교회들의 일반적 평화를 위해서, 세계의 복지를 위해서, 왕들과 병사들과 연합군들을 위해서, 가난한 사람들을 위해서, 어려움 당하는 사람들을 위해서 하나님을 불러 아룁니다. 요약하자면, 우리는 어려움 가운데 있는 모든 사람들을 위해서 기도하며 이 희생 제사를 올립니다(offer this sacrifice)."고 하였다.[21]

약 389년경에 밀란의 암브로시우스도 사제(司祭, priest)라는 말을 계속 사용하면서,[22] 시편을 해석하는 중에 이렇게 말했다. "우리들은 사제들로서 백성들을 위하여 희생제사를 드립니다(offer the sacrifice). 우리들로서는 공로가 별로 없을지라도(of but little merit), 이 제사에서(in the sacrifice) 우리는 영예스럽습니다. 누군가가 제사를 드릴 때에 비록 그리스도께서 눈에 보이지는 않지만, 그리스도의 몸이 드려질 때 희생제사에서 이 땅에서 드려지는 것은 그

Christ, who imitates that which Christ did; and he then offered a true and full sacrifice in the Church to God the Father, when he proceeds to offer it according to what he sees Christ Himself to have offered." Oxford Edition으로는 이 서신이 Ep. 43으로 제시된다고 한다(ANF, 5, 358, n. 7).

[21] Cyril of Jerusalem, *Catechetical Lectures* 23:7-8=*Nicene and Post-Nicene Fathers of the Christian Church*, second series, vol. VII (Edinburgh: T&T Clark, reprint. Edinburgh: T & T Clark and Grand Rapids: Eerdmans, 1989), 154.

[22] St. Ambrose, *Three Books of the Duties of the Clergy*, 1. 1. 4=NPNF, 1; Letters 60. 2=NPNF, Second Series, vol. x, 440; Letters 61. 4=NPNF, Second Series, vol. x, 455; *Letter 63*, 48, 49=NPNF, Second Series, vol. x, 463.

자신이십니다. 사실, 자신을 드리심으로써 그는 우리들 안에서 가시적이게 됩니다. 그의 말씀이 드려지는 희생 제사를 거룩하게 합니다."[23]

크리소스톰(John Chrysostom, c. 347-407)도 "사제가 제단 위에서" 희생 제사를 드리는 것이라는 말을 하고,[24] 그렇게 우리가 드리는 여러 제사 때문에 그리스도가 여럿 있는 것이 아니고, "우리들은 항상 같은 것을 드린다"(We always offer the same)고 하면서, 그렇기에 여러 제사들이 있어도 "하나의 희생 제사"(sacrifice is one)가 있을 뿐이라고 한다. 그러면서 이렇게 외친다: "그리스도는 어디서나 한 분이시다(Christ is one everywhere). 그는 여기서도 완전하고, 자기서도 완전하니, 한 몸(one Body)이시다. 많은 곳에서 드려져도 그는 많은 몸을 가지신 것이 아니고 한 몸이시니, 한 희생 제사가 있을 뿐이다 …… 그것은 다른 희생 제사가 아니고, 우리는 같은 것을 드리는 것이다. 아니 오히려 우리는 한 희생 제사를 기념하는 것이다."[25]

어거스틴(354-430) 조차도 구약의 모든 희생제사가 모형임을 잘 말하고 그리스도의 희생제사가 그것을 성취한 것임을 잘 지적한 후

---

23 Ambrose of Milan, *Commentaries on Twelve Psalms of David* 38:25=*Commentary of Saint Ambrose on Twelve Psalms*, trans. Íde M. Ní Riain (Dublin: Halcyon Press, 2000).

24 John Chrysostom이 391년에 안디옥에서 쓴 것으로 알려진 *Treatise on the Priesthood*, Book I-VI=NPNF, vol. IX, 33-83 전체를 보라. 특히 *Treatise on the Priesthood*, 3. 4=NPNF, vol. IX, 46.

25 John Chrysostom, *Homilies on Hebrews* 17:6=NPNF, vol. XIV, 449. 히브리서에 대해서 이렇게 언급했다는 것이 참으로 안타까운 일이다. 마지막에 제시한 것을 더 확대하고, 그것에 근거해서 우리가 행하는 것은 그리스도께서 온전히 드리신 것을 그저 기념하는 것이며, 그것을 성령께서 사용하셔서 우리와 그리스도의 연합을 더 공고히 하며, 그리스도의 제사를 드러내고(manifest), 영적 양식을 베푸신다는 식으로 발전할 수 있었는데 아쉽다.

에, 이 성찬에 참여하는 것에 대해서 말하면서 "[구약의] 이 모든 희생 제사들과 봉헌물들 대신에 [성찬의] 참여자들에게는 그의 몸이 드려지고 섬겨지는 것이다"고 말하여[26] 천주교적 이해의 터를 제공하고 있다.

이런 교부들의 말에 근거하여 천주교회(天主教會), 즉 로마 가톨릭 교회(Roman Catholic Church)의 〈예배를 "피 없는 제사"(a bloodless sacrifice)로 보는 입장〉이 고착되기 시작했다.[27] 더구나 4세기부터는 개인을 위해 사제에게 요청하여 미사를 드려 주도록 하는 일도 나타나 성행하기 시작하였다.[28] 종교개혁이 일어나기까지 거의 모두가 그렇게 생각을 하며, 다들 그렇게 가르침을 받고, 그런 방식으로 삼위일체 하나님께 예배하였다. 즉, 예수 그리스도의 십자가에서 피 흘려 드린 제사를 "다시 재현하는"(represent) "피 없는 제사"를 드린 것이다. 이런 이해에 의하면 사제의 제의적 행위, 즉 제사 드림이 중요하기에,[29] 다른 사람들은 그저 그것을 보거나 심지어 참여하지 않

---

[26] Augustine, *Civitas Dei*, 17:20=*The City of God*, trans. Marcus Dos, in NPNF, vol II, 358 ("… instead of all these sacrifices and oblations, His body is offered, and is served up to the partakers of it.")

[27] Athenagoras (c. 133‒c. 190 AD), *Apol.*, c. xiii; Serapion of Antich (191‒211), *Prayer of the Eucharistic Sacrifice* 13:12‒16 ("this unbloody oblation"); Cyril of Jerusalem (313‒386 AD), *Catechetical Lectures* 23:7‒8=NPNF, 7:154.

중세에 성찬을 희생 제사로 보는 것에 대한 많은 논의가 있지만 그런 논의 중 대표적인 것인 논의로 Miri Rubin, *Corpus Christi: The Eucharist in Late Medieval Culture* (Cambridge: Cambridge University Press, 2002)를 보라.

[28] 그 과정에 대한 자세한 설명으로 다음도 보라. Edward J. Kilmartin, *The Eucharist in the West: History and Theology*, edited by Robert J. Daly, S.J. (Collegeville, MN: Liturgical Press, 1998), 109‒15.

[29] "제의적 드림의 능동적 주체는 사제뿐"이다(it is "only the priest (who) is the active subject of the ritual offering.")고 지적하는 Kilmartin, *The Eucharist in the West*, 134‒43을 보라.

아도 된다고 이해되기도 하였다. 그리고 바로 이것이 오늘날까지도 천주교회에서 이해하고 드리는 미사(mass)의 의미이다. 그래서 지금도 천주교회와 정교회, 그리고 '고교회적인 성공회'(high church)에서는 미사를 하나님께 "피 없는 제사를 드리는" 것이라고 한다.[30]

정신을 차리고 성경에 비추어 보았을 때 이런 일을 계속하는 것은 십자가에서 "한 영원한 제사"를 드리신 예수 그리스도의 십자가를 모독하는 것이 된다는 것을 깨달은 마르틴 루터(Martin Luther)와[31]

---

[30] Cf. John L. McKenzie, S.J., *The Roman Catholic Church* (New York: Holt, Rinehardt and Winston, 1969), 141–47; R. C. D. Jasper and G. J. Cuming, *Prayers of the Eucharist: Early and Reformed* (Collegeville, Minnesota: The Liturgical Press, 1990), 특히 164; 그리고 Stephen Beale, "What Is Worship? Sacrifice, Participation, and Beauty," in *Catholic Exchange*, posted on January 28, 2019, available at: https://catholicexchange.com/what-is-worship-sacrifice-participation-and-beauty.

정교회 입장에서 예배를 제사로 표현한 미국 정교회의 사제인 스테판 프리맨의 글도 참조하여 보라. Fr. Stephen Freeman, "The Sacrifice of worship," in *Glory to God in All Things*, May 30, 2017, posted on available at: https://blogs.ancientfaith.com/glory2godforallthings/2017/05/30/the-sacrifice-of-worship/

그리고 앵글로-가톨릭 입장을 대변하는 다음 책도 보라: John Johnson, *Theological Works, of John Johnson* (London, Knaplock, 1718)=*The Unbloody Sacrifice and Altar, Unvailed and Supported*, 2 vols. (Eugene, Or: Wipf & Stock, 2012, 2013).

[31] Martin Luther, *Luther's Works*, vol. 36: *Word and Sacrament II*, ed., Helmut T. Lehmann (Philadelphia: Fortress Press, 1959); 성찬이 예수님의 Testament라는 견해를 진술한 "A Treatise on the New Testament, That is the Holy Mass," in *Luther's Works*, vol. 35: *Word and Sacrament I*, ed., Helmut T. Lehmann (Philadelphia: Fortress Press, 1960), 84–88; "Exposition of the Fifty-first Psalm (1531)," in *Select Works of Martin Luther: An Offering to the Church of God in "the Last Days"* (London: W. Simpkin and R. Marshall, 1826), 131=*Luther's Works*, vol. 12: *Selected Psalms* I, ed. Jaroslav Pelikan

그를 따르는 개신교도들(Protestants)은 더 이상 이런 천주교적 미사를 집례할 수 없었고, 이런 미사에 참여할 수 없을 뿐만 아니라, 계속 그리하는 것은 "가공(可恐)할만한 우상 숭배"라고 선언하였다.[32]

중세에는 사제가 높이 드는 성체(聖體)를 바라보는 것이 매우 중시되었으니, 그것을 바라보는 것만이 성도들이 할 수 있는 유일한 일이었기 때문이다.[33] 따라서 종교 개혁 때의 개혁된 교회들은 성찬의 요소들을 너무 높이 치켜드는 성체거양(聖體擧揚)을 하지 않도록 했다. 이것이 우상 숭배적 함의를 가질 수 있다고 판단했기 때문이다. 그리하여 개신교도들은 예배를 제사라고 보는 천주교회의 이해를 벗어나 성경적인 예배 이해를 가지게 되었다.

(St. Louis: Concordia Publishing House, 1964), 7절에 대한 주해 중에서. 또한 김영재, 『기독교 교회사』 (서울: 이레서원, 2000), 399도 보라.

물론 루터의 이런 비판이 미사의 제의적 성격을 전혀 무시한 것이 아니라고 주장하는 루터파 신학자들도 있다. 그 대표적인 예로 Gustaf Aulén, *Eucharist and Sacrifice* (Philadelphia: Muhlenberg Press, 1958)를 보라. 이런 해석은 루터의 종교개혁적 의도에 충실하지 않은 것이라고 판단된다. 오히려 루터 당대 천주교회에서는 루터가 미사가 제사가 아니라고 한다고 강하게 비판하였다. Cf. *The Confutation to the Augsburg Confession* (1559), in Robert Kolb, *Sources and Contexts of the Book of Concord* (Minneapolis, MN: Fortress Press, 2001), 128.

[32] 여러 문서에서 그리하지만 특히 〈하이델베르크 요리문답 제 80문답〉을 보라. 이 문답에 대한 자세한 강해로 이승구, 『성령의 위로와 교회』 (서울: 이레서원, 2001, 최근판, 2013), 196-203을 보라.

[33] 이를 잘 지적하는 다음 글을 보라. Shanew Brinegar, "An Appreciation of Luther's Critique of the Eucharistic Sacrifice," *Lets Talk*, posted on Dec. 18, 2017, accessed on April 25, 2020, available at: http://mcsletstalk.org/reformation-jubilee-500/appreciating-luther/appreciation-luthers-critique-eucharistic-sacrifice/#_edn20.

〈Philip Melanchthon, 1497-1560〉 〈John Clavin (1509-1564)〉

필립 멜랑흐톤과 칼빈은 구속적인 희생제사(propitiatory sacrifice, or sacrifice of expiation)는 이제 예수 그리스도의 십자가에서 다 이루어졌음을 명확히 하면서 우리의 예배는 이런 의미의 희생제사일 수 없고, 그리스도께서 이루신 구속의 희생 제사에 대해서 감사하는 일은 우리가 할 수 있다고 했다. 히브리서가 말하는(히 13:15) "찬미의 제사"(sacrificia laudis, sacrifice of thanksgiving)는 우리가 예배 중에 하나님께 드리는 것이라고 말한다.[34]

이제 성도들은 그리스도께서 십자가에서 하나님께 드린 "한 영원한 제사"에 근거해서 자신들의 존재 전체와 삶의 과정 전체가 구속

---

34 멜랑흐톤의 이런 생각에 대한 논의로 Frank Senn, *Christian Liturgy: Catholic and Evangelical* (Minneapolis: Fortress Press, 1997), 451-52, 그리고 Philip Melanchthon, *Loci Communes, 1555* (Grand Rapids: Baker, 1982), 이승구 역, 『신학총론』 (고양: 크리스챤 다이제스트사, 2000), 399f.를 보라. 칼빈의 논의로는 John Calvin, *Institutes of the Christian Religion* (1559), LCC edition, edited by John T. McNeill, translated by Ford Lewis Battles (Philadelphia: Westminster, 1960), 4. 18. 1, 16을 보라.

(救贖)된 것이라고 여기면서 찬미의 제사를 드릴 뿐만 아니라, 그 존재와 삶 전체를 구속된 존재와 삶으로 여겨 하나님께 직접 드릴 수 있게 되었다.[35] 참으로 십자가의 구속을 참으로 믿는 사람들은 누구나 자기 자신을 하나님께 제사로 드리는 제사장이 된 것이다. 그런 이해에서 사도 바울은 "너희 몸을 하나님이 기뻐하시는 거룩한 산제사로 드리라"라고 말한다(롬 12:1). 이것이 "너희의 드릴 영적인 (또는 합리적인) 섬김"이라고 한다.[36] (개역 성경에서는 "영적 예배니라"라고 되어 있어서 예배와 산제사를 잘못 연결시킬 오해의 기연을 주고 있으나 본래 의미는 섬김이라는 뜻이다). 그러므로 우리들은 이제 십자가에서 예수님께서 이루신 한 영원한 제사에 근거해서 날마다 우리 자신을 하나님께 드린다. 그리고 그 구체적인 방식은 모든 정황 가운데서 "하나님의 선하시고 기뻐하시고 온전하신 뜻이 무엇인지 분별하여" 그 뜻에 따라 자신을 주님의 의도대로 살아가는 것이다.[37] 이것이 개신교도들이 말하는 "모든 믿는 신자의 제사장 됨"이라는 말의 진정한 의미다.

그런데 오늘날 한국의 개신교 안의 있는 여러 교회 공동체 안에서 모든 신자들이 제사장이라고 가르치는 가르침 자체도 적을 뿐만 아니라, 그 진정한 의미에 충실하여 그리스도의 십자가에 근거해서 매일

---

[35] Calvin, *Institutes*, 4. 18. 13.

[36] 이런 뜻을 전달하는 귀한 책이 최근에 번역된 Wilhelmus À Brackel, *The Christian's Reasonable Service*, 4 vols. (Grand Rapids: Reformation Heritage Books, 2011), 김효남, 서명수, 장호준 역, 『그리스도인의 합당한 예배』, 1-3 (서울: 지평서원, 2019)이다. 번역서의 제목을 우리에게 익숙한 "예배"라고 한 것이 못내 아쉽다. "합당한 섬김"이라고 했었으면 그 본래적 의미가 잘 다가 왔을 것이다.

[37] 이에 대한 자세한 설명으로 이승구, "그리스도인의 삶의 방식", 『기독교 세계관으로 바라보는 21세기 한국 사회와 교회』(서울: SFC, 2005, 개정판, 서울: CCP, 2018), 41-69를 보라.

매일의 삶을 "거룩한 산제사"로 드리는 사람들은 더 드물다. 이와 함께 예배당에서 행하는 예배 의식을 또 다른 의미의 제사를 생각하는 일이 개신교 공동체 안에서도 왕왕 발생한다. 심지어 목사님을 제사장으로 생각하는 일이, 이제는 상당히 없어졌음에도 불구하고, 아직도 상당히 있다. 그래서 목사님은 제사장처럼 구별된 직임을 가진 것이라고 생각하고, 목사님의 기도는 구약 시대에 여호와 하나님께서 제사장을 통해서 그의 백성들에게 복을 내려 주시던 방식과 같은 의미의 기도라는 생각이 아직도 우리 주변에 있다. 계속해서 그렇게 나간다면 한국의 개신교는 사실상 개신교가 아니라고 선언해야 한다.

그러므로 이 문제에 대한 개신교적 가르침, 즉 성경적 가르침이 우리에게 질실히 필요하다고 할 수 있다. 과연 어떻게 가르쳐야 할 것인가?

십자가와 예배 문제에 대한 성경적 가르침의 회복을 위하여

무엇보다 먼저 십자가의 진정한 의미를 잘 드러내어야 한다. 예수 그리스도의 십자가를 한국 교회만큼 사랑하는 듯이 보이는 교회도 없을 것이다. 그러나 실상 그리스도의 십자가가 이루신 구속의 참된 의미에 우리만큼 충실하지 않는 교회도 없다고 할 정도이다. 그러므로 가장 먼저 강조해야 할 것은 십자가에서 우리의 죄에 대한 구속이 이루어졌다는 것, 따라서 구약의 모든 제사들이 지향하는 바가 십자가에서 모두 다 이루어졌다는 것, 그리하여 율법의 목적하는 바(telos)가 십자가에서 온전히 성취되었다는 것을 전포괄적 의미에서 다시 강조해야 한다.

그러므로 **우리들의 예배는 또 다른 제사가 아니다.** 그리스도의 십자가로 말미암아 이제는 제단을 쌓을 필요가 없어졌기 때문이다. 따라서 예배하는 것을 "제단 쌓는다"고 표현하지 말아야 하며, 계속해서 그런 용어를 사용하는 것은 (천주교인들이 계속해서 그리하는 것과 같이) 자신도 모르는 가운데 십자가에서 영단번(永單番)에 이루신 제사를 손상시키는 것이 된다는 것을 강조해야 한다. 이를 잘 설명하면, 예수님께서 골고다 언덕에서 지신 십자가를 참으로 사랑하는 사람들은 잘 깨닫고 주님의 십자가를 손상시키는 일을 전혀 하지 않을 것이다.

이와 같은 참된 가르침을 받고 나면 (1) 예배하는 앞부분을 제단(祭壇)이라고 부르지 않을 것이며, (2) 예배 처소를 성전(聖殿)이라고 하지 않을 것이고, (3) 예배를 제사(祭祀)라고 하지 않을 것이며, (4) 예배 중에 헌상하는 것을 제물(祭物)이라고 하지 않을 것이고, 따라서 (5) 이 신약 시대에 "일천번제를 한다"는 이상한 일이 발생하지 않을 것이며, (6) 예배 인도자를 사제(司祭)나 제사장(祭司長)이라고 생각하는 의식을 가지지 않을 것이며 그런 용어도 사용할 수 없게 될 것이다.[38] 성경적 교육이 제대로 이루어지고 있는 지는 이런 것이 열매로 나타나는 지를 보면 알 수 있게 된다.

그러나 더 중요한 것은 예수 그리스도의 십자가 구속에 의지하여 **모든 예배를** 참으로 십자가에만 의지하여 "감사 예배"와 "헌신 예배"로 드리고, 예배가 마친 후에는 참으로 예배한 자답게 십자가 구속과 성령님께 의존하여 이 세상에서 하나님의 뜻을 수행하는 삶으로 자

---

[38] 이를 분명히 하는 상세한 설명들로 이승구, 『교회란 무엇인가?』(1996, 개정판, 서울: 나눔과 섬김, 2016), 47–61, 313–16; "헌상에 대한 성경 신학적 이해", 『한국 교회가 나아 갈 길』, 개정판 (서울: CCP, 2018), 85–117 등을 보라.

신을 드리는 **거룩한 산제사로 자신을 드리는 삶을 살 것이다.** 이것이 이루어 질 때에 우리는 우리가 참으로 예수님께서 십자가에서 드린 영 단번의 제사에 의존하는 존재들임을 온 세상에 드러내는 것이다.

*****

여기서는 두 가지 예만 들었지만 거의 모든 교리적 문제에 대한 바른 가르침이 베풀어지지 않고 않거나 잘못 가르쳐 지는 일이 우리에게 너 무 많이 있다. 이를 극복하는 길은 각 교단의 신조를 찬찬히 교육하는 시간을 가지는 것이다. 장로교회의 경우에는, 우리가 지난 장에서 강 조한 바와 같이, 〈웨스트민스터 신앙고백서〉나 〈대소요문답〉이나 〈하 이델베르크 요리문답〉을 찬찬히 강해하면 된다. 이 때 중요한 것은 (1) 한 번에 한 주제씩, (2) 성경에 근거해서, 그리고 무엇보다 중요한 일 로 (3) **재미있게 가르치는 일이다. 교리를 배우는 것은 성경을 배우는 일이다.** 그리스도인들에게 그것은 매우 흥미롭고 재미있으며 (exciting) 의미 있는 탐구의 과정이 되고, 삶을 지도하는 사상을 형성 하는 좋은 설교와 좋은 교육의 시간이 될 것이다.

8

상담 설교의 신학적 토대

"상담 설교"라는 말은 사용하는 사람들에 따라서 다양하게 정의될 수 있다.[1] 일단 이 글에서는 "설교를 통해 상담이 이루려고 하는 목적이 상당히 많이 이루어지는 설교"라고 하는 뜻으로 사용하려고 한다.[2] 이

---

[1] 이 용어를 사용하는 사람이 여럿이다. 이를 사용하는 한 축의 대변자는 20세기 자유주의를 대변하는 포스딕이다. Cf. Harry Emerson Fosdick, "Personal Counseling and Preaching," *Pastoral Psychology* 3/2 (1952): 11-15. 포스딕의 작업을 "상담 설교"(Preaching as Counseling *or* Counseling Preaching)으로 규정하고 논의한 Edmund H. Linn, *Preaching as Counseling: The Unique Method of Harry Emerson Fosdick* (Valley Forge, PA: Judson Press, 1966); 또한 R. M. Miller, *Harry Emerson Fosdick: Preacher, Pastor, Prophet* (Oxford: Oxford University Press, 1985)를 보라.

이 글의 진행 과정에서 드러나겠지만 이 글은 이런 포스딕의 접근과 거의 대척(對蹠)적 입장을 드러낸다. 그러므로 **같은 상담 설교라는 말을 사용해도 의미는 전혀 다른 것**이다.

[2] 이와 비슷한 입장에서 논의한 사람들로 다음 같은 분들을 들 수 있을 것이다. Jay E. Adams, *Preaching with Purpose* (Grand Rapids: Zondervan, 1986); David Powlison, "The Pastor as Counselor," *Journal of Biblical Counseling* 26/1 (2012): 23-39.

런 의미로 규정되면 로이드 존스가 "설교만 제대로 감당하면 상담이 필요 없다"고 한 강한 말의 의미가 제대로 이해될 수 있을 것이다.[3] 흔히 로이드 존스의 이 말은 그 진정한 의미가 전달되지 않은 채, 목회 활동에서 상담을 거부하는 식으로 이해되고, 또한 일부 상담을 강조하는 입장에서는 로이드 존스의 입장과 태도를 거부하게 하는 근거로 사용되는 일이 많이 있었다. 그러나 진정한 설교는 상담 설교라는 것, 즉 "상담을 통해 이루려고 하는 바를 상당히 이루는 설교"라는 의미로 이해한다면 우리는 로이드 존스의 말의 진정한 의도도 손상시키지 않고, 설교와 상담의 관계도 바로 파악할 수 있을 것이다.

이 글에서는 이런 의미의 설교, 즉 상담 설교의 신학적 근거를 말하고, 이런 상담 설교를 하기 위한 설교자의 자세를 말한 후, 바람직한 상담 설교의 방향을 제시하고, 결론을 내리도록 하겠다.

상담 설교의 신학적 근거

상담 설교의 신학적 근거의 첫째는 무엇보다도 우리가 섬기며 우리가 그의 말을 전하는 삼위일체 하나님이 가장 뛰어난 상담자이시라는 데서 찾을 수 있다. 우리의 하나님께서 상담자이신데, 그 분의 말씀을 전하는 일인 설교에서 상담의 소기의 목적이 이루어지지 않는다면 그것이 오히려 이상한 일이다.

---

3 David Martyn Lloyd-Jones, *Preaching and Preachers* (London: Hodder & Stoughton, and Grand Rapids: Zondervan, 1971), esp., 38.

상담자이신 삼위일체 하나님

사실 하나님께서는 우리가 문제가 있는 상황에서 우리에게 다가 오셔서 그의 말씀을 하시는 역사를 이루셨다. 그러므로 구속사 전체가 일종의 하나님의 상담 활동이라고 볼 수 있다. 여기 자신의 문제도 알지 못하고 그러나 심각한 문제 가운데 빠져 있는 사람들이 있다. 그는 상담자를 찾지도 않고, 문제가 있다고 생각하지도 않으며 따라서 자신들로서는 상담자를 필요로 하지도 않는다. 그들의 문제를 가장 깊이 아시는 하나님께서 친히 역사 속에서 그들을 위해 문제 해결을 다 이루시고,[4] 그들에게 친히 말을 걸어오신다. 상담자가 친히 찾아 오셔서 문제를 해결하시고 그 사실을 알리시며 이 문제 있는 사람들로 그 문제 해결을 받아들이도록 하시는 것이다.

이것을 위해 그 상담자는 이 문제 있는 사람의 문제를 해결하도록 하기 위해 그의 문제를 적나라하게 드러내신다. 그러나 이 일은 사실 그의 문제를 해결하신 터 위에서 하시는 것이다. 당장 이 문제 있는 사람은 그 소리가 싫지만 하나님께서 이루신 문제 해결에 근거한 하나님의 문제 제기는 우리를 이 문제를 해결하신 하나님께로 나아가게 하는 토대가 된다(율법의 신학적 용법, 교훈적 용법). 삼위일체 하나님이 스스로 문제를 해결하시고 사람들의 죄를 드러내시어 사람들을 당신님

---

[4] 그러므로 우리의 설교와 상담은 하나님께 이미 이루신 구속 사역을 중심으로 하는 것이어야 한다. 그것이 진정한 기독교적 설교이고 기독교적 상담이다. 이를 모호하게 한 포스딕의 상담 설교에 대한 접근은 구속과 복음을 무시하고 약화시킨다는 비판으로 G. L. Ramsey, *Care-full Preaching: From Sermon to Caring Community* (St. Louis: Chalice Press, 2000), 16; M. Graves, "God of Grace and Glory," in *What's the Matter with Preaching Today?* (ed.), M. Graves (Louisville, KY: Westminster/John Knox Press, 2004), 110 등을 보라.

에게로 인도하신다.

또한 그 삼위일체 하나님께서 우리로 문제를 해결하신 구속자인 예수 그리스도와 그의 구속 사역을 믿도록 하신다. 또한 그를 믿는 자들이 이 세상에서 하나님에 의해 문제 해결하심을 받은 사람들로 어떻게 살아야 할지를 알게 하신다(율법의 제 3의 용도). 삶의 규범을 잘 인식하고 그것에 따라 나아가야 하는 방향을 분명히 드러낸다.

상담자이신 성령님

그렇게 하나님의 뜻을 제대로 분별하고 인식한 후에는 하나님의 의도에 따라서 그 주어진 뜻대로 살아 갈 수 있도록 성령님으로 우리에게 분별력과 지혜와 할 수 있는 힘을 허락하신다. 이 땅에 계실 때 그 스스로가 제자들의 인도자요 교사요 힘을 주시는 분이셨다 예수님께서는 자신이 세상을 떠나시면 하나님께서 "또 다른 보혜사"(ἄλλος παράκλητος)이신 성령님을 보내실 것이라고 하셨다(요 14:15). 여기 사용된 "파라클레토스"라는 말의 근원적인 뜻인 "법적인 도움자"(a legal helper)에서 우리는 그가 우리를 가르치시는 분이시요(teacher), 우리의 인도자이시며(guide), 우리의 마음에 힘을 주시는 분(comforter)이심을 말할 수 있다. 이런 법정에서의 도움자라는 의미로 영어에서 그를 변호사(advocate, counsellor)라고 부르는 일이 있고, 이것은 자연스럽게 현대 사회에서 유행하는 상담자(counsellor)를 연상시키기도 한다. 우리가 "파라클레토스"라는 말의 본래적 의미를 잊어버리지 않는다면 성령님을 우리의 상담자로 이해하고 그 분의 상담, 더 정확히는 그 분의 가르치심과 인도하심과 위로를 잘 받아 가는 것은 매우 필수적인 일이다.

이와 같이 삼위일체 하나님께서 우리의 궁극적 상담자이시다. 그는 일반적 상담자가 할 수 없는 일을 하시니 그는 실제로 우리 문제를 근원적으로 해결하신다. 모든 바른 기독교 상담자는 하나님께서 하시는 진정한 상담을 옆에서 돕고 수종드는 일을 할 뿐이다.

상담 설교를 위한 설교자의 자세

그러므로 설교자들은 결국 하나님께서 하시는 상담으로 사람들을 이끌어 가서 그 하나님께서 친히 하시는 상담 자리(counselling session)에로 나아가도록 하는 일을 할 뿐이다. 설교자나 인간 상담자는 자신이 문제를 해결하는 사람이 아니라는 것을 철저히 인식해야 한다. 이런 점에서 모든 설교자와 인간 상담자는 마치 세례요한과 같은 위치에 있다고 할 수 있다. 그는 예수님에 대해 증언하는 자, 광야에서 외치는 자의 소리에 불과하다. 그는 문제의 해결자가 아니고 진정으로 우리의 문제 해결자이신 예수님을 사람들에게 소개하고, 사람들을 예수님에게로 인도해 가는 일을 하는 조역일 뿐이었다. 마찬가지로 오늘의 설교자들은 사람들을 우리 문제의 궁극적 해결자이신 삼위일체 하나님께로 나아가도록 하는 역할을 하는 사람일 뿐이다. 과거에 율법이 그리스도에게로 인도하는 몽학선생(tutor) 역할을 한 것처럼, 설교자들도 사람들을 그리스도와 삼위일체 하나님께로 인도하는 역할을 해야 한다.

그러므로 설교자는 섬기는 사람일 수밖에 없다. 삼위일체 하나님을 섬기는 사람이요, 성도들을 섬기는 사람이다. 그는 자신이 모든 것을 주도하려고 하지 않는다. 그는 섬기는 사람일 뿐이다. 하나님의 뜻만을 전할 뿐이요, 하나님과의 대면에서 각 사람이 하나님 앞에서 결단하게 해야 한다. 설교자는 자신이 문제의 해결자가 아니요, 문제의 해결자이신 하나님께로 사람들을 나아가게 하는 사람이라는 것을 철저히 의식해야 한다. 이런 자세를 가질 때 설교를 통해 사람들이 많은 도움을 얻은 상황에서도 설교자 자신이 자신을 내세우지 않을 수 있다. 사실 그럴 수밖에 없다. 문제를 해결하신 이가 하나님이시지, 어디 설교자 자신인가 말이다.

그러므로 하나님께서 설교를 은혜의 방도로(means of grace) 사용하여 주시지 않는다면 설교자의 설교는 헛된 것이다.[5] 성경적이지 않고, 바르지 않은 말씀이 선포 될 때에는 물론이거니와 성경적인 말씀이 선포된다고 해도 성령님께서 그 바르고 온전한 말씀을 은혜의 방도로 사용하셔서 듣는 이들에게 은혜를 주시지 않으신다면 설교자의 설교는 울리는 꽹과리가 되고 만다. 그것은 허공에서 주먹질(shadow boxing)을 하는 일일 뿐이다. 이런 쓸데없는 일을 할 이유가 무엇인가? 이를 피하려면 설교자는 처음부터 끝까지 철저히 성령님을 의지할 밖에 없다. 온전히 성령님을 의존할 때에만, 즉 성령의 사용이 있을 때에만 설교는 열매를 맺어서 듣는 이들의 구체적인 문제를 해결해 주는 일을 한다.

혹시 그것으로 각각의 성도들의 문제가 잘 해결되지 않을 때 설

---

5 이 점을 끊임없이 의식할 때에만 우리는 "설교가 그룹 상담의 하나의 수단"이라는 일반적 생각을(그 대표적인 예로 그렇게 말한 Edgar N. Jackson, *How to Preach to People's Needs* [Nashville, TN: Abingdon Press, 1956], 11) 극복하면서 온전히 성령님께 의존하는 바른 태도를 가질 수 있다.

교자가 심방과 상담으로 부족한 자신의 설교를 돕는 일로 봉사할 수도 있다. 리쳐드 박스터는 이런 의미의 심방, 즉 상담적 심방의 중요성을 목회자의 기본자세를 밝히는 글에서 잘 제시한 바 있다.[6] 설교와 상담의 차이는 설교는 여러 사람이 같이 참여한다는 것이고, 상담은 기본적으로는 개별적 문제를 중심으로 다룬다는 데에 있다. 그러나 진정한 의미에서 설교를 들을 때는 여러 사람과 함께 들어도 각자가 다 하나님 앞에 서 있는 자세로 들어야 하는 것이므로 아주 흥미롭게도 대중들 속에 있어도 설교를 진정으로 듣는 사람은 매우 개별적인 상황 가운데서 그 말씀을 듣는 것이다. 말씀이 우리를 움직여 가는 대로 우리 자신을 허용해야 한다.

바람직한 상담 설교의 방향

그렇다면 도대체 이런 가장 건전한 상당 설교는 어떻게 이루어지고 어떻게 수행되어야 하는 것일까?

가장 중요한 것은 성경이 제시하고 있는 하나님의 문제 해결, 즉 우리를 구속하신 일과 그것을 우리에게 적용시키시는 일을 아주 분명히 의식하며 분명히 제시하는 일을 해야 한다. 그러므로 바람직한 상담 설교는 근본적으로 풍성한 의미의 구속사적 설교일 수밖에 없다. 하나님이 제시하신 문제 해결을 무시하는 것은 진정한 의미의 상담설교도 아니고, 사실 설교도 아니다. 설교는 하나님의 해결책을 제시하

---

6 Richard Baxter, *Reformed Pastor*, New Edition (Edinburgh: Banner of Truth Trust, 1974). 우리말로도 여러 번역본이 있다. 그 중에 박형용 역, 『참목자상』(서울: 도서출판 좋은 미래, 2016)을 추천한다.

여 사람들이 성령님의 역사 가운데서 그것만을 우리의 개인의 문제와 역사 전체의 문제에 대한 해결책으로 받아들이게끔 하는 설교이기 때문이다. 그러므로 설교자는 구속사의 흐름을 잘 파악하고 구속사의 흐름을 잘 전달하는 설교자가 되어야 한다. [구속사적 설교]

이를 효과적으로 하기 위해서는 사람들이 처한 구체적인 상황에 대한 이해와 그 상황 가운데서 방황하는 사람들에 대한 깊은 사랑과 애정이 있어야 한다. 우리를 사랑하셔서 우리의 모든 것을 체휼하신 예수 그리스도의 모습이 우리를 감동하는 것처럼, 설교자가 우리가 처한 그 정황을 잘 알고 있어야만 우리를 사랑하는 마음으로, 우리를 이해하는 마음에서 우리에게 적절한 말씀을 전해 줄 수 있다. 이를 제대로 하지 못할 때 우리는 성경에 나오는 가장 무자비한 상담자들이라고 할 수 있는 "욥의 세 친구"와 같은 이들이 될 뿐이다. 그들은 돕기 위해 온 친구들이었다. 욥과 같이 **일주일 동안을 같이 앉아 있으며 욥의 고난에 동참할 수 있는 이들**이었다(욥 2:13). 이렇게 같이 할 수 있는 친구들이었지만 그 후에 그들이 하는 말에서 그들은 욥과 참으로는 같이 있지 못한 사람들임이 드러난다. 이 세상의 다른 친구나 상담자들 보다 훨씬 나은 사람들이기는 하지만(누가 이렇게 우리가 고난 받을 때 일주일 동안을 함께 있어 줄 수 있을까?), 그러나 그들도 결국 욥을 체휼하지는 못하는 존재들임을 드러낸다. 설교자가 말씀 듣는 분들을 진정으로 사랑하지 않을 때 우리는 이 친구들보다 못한 존재로 나타날 것이다. 그러므로 말씀 듣는 분들의 정황 속으로 내려가서, 그 속에서 이 말씀이 성령님께서 은혜의 방도로 사용해 주시기를 원하는 마음으로 설교가 준비되고 전달되어야 할 것이다. [**구체적 정황을 이해하는 마음으로 하는 설교, 즉 현대적 맥락을 살피는 설교**]

셋째로, 진정한 상담 설교는 성경 맥락을 잘 설펴서 그 맥락에서 드러나는 의미를 전달하는 것이 되어야 한다. 성경의 맥락만 잘 주의하면서 설교해도 오류의 상당 부분을 줄일 수 있을 뿐만 아니라, 본문이 제시하는 본문의 맥락을 잘 제시하면서 상황을 살리는 설교를 할 수 있는 것이다. 이런 본문의 맥락을 잘 주의하다 보면 우리들의 정황, 즉 우리들이 살고 있는 맥락과의 연결도 자연스럽게 이루어지기 쉽다. [성경의 맥락을 살피는 설교]

넷째로, 진정한 상담 설교는 성경적 사상을 형성하게 하는 설교가 되어야 한다. 매번 듣는 말씀이 우리를 가득 채워서 우리 마음 가운데 진정으로 성경적 사상이 이루어지도록 되어야 한다. 그리하여 이 세상에서 무슨 일 앞에 서게 되든지 성경적 세계관과 성경적 사상을 가진 자답게 반응할 수 있도록 해야 한다. 설교는 우리의 모든 정황의 문제를 해결하는 것이 아니고, 우리의 모든 정황에 대처할 수 있는 사람을 만들어 내는 것이기 때문이다. 흔히 드는 탈무드로부터 한 구절을 활용하여 말한다면, 고기를 다 잡아 주려면 평생 그 사람과 함께 있어야 한다. 그러나 고기 잡는 법을 가르쳐 주면 그는 어떤 정황에서도 자신의 문제를 해결할 수 있다. 그러므로 상담 설교는 결국 성경적 사상이 형성되도록 하는, 사람들이 든든히 홀로 서서 하나님의 말씀과 관련하여 모든 정황 가운데서 능히 대처할 수 있도록 하는 설교다. 매번 말씀을 듣는 중에 하나님에 대한 사랑이 증폭될 뿐만 아니라, 하나님에 대한 커다란 사상이 그를 사로잡아 그 하나님 사상으로부터 모든 일을 할 수 있게 해야 한다. [기독교 사상을 형성하는 설교]

*****

모든 설교자들은 설교를 듣는 분들 모두가 설교를 듣고 더 하나님을 사랑하고, 하나님 나라를 위해 자신들을 헌신하며, 하나님을 위한 삶을 살 수 있게 되기를 기대할 것이다. 그렇지 않은 이가 있다면 그는 하나님의 말씀을 맡아 선포하는 사람이 아닐 것이다. 모든 설교자들이 지향하는 이런 설교는 결국 우리의 모든 문제를 해결하는 설교가 된다. 그러나 사실 우리가 고찰한 바에 의하면 설교로 우리의 문제가 해결되는 것이 아니고, 이미 하나님께서 우리의 문제를 객관적으로 십자가에서 해결하셨고, 주관적으로 지금도 해결해 가고 계심을 선언하여 성령님의 역사 가운데서 사람들이 그것을 받아들여 인정하고 그 문제 해결의 빛에서 하나님의 뜻을 향해 나아가도록 하는 것이다.

우리는, 우리의 설교가 사람들의 문제를 해결하리라는 잘못된 환상에서 벗어나야 한다. 마치 우리가 하는 상담이 사람들의 문제를 해결하리라는 잘못된 환상에서 벗어나야 하는 것과 마찬가지이다. 우리는 단지 하나님께서 과거 역사 가운데서 객관적으로 해결하셨고, 지금도 주관적으로 그 해결을 우리에게 적용해 주시며, 영원에서 이상적으로 이미 해결하신 그것을 믿음으로 선포하며 성령님께서 그것을 각 사람의 심정 깊은 곳에서 받아들이도록 온전히 성령님께 의존할 뿐이다. 우리 모두가 이런 행복한 상담 설교자들이 될 수 있기를 간절히 원한다.

9

성찬

고린도전서에 나타난 성찬 제정사의 의미: 고린도전서 11:17-34의 맥락과 그 의미

이 글에서 나는 기본적으로 두 가지 일을 하려고 한다. 하나는 고린도 전서에 성찬 제정사가 제시된 문맥적 의미를 분명히 하는 것이다. 그 리고 또 하나는 그 문맥에 근거하여 성찬 제정사의 진정한 의미를 드 러내는 것이다. 이는 자연스럽게 연관된 작업이다. 문맥이 분명하게 이해되어야만 그 내용이 정확히 전달될 수 있기 때문이다. 그리고 그 결과는 오늘 우리의 교회적 맥락에 적용되어야만 하니 (이런 데서 진 정 '교회를 위한 신학'의 의미가 드러난다!), 이런 바른 이해에 근거해 서 오늘날 우리들이 성찬을 어떻게 시행해야 하려는 지를 논의하는 것 으로 이 장을 마치려고 한다.

〈항구 도시인 고린도의 정경〉

성찬 제정사가 주어진 맥락에 대한 이해

고린도전서는 고린도 교회의 여러 구체적인 문제들에 대한 사도 바울의 해결 방안 제시들로 구성되었다. 로마서나 에베소서와 같이 보편적 가르침을 주는 서신서들과는 달리, 고린도서는 매우 구체적인 문제들을 중심으로 논의가 진행되면서, 결과적으로 교회에 대하여 큰 가르침을 주고 있다. 그 문제들 중의 일부는 고린도 교회 성도들이 질의한 내용이고, 그 중의 일부는 바울이 이런 저런 경로로 파악한 문제들에 대하여 주의 사도로서 자신의 의견을 고하는 것이다.

그 큰 문제들 가운데 우상에게 바친 제물을 먹는 문제(10장, 또

는 8장–10장)와 예배 장소에서 여인들이 머리에 수건을 쓰는 문제
(11:2–16), 그리고 은사들의 활용에 대한 문제(12–14장) 사이에 위치
한 것이 성찬 문제에 대한 논의(11:17–34)다. 기본적으로 예배에 대한
문제들을 다루는 중에 이 문제를 다루는 것이라고도 볼 수 있으나,[1] 우
상의 제물에 대한 문제는 꼭 예배와 직접 관련된 것이 아닐 수도 있기
에 바울이 그저 여러 문제들을 다루면서 그 중 하나로 이 성찬 문제를
다루고 있다고 보는 것이 좋을 것이다.

　　고린도전서 11:17 이하의 말씀도 바울이 이런 저런 경로로 듣게
된 문제에 대하여 사도로서 해결책을 제시하는 것이다.[2] 그는 이 문제

---

　　[1] Nigel Watson은 고린도전서 11장 전체를 "예배에서의 질서"의 문제로 여
기면서 주석하고 있다(*The First Epistle to the Corinthians*, Epworth
Commentaries [Petersborough, UK: Epworth, 2005], 109ff.). Cf. Clarence
Tucker Craig, "Introduction and Exegesis of the First Epistle to the
Corinthians," in *The Interpreter's Bible*, vol. 10 (Nashville: Abingdon Press,
1953), 123ff.(14:40까지 전체를 예배의 맥락에서 주해하고 있다); 역시 같은 입장
을 보이는 H. Conzelmann, *1 Corinthians: A Commentary*, Hermenia (German
edition, 1969; Philadelphia: Fortress Press, 1975), 181; William F. Orr and
James A. Walther, *1 Corinthians*, The Anchor Bible (Garden City, New York:
Doubleday & Co., 1976), xiii ("Scandals in church services [11:2–34]"); W.
Harold Mare, "1 Corinthians," in *The Expositor's Bible Commentary*, vol. 10
(Grand Rapids: Zondervan, 1976), 185 ("The Worship in the Church"); David
Prior, *The Message of 1 Corinthians: Life in the Local Church*, The Bible
Speaks Today (Leicester: IVP & Downers Grove, Ill.: IVP, 1985), 178–91
("The Christian Community at worship"); 전경연, 『한국 주석 고린도전서』 (서
울: 성서교재간행사, 1989), 12–13; 그리고 Marion L. Soards, *1 Corinthians*,
New International Biblical Commentary (Carlisle, Cumbria, UK: Paternoster
and Peabody, MA: Hendrickson Publishers, 1999), 232.
　　[2] 여기서 18절에 나타나는 "첫째는"(πρῶτον μὲν)이라는 말이 앞으로 둘째,
셋째 등을 말하기 위한 것이 아니라 가장 중요한 문제, 시급한 문제를 꺼내 제시하
는 방식이라는, 따라서 그에 이어 나오는 둘째, 셋째가 무엇인지 굳이 찾으려고 하
지 말아야 한다는 좋은 논의로 다음을 보라. 박윤선, 『신약 주석: 고린도전서』 (서

울: 영음사, 1962, 20쇄, 2003), 166 ("여기서 '첫째'란 말은 꼭 차서적 순번을 가리킨 것이 아니고, 중요한 것들을 따져서 말하는 것뿐이다."); 이상근, 『신약 성서 주해 고린도전, 후서』 (서울: 총회교육부, 1969, 7판, 1978), 153, 그는 (소위 에어랑겐 학파에 속한 학자로 구속사 신학을 주장한) Johann Christian Konrad von Hofmann (1810-79)도 이런 견해를(Cf. *Die heilige Schrift des neuen Testaments zusanimenhangend untersucht* [1862-1878, 2nd ed., 1896]) 말한다고 한다(이상근, 153; 후에 언급할 Godet, 564의 정보); 또한 Orr and Walther, *1 Corinthians*, 266; 그리고 Gordon D. Fee, *The First Epistle to the Corinthians*, NICNT (Grand Rapids: Eerdmans, 1987), 536f., n. 26. 고든 피는 "그 남은 문제가 무엇인지 우리는 알 길이 없다"(*The First Epistle to the Corinthians*, 569)고 한다. 그는 J. C. Hurd, *The Origin of I Corinthians*, 2nd edition (Macon, GA: Mercer University Press, 1983), 79-80의 논의도 추천하고 있다. F. F. Bruce는 다음에 말하는 (1)을 생각하기는 하지만, 이런 해석에 좀 더 마음이 기울고 있다. 그는 (1)과 같은 입장을 취하지 않는다면, 이 첫째를 따라 나오는 다른 것을 굳이 찾을 수 없다는 입장을 표한다(Bruce, *I & II Corinthians*, The New Century Commentary [London: Marshall & Morgan & Scott, 1971, reprint, Grand Rapids: Eerdmans, 1990], 109).

이렇게 말할 때 이 주석가들은 둘째 문제 등이 (1) 34절에서 말하는 것들이라는 논의(H. L. Goudge, *The First Epistle to the Corinthians*, 4th edition [London: Methuen & Co., 1903], 98; Frederik Willem Grosheide, *The First Epistle to the Corinthians*, NIC [Grand Rapids: Eerdmans, 1953], 265; 그리고 T. C. Edwards, *A Commentary on the First Epistle to the Corinthians*, 2nd edition [London: Hodder & Stoughton, 1885], 283f.).

(2) 12-14장에서 논의되고 있다는 견해(G. G. Findlay, *St. Paul's First Epistle to the Corinthians*, Expositors Greek Testament [London, 1900, reprint, Grand Rapids: Eerdmans, 1961], 877; Goudge, *The First Epistle to the Corinthians*, 98; R. St. John Parry, *The First Epistle of Paul the Apostle to the Corinthians*, 2nd edition [Cambridge: Cambridge University Press, 1926], 163; Osiander; Heinrich; Meyer (이상 후에 언급할 Godet, 564의 정보); Alford; Ellicott (이상 이상근, 『신약 성서 주해 고린도전, 후서』, 153의 정보).

또는 (3) 20절에서 나타나고 있다는 견해들(Frédéric Louis Godet, *Commentary on the First Corinthians* [Edinburgh: T. & T. Clark, 1889; reprint, Grand Rapids: Kregel Publications, 1977], 565; 전경연, 『한국 주석 고린도전서』, 239, 240; 조병수, 『우리는 한 몸이라: 고린도전서를 어떻게 읽을 것인가?』 [서울: 성서유니온, 2015], 265; 그리고 Olshausen; De Wette; R ckert

에 대한 말을 자신이 "듣는다"(ἀκούω)고 현재형으로 말하고 있다(고전 11:18). 이것을 그저 그렇게 듣는다는 말로 보아야 하는지("I hear" – NRSV, NIV, and NJB, 또는 " I am told" – REB),3 아니면 "계속적인 현재"(a continuous present)로 보아야 하는지를4 논하는 것은 사실 현학적(衒學的)이다.

중요한 것은 바울이 그런 말을 듣고 있다는 것이다. 그리고 바울은 자신이 들은 바에 대해서 그것을 "어느 정도 믿거니와"(μέρος τι πιστεύω)라고 말한다. 이 잘된 번역을 받아들이면서 이를 "신중한 목회적인 조심"의 표현으로 보는 것이 좋을 것이다.5 정암도 "이 말은, 풍

_____

[Godet, *Commentary on First Corinthians*, 565에서 온 정보])에 반하는 해석을 제시하는 것이다.

　　　김세윤 교수는 위의 (1)과 (2)를 함께 생각하면서 이것들이 나머지 문제들이라는 입장을 취한다(김세윤, 『고린도전서 강해』 [서울: 두란노아카데미, 2007], 276).

　　　3 이에 대해서 Anthony C. Thiselton, *The First Epistle to the Corinthians*, NIGTC (Carlisle: Paternoster Press and Grand Rapids: Eerdmans, 2000), 857을 보라. 그는 다음에 언급되는 "계속적인 현재"라는 해석이 가능하기는 하지만, 확실한 것은 아니라고 한다.

　　　4 이를 "계속적인 현재"라고 하면서 "나는 계속적으로 듣고 있다"(I continually hear)고 번역하여 제시하는 Archibald T. Robertson and A. Plummer (*A Critical and Exegetical Commentary on the First Epistle of St. Paul to the Corinthians*, ICC, 2nd edition [Edinburgh: T&T Clark, 1914, reprint, 1975], 239), 또는 "나는 반복해서 듣는다"(I hear again and again)로 번역하여 제시하는 T. C. Edwards, *A Commentary on the First Epistle to the Corinthians*, 2nd edition [London: Hodder & Stoughton, 1885], 284)를 참조하라. 아마도 로벗슨과 프루머를 생각하면서 현재형에 주의하면서 "바울은 계속하여 듣고 있다는 뜻이다"고 말하는 이상근, 『신약 성서 주해 고린도전, 후서』 (서울: 총회교육부, 1969, 7판, 1978), 153도 보라. 그는 "모일 때"라는 말도 현재 분사형(συνερχομένων)으로 되어 있음에 착안하여, 이는 "모두 진행되고 있는 상태를 가리킨다"고 하면서, "애찬에 모이는 것이 현재 계속되고, 그 때에 일어나는 분쟁도 계속되었으며, 이런 소식을 바울은 계속하여 듣고 있다"고 한다(153).

문에 대한 바울이 신중한 태도를 보여 준다"라고 하면서, "그는 들리는 말을 다 믿지는 않으려고 노력하였다"고 한다.6 그렇다면 고린도전서 11:17-34의 논의가 필요하게 된 문제는 무엇인가?

1. 기독교 '모임'에서 발생한 문제?

---

5 이 용어 자체는 Kistemaker의 표현이다(S. J. Kistemaker, *1 Corinthians* [Grand Rapids: Baker, 1993], 387). 볼프도 이런 입장을 표현했다고 하면서(C. Wolff, *Der erste Brief des Paulus an die Korinther*, THKNT 7 [Leipzig: Evangelische Verlagsanstalt, 1996], 257), 이런 해석을 받아들이는 티슬턴의 논의를 참고하라(Thiselton, *The First Epistle to the Corinthians*, 858, n. 32). 로벗슨과 플루머도 기독교적인 태도는 "항상 최악의 것을 믿는 것을 꺼려하는"(always reluctant to believe the worst) 것이라고 한다(Robertson and Plummer, *The First Epistle of St. Paul to the Corinthians*, 239). 고든 피는 그런 말을 듣고 바울이 그렇게 믿지만 그렇게 말한 사람도 "전혀 객관성을 지닌 관찰자는 아니라는 것도 인정하는" 것이라고 한다(Fee, *The First Epistle to the Corinthians*, 537).

이와 대조되게 바울이 화를 내면서, 그렇게 하다니 당신들이 그렇게 한다는 것을 "나는 도무지 그것을 믿을 수 없다"(I can hardly credit it: I can't believe it) 는 뜻으로 해석하는 분들로 Margaret M. Mitchell, *Paul and the Rhetoric of Reconciliation* (Louisville, Kentucky: Westminster/John Knox Press 1993), 153; Richard B. Hays, *First Corinthians*, Interpretation (Louisville, Kentucky: Westminster/John Knox Press, 1997), 195; Watson, *The First Epistle to the Corinthians*, 116; 그리고 Preben Vang, *1 Corinthians*, Teach the Text Commentary Series (Grand Rapids: Baker, 2014), 153 등을 들 수 있다. 아마 이들의 이런 해석은 소수 의견이라고 해야 할 것이다. 1993년 마가렛 미첼 이전에는 이런 해석이 거의 없었고, 이런 해석을 본 티슬턴 등도 이를 받아들이지 않는다.

6 박윤선, 『신약 주석: 고린도전서』, 166. 비슷한 논의로 Leon Morris, *1 Corinthians*, Tyndale New Testament Commentaries, revised edition (Grand Rapids: Eerdmans, 1985), 156도 보라.

기본적으로 "너희들이 교회로서 모이는"(συνερχομένων ὑμῶν ἐν ἐκκλησίᾳ)[7] 모임이 "유익이"(εἰς τὸ κρεῖσσον) 못되고 도리어 "해로운"(εἰς

---

[7] 아주 자명하지만 특히 이점을 강조하는 Thiselton, *The First Epistle to the Corinthians*, 856을 보라. 그는 이 모임이 "교회로서 모이는 모임"(**the meeting you hold as a church, 티슬톤 자신의 강조점**)임을 잘 언급하고 있다. 이미 1953년에 Grosheide가 이는 "조직된 회중과 그런 공동체의 모임"(the organized congregation, meeting in that capacity)을 지칭한다고 말하였고(*The First Epistle to the Corinthians*, 265), 따라서 "교회의 모임들"(the meetings of church)이라는 용어를 쓴 바 있다(277). 1968년에 바레트도 여기서 이는 "모인 하나님의 백성"(the people of God assembled)이라고 말한 바 있다(C. K. Barrett, *A Commentary on the First Epistle to the Corinthians* [London: Black, 1968 & New York: Harper and Row, 1968], 261). 그리고 1971년에 브루스가 "너희들이 교회로서 모일 때에"(when you assemble as a church)라고 하면서, 로마서 16:23과 고린도전서 1:14 등에 근거해서 이것이 (고린도전서 14:23의 상황과 같이) 고린도 교회 공동체가 혹시 가이오의 집에 모일 때를 뜻하는 것이 아닌가 하는 의견을 제시한 바 있다(Bruce, *I & II Corinthians*, 109). 고든 피도 "교회로서 모임"(come together as the church)라는 표현을 하고 있다(Fee, *The First Epistle to the Corinthians*, 536, 537). 이런 용례들은 영어의 church를 희랍어의 의미에 부합하게 사용하는 좋은 용례를 잘 드러내고 있는 것이다. 또한 김세윤, 『고린도전서 강해』, 276도 보라: "그리스도인이 교회(모인 하나님의 백성)로 모일 때."

또한 고전 11:17-22, 33-34, 14:23, 26의 용례를 보면서 이것이 "하나님의 백성들이 예배하기 위해 함께 모이는 것을 지칭하는 거의 전문적인 용어가 된 것 같다"는 고든 피의 논의도 보라(Fee, *The First Epistle to the Corinthians*, 536: "[It] had probably become a semitechnical term for the 'gathering together' of the people of God for worship." 또한 537, n. 29도 보라). **그러므로 우리 말 성경의 "교회에 모일 때에"라는 KJV과 같은 번역은 NIV 등과 같이 "교회로서 모일 때에"로 수정해야 할 것이다. 공적 예배를 위한 건물로서의 교회는 그 때 있지 않았으므로 그렇게 쓰일 수 없다는 강한 진술로** Robertson and Plummer, *The First Epistle of St. Paul to the Corinthians*, 239; 그리고 Goudge, *The First Epistle to the Corinthians*, 98을 보라. 찰스 핫지는 에클레시아라는 말이 "신약 성경에서 건물을 의미한 적은 한 번도 없다"고 한다(Charles Hodge, *A Commentary on 1 & 2 Corinthians* [1857 & 1859, reprinted in one volume, Edinburgh: Banner of Truth Trust, 1974], 218). 그 의미는 "너희들이 교회로서 모일 때에"(assemble as τὸ ἧσσον)[8] 모임이 되었다는 것이 문제다(11:17). 교회를 세우기 (conductive of community) 보다는 교회를 파괴하는(destructive of it) 모임이 된 것이다.[9] 결과적으로, 그 모임이 "판단 받는 모임"이 되었다(11:34). 이것은 교회 공동체의 모임에서는 있을 수 없는 일이다.

구체적으로 말하면서 교회 공동체로 모일 때 "나뉘어짐들"(σχίσματα)이 있었다고 한다(11:18). 이 분당들이 고린도전서 앞부분(1–3장)이 말하던 분당과 어떤 관계인지를 분명하지 않다. (다른 의견을 말하는 바톤과 스툴마허 등에게는[10] 안 되었지만[pace]), 그 둘

---

a church)라고 한다(218). Kenneth E. Bailey (1930–2016) 역시도 이를 너희들이 "교회로서 모일 때"로 제시하고 있다(*Paul through Mediterranean Eyes: Cultural Studies in 1 Corinthians* [Downers Grove, IL: IVP, 2011], 김귀탁 옮김, 『지중해의 눈으로 본 바울』 [서울: 새물결 플러스, 2017], 476).

조병수 교수님은 이것이 각 "가옥으로 흩어져 있던 교회들이 다함께 모이는 집회를 의미하는 것이다"고 하면서(조병수, 『우리는 한 몸이라: 고린도전서를 어떻게 읽을 것인가?』, 265) 고린도 전체 교회의 모임이라는 견해를 제시한다. 이렇게 "에클레시아"를 전체 교회들의 모임으로 보는 학자들로 G. Heinrici, J. Weiss, Ph. Bachmann, H. Schlier 그리고 J. Hainz, *Ekklesia* (Regensburg, 1972), 75f.를 언급하는 전경연, 『한국 주석 고린도전서』, 239, n. 32를 보라. 이에 대해서는 전경연 교수의 "바울의 사용법에 의하면 '가정에 모이는 교회'(롬 16:1, 5; 고전 16:19)라고 불러 지역 교회에도 '교회'라는 이름을 붙였기 때문에, 용어로써 그 둘을[각각의 모임인 '순엘코마이'(συνέρχομαι)와 전체 모임인 '에클레시아'(ἐκκλησία)] 구분할 수 없다"는 말이 옳을 것이다(전경연, 『한국 주석 고린도전서』, 239).

8 이를 직역하면 "더 나쁘게(for the worse)라는 뜻인데 그 의미상 "해로운"(harmful)이라고 잘 설명하는 Grosheide, *The First Epistle to the Corinthians*, 264를 보라.

9 이점을 잘 드러내어 말한 Watson, *The First Epistle to the Corinthians*, 115를 보라. 같은 점을 "모임의 결과가 부정적"이라고 표현한 Soards, *1 Corinthians*, 233도 보라.

10 1장의 분쟁과 11장의 분쟁을 연결시켜 제시하는 **S. C. Barton**, "Paul's Sense of Place: An Anthropological Approach to Community Formation in Corinth," *NTS* 32 (1986): 238–39; **Peter Stuhlmacher**, "The New Testament

사이에 직접적으로 관련은 없는 것 같다. 3장은 지도자들을 중심으로 한 나뉘어짐이요, 11장은 아마도 경제적 차이를 중심으로 한 나뉘어짐으로 보인다.[11] 1-3장은 서로 다른 그룹들끼리의 나뉘어짐이고, 11장

Witness Concerning the Lord's Supper," in *Jesus of Nazareth, Christ of Faith* (Peabody, MA.: Hendrickson, 1993), 58-102, esp., 86-87. 배리 쓰미뜨에 의하면 다음 같은 학자들도 이런 견해를 표했다고 한다: **Adolf Schlatter**, *Paulus der Bote Jesu: Eine Deutung seiner Briefe an die Korinther* (Stuttgart: Calwer, 1934), 316-17; **Hans Lietzmann**, *An die Korinther I/II*, completed by Werner G. K mmel, 5th edition, HNT 9 (Tübingen: Mohr Siebeck, 1969); **Bo Reicke**, *Diakonie, Festfreude und Zelos* [Uppsala: Appelbergs, 1951), 252-53; **Hans-Werner Bartsch**, "Der korinthische Miß brauch des Abendsmahl," in *Entmythologisierende Auslegung*, Theologische Forschung 26 (Hamburg: Herbert Reich Evangelischer Verlag, 1962), 169-83, cited in Barry D. Smith, "The Problem with the Observance of the Lord's Supper in the Corinthian Church," *Bulletin for Biblical Research* 20/4 (2010): 517-44, at 519, n. 5). 또한 C. Wolff (*Der erste Brief des Pualus an die Korinther* [Berlin: Evangelische Verlagsanstalt, 1975], 79)는 이런 분리가 교회로서 모일 때에 분명히 드러났다고 논의한다. 이는 그를 긍정적으로 인용하며 동의하는 Margaret M. Mitchell, *Paul and the Rhetoric of Reconciliation: An Exegetical Investigation of the Language and Composition of 1 Corinthians* (Tübingen: J. C. B. Mohr (Paul Siebeck), 1992 and Louisville, Kentucky: Westminster/John Knox, 1992), 151f., n. 515의 논의를 반영한 것이다.

　　1장과 11장의 나눔을 동일시하지 않는 논의로 Grosheide, *The First Epistle to the Corinthians*, 265f.; Barrett, *A Commentary on the First Epistle to the Corinthians*, 260-61; Bruce, *I & II Corinthians*, 109; Geoffrey B. Wilson, *1 Corinthians*, A Digest of Reformed Comment (Edinburgh: The Banner of Truth Trust, 1978), 160; Morris, *1 Corinthians*, 155; Gordon D. Fee, *The First Epistle to the Corinthians*, NICNT (Grand Rapids: Eerdmans, 1987), 534, n. 14, 537; Panayotis Coutsoumpos, *Paul and the Lord's Supper: A Socio-Historical Investigation*, SBL 84 (New York: Peter Lang, 2005), 57-59; Smith, "The Problem with the Observance of the Lord's Supper in the Corinthian Church," 519, n. 5; 그리고 Vang, *1 Corinthians*, 153을 보라.

　　[11] 정암도 11장의 문제는 부자와 가난한 자의 나뉘어짐이라고 하고 있다(박

의 나뉘어짐은 어느 한 집에 모이는 공동체(house meeting) 내적인 나뉘어짐이다.[12] 그러므로 1장이 말하는 나뉘어짐과 11장이 말하는 나뉘어짐은 다른 것이라고 여겨진다.

아마도 이런 내적 분열을 생각하면서 바울은 19절에서 "너희 중에 파당이 있어야 너희 중에 옳다 인정함을 받은 자들이 나타나게 되리라"라고 말하고 있다. 즉, 이 구절을 바울의 "냉소적 아이러니"로 보기로 하자.[13] 성찬 문제와 관련하여 이런 파당의 문제가 나타나 어떤 자들이 옳다고 하는데, 바로 그것이 너희들 가운데 파당이 있다는 증거가 아니냐고 바울은 말한다.[14] 어찌되었든지 교회가 "주의 만

윤선, 『신약 주석: 고린도전서』, 166). 그는 챨스 핫지를 인용하면서 "교회에 부유층과 빈궁층이 있는 듯하다"고 말한다. Cf. Hodge, *A Commentary on 1 & 2 Corinthians*, 215, 217, 221. 또한 Robertson and Plummer, *The First Epistle of St. Paul to the Corinthians*, 239-42; William Barclay, *The Letters to the Corinthians*, 2nd edition (Edinburgh: St. Andrew Press, 1956 & Philadelphia: Westminster Press, 1956), 112; Bruce, *I & II Corinthians*, 109; Mare, "1 Corinthians," 258; 전경연, 『한국 주석 고린도전서』, 237; Prior, *The Message of 1 Corinthians*, 186; Craig L. Blomberg, *1 Corinthians*, The NIV Application Commentary (Grand Rapids: Zondervan, 1994), 채천석 옮김, 『고린도전서』 (서울: 솔로몬, 2012), 262; 그리고 김세윤, 『고린도전서 강해』, 276도 보라.

[12] 이점을 관찰하면서 언급하고 있는 Morris, *1 Corinthians*, 156; Graydon F. Snyder, *First Corinthians*, A Faith Community Commentary (Macon, Georgia: Mercer University Press, 1992), 155; Thiselton, *The First Epistle to the Corinthians*, 857 ("They are 'internal' even within a single gathered meeting, i.e., ἐν ἐκκλησίᾳ, when they meet in one place **as a church**." Thiselton 자신의 강조점); 그리고 Vang, *1 Corinthians*, 152을 보라.

[13] 이상근도 이 구절과 관련하여 "다분히 풍자적이다"고 말한다(이상근, 『고린도전, 후서』, 153). 또한 김세윤, 『고린도전서 강해』, 277과 근자의 Vang, *1 Corinthians*, 153도 보라.

[14] 이런 해석과 비슷한 입장을 보이는 것이 홀스리의 해석이다. 그는 "너희들 가운데서 누가 '뛰어난 사람들인가'(the distinguished ones)라는 것이 명백해지려면 너희들 가운데 '차별'이 있음이 분명하지 않느냐?"고 해석한다(Richard A.

찬"(κυριακὸν δεῖπνον)과[15] 같은 중요한 문제와 관련해 나뉘어져 있

Horsley, *1 Corinthians* [Nashville: Abingdon Press, 1998], 159).

상당히 많은 주석가들은 여기서 일종의 종말론적인 분별을 생각하면서 논의하려고 한다. οἱ δόκιμοι의 종말론적 의미를 주목하면서 그리한다. 칼빈이 시사하였고(John Calvin, *Commentary on the Epistle of Paul the Apostle to the Corinthians*, vol. 1, trans. John Pringle [Edinburgh: Calvin Translation Society, 1843, reprint, Grand Rapids: Baker, 1993], 367-68), Johannes Munck, *Paul and the Salvation of Mankind* (London: SCM Press, 1959), 136-28; Jean H ring, *The First Epistle of St. Paul to the Corinthians* (London: Epworth Press, 1962), 113; Barrett, *A Commentary on the First Epistle to the Corinthians*, 261-62; Bruce, *I & II Corinthians*, 109; Conzelmann, *1 Corinthians*, 194, 194, n. 14; 그리고 Fee, *The First Epistle to the Corinthians*, 538f. 등이 이런 입장을 취한다. 적극적이지는 않지만 Prior, *The Message of 1 Corinthians*, 187도 그런 함의를 전달한다. 이외에도 W. Schrage (1999), W. G. K mmel (1949) 등도 이런 해석을 취한다고 한다(Thiselton, *The First Epistle to the Corinthians*, 859, n. 36). 그러나 이런데서 다수의 의견이 항상 옳지는 않다는 것을 생각하게 된다.

종말론적인 분별은 아니어도 이런 과정에서 참으로 하나님이 인정하는 사람들이 나오게 되어 있다는 뜻으로 해석하는 Godet, *Commentary on First Corinthians*, 567-69; 그리고 (Findlay를 인용하면서 이를 시사하는) Wilson, *1 Corinthians*, 161도 보라.

(이 구절을 해석할 때) "자기 정당화의 위선이 주목되면" 이 구절의 의도하는 바가 더 잘 드러나게 될 것이라고 하면서 **이런 의견에 상당히 기울어지면서도** 띠슬톤은 이 둘 중의 하나가 이 구절을 해석할 때 취해 질 수 있는 것이라고 조금은 중도적 입장을 드러낸다(Thiselton, *The First Epistle to the Corinthians*, 860).

15 이 때 "주의"(κυριακὸν)라는 말이 이곳인 고전 11:20(κυριακὸν δεῖπνον)과 요한계시록 1:10(ἐν τῇ κυριακῇ ἡμέρᾳ)에만 나타나고 있다는 관찰로 Bruce, *I & II Corinthians*, 109; Morris, *1 Corinthians*, 156; Soards, *1 Corinthians*, 237 (그는 "주님께 속한 만찬"이라는 것을 강조한다)을 보라.

따라서 신약성경에서 이곳이 "주의 만찬"이라는 용어가 사용된 유일한 곳이라는 언급이 이상근, 『고린도전, 후서』, 154; Fee, *The First Epistle to the Corinthians*, 539; 그리고 Snyder, *First Corinthians*, 156 ("the first and **the only** New Testament occurrence of the term" - emphasis is given)에 나타나고 있다. 고든 피는 이 맥락에서 고전 10:21에 나오는 "주의 상"(τράπεζα κυρίου, the Lord's table)도 언급한다. 그래서 콘첼만은 후대에 일반적으로 더 많이 사용된 "유

카리스트"보다 "주의 만찬"이라는 용어가 더 오래된 용어라고 한다("the oldest title")(Conzelmann, *1 Corinthians*, 195, n. 21).

이 때 사람들이 나누는 식사가 성찬 이전에 행해진 식사였다는 논의가 일부 있으나(Godet, *Commentary on First Corinthians*, 570, 571, 572; Conzelmann, *1 Corinthians*, 195, n. 23, 199; 그리고 Eduard Schweizer, *The Lord's Supper, According to the New Testament* [Philadelphia: Fortress, 1967], 5), 이에 대해선 의문이 있다. "처음에는 성찬이 **애찬의 연속으로 애찬 이후에** 행해졌다"고 말하는 로벗슨과 플루머, 그리고 매어의 견해는(Robertson and Plummer, *The First Epistle of St. Paul to the Corinthians*, 240, 강조점은 덧붙인 것임; Mare, "1 Corinthians," 258) 그와 비슷한 견해 같아 보인다.

그런가하면 크리소스톰은 성찬 후에 애찬이 있었다고 했다고 한다(이를 "잘못된 견해"라고 하면서 언급하는 Godet, *Commentary on First Corinthians*, 571의 정보를 보라).

마르쿠스 도즈는 **지역에 따라서** 어떤 곳에서는 성찬이 먼저 있고 식사가 뒤따랐으며, 또 어떤 곳에서는 식사를 먼저하고 마지막에 떡과 포도주를 나누었다고 한다(Marcus Dods, *The First Epistle to the Corinthians*, in The Expositor's Bible series, ed., W. Robertson Nicoll [London: Hodder and Stoughton, 1889], 262). 그런데 예수님께서는 유월절 식사 말미에 성찬을 제정하셨으니 식사를 마치고 성찬하는 것이 더 나은 것이라고도 말한다. 식사 앞 또는 뒤에 성찬이 있었다는 또 다른 의견으로 John Short, "Exposition of the First Epistle to the Corinthians," in *The Interpreter's Bible*, vol. 10 (Nashville: Abingdon Press, 1953), 130을 보라.

볼프는 떡을 나누는 것과 잔을 제공하는 것 사이에 식사가 있었다고 추론한다(Chr. Wolff, *Der esrte Brief des Paulus an die Korinther*, 77, 전경연, 『한국 주석 고린도전서』, 238, n. 27에서 재인용). 25절의 말에 근거해서 전경연 교수도 이런 입장을 취한다(전경연, 『한국 주석 고린도전서』, 243).

그러나 신약 교회가 처음에 과연 어떻게 하였는지 단언하기 어렵다. 위의 논의들은 후대 교회의 관행을 고린도 교회의 모습에 투영하는 것으로 보인다. 5세기 소조메네스(Sozomenes)라는 역사가에 의하면 알렉산드리아 교회와 같은 곳에서는 애찬이 성찬 전에 있었다고 하며, 어거스틴에 의하면 아마 서방 교회에서는 성찬이 행해지고 그 후에 만찬이 있었던 것 같다(이는 Godet, *Commentary on the First Corinthians*, 600에서 주고 있는 정보이다.) 그런데 이것은 후대 교회의 관행들이다. 그러므로 고린도 교회가 어떻게 했는지 우리들은 정확히 모른다고 해야 한다.

브루스는 그들이 **애찬을 행하면서 그 안에서 성찬을 하였다**고 본다(Bruce, *I & II Corinthians*, 109, 110: "⋯ the fellowship meal in the course of which

다는 것, 그리하여 그 과정에서 그들 가운데 가난한 자들을 부끄럽게 만들고 있는[16] 것은 심각한 문제다. 개인이 친구들을 초대한 파티와는 달리 이를테면 "주께서 초청하신" 성찬에서는[17] 더욱 그리해서는 안 된다. 여기서 "이 만찬을 제정하신 분이 주님이시고, 이 만찬을 주시며, 이 만찬에로 초대하시고, 이를 주재하시는 분이 주님이시다는 것을 상기시킨다."고 한 고데의 설명을 유념해야 한다.[18]

---

they were accustomed to take the Eucharist."). 흐로샤이데는 앞부분에는 이 만찬을 성찬으로 한정하지 말아야 한다고 하면서, "예수님께서 식사 때에 성찬을 제정하셨다"고 하고, 고린도에서는 "애찬에서 성찬이 집례되었다"(Holy Communion was served at a love feast)고 말하며, "이 만찬을 주의 만찬으로 만드는 것은 성찬이다"(It is the Holy Communion which made the meal a supper of the Lord)고 한다(Grosheide, *The First Epistle to the Corinthians*, 267). 여러 면에서 볼 때, 고린도 교회에서는 애찬과 식사가 분리되어 있지 않았다고 보는 것이 좋을 것이다. 고린도전서 11장 상황에서 보면 이는 진짜 식사(a real meal)였다는 주장과 논의로 Conzelmann, *1 Corinthians*, 195를 보라.

고린도 교회의 이런 문제 등과 관련하여 결국 교회가 성찬과 애찬을 분리하도록 하는 카르타고 공의회의 결정(220년)이 있게 되었다고 보는 것이 좋을 것이다. Cf. 박윤선, 『신약 주석: 고린도전서』, 167; 이상근, 『고린도전, 후서』, 154: "이런 실정에 비추어 애찬은 칼타고 회의(220년)에서 정지되었고, 성찬은 애찬에서 분리되어 저녁에서 아침으로 옮겨졌던 것이다." 이런 논의는 슐라터도 했다고 한다 (Cf. Prior, *The Message of 1 Corinthians*, 190). 그 과정을 비교적 정확히 언급한 것으로 34절에 대한 Goudge, *The First Epistle to the Corinthians*, 102의 언급을 보라: "바울의 지침은 처음에는 성찬과 같이 있었던 사회적 식사(애찬)를 성찬과 분리시키는 첫 단계로 드러날 수 있을 것이다(might well prove a first step)."

16 '가지지 않은 가난한 자들'을 부끄럽게 만들고 있는 것을 부각시키고 있는 논의로 Fee, *The First Epistle to the Corinthians*, 539, 558, 568을 보라.

17 성찬에 대한 이런 높은 이해를 상당히 자유주의적인 Craig가 제시하고 있다는 것은 매우 아이러니칼하다. Cf. Craig, "Introduction and Exegesis of the First Epistle to the Corinthians," 133: "[This] is a table where the Lord has issued the invitation." 다른 곳에서 그는 "성례는 그리스도께서 주인이신 공동체적 교제"라고 말하기도 한다(144: "[The] sacrament is a corporate fellowship at which Christ is the host.")

18 Godet, *Commentary on First Corinthians*, 571.

결국 바울이 판단하기에 그들은 "함께 모여서 주의 만찬을 먹을수 없는"(11:20) 지경,[19] 또는 (고든 피가 재미있게 표현하듯이) 그들이 "한 장소에 모이기는 하지만" 그들이 먹은 것은 결국 "주의 만찬이 아닌"[20] 정황에 이르렀다. 고린도교회의 이 문제를 데이비드 프라이어는 다음 같이 제시한 바 있다: "그들에게는 그리스도의 죽음이 중심이 아니었고, 그리스도의 재림이 주도적인 것이 아니었으며, 그리스도에 대한 사랑이 그들을 규제하는 것이 아니었다."[21] 한 마디로, 교회 공동체가 교회 공동체답지 않았다. 이에 대해서 칼빈은 "사단이 짧은 시간에 그렇게 많은 일을 성취할 수 있다는 것은 이적 다음으로 참으로 놀라운" 일이라고 하였다.[22]

---

[19] 다른 해석을 허용하면서도 이점을 강조하는 핫지의 해석을 보라(Hodge, *A Commentary on 1 & 2 Corinthians*, 219: "You cannot eat the Lord's Supper.")

[20] 아주 강하게 이렇게 해석해야만 한다는 논의로 Godet, *Commentary on First Corinthians*, 571을 보라. Fee, *The First Epistle to the Corinthians*, 539, 540, 541, 549에서도 비슷한 논의를 한다. 데이비드 프라이어도 그런 의미로 말을 한다: "너희가 함께 모일 때에 너희가 먹는 것은 주의 만찬이 아니다"(20절)(Prior, *The Message of 1 Corinthians*, 186). 또한 오래전의 Calvin, *Commentary on the Epistle of Paul the Apostle to the Corinthians*, vol. 1, 368; 그리고 Short, "Exposition of the First Epistle to the Corinthians," 134의 논의도 보라.

두 가지 해석을 다 허용하는 Mare, "1 Corinthians," 258도 보라. 위에서 말했지만 핫지도 두 해석을 다 허용하면서 위와 같이 해석하는 것이 더 적절한 의미를 제공한다고 말한다.

[21] Prior, *The Message of 1 Corinthians*, 188.

[22] 이 같이 말하는 칼빈을 인용하는 이상근, 『고린도전, 후서』, 154를 보라. 이는 핫지의 책에 인용된 것을 다시 인용하고 있는 듯하다. Calvin, *Commentary on the Epistle of Paul the Apostle to the Corinthians*, vol. 1, 369 ("It is truly wonderful, and next to a miracle, that Satan could have accomplished so much in so short a time.") 존 프링글은 "이적 다음으로"를 그저 "믿지 못할 정도로 놀라운 일이다"로 말하고 있는 불어판도 번역하여 제시하고

2. 구체적으로 어떤 문제?

바울은 무엇 때문에 고린도 교회 공동체를 향하여 이렇게 심각한 말을 하고 있는 것일까? 이 상황을 이해하는 세 가지 다른 견해가 있다.

첫째 견해는 바울이 이 모든 논의를 마친 후에 "내 형제들아 먹으러 모일 때 서로 기다리라"(11:33)라고 말한 것에 근거해서, 어떤 사람들이 여러 정황상 정한 시간에 참여하지 못하게 되는 때에 성찬이 이루어져서 문제가 생긴 것으로 보는 것이다. 고린도 교회의 상당수를 형성하고 있는(고전 1:26-28 참조) 가난한[23] 노예인 그리스도인들은 그들이 해야 하는 일 때문에 일찍 올 수 없는 데도 부유한 사람들과 자유인들이 먼저 성찬을 하여 문제가 발생했다고 보는 것이다.[24] 그와

있다(369, n. 1).

[23] 그들이 얼마나 가난했는지는 알기 어렵다. 스티븐 프리센은 고린도 인구의 28%는 살아가기 힘든 정도였는데("below subsistence level"), 그들 중의 다수가 고린도 교회에도 있었다고 추론한다. Cf. Steven J. Friesen, "Poverty in Pauline Studies: Beyond the So-Called New Consensus," *JSNT* 26 (2004): 323-61, esp., 348-50, at 347.

그러나 이는 단언하기 어려운 문제이고 우리가 말할 수 있는 것은 다양한 계층의 사람들이 고린도 교회 공동체를 형성하고 있다는 것이다. Cf. David G. Horrell, "Domestic Space and Christian Meetings at Corinth: Imagining New Contexts and the Buildings East of the Theatre," *NTS* 50 (2004): 349-69, esp., 357-59.

[24] 이런 해석을 하는 분들로 다음을 보라: Goudge, *The First Epistle to the Corinthians*, 99 (그는 성도들이 여기 사용될 것을 가져 왔음도 언급한다); James Moffatt, *The First Epistle of Paul to the Corinthians* (London: Hodder and Stoughton, 1938), 160, 161; 그저 가능한 가설이라고 하면서도 이를 시사하는 Craig, "Introduction and Exegesis of the First Epistle to the Corinthians," 131; Short, "Exposition of the First Epistle to the Corinthians," 134; Orr and Walther, *1 Corinthians*, 270; Eduard Schweizer, *The Lord's Supper*,

같은 방식으로 "전체 교회의 공동 식사를 불가능하게 만들어서 교회를 무시하고 있다"는 것이다.[25] 이는 21절에 나오는 "먼저 가져다가"(προλαμβάνει)라는 말과 33절의 "(너희들은) 기다리라"(ἐκδέχεσθε)는 말을 문자 그대로 취하는 해석이라고 할 수 있다.

둘째 견해는 바울이 논의 중에 "먹을 때에 각각 자기의 만찬을 먼저 갖다 먹으니"(11:21)라고 말하는 것에 근거하여 이 상황을 이해하는 것이다. 이는 성찬에 사용될 것들을 각자 가져 오는 당시의 정황에서 각자가 가져 온 것을 먼저 가져다 먹으므로 결과적으로 많이 가져 온 사람들은 많이 먹어서 배부르고, 적게 가져 온 (또는 못 가져 온) 사람들은 시장하게 되었다고 보는 것이다. 정암도 이런 견해를 취하여 말하기를, "가난한 자는 집에서 가져올 것이 없으므로 시장하고, 부자는 과식하여 불공평한 결과를 연출하였다"고 한다.[26]

According to the New Testament (Philadelphia: Fortress, 1967), 5; Carl R. Holladay, The First Letter of Paul to the Corinthians, The Living Word Commentary 8 (Austin: Sweet Publication, 1979), 144–46; Gordon Fee, I Corinthians: Study Guide (Brussels, Belgium: International Correspondence Institute, 1979), 199; 다른 가능성을 어느 정도 용인하면서도 Fee, The First Epistle to the Corinthians, 542; Morris, 1 Corinthians, 156; 김세윤, 『고린도전서 강해』, 277–78, 289–90; Bailey, 『지중해의 눈으로 본 바울』, 482, 488; 그리고 그렇게 적극적이지는 않지만 이런 입장을 시사하는 Watson, The First Epistle to the Corinthians, 117, 118, 124.

　　콘첼만도 이런 식으로 이해하는 듯하다(Conzelmann, 1 Corinthians, 195, 203, n. 119). 그리하여 그는 22절에서 바울이 말하는 바는 결국 "배고픔을 만족시키는 것과 공동체의 성찬을 분리"하여, 다들 식사하고 와서 모이면 "성찬을 위해 서로를 기다릴 수 있다. 이와 같은 방식으로 교회의 모임이 순전한 성찬이 된다고 본다(Conzelmann, 1 Corinthians, 195, n. 26).

　　[25] Orr and Walther, 1 Corinthians, 270.

　　[26] 박윤선, 『신약 주석: 고린도전서』, 167. 이상근도 같은 견해를 말한다 (이상근, 『고린도전, 후서』, 154: "그 때 부유한 사람들은 좋은 식물을 가지고 와서

    셋째 견해는 **아마도** 부유한 그리스도인, 특히 그 집에서 교회 공동체가 모이는 식주(食主)가 이 때 음식물을 다 준비한 상황에서 발생한 문제라고 보는 것으로,[27] 이는 1980년대 이후로 유행하는 견해이다. 이것은 성찬을 고대 로마와 그리스의 공동 식사(common meal, *symposium*) 관례에 비추어 이해하는 것이다.[28] 이런 해석은 그 토대를 독일의 게르트 따이쎈(Gerd Theissen)이 놓았고,[29] 제임스 와이즈만(James Wiseman)이 고고학적 발굴 내용을 제시한 것에 근거해서 제

먼저 먹고 취하며, 가난한 사람들은 식사를 하지 못하며 주리므로, 자연히 빈부의 차이가 생겨 만찬의 분위기를 극히 부조화한 상태였다.")

[27] 고든 피는 로마서 16:23을 언급하면서 이런 입장을 표한다(Fee, *The First Epistle to the Corinthians*, 533, n. 10). 레온 모리스도 이와 비슷한 의견을 표명한다(Morris, *1 Corinthians*, 156: "The wealthier members of the congregation clearly provided most of the food, and this could have been a marvelous expression of Christian love and unity.") 그러나 시간 문제에 있어서는 첫째 견해와 비슷한 의견도 표한다(157). 그러므로 모리스는 첫째 해석과 셋째 해석을 같이 취하는 것이라고 할 수 있다. 그래서 아마도 먼저 온 (식주의 부유한 친구들은?) 식당(*triclinium*)에서 식사를 하고, 늦게 온 사람들은 현관에 가까운 *atrium*에 있는 것으로 만족했을 가능성이 없지 않다고 한다(Morris, *1 Corinthians*, 157, n. 1). 이와 연관해서 242쪽에 제공되고 있는 당대 가옥의 구조에 대한 그림을 참조하여 보라.

[28] 그런데 이상근은 1969년에 애찬에서의 분당 문제와 관련해서 "아마 당시 헬라나 로마 사회의 일반 회식의 습관이 영향된 것으로 믿어진다"는 말도 한 바 있다(이상근, 『고린도전, 후서』, 154). 또한 후에도 "고린도 교회에서는 성스런 성찬의 의의를 모르고 사적 연회의 습성으로 임했기 때문에 경책을 받은 것이다"고 말한다(이상근, 『고린도전, 후서』, 158). 그 이전에 Godet, *Commentary on First Corinthians*, 570-71도 이미 이를 시사한 바 있다.

[29] Cf. Gerd Theissen, "Social Integration and Sacramental Activity: An Analysis of 1 Cor. 11:17-34" (German in 1974), translated in his *The Social Setting of Pauline Christianity: Essays on Corinthians* (Philadelphia: Fortress, 1982), 145-74. 이에 대한 전경연 교수님의 평가는 매우 의미 있다: "따이쎈이 주장한 고린도 교회에 있는 가난한 자와 부유한 자 사이의 계층 간의 갈등이란 것은 과장된 것이다"(전경연, 『한국 주석 고린도전서』, 254).

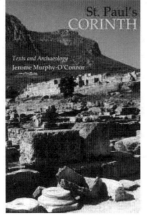

롬 멀피-오코노(Jerome Murphy-O'Connor)가 고린도전서 이 본문 주해를 하면서 제시했고,[30] 그 후로 여러 학자들 사이에서 유행하게 된 해석이다.[31]

예를 들어서, 젊은 플리니(Pliny the Younger)는 이 시대에, 주인과의 친밀한 관계 정도에 따라서 손님들을 차별적으로 나누어 대접하는 방식을 다음과 같이 묘사한 바 있다.

최고의 음식들은 자신[주인]과 선택된 소수 앞에 차려진다. 그리고 값싼 음식은 나머지 손님들 앞에 차려진다. 주인은 포도주조차도 세 가지로 분류된 작은 플라스크에 넣어 제공하는데, … 하나

---

[30] Jerome Murphy-O'Connor, *St. Paul's Corinth: Texts and Archeology* (Wilmington: Glazier, 1983), 153-61.

[31] Cf. C. H. Talbert, *Reading Corinthians: A Literary and Theological Commentary on 1 and 2 Corinthians* (New York: Crossroad, 1987), 74-75; Mitchell, *Paul and the Rhetoric of Reconciliation*, 264, n. 435; Hays, *1 Corinthians*, 195-97; Blomberg, 『고린도전서』, 262; Ben Witherington, III, *Conflict and Community in Corinth* (Grand Rapids: Eerdmans, 1995), 247-52; R. F. Collins, *First Corinthians* (Collegeville, Minn.: Glazier/Liturgical Press, 1999), 417-19; Thiselton, *The First Epistle to the Corinthians*, 860-61; 그리고 Vang, *1 Corinthians*, 153. 그가 부자들이 '식사하는 방'(*triclinium*)에서 먹을 때에 가난한 분들은, 저 엘리트들이 먹을 때에, 그 식사의 말미에 있는 축복의 잔에 참여하기 위하여 일종의 현관 정원(courtyard)이라고 할 수 있는 *atrium*에서 기다리고 있어서(153) 문제가 되었다는 해석을 제시한다. 이외에도 (띠슬톤에 의하면) 다음 같은 학자들도 이런 해석을 제시한다고 한다. H.-J. Klauck (1988), P. Lampe (1991), B. B. Blue (1991), 그리고 W. Schrage (1999) (이상 Thiselton, *The First Epistle to the Corinthians*, 860, n. 43에 주어진 정보).

는 자신과 우리들을 위한 것이고, 둘째 부류의 것은 덜한 친구들을 위한 것
이고 (그의 모든 친구들이 분류된다), 셋째 종류의 것은 자유인들을 위한
것이다.32

이와 같은 당대의 식사 관례를 중심으로 고린도전서 11장을 보려고 하는
학자들은 고대 그리스 로마 문화에서의 식사가 어떻게 이루어졌는가에
관심을 가지고, 그로부터 고린도 교회의 성찬에 빛을 비추어 보려고 한
다. 이와 연관하여 흥미로운 책은 『고전적 맥락에서의 식사』라는 책이
다.33 이 책의 5장에서 알란 부뜨는 소위 '토가 뷔릴리스'(the *toga
virilis*), 즉 "높은 지위의 남성 어른들"만이 "식사 방"(the dining
room=*triclinium*)에서 당시의 식사 관습대로 옆으로 비스듬히 누워 식

---

32 Pliny, *Letters* 2. 6, cited in Thiselton, *The First Epistle to the
Corinthians*, 861, n. 46.
　　이런 해석을 하는 주석가들은 같은 식사 자리에서도 부유한 사람들과 가난
한 사람들의 메뉴도 달랐다는 생각을 가지고 논의하기도 한다. Cf.
Murphy-O'Connor, *St. Paul's Corinth*, 159-60; Panayotis Coutsoumpos, *Paul
and the Lord's Supper: A Socio-Historical Investigation*, SBL 84 (New York:
Peter Lang, 2005), 105; 그리고 Vang, *1 Corinthians*, 153. Fee도 그런 시사를
하고 있다(*The First Epistle to the Corinthians*, 541: "[Most] likely they were
both quantitatively and qualitatively superior to those of the 'have nots.'"
Theissen, "Soziale Integration und Sakramentales Handeln," 189-200;
Klauck, *Herrenmahl und hellenistischer Kult*, 293-94도 같은 해석을 한다고 하
는 Barry D. Smith, "The Problem with the Observance of the Lord's Supper
in the Corinthian Church," *Bulletin for Biblical Research* 20/4 (2010): 517-
544, at 541, n. 69도 보라.
33 W. J. Slater, ed., *Dining in a Classical Context* (Ann Arbor:
University of Michigan Press, 1991). 또한 John F. Donahue, *The Roman
Community at Table during the Principate* (Ann Arbor: University of
Michigan Press, 2004); 그리고 Vang, *1 Corinthians*, 158-59 ("Roman Homes
and Households")도 보라.

사하는 자유를 가졌다고 한다.[34] 그리고 이들이 애호하는 소년들이 그들이 비스듬히 누운 코치 바닥에 앉을 수 있었다고 한다.

당대의 식사 관습을 생각하면서 이를 고린도 교회의 성찬에 적용하는 이런 이해는 역사적, 사회학적인 이해라는 점에서는 흥미로우면서도 꼭 그렇다고 단언하기 어려운 해석이라고 여겨진다.[35]

대개 첫 번째 해석은 "먼저 가져다"(προλαμβάνει)라는 말을 문자 그대로 "먼저"(προ, go ahead with) "가져다"(λαμβάνει)라고 해석하려고 한다. 전통적으로는 이런 해석을 해 왔다(NRSV, NIV, NJB). 그런데 여기서는 이 희랍어가 그런 뜻이 아니고, '람바네이'(λαμβάνει) 동사의 집중적 형태(an intensified form of λαμβάνει)라고 하면서 "삼키다, 소비하다"(devour or consume)는 뜻이라고 해석하려는 분들이 있다.[36] 여기 있는 접두사 '프로'(προ)가 시간적 의

---

34 Alan Booth, "The Age for Reclining and Its Attendant Perils," in *Dining in a Classical Context*, 105-20, at 108.

35 모든 문제를 잘 살핀 후에 더 강하게 이런 접근은 기독교적 공동체의 특성상 있을 수 없다고 단언하는 다음 논의도 보라: Barry D. Smith, "The Problem with the Observance of the Lord's Supper in the Corinthian Church," 518, n. 1: "The thesis 'that early Christian meals were all variations of the Greco-Roman banquet and should be studied from that perspective' *is questionable*…. There is no doubt that Jews and Christians adopted aspects of the Greco-Roman symposium into their festival meals. But to assume methodologically that there was a cross-cultural social institution of the 'banquet,' a common meal tradition shared by diverse ancient cultures, *is unjustifiably dogmatic*."(Emphasis is given). 또한 이런 논의가 일어나기 이전에 (마치 후대에 이런 논의가 일어 날 것을 보았다는 듯이) 아주 강하게 이런 일은 있을 수 없다고 논의한 Godet, *Commentary on the First Corinthians*, 599의 논의도 보라.

36 Bruce W. Winter, "The Lord's Supper at Corinth: An Alternative Reconstruction," *Reformed Theological Review* 37 (1978): 73-82; Horsley, *1 Corinthians*, 15; and Fee, *The First Epistle to the Corinthians*, 542, 568;

미를 말하는 것이 아니라 집중을 뜻하는 표시 가능을 한다고 보면서, 이는 개인의 욕심을 잘 표현하는 표현이라는 것이다. 리쳐드 헤이스도 이를 시간적 의미로 보는 것이 가능하지만, 반드시 그렇게 해석해야 하는 것은 아니라고 한다.[37]

그러므로 이 중에서 본문의 전반부를 보면 두 번째 해석이 좀 더 나은 것 같고, "너희들은 기다리라"(ἐκδέχεσθε)는 결론(33절)의 바울의 말을 보면 첫째 해석이 더 나은 것 같아 보인다.

과연 어떤 해석이 더 적절한 것일까? 21절 말씀이 모호하기에 33절의 '기다리라'는 말에 근거해서 21절의 의미를 정하는 것이 옳은 듯하다.[38] 그러므로 (1) '기다리라'는 해석을 문자대로 취하면, 다른 이들이 다 참석하기 전에 성찬을 시작하여 먹고 마시므로 배부르고 취한 것이 문제라고 해석할 수 있는 가능성이 좀 더 높아 보인다.[39] (2) "기

Ottfried Hofius, "Herrenmahl und Herrenmahlparadosis: Erwägungen zu 1 Kor 11,23b–25," *ZThK* 85 (1988): 371–408, at 385="The Lord's Supper and the Lord's Supper Tradition: Reflections on 1 Corinthians 11:23b–25," *One Loaf, One Cup: Ecumenical Studies of 1 Cor 11 and Other Eucharistic Texts*, ed., B. F. Meyer (Macon, GA: Mercer University Press, 1993), 75–115, at 90; Bruce W. Winter, *After Paul Left Corinth: The Influence of Secular Ethics and Social Change* (Grand Rapids: Eerdmans, 2001), 151–52; 그리고 그를 따르면서 이런 주장을 하는 Vang, *1 Corinthians*, 153.

[37] Hays, *First Corinthians*, 197. 고든 피는 거꾸로 자신이 좀 더 지지하는 다른 해석도 가능하지만 "시간적 의미를 완전히 배제할 수는 없다"고 하면서 좀 중도적 입장을 표하기도 한다(Fee, *The First Epistle to the Corinthians*, 542: "But one cannot totally rule out a temporal sense.").

[38] 이런 논의를 잘 하고 있는 배리 스미드의 다음 말을 주목하라. Smith, "The Problem with the Observance of the Lord's Supper in the Corinthian Church," 538: "The meaning of the latter determines the meaning of the former."

[39] 세 번째 해석에로 좀 더 기울어지는 고든 피도 "문장의 구체적인 것들은 이 견해(즉, 첫째 견해를)를 지지하는 듯하다"도 말한다(Fee, *The First Epistle to*

다리라"는 번역을 선호하면서도 모아진 음식을 먹을 때 다른 이들이 취하기를 기다리라고 해석하려는 분들도 있다.[40] 또한 (3) 33절의 "엑데케스떼"(ἐκδέχεσθε)라는 단어가 "받으라, 호의를 베풀라"(receive, be hospitable)는 용례를 쓰인 경우들에 주목하면서 "호의를 베풀라, 받으라"로 볼 수도 있다는 논의도 있다.[41] 이렇게 해석하시는 분들은 "너희가 먹고자 하여 모일 때에 모두 함께 먹어야 한다" 또는 "서로 호의를 나타내 보이라"고 해석한다.[42] 그러나 고린도전서 다른 곳에서 이 동사(ἐκδέχομαι)가 "기다린다"(expect)는 뜻으로 사용되었고(고전 16:11), 그렇게 해석할 때 좀 더 문맥적으로 자연스러운 해석이 된다.[43]

---

the Corinthians, 541).

[40] 이런 입장의 대표적인 예가 Grosheide, The First Epistle to the Corinthians, 276이다. 또한 Bruce, I & II Corinthians, 116; Morris, 1 Corinthians, 162도 보라.

[41] Cf. James H. Moulton and George Milligan, The Vocabulary of the Greek Testament (Grand Rapids: Eerdmans, 1980), 192. 여기서는 두 가지 용례를 다 소개한다. 물론 '기다리라' 는 의미의 용례로 쓰인 경우가 더 많이 제시되고 있다.

호피우스는 여기서 시간적 의미가 없는(without a temporal sense) 해석을 하는 것이 더 바른 해석이라는 입장을 취한다(Hofius, "Herrenmahl und Herrenmahlparadosis," 389="The Lord's Supper and the Lord's Supper Tradition," 94); Fee, The First Epistle to the Corinthians, 542, 568. 고든 피는 이 단어의 기본적 의미가 단순한 형태인 "데코마이"(δέχομαι)와 같이 "받는다"(receive)라고 하면서 논의를 한다(568, n. 4). 그러므로 "그들은 그들이 먹으러 모일 때에 서로를 환영하거나 받아야만 한다."(532 – "welcome/receive one another"; 568 – "They are to 'welcome' or 'receive' one another when they come together to eat.", 569: "In the gathered assembly, receive one another with full welcome at the Lord's Table.")고 결론 내린다. 또한 Vang, 1 Corinthians, 153도 보라.

[42] 위의 각주에 언급된 분들의 논의, 특히 Vang, 1 Corinthians, 153을 보라.

[43] 이를 강하게 논의하는 Smith, "The Problem with the Observance of the Lord's Supper in the Corinthian Church," 538-39; 그리고 Watson, The

물론 현재로서는 우리들이 **단언하여** 어떤 해석이 유일하게 바른 해석이라고 말하기는 어렵다. 당시 고린도 교회 공동체 안의 있던 분들은 바울의 이 말을 들으면서 즉각적으로 자신들의 문제가 무엇인지 잘 알았을 것이다. 그러나 우리들은 그 정황으로부터 시공간적으로 멀리 떨어져 있어서 바울이 여기서 말하는 것만으로는 그 정확한 정황을 잘 알기 어려워 보인다. 단지 첫 번째 해석이 좀 더 자연스럽다고 추론할 수 있을 뿐이다.

결론 내리기 어려운 이 구체적인 문제에 집착하기 보다는 우리가 처음에 말한 문제, 즉 고린도 교회 공동체의 모임이 어떤 이유에서 이건 문제가 되는 모임이 되었다는 것에 집중하여 보는 것이 좋을 것이다.[44] 중요한 것은 그들의 만찬이 "'자기의 만찬'(τὸ ἴδιον

First Epistle to the Corinthians, 124를 보라.

[44] 함께 모여서 식사하는 것의 문제를 다루고 있다는 데에는 동의하면서도, 전혀 이상한 것을 문제로 제시하는 해석들도 있어 왔다. 예를 들어서, (1) 클락 와이어는 여기서의 식사가 비형식적인 것이었다고 하면서("informal feast," 110) 고린도 교회의 여성 선지자들을 포함한 여성 신도들이 이 식사를 미리 준비했으며, 따라서 그들이 성찬을 하는데도 먼저 왔다고(108) 이들이 문제의 원인이 되었다고 주장한다(A. Clark Wire, *The Corinthian Women Prophets: A Reconstruction through Paul's Rhetoric* [Minneapolis: Fortress, 1990], 102-10). 이런 주장은 바울의 논의와 크게 벗어난 것으로 여겨진다.

또는 (2) 문제는 거룩한 식사(sacred meal)가 속화되어서 일반적인 식사(a common, everyday meal)인 애찬(愛餐) 또는 애연(愛宴)이 되었기에 바울은 거룩한 식사를 재수립하려고 하였다는 논의(Johannes Weiss, Hans Lietzmann이 대표하는 논의)도 이 본문에서의 바울의 의도를 제대로 드러낸 것 같지 않다.

또 (3) 외적인 요소들이 그리스도를 표현해 내는 것이라는 성찬에 참여하기를 거부하고서 고의적으로 일반적인 식사(a profane meal)로 대체하려고 한 영적인 것을 추구하는 영지주의자들로부터 온 것이라는 쉬미딸즈의 논의는(Walter Schmithals, *Gnosticism in Corinth: An Investigation of the Letters to the Corinthians* [Nashville: Abingdon Press, 1971], 250-56) 영지주의에 관심을 가지고 탐구하는 그 자신의 입장과 신학을 잘 드러낼 뿐이지, 바울의 견해를 잘 드러

δεῖπνον)이었지, '주의 만찬'(κυριακὸν δεῖπνον)은 아니었다"는 것이다.[45] 그들은 주의 만찬에 합당하게 하지 않음으로 주의 만찬을 사실상(*de facto*) "사적인 식사"가 되게 한 것이다.[46]

3. 다시 처음 문제로 와서

이처럼 교회 공동체의 모임이 유익이 안 되고 해로운 모임이 되고 "판단 받는 모임"이 되었을 때, 과연 어떻게 해야 하는가? 더 이상 모이지 말아야 하는가? 그랬다면 바울이 이 편지를 써서 구체적인 조언을 하는 의미가 전혀 없을 것이다. 문제를 가지고 있는 교회 공동체가 이 편지를 통해서 그야말로 자신들의 문제가 심각한 문제라는 것을 절감하고, 진정으로 회개하면서 주께서 의도하신 진정한 그 모임을 회복해야 한다. 그것을 위해 바울은 예수님께서 **성찬을 제정하셨을 때의 말씀을 다시 하면서 그 성찬 제정자의 의도에 비추어 고린도 교회의 문제를 해결할 것을 제안**하는 것이다.

낸 것 같지 않다.

그와는 반대로 (4) 고린도 교회의 소위 신령한 자들이(the Corinthian *pnematics*) 너무 지나친 성례주의를 주장하여 성찬 상에서 강력한 개인주의를 향하여 나아가는 문제를 일으켜서 이 문제를 해결하려고 한 것이라는 견해도(H. F. von Soden, "Sacrament and Ethics in Paul"(1931), in *The Writings of St. Paul*, ed., Wayne Meeks (New York: W. W. Norton & Company, 1972), 257-68과 그를 따르는 Conzelmann, *1 Corinthians*, 194) 그저 추론으로만 여겨진다.

45 이상근, 『고린도전, 후서』, 154. 또한 Orr and Walther, *1 Corinthians*, 270도 보라.

46 첫째 해석을 취하면서 이를 강하게 주장하는 Smith, "The Problem with the Observance of the Lord's Supper in the Corinthian Church," 540을 보라.

이 시점에서 안토니 띠슬톤의 다음 말을 인용하는 것이 매우 적절해 보인다: "일련의 사회적으로 구성된 관습과 규례들과 대조하면서, 바울은 사도로서 주님으로부터 받은 구체적 전승의 소여성(주어짐, the givenness)에 호소하고 있다."[47] 성찬 때문에 문제가 된 상황에서 "주님께서 성찬을 제정하신 것을 기억하자"는 것이고, 바울의 논의를 끝까지 따라가면 결국 "주님을 기억하자"는 것이다. 즉, 그리스도인들은 지금 "특별한 방식으로 그는 기억하기 위해서" 성찬을 행하고 있는 데, 그들이 행하는 성찬에서 과연 그 정신을 드러내고 있는지를 생각하라는 것이다.[48]

성찬 제정사의 의미

먼저 성찬 제정사를 어디까지로 볼 것인가의 문제가 있다. 여러 면을 생각해서 고린도전서 11:23-25까지를 성찬 제정사로 보는 것이 좋을 것이다.[49] 이 글에서는 그렇게 보면서 이 구절의 의미를 생각해 보기로 하자.

---

[47] Thiselton, *The First Epistle to the Corinthians*, 866. 여기서 베일리의 "설교 전체의 클라이맥스는 '성찬 제정의 말씀'이다"는 말을 인용할 만하다고 여겨진다(『지중해의 눈으로 본 바울』, 479).

[48] 많은 분들이 이 아이러니를 지적하지만 특히 Fee, *The First Epistle to the Corinthians*, 547을 보라: "They do this to 'remember him' in a special way…."

[49] (1) 강하게 그렇게 주장하는 Eriksson, *Traditions as Rhetorical Proof*, 100을 보라. 또한 이런 함의를 전달하는 Goudge, *The First Epistle to the Corinthians*, 102; Conzelmann, *1 Corinthians*, 196, 201; Fee, *The First Epistle to the Corinthians*, 556, 562; 전경연, 『한국 주석 고린도전서』, 242; 그리고 Thiselton, *The First Epistle to the Corinthians*, 886을 보라.

(2) 할러데이는 26절의 말도 전승에 속하는 것인지, 아니면 바울의 말인지를 확신할 수 없다고 한다(Holladay, *The First Letter of Paul to the*

1. 주님의 성찬 제정과 기독교적 전승의 중요성

강조해야 할 것은 결국 성찬을 "주 예수께서[50] 잡히시던, (직역하면) 넘겨지시던 밤에"(ἐν τῇ νυκτὶ ᾗ παρεδίδετο)[51] 주께서 친히 제정

Corinthians, 150).

(3) 정암은 이 문제를 논의하지 않지만 26절까지를 주께로부터 온 것으로 보는 듯하다(박윤선, 『신약 주석: 고린도전서』, 168). Morris, 1 Corinthians, 157 도 그런 시사를 준다. 한스 리츠만은 시리아 성찬 예식문에서 26절이 일인칭으로 바뀌어 있음에 주목하면서 26절까지가 성찬 제정사에 속해 있다고 한다(이 정보는 이 문제에 대하여 첫째 견해를 주장하는 Conzelmann, 1 Corinthians, 1201, n. 98에서 얻었다).

[50] 그저 "예수께서"라고 하지 않고 "주 예수께서"라는 말을 사용한 것에 주목하면서, "사도 바울이 예수님께서 부활하시기 전까지는 예수님을 하나님의 아들로 여기지 아니하였다는 가설은 근거가 없다"고 단언하는 Robertson and Plummer, The First Epistle of St. Paul to the Corinthians, 238을 보라. 또한 이 용어를 보면서 "역사적 예수께서 역사적인 것들 무시하지 [없애지] 않으면서 높여지신 주님으로 행동하신다"고 말하는 Conzelmann, 1 Corinthians, 197도 보라: "[The] historical Jesus acts as the exalted Lord, without the historical aspect being abrogated." 그러나 이와 연관된 각주에서 본래의 기사와 바울의 의미에서 그렇다고 하면서 "고린도 교인들의 견해는 달랐으니, 그들에게는 오직 높여지신 주님만이 현존하였다"고 말하는 것은(197, n. 47) 상당히 아쉽다.

[51] 여기서 단지 가룟 유다에 의한 배반만을 생각할 수도 있다. 이렇게 보면서 유다의 넘겨줌을 드러내지 않고 언급하면서 고린도 교인들의 행동에 대한 암묵리의 도전을 생각하는 Prior, The Message of 1 Corinthians, 187을 보라. 그러나 바울은 의도적으로 다양한 함의를 지닌 말을 사용한 것으로 보는 것이 좋다. 유다의 넘겨줌만으로 생각할 수 없다는 논의로 Conzelmann, 1 Corinthians, 197, n. 44를 보라. 또한, 거꾸로, 여기서 "신적인 수동태"(divine passive)만을 강조하지 말아야 한다는 논의로 Soards, 1 Corinthians, 240을 보라.

이로부터 이 식사가 무시간적 신화들이나 영적 진리들을 기억하는 것이 아니라 예수님의 역사에 깊이 뿌리박고 있는 역사적인 것임을 강조하는 Fee, The First Epistle to the Corinthians, 549, n. 23을 보라. 그는 이와 관련해서 G. Bornkamm, "Lord's Supper and Church in Paul," in his Early Church

하셨다는(a dominical institution) 것이다.[52] 이 때 바울이 "주 예수

Experience (London: SCM, 1969 & New York: Harper & Row, 1969), 123-60, at 132도 언급하고 있다.

　이 때 이사야 53:12(LXX)을 반영하는 로마서 4:26; 로마서 8:32; 갈 2:20 등의 개념들이 아주 없자는 않았을 것이라고 말하는 Bruce, *I & II Corinthians*, 111도 보라.

　[52] 알취볼드 로벗슨과 알프레드 플러머는 이것이 "예수님이 아니라 바울이 기독교의 창시자라는 주장에 대한 **바울 자신의 대답이다**"라고 말하기도 한다 (Robertson and Plummer, *The First Epistle of St. Paul to the Corinthians*, 243, 강조점은 주어진 것임). 또한 여기에 성찬이 헬레니즘적인 밀의(密議) 종교에서 기원한 것이 아니라(*pace* Bultmann and others) 예수님에게서 시작되었다는 증거가 있다(이를 강조하는 Mare, "1 Corinthians," 260, n. 23을 보라).

　이런 이해는 (1) 주님에게서 성찬이 제정되었음을 부인하려는 20세기의 다음 견해들과 대립하여 서는 것이다. Cf. J. D. Crossan, *The Historical Jesus: The Life of a Mediterranean Jewish Peasant* (SanFrancisco: Harper, 1991), 360-67; 그리고 J. Meier, "The Eucharist as the Last Supper: Did It Happen?" *Theology Digest* 42 (1995): 335-51.

　또한 (2) 한스 리츠만이 상정하는 초대 교회에 (일상적 식사 교제를 계승한 성찬인) 예루살렘 형(Jerusalem type)과 (최후의 만찬을 기념하는 식사인) 바울 형 (the Pauline type)의 두 종류의 성찬이 있었는데, 고린도 교회가 소위 바울 형에서 예루살렘 형에로의 전환을 하고 있었다는 가정은 전혀 근거를 찾을 수 없다는 것도 말해야 한다. 이를 말하는 Hans Lietzmann, *Messe und Herrenmahl* (Bobb: A. Marcus & E. Weber, 1926), trans. Dorothea H. G. Reeve, *Mass and Lord's Supper: A Study in the History of the Liturgy* (Leiden: Brill, 1953)에 대한 소개와 논의로 Craig, "Introduction and Exegesis of the First Epistle to the Corinthians," 131-32를 보라. 리츠만의 논의에 대한 좋은 논박으로 Conzelmann, *1 Corinthians*, 195를 보라. "첫째로 이런 유형에 대한 증거가 없고, 둘째로 본문은 이런 방향으로의 그 어떤 시사도 포함하고 있지 않다." 이렇게 말하면서 그는 자신과 같은 의견이라면서 Bornkamm, *Early Christian experience*, 125-30, 156, n. 7(=*Studien*, 141-46, n. 7)도 언급한다.

　(3) 공관복음과 고린도전서의 성찬 본문을 비교만 할 수 있는 것이라고 하면서 그로부터 역사적 조화를 시도하는 것에 대한 강한 반박으로 Soards, *1 Corinthians*, 243-44를 보라. 이는 지나치게 조심하는 것이고, 본문만을 강조하고 역사를 부인하는 결과를 가져 오게 된다. 본문을 그대로 받아들인다면, 결국 그 배후의 역사를 본문들을 조화시켜 구성해야 한다. 너무 일찍 그런 조화를 꾀하는 것도

께서 잡혀 가시던 그 날 밤의 엄숙한 광경을 보여주어 고린도 교인들이 식탁에서 취한 경박한 분쟁을 무겁게 경계하고 있다"고 말하는[53] 정류 이상근의 말은 바울이 하고 있는 장면 전환을 상상력을 발휘하여 잘 제시한 것이라고 할 수 있다.

이 본문은, 바울 이전에 기독교 공동체가 그것을 잘 간직하고 있다가 바울에게, 그리고 바울로부터 고린도 교회 공동체에로 성찬이 전승되어 가고(transmitted as Christian *paradosis*) 있음을 분명히 해 준다.[54] 교회 공동체는 주께서 제정하신 것을 사도들이 전해 준 그

문제이지만 소아르즈(Soards)처럼 그런 조화를 전혀 시도하지 말아야 한다는 것은 지나치고, 결국 역사를 무시하거나 부인하게 된다.

[53] 이상근, 『고린도전, 후서』, 156. 이는 사실 로벗슨과 플러머의 표현을 그대로 가져온 것이다(Robertson and Plummer, *The First Epistle of St. Paul to the Corinthians*, 243: "St Paul mentions the sad solemnity of the occasion in contrast to the irreverent revelry of the Corinthians.") 비슷한 지적으로 Godet, *Commentary on First Corinthians*, 574도 보라.

[54] 전통적으로 이 두 가지 측면은 항상 강조되었다. 20세기 맥락에서 이를 강조한 다음을 보라. Goudge, *The First Epistle to the Corinthians*, 99; J. Jeremias, *The Eucharistic Words of Jesus*, trans. 3rd edition (London: SCM, 1966), 103-105; idem, "This is my Body," *Expository Times* 83 (1972): 196-203; Herman Ridderbos, "The Canon of the New Testament," in *Revelation and the Bible*, ed., Carl Henry (Grand Rapids: Baker, 1958), 187-201, at 194; Conzelmann, *1 Corinthians*, 195f.; Oscar Cullmann, *The Early Church* (London: SCM Press, 1956), 68; Mare, "1 Corinthians," 259; Bruce, *I & II Corinthians*, 110; Fee, *The First Epistle to the Corinthians*, 548; Snyder, *First Corinthians*, 157; Blomberg, 『고린도전서』, 263 ("우리는 일종의 직접적 계시를 생각해서는 안 된다"); Anders Eriksson, *Traditions as Rhetorical Proof: Pauline Argumentation in 1 Corinthians* (Stockholm: Almqvist & Wiksell, 1998), esp., 100-34; 그리고 Bailey, 『지중해의 눈으로 본 바울』, 484: "그리스도의 몸으로부터 이 전통을 받았을 때 바울은 이를 주께 받은 것이다." 다른 가능성을 배제하지 않으나 다음에 논의할 다른 입장은 소수의 견해이고 설득력이 부족하다고 하면서 상당히 이런 입장에 서려고 하는 Thiselton, *The*

First Epistle to the Corinthians, 866-68도 보라.

　　찰스 핫지, 고데, 흐로샤이데는 여기서 '파라'(παρά)가 아닌 '아포'(ἀπό)라는 전치사가 사용된 것으로부터 이 '주님께로부터 받음'이 덜 직접적인 것을 나타낸다고 논의했으나(Hodge, *A Commentary on 1 & 2 Corinthians*, 222; Godet, *Commentary on First Corinthians*, 575; Grosheide, *The First Epistle to the Corinthians*, 269, n. 16 - "a less direct revelation"; 김세윤도 그런 입장인지 모호하게 진술되어 있다[김세윤, 『고린도전서 강해』, 279]), 바레트가 잘 말하고 있는 바와 같이, 전치사에 근거한 논의는 "결정적인 것 같아 보이지 않는다"(Barrett, *A Commentary on the First Epistle to the Corinthians*, 265). 그러므로 그보다는 여기의 전체적인 맥락과 용어들이 이렇게 다른 이들로부터 주님의 말씀이 전승된 것임을 잘 드러낸다고 보는 것이 좋을 것이다. 같은 입장의 표현으로 Fee, *The First Epistle to the Corinthians*, 548, n. 17을 보라. 이런 표현형이 주어진 전승에 대한 권위적 설명을 하는 랍비적 형식이라는 점을 말하는 Vang, *1 Corinthians*, 154도 보라.

　　우리나라에서는 바울이 직접 받은 것임을 강조하는 분위기가 강력했다. Cf. 박윤선, 『신약 주석: 고린도전서』, 167f.; 이상근, 『고린도전, 후서』, 155f. (이때 이상근은 F. B. Meyer (1847-1929), F. L. Godet (1812-1900), H. Alford (1810-1871), J. A. Bengel (1687-1752), Flatt (1829), Olshausen (1800-82) 등의 의견을 따라서 그리한다고 말한다). Morris도 바울이 주님에게서 직접 받았을 가능성을 강조하고 있다(*1 Corinthians*, 157-58). 별 논의 없이 직접적 계시로 받았다고 말하는 Alfred Martin, *First Corinthians* (Neptune, New Jersey: Loizeaux Brothers, 1989), 104도 보라. 최근에 나이절 왓슨은 후에 예루살렘과 안디옥 등에서 받았을 가능성을 용인하면서도 다메섹에서 이를 주께로부터 직접 받았다고 보는 것이 가장 있을 법하다고 말한다(Watson, *The First Epistle to the Corinthians*, 119). 그러나 이와는 달리, 120쪽에서 그는 다른 그리스도인들로부터(from older Christians) 전해 받았다는 말도 한다.

　　모리스는 흐로샤이데가 말한 전치사의 차이가 직접적 계시를 꼭 배제하지는 않으니, '아포'라는 전치사가 사용되어도 직접 주어진 것을 언급하는 용례들이 있다고 한다(골 1:7; 3:24; 요일 1:5 - Morris, *1 Corinthians*, 158). 전치사에 근거한 이런 논의의 문제점을 지적하면서, 서방 사본인 D 사본에는 '파라'(παρά)가 사용된 예도 있다는 것을 지적하고, 본질적으로 단어의 의미는 소위 말하는 그 본래적인 뜻 보다는 그것이 사용된 맥락에서 찾아야 한다는 좋은 논의로 Bruce, *I & II Corinthians*, 110을 보라. 또한 이 맥락에서는 직접 계시에 대한 힌트가 없다고 강조하는 Moffatt, *The First Epistle of Paul to the Corinthians*, 167도 보라:

대로 보존하며 그대로 다음 세대에로 전달하는 공동체이고, 또 그런 공동체여야만 한다. 그러므로 교회란 바른 전승의 공동체, 즉 "사도적 전승의 공동체"라고 할 수 있다. 이것은 교회의 모든 측면에 적용되지만 특히 주의 만찬을 이해하고 시행하는 데서도 그러하다.

그러나 주께서 이를 밤에 행하셨으니 우리도 밤에 행해야 한다고 한다든지,[55] 식사하고서 성찬을 제정하셨으니 우리도 반드시 식사 후에 해야 한다든지, 유월절 때 행하셨으니 우리도 무교병을 가지고 해야 한다든지 등의 논의는 너무 지나친 것이다. 이 계속되는 전승에서 "예수님께서 우리가 그와 같이 하기를 명령하신 바"를 따라서 교회 공동체가 계속해서 유지해야 하는 바(규정적인 원리들)와 그렇지 않은 그저 정황의 요소들을 잘 구별해야 한다.

"From indicates the source of the tradition, not the means by which it reaches him There is no hint of a special revelation."

최후의 만찬과 성찬 제정의 사실의 전달은 사람들로부터 왔으나 그 의미는 주님으로부터 직접 온 것이라고 해석하는 중도적인 견해도(Lietzmann, *Mass and Lord's Supper*, 208; Craig, "Introduction and Exegesis of the First Epistle to the Corinthians," 136; Barrett, *A Commentary on the First Epistle to the Corinthians*, 265–66; 그리고 Prior, *The Message of 1 Corinthians*, 187–88) 좋은 견해이다. 바레트는 다음 같은 분들도 같은 견해를 말한다고 한다: Oscar Cullmann, *The Early Church* (1956), 55–99, esp., 59–75; G. Bornkamm, *Gesammelte Aufsätze*, II (1959), 148; 그리고 Ferdinand Hahn, *Christologische Hoheitstitel* (1964), 93 (cited in Barrett, *A Commentary on the First Epistle to the Corinthians*, 265).

그런가 하면 Soards (*1 Corinthians*, 239)는 바울이 간명히 말한 것으로부터 이 문제에 대한 명확한 결론을 찾아내려고 하는 것은 불가능하다는 입장을 표명한다. 두 입장 다 사변적이고 확증할 수 없는 것이라는 것이다.

[55] 이점에 대한 좋은 논박으로 Calvin, *Commentary on the Epistle of Paul the Apostle to the Corinthians*, vol. 1, 373–74를 보라.

2. 떡을 드시고(23절) 축사하시고 떼어(24절)

주께서 "떡을 드시고"(ἔλαβεν ἄρτον)[56] [**상징적 행위**] 친히 감사의
기도를 하신 것을[**말씀**] 분사로 표현하고(εὐχαριστήσας) 있다. 이것이
유월절 만찬에서 기원하였음을 생각하면 자연스럽게 이 음식을 주신
것과 이전에 베푸신 구원에 대해 하나님께 감사를 표현하는 것임이 아
주 분명하다.[57] 유대인들의 〈유월절 하가다〉에 나타나고 있는 전형적

---

[56] 여기서도 고전 10:17에서와 같이 "**한 덩어리 빵**"을 드시고 결국 그것을
잘라 나누어 주셨다는 것에 대한 강조로 Bruce, *I & II Corinthians*, 111; 그리고
B. F. Meyer, ed., ***One Loaf, One Cup:*** *Ecumenical Studies of 1 Cor 11 and
Other Eucharistic Texts* (Macon, GA: Mercer University Press, 1993)의 책 제
목을 주목하여 보라.
더 정확히 이 빵이 유월절에 사용된 넓은 전병 같은 무교병(the thin
Passover bread)이라는 사실의 지적으로 Hodge, *A Commentary on 1 & 2
Corinthians*, 223; 그리고 Robertson and Plummer, *The First Epistle of St.
Paul to the Corinthians*, 243을 보라. 그러나 우리가 어떤 종류의 빵의 사용하는
것은 정해진 것이 아니라(a matter of indifference)는 논의로 Hodge, *A
Commentary on 1 & 2 Corinthians*, 223을 보라.
그런데, 일반적으로는 잔을 먼저 사용하나 떡이 먼저 언급된 것은 신앙의
변화를 의도한 것이라고 하면서 "몸의 죽음이 성령의 사역에 앞서는" 것이고, "그리
스도의 몸은 계속해서 찢어져야만 한다고 하면서, 그래야만 성령님께서 역사하실
수 있다"고 주장하는 Snyder, *First Corinthians*, 157의 논의는 매우 지나치다. 이
런 것이 현대화된 알레고리라고 할 수 있다.
또한 여기서 떡 덩이를 "높이 드시는 모습"을 언급하는 전경연, 『한국 주석
고린도전서』, 243은 본문에 없는 것을 더하여 쓸데없이 교회 역사의 논쟁 상황에
들어가는 행위라고 여겨진다. 이와 같이 본문에 없는 것을 더하지 말아야 할 것이
다.
[57] 이 점을 잘 강조하고 있는 Jeremias, *The Eucharistic Words of
Jesus*, 104, 111; 그리고 Thiselton, *The First Epistle to the Corinthians*, 870을
보라.
그러므로 바울과 누가가 사용하고 있는 '유카리스테오'(εὐχαριστέω)와 마태

인 어귀는 다음과 같은 것이다: "오 주님, (땅으로부터 떡이 주어질 수 있게 하시는) 우주의 왕이신 당신님을 송축하옵니다."("바룩 아타 아도나이 엘로헤누").58 그러므로 여기에 후대의 의미를 부가(附加)하면서 이것이 떡과 잔을 축복하는 것, 즉 "축성(祝聖)"이라고 할 수 없다.59 천주교적인 축성의 의미를 여기에 부여하지 말아야 한다.

감사의 기도를 하시고 떡을 "떼셨다"(ἔκλασεν)고 했고[상징적 행위], 최후의 만찬을 기록하고 있는 복음서들도 다 최후의 만찬에서 "떡을 떼었다"(ἔκλασεν)는 언급을 하고 있으니(마 26:26; 막 14:22; 눅 22:19), 이것을 그저 식사를 시작하는 의미로60 보기 보다는 이 "떼는 행위"에 **주께서** 어떤 의미를 부여하신 것이라고 보아야 한다.61 "예

와 마가가 전달하고 있는 '율로게오'(εὐλογέω)의 의미를 지나치게 구별하려고 하는 것은 무의미하다. 더구나 바울이 고전 10:16에서 '율로게오'(εὐλογέω)도 사용하고 있으므로 바울은 이 두 단어를 같은 뜻으로 사용하고 있다고 할 수 있다. 유대인들, 특히 가말리엘의 기도를 인용하면서 아마도 '율로게오'라는 말에는 **유대인적인 어법의 자연스러운 잔재**라고 말하는 Fee, *The First Epistle to the Corinthians*, 550, n. 28도 보라. 역시 같은 의견을 말하면서 두 단어의 사용이 실제 의미에서는 차이가 없으니, 유대인의 감사 기도가 "오 주님 당신님을 송축하옵니다"(Blessed art Thou, O Lord)고 시작되고 있기 때문이라고 말하는 Morris, *1 Corinthians*, 158을 보라.

58 Cf. Cecil Roth & Donia Nachshen, ed., *The Haggadah* (הגדה של פסח): *A New Edition* (London: Soncino, 1934), 46-67, cited in Thiselton, *The First Epistle to the Corinthians*, 870, n. 102.

59 바울의 마음이나 그의 공동체의 마음속에 이런 생각이 전혀 없었다는 논의로 Moffatt, *The First Epistle of Paul to the Corinthians*, 171을 보라.

60 이런 식으로 이해하려는 Conzelmann, *1 Corinthians*, 197, n. 49를 보라.

61 떡을 떼는 행위에 이런 의미가 있었다고 생각하는 견해들에 대한 전반적 논의로 A. R. Winnett, "The Breaking of the Bread: Does it Symbolize the Passion?" *Expository Times* 88 (1977): 181-82; 그리고 I. Howard Marshall, *Last Supper and Lord's Supper* (Grand Rapids: Eerdmans, 1980), 86 등을 보라.

수님께서는 그에 대해 기다리고 있는 바에 대한 상징으로 이 행위를 하신 것이다."[62] 사도행전 2:42, 46의 표현에도 주께서 떡을 떼어 주신 것을 의식(意識)함이 함의되어 있을 수 있고, 신약교회는 계속적으로 그런 의미를 가지고 이 떡을 떼는 일에 의미를 부여해 왔다. 이 구절과 관련하여 레온 모리스가 잘 말하고 있듯이, "강조점은 그리스도의 대리적 사역에 있다. 그 몸에 일어난 것이 우리를 위한 것이다."[63] "이것은 죄의 제거를 위한(비교. 8:11; 15:3; 롬 5:6, 8) 몸의 희생을 지시한다"는 말을 전경연 교수께서도 하고 있다.

그리스도께서 떡을 떼신 것과 그 의미를 다 생각하면서 교회 공동체는 처음부터 성찬을 "떡을 떼는 것"(the breaking of bread)이라고 지칭해 왔다(행 2:46 참조). 1세기 말의 문서인 〈디다케〉에서도 주일에 "떡을 떼는 것"을 가장 온전한 의미의 성찬으로 제시하고 있다.[64] 성찬에서 한 것으로 알려진 〈디다케〉에 언급된 기도에서도 그런 의미가 나타난다: "이 떼어진 (또는 부셔진) 떡(the broken bread, τοῦτο τὸ κλάσμα)이 산들 위에 흩어졌으나 다시 함께 모아져서 하나가 된 것처럼, 당신님의 교회도 당신님의 나라에로 함께 모아지게 하옵소서."[65]

그러므로 고린도전서와 공관복음서에서 말하는 떡을 떼는 것에

이 행위에 죽으심에 대한 상징이 있다는 요하네스 바이스의 의견에 대해 반론하면서 이는 그저 식사 앞부분에 있는 유대적 관례를 따른 것이라는 논의로 Conzelmann, *1 Corinthians*, 197, n. 49를 보라.

[62] Godet, *Commentary on First Corinthians*, 578. 또한 579: "He gives it to them as the symbol of His body which is about to be given up for them on the cross, and to become the means of their salvation."

[63] Morris, *1 Corinthians*, 158.

[64] *Didache* 14:1.

[65] *Didache* 9:4.

도 주님께서 떡을 떼시는 행위를 하신 것의 의미를 생각하면서 이해하는 것이 좋을 것이다. 주님께서 자신의 몸이 찢겨 지실 것을 생각하면서 이 떡을 떼어 주셨고, 교회는 계속해서 그리스도께서 그의 몸을 찢으셔서 구속을 이루셨음을 생각하면서 이 "떡을 떼는 행위"를 한 것으로 여겨진다. 바울도 여기서 그런 주님의 의도를 충실히 전하면서 그 이전에 전해진 그대로 바로 이런 의미를 가지고 주께서 떡을 떼어주시면서 다음 말씀을 하신 것으로 이해하는 것이 옳을 것이다.

3. "이것은 너희를 위한 내 몸이니"(24절)

이제 다시 말씀이 등장하니, 주께서는 "이것은 너희를 위한 내 몸이니"(Τοῦτό μού ἐστιν τὸ σῶμα τὸ ὑπὲρ ὑμῶν)라고 말씀하신다. 마태복음서와 마가복음서에서는 그저 "이것은 내 몸이니라"(Τοῦτό ἐστιν τὸ σῶμα μοῦ)만 있어서, "너희를 위한"(ὑπὲρ ὑμῶν) 이라는 말은 누가복음과 고린도전서에 특별히 언급되고 있는 데, 많은 분들은 이것이 이미 바울 이전의 전승에 있는 진정한(authentic) 것,[66] 따라서 주님께서 친히 하신 말씀이라고 여긴다.[67] 그리고 이것이 이사야 53:12의

---

[66] Cf. Jeremias, *The Eucharistic Words of Jesus*, 138–60; Bornkamm, "Lord's Supper and Church in Paul," 137; 그리고 Thiselton, *The First Epistle to the Corinthians*, 877. 그러나 이 분들의 논의의 지나친 조심스러움이 아쉽다.

[67] 이는 주의 말씀 가운데 가장 처음 기록된 것의 하나라는 Robertson and Plummer, *The First Epistle of St. Paul to the Corinthians*, 244의 말을 보라. 또한 Barclay, *The Letters to the Corinthians*, 114도 보라. 그들은 성찬 제정 말씀이 성경에 기록된 4번 중 고린도전서가 가장 이르다는 점에서 이렇게 말하는 것

"위하여"를 반영하고 있다고 본다.[68] 그 의도에 따라 바울은 그리스도의 죽으심을 너희를 위한 죽음 또는 너희의 죄를 위하여 죽으신 것이라고 말한다(롬 5:6, 8; 고전 15:3; 갈 1:4 ["죄를 대속하기 위하여 자기 몸을 주셨으니"]).[69] 그러므로 성찬을 제정하신 주님의 의도에 충실하여 바울도 이것이 그리스도의 죽으심과 연관된 식사이며, 이 떡이 우리를 위한 것임을 의식하면서 대속적 의미를 다 담아서 이 말을 하

이다.

그런데 위의 각주 말미에서도 시사했지만 이 말씀들의 진정성을 말하려고 하는 이전 각주에서 언급한 예레미아스나 보른캄, 피슬톤 등은 나중에는 예수님께서 이 말씀을 친히 하신 것이라고 말하지 않는다. Cf. Jeremias, *The Eucharistic Words of Jesus*, 166-68; 좀 더 인정하는 것 같으면서도 확신할 수는 없다는 말로 마치고 있는 Marshall, *Last Supper and Lord's Supper*, 46-51; 그리고 더 많이 인정하면서도 역시 확신할 수 없어 하는 Fee, *The First Epistle to the Corinthians*, 551, n. 35도 보라. 이런 것이 아쉬운 점이다. 사실 이런 식의 진정성에 대한 논의는 결국 진정성(authenticity)이라는 말의 의미를 손상시킬 뿐이다.

[68] 이사야 53장과 연관시키는 해석자들로 다음을 보라. Fee, *The First Epistle to the Corinthians*, 551; Snyder, *First Corinthians*, 158; Hays, *First Corinthians*, 198; 그리고 Thiselton, *The First Epistle to the Corinthians*, 877.

그런데 스나이더는 이사야 53장이 말하는 고난 받는 종이 이스라엘이 아닌가 하는 매우 유대교적이고 해방신학적인 해석을 제시하면서 "이스라엘(?)이 많은 사람들의 화목을 위해 고난 받는다. 예수의 몸의 깨어짐과 신앙공동체의 떡을 뗌 - 그 둘은 모두 새로운 세대를 모든 사람들에게 열어 놓는다"(Snyder, *First Corinthians*, 158)는 매우 독특한 해석을 한다. 이는 바울의 의도와도 부합하지 않고, 하나님의 의도와 상당히 먼 해석을 제시하는 듯하다.

[69] 신약의 다른 저자들도 그와 같이 한다. 베드로도 "그리스도께서도 단번에 죄를 위하여 죽으사 의인으로서 불의한 자를 대신하셨으니"(벧전 3:18)라고 말하고, 요한도 "그는 우리 죄를 위한 화목 제물이니 우리만 위할 뿐 아니요 온 세상의 죄를 위하심이라"(요일 2:2), 또한 "하나님이 우리를 사랑하사 우리 죄를 속하기 위하여 화목 제물로 그 아들을 보내셨음이라"(요일 4:10)이라고 하며, 히브리서 기자도 "그리스도도 많은 사람의 죄를 담당하시려고 단번에 드리신 바 되셨고"(히 9:28) 또한 "오직 그리스도는 죄를 위하여 한 영원한 제사를 드리시고 하나님 우편에 앉으사"(히 10:12)라고 말한다.

는 것이다.

이것이 제자들과 나눈 마지막 유월절 식사 때에 하신 말씀이라면 예수님께서는 이 말씀과 후에 자신이 행하실 구속 사건에 근거하여 유월절 때에 나누던 떡의 의미를 재해석하신 것이다.[70] 이제는 더 이상 과거에 있던 출애굽의 유월절 사건을 기념하는 것이 아니라, 그것이 표상하던 진정한 구속인 자신의 죽음을 표현하는 의미의 전환이 일어난 것이다. 그런 뜻에서 "이것은 너희를 위한 내 몸이다"고 하신다. "그들의 유월절 양(7절)이신 그리스도의 희생제사 덕분에 기독교 공동체는 이제 하나님과의 새롭고 종국적 질서의 하나됨과 교통(in the new, final order of communion with God) 가운데서 [하나님을] 경배한다."[71]

이것을 넘어서 위에서 언급한 〈디다케〉의 기도를 생각하면서 여기서 종말론적인 교회의 하나됨과 하나님 백성들의 모임 등의 생각하는 것은[72] 생각을 할 수는 있지만, 그것은 바울이 언급한 것 이상으로 나아가는 논의라고 여겨진다.

4. "이것을 행하여 나를 기념하라"(24절)

---

[70] 이런 식으로 이해해야 한다는 논의를 하는 Jeremias, *The Eucharistic Words of Jesus*, 55–61; Fee, *The First Epistle to the Corinthians*, 550, 그리고 n. 30. 또한 26절과 관련하여 이점을 시사하면 말하는 Godet, *Commentary on First Corinthians*, 587도 보라.

[71] Moffatt, *The First Epistle of Paul to the Corinthians*, 168.

[72] 그런 논의의 예로 Thiselton, *The First Epistle to the Corinthians*, 878을 보라.

그 후에 있는 "이것을 행하여 나를 기념하라." 또는 "나를 기념하여 이것을 행하라." 또는 "나를 기억하기 위하여 이것을 행하라"(τοῦτο ποιεῖτε εἰς τὴν ἐμὴν ἀνάμνησιν)는 말은[73] 그 의미가 풍성하다. 일단 이 말이 현재형으로 되어 있어서 그 자체로 "계속해서 행하라"는 함의를 전달한다는 것을 기억하는 것이 중요하다.[74] 그리고 그것은 기도하고, 떡을 떼고, 나누고, 먹는 것까지를 다 포함한다고 보는 것이[75] 옳다. 이상근 박사님은 "구약에서 유대인 유월절을 애굽에서의 육적 구원의 기념으로 지킨 것처럼 성찬은 그리스도의 십자가로 인해 우리가 죄 가운데서 구원 받은 신령한 구원을 기념하는 것이다."고 말한다.[76]

여기서 말하는 "기억"은 단순히 과거의 일을 기억하는 정신적 활동 이상의 것으로 "기억된 것의 현실화"를 포함하는 행위다.[77] 브루

---

[73] 위의 말과 같이 이 어귀도 예수님에게까지 갈 수 없다고 논의하는 Craig, "Introduction and Exegesis of the First Epistle to the Corinthians," 137; Jeremias, *The Eucharistic Words of Jesus*, 82, 168; 그리고 Barrett, *A Commentary on the First Epistle to the Corinthians*, 267 등의 논의는 결국 틀린 논의를 매우 현학적으로 하는 것이다. 예수님이 실지로 이런 말을 구체적으로 하지 않았을지라도 이는 예수님의 의도를 잘 표현하는 것이라는 견해를 표명하는 Watson, *The Fist Epistle*, 122의 견해도 역시 동일하다고 해야 한다.

교회가 처음부터 이런 의식을 가지고 성찬으로 하였다는 것을 생각하면서 마태와 마가복음서에 이런 언급이 없는 것은 주의 만찬을 계속해 하는 것에 이미 이런 함의가 함축되어 있었기 때문이라고 논의하는 Fee, *The First Epistle to the Corinthians*, 552의 논의가 훨씬 건전하다.

[74] 동사가 현재형이나 "계속적인 현재"로 보아야 한다는 점을 강조하는 Morris, *1 Corinthians*, 159를 보라: "Keep on doing this."

[75] 이를 강조하는 Godet, *Commentary on First Corinthians*, 581; Conzelmann, *1 Corinthians*, 198; 전경연, 『한국 주석 고린도전서』, 243; 그리고 Watson, *The First Epistle to the Corinthians*, 120을 보라.

[76] 이상근, 『고린도전, 후서』, 157.

[77] 이는 Bruce의 용어이다(Bruce, *I & II Corinthians*, 111: "it involves

스는 이 "기억하는" 것이 다음 같은 의미라고 말한다: "유월절 식사에서 참가자들은 출애굽한 그들의 조상들과 하나가 되는 것이고, 성찬에서 그리스도인들은 그들의 주님의 '실재적 현존'(real presence)을 경험하는 것이다."[78] 고데의 표현으로 말하자면, "성찬을 행할 때마다 예수님의 제자들은 다시금 사랑하는 그 분 앞에 있게 된다."[79]

이렇게 매우 풍성한 "기억"(ἀνάμνησις)이란 말과 관련된 과거와 현재의 거의 모든 논의를[80] 개괄한 후에 띠슬톤이 하고 있는 다음

---

a realization of what is remembered.") 콘첼만은 더 나아가, "성례전적인 현존(a sacramental presence)을 의미한다"라고까지 말한다(Conzelmann, *1 Corinthians*, 198). 그러나 이로부터 희랍적인 "죽은 자들을 위한 기념 식사"(memorial feasts for the dead)를 연관시키는 한스 리츠만은 너무 나갔다. 리츠만의 견해에 대한 반박으로 Jeremias, *The Eucharistic Words of Jesus*, 237-55; 그리고 Conzelmann, *1 Corinthians*, 198을 보라.

[78] Bruce, *I & II Corinthians*, 111f.

[79] Godet, *Commentary on First Corinthians*, 581: "Each time this feast is celebrated, the assembly of the disciples of Jesus anew presses around His beloved person." 그 의미에 대한 부연 설명으로 582를 보라.

[80] 이에 관한 수많은 문헌을 다 언급하기는 어렵다. 가장 흥미로운 것만 몇 가지 언급하면, 희랍적 개념을 가지고 죽은 자들을 기념하는 식사와 연관해서 성찬의 기념을 이해하려고 했던 Lietzmann, *Mass and Lord's Supper* (1953, 독일어판, 1926), 이에 대한 여러 논의들을 잘 개괄하면서 논의하면서 이것에 예수님의 속죄적 죽음을 하나님께서 기억하셔서 우리에게 자비를 내려 달라고 청원하는 하나님을 향한 면("Godward" reference)이 강하다고 논의한 Jeremias, *The Eucharistic Words of Jesus*, 159ff., 237-55, 248; 표현이 모호하기에 하나님을 향한 측면도 있고, 우리가 예수님의 죽음을 기억하는 사람을 향한 면("humanward" reference)도 있다고 볼 수 있다고 하는 F. Chenderlin, *"Do This as My Memorial": The Sematic and Conceptual Background and Value of Anamnesis in 1 Corinthians 11:24-25*, AB 99 (Rome: Biblical Institute Press, 1982); 그리고 이 모든 문헌을 살피면서 논의하며 나름의 결론을 내리려고 한 Fee, *The First Epistle to the Corinthians*, 552-54와 Thiselton, *The First Epistle to the Corinthians*, 878-82 등을 들 수 있다.

같은 정리는 포괄적이고 매우 정확하다.

> 그리스도와 그의 죽음을 기억한다는 것은
> 　　(i) 감사와 예배와 신뢰와 인정과 순종 가운데서 자기를 결부시키는 기억
> 함(a *self-involving remembering*)이라는 성경적 측면을 포함하고 있고,
> 　　(ii) 그것과 함께 **십자가에 못 박하신 그리스도와 자신을 일치시킨다는**
> **뜻에서**(*in identification with*) **"그곳"에 있다**(*being "there"*)는 (그리고
> 그리스도께서는 그의 부활하신 현존으로 또한 "이곳"에 함께 하시는) 경험을
> 동반하며,
> 　　(iii) 더 나아가서, (신자로서의) 신자의 개인적 정체성과 (하나님의 기독
> 교회로서의) 교회의 집합적 정체성을 형성한 토대적 사건에 대한 **자기 변혁**
> **적 상기 (또는 새롭게 함)**(a *self-transforming retrieval of the*
> *founding event*)을 포함한다.
> 　　(iv) 그리고 **종말론적 극치에 의해서 열려질 변혁적 정체성에 대한 새로**
> **운 가능성을 바라보는 것이다.**[81]

또한 "이런 기억은 그리스도의 죽음에 대한 자기를 포함시키는 선포를
구성한다"는 바울의 요점에 이 모든 것이 다 모아져 있다는 관찰도 정
확하다. 이런 의미에서 "그리스도인들은 그들의 구원자가 죄를 용서하
러 와서 하나님의 백성을 하나로 만들었다는 것을 알았다. 그러므로
성찬은 (그리스도의) 희생 제사에 근거한 교제에 대한 믿는 사람들의
확신이었다"는 모팻의 표현도 참되다.[82] 따라서 성찬은 "그리스도를

---

81 Thiselton, *The First Epistle to the Corinthians*, 880, Thiselton's
own emphasis. 그러므로 왓슨이 이런 포괄적 의미를 다 드러내지 않고 "여기서 강
조점은 지금 여기서의 그리스도의 살아계신 현존 보다는 기억과 미래 희망에 있다"
고 말하는 것은(Watson, *The First Epistle to the Corinthians*, 120) 좀 아쉽다.

사랑하는 사람에게는 그리스도의 현존에 이르는 길이다"는 바클레이의 말도[83] 정확한 것이다.

그런데 이것이 "다른 사람들을 위한 그리스도의 정체성을 공유한다는 의미에서 그리스도인으로서의 우리의 정체성을 이해하는 것에서 나오는 삶과 삶의 방식을 통하여" 이루어진다는 말은[84] 단순하게 이해하면 그냥 수납될 수 있는 말이지만, 그리스도의 정체성을 다른 이들을 위한 존재라고 시사(示唆)하는 말에 포함된 본회퍼의 그리스도 이해와[85] 그에 대한 다양한 해석의 영향사를 고려할 때 선뜻 같이 말하기는 어려워진다.

또한 이 기억이 예수님에 대한 제자들의 기억이나 그리스도인들의 기억이 아니고, "하나님의 기억"으로, 이것은 결국 **하나님께서 기억하시도록 하기 위한"** 것이라는 예레미아스의 논의는,[86] 노아 홍수 이후의 무지개의 성격과 비슷한 것으로 매우 흥미롭기는 하나, 과연 예수님과 바울이 그런 의미로 이런 말씀을 하셨는지를 묻게 하는 상당히 현학적인 논의로 보인다. 오히려 예레미아스의 논의를 주의 깊게

---

[82] Moffatt, *The First Epistle of Paul to the Corinthians*, 166: "(Since) the deliverer had cone, Christians knew, to forgive and unite God's people. The eucharist was their assurance of this communion based on sacrifice."

[83] Barclay, *The Letters to the Corinthians*, 115: "… to a lover of Christ it is a way to the presence of Christ."

[84] Thiselton, *The First Epistle to the Corinthians*, 880.

[85] Dietrich Bonhoeffer, *Letters and Papers from Prison* (New York: Touchstone, 1997), 382. Cf. Eberhard Bethge, "Bonhoeffer's Christology and His Religionless Christianity," *Union Seminary Quarterly Review* XXIII/1 (Fall, 1967): 75.

[86] Jeremias, *The Eucharistic Words of Jesus*, 159ff., 237-55, at 248, Jeremias's own emphasis.

살핀 후에 콘첼만이 하고 있는 다음 말이 더 정확한 것이라고 할 수 있다: "이 해석은 '나를 기억하여'라는 말의 단순한 의미와 모순된다."[87]

중요한 것은 여기 주의 만찬에서 기억한다는 것이 그저 정신적인 기억이나 회상이 아니라, "이 그리스도 형상적 개인과 공동체의 정체성을 살아 내는 것이다."[88]

5. 식후에[89] 또한 이와 같이 잔을 (가지시고)

여기서 희랍어 원문에는 "가지시고"라는 말이 없고 그저 "잔"(τὸ ποτήριον)이라는 말만 있으나, 이는 "이와 같이"라는 말에 함의되어 있는 것으로 알고 "옳게 주어졌다"(correctly supplied)고 말하는 바레

---

[87] Conzelmann, *1 Corinthians*, 199. 브루스의 비판적 언급도 보라 (Bruce, *I & II Corinthians*, 112). 이런 논의가 나오기 전에 이런 시사를 미리 반박하는 듯한 Goudge, *The First Epistle to the Corinthians*, 101도 보라.

[88] Thiselton, *The First Epistle to the Corinthians*, 882: "a living out of this Christomorphic individual and corporate identity."

[89] 이 말로부터 떡을 떼는 것과 잔을 나누는 것 사이에 일상적 식사가 있었다고 논의하며, 이에 근거해서 최후 만찬에 대한 바울의 논의가 마가복음서의 논의보다 더 앞 선 것이라는 귄터 보른캄의 논의는(Günter Bornkammm, *Gesammelte Aufs tze*, II (1959), 154, cited in Barrett, *A Commentary on the First Epistle to the Corinthians*, 268) 상당히 자의적이라고 판단된다.

또한 식후에 잔을 드신 것은 그리스도의 수난을 뜻하는 잔은 율법 준수를 그치게 하는 것이라는 토마스 아퀴나스의 설명이나, 주께서 이를 드신 것이 우리를 위해 그가 자원해서 죽음을 취하신 것이라는 Cornelius Lapide의 해석도(이 두 사례는 Robertson and Plummer, *The First Epistle of St. Paul to the Corinthians*, 246–47에 인용되어 있다) 지나친 것이다.

이것은 그저 "유월절 식사를 마치시고"라고 본 것이 자연스럽고 좋다. Cf. Hodge, *A Commentary on 1 & 2 Corinthians*, 227.

트나 고든 피 등의 논의는[90] 적절하다. 그러므로 "이와 같이"라는 말에는 그가 빵을 가지고 그리하셨듯이, 잔으로 손으로 드시고 감사하시고 그것을 주셨다는 것이라고 말하는 Goudge가 옳다.[91]

유월절 식사에서는[92] 잔이 여러 번 사용되었으므로 이것이 몇 번 째의 잔인가 하는 논의가 있다. 식후의 잔이라고 언급되었으므로 여기서 말하는 잔이 유월절 식사 중에서 세 번째 잔이라고들 생각한다.[93]

---

[90] Cf. REB, NIV, NRSV, KJV; Barrett, *A Commentary on the First Epistle to the Corinthians*, 268; Findlay, "St. Paul's First Epistle to the Corinthians," in *Expositor's Greek Testament*, 2:881; Fee, *The First Epistle to the Corinthians*, 882; 그리고 Thiselton, *The First Epistle to the Corinthians*, 882.

[91] Goudge, *The First Epistle to the Corinthians*, 100.

[92] 이전과 이후의 논의에 함의된 것으로, 성찬은 최후의 만찬에서 제정하신 것인데 그것이 제자들과 마지막으로 나눈 유월절 식사였다는 논의로 Hodge, *A Commentary on 1 & 2 Corinthians*, 215, 223, 235; Dods, *The First Epistle to the Corinthians*, 262; Jeremias, *The Euchariatic Words of Jesus*, 15-88; Mare, "1 Corinthians," 259; Bruce, *I & II Corinthians*, 112; Fee, *The First Epistle to the Corinthians*, 549, 그리고 다음 각주에 소개된 학자들을 보라.

명확히 이것에 반대하는 입장의 표현으로 Craig, "Introduction and Exegesis of the First Epistle to the Corinthians," 136; Conzelmann, *1 Corinthians*, 197 and n. 43을 보라. 아주 강하게 이렇게 주장하지는 않지만, 특히 26절과 관련해서 "여기서는 유월절 정황이 전면에 나타나지는 않는다. 오히려 바울은 각각의 일상적 식사가 복음을 회상하고 선포하는 것이 되는지를 강조하고 있다"고 말하는 Orr and Walther, *1 Corinthians*, 273도 그런 방향을 지시한다.

[93] Moffatt, *The First Epistle of Paul to the Corinthians*, 165; Héring, *The First Epistle of St. Paul to the Corinthians*, 94; C. E. B. Cranfield, "St. Mark," in *The Cambridge Greek Testament Commentary*, ed., C. F. D. Moule (Cambridge: Cambridge University Press, 1966), 426; 이상근, 『고린도전, 후서』, 162; Barrett, *A Commentary on the First Epistle to the Corinthians*, 231; Mare, "1 Corinthians," 25; Bruce, *I & II Corinthians*, 112; Conzellmann, *1 Corinthians*, 171, n 13; Blomberg, 『고린도전서』, 264; 그리고 Thiselton, *The First Epistle to the Corinthians*, 883, 884. 티슬톤은 E.-B. Allo (1934, 2nd edition, 1956); L. Goppelt, TDNT 6:153-58; P. Sigal,

참고로 유대인들의 〈유월절 하가다〉(Haggadah)에 위하면 유월절 식사의 절차는 다음 같은 15개 부분으로 구성되어 있다고 한다.[94]

(1) Kadeish (קדש) (축복) - 물을 탄 포도주의 잔을 들고 축복의 기도를 하고 ("카데쉬"), 첫째 잔을 마심, 둘째 잔을 부어놓음

(2) Urchatz (ורחץ) (씻음) - (축복 기도 없이) 손님들은 손을 씻는다.("우르하쯔") ('카르파스'를 먹기 위한 준비)

(3) Karpas (כרפס) (야채)- '카르파스'를 짠물에 담군 후 먹음 (대개 Parsley 사용)

(4) Yachatz (יחץ) (자름, 뗌, Breaking) - Matzo (מצה)를 자름 ("야하쯔"), 그러면 후에 '짜푼' 순서에서 먹을 "아피코만"(the afikoman)이 형성됨

(5) Maggid (מגיד)(이야기) - 네 가지 질문과 유월절 이야기를 들려줌 ("마기드") "하가다" 또는 "설명의 잔이라고 불리는 두 번째 잔을 들면서 가장이 유월절 식사의 유례를 설명한다(출 13:8).

(6) Rachtzah (רחצה) (씻음): 축복 기도하며 두 번째 손을 씻음

"Another Note to 1 Cor. 10:16," *NTS* 29 (1983): 134-39; C. Wolff (1996)도 이런 견해를 말한다고 한다.

이에 반하여, D. Cohn-Sherbok과 모르나 후커는 네 번째 잔이라고 주장한다. Cf. D. Cohn-Sherbok, "A Jewish Note on τὸ ποτήριον τῆς εὐλογίας," *NTS* 27 (1981): 704-709; Morna D. Hooker, *The Gospel according to St. Mark* (Peabody: Hendrickson and London: Black, 1991), 340-41.

[94] 이 순서(seder)에 대해서는 다음을 참조하라: http://www.jewfaq.org/seder.htm, 또한 이상근, 『고린도전, 후서』, 162-63도 보라.

("라하짜")

(7) Motzi (מוציא) – 가루로부터 만들어진 것들을 먹기 전에 하는 정통적인 기도(하"모찌")

(8) Matzo (מצה) – '맡자'(matzo)를 먹기 전에 하는 축복 기도, 일부분을 먹음 ("맡쪼")

(9) Maror (מרור) (쓴 나물) – "마로르"(쓴 나물)를 먹음 ("마로르")

(10) Koreich (כורך) (샌드위치) – "맡자"와 "마로르"로 된 샌드위치를 먹음 – "코렉"(샌드위치)

(11) Shulchan oreich (שולחן עורך) (식사) – 문자적으로는 상을 차림("set table") ("쉴한 오렉")   – 유월절 양이 식탁에 오른다. 축제의 음식을 나눔

(12) Tzafun (צפון) – 아피코만(the afikoman)을 먹음 ("짜푼")

(13) Bareich (ברך) – 식후에 **세 번째 잔**을 마시면서 축복(**마 26:27**). ("바렉")

(14) Hallel (הלל) – "할렐"(시편 113–118편)을 부름, 네 번째 잔을 마심(Cf. 마태 26:30).

(15) Nirtzah (נירצה) – 마침 ("니르챠").

이 중에 13번째 순서인 "바렉"(축복)에서 사용되는 세 번째 잔을 사용해서 성찬의 잔을 제정한 것이라고들 생각한다. 그러므로 25절이 시작할 때 "식후에"(μετὰ τὸ δειπνῆσαι)라는 말이 "모든 식사가 마친 다

음에"라고 보는 것[95] 보다는 이 순서 중에서 "떡을 먹은 후에"라고 보는 것이[96] 더 나을 것이다. 이런 의미에서 식후에 잔을 가지시고, 주님은 다음 같은 말씀을 하셨다.

6. "이 잔은 내 피로 세운 새 언약이니"

이것이 소위 "잔에 대한 말"(the cup saying)이다.[97] 바울은, 후에 누가복음 22:20에서 언급될 것과 일치하게 예수님의 말씀을 반영해서, "새 언약의 잔"(τὸ ποτήριον ἡ καινὴ διαθήκη)이라고 말한다. 그리스도께서 우리를 위하여 죽으셨으므로 그의 죽음에 근거해서 새 언약이 맺어졌다고 하는 것이다. 여기에 "구속은 함의되어 있고, 구속이 없이는 주의 만찬이 거의 이해될 수 없다"고[98] 말하는 알치볼드 로벗슨과 알프레드 플러머의 말은 매주 유용하고 정확한 말이다. "신적인 생명의 이런 전달로 구속이 사람들에게 유효하게 되었다."[99] 칼빈이

---

95 이런 의견을 제시하는 Fee, *The First Epistle to the Corinthians*, 554, n, 51을 보라. 그는 떡에 대한 말(the bread saying)과 잔에 대한 말(the cup saying) 사이에 식사가 있었다고 생각하면서 논의한다(554-55).

96 이런 의견의 제시로 Grosheide, *The First Epistle to the Corinthians*, 270을 보라. 흐로샤이데가 증거가 없이 이렇게 주장한다고 하면서 여기 사용된 언어는 다른 상황을 함의한다고 말하는 Fee이 논의가 더 논박될 만 하다고 여겨진다.

97 '잔에 대한 말'은 '떡에 대한 말'에 상응하게 본래적인 것이 아니라 후에 복음이 이방에 전달 되어서 형성된 이방 교회에서 생성되었을 수 있다는 바레트 등의 논의는(Barrett, *A Commentary on the First Epistle to the Corinthians*, 268) 문제가 있다고 여겨진다.

98 Robertson and Plummer, *The First Epistle of St. Paul to the Corinthians*, 247.

잘 표현하고 있듯이, "피가 우리를 하나님과 화목시키기 위해 쏟아 부어졌고, 이제 우리가 영적인 의미에서 그것을 마시므로, 우리가 화목에 참여하는 자들이 될 수 있다."[100]

이 피에 근거해서 그리스도인들은 자신들이 구속되었음을 믿고, 구약이 약속하는 새 언약이 지금 여기서 구현된다고 믿는다. 예레미아서 31장이 말하던 그 새 언약이[101] 여기서 이루어졌다. 모리스가 잘 말하고 있듯이, "예수님께서는 그의 피 흘림이 새 언약을 수립하는 수단"이라고 하신다.[102] 이를 더 설명하는 모리스의 말은 정곡을 찌르는 것이다: "그것은 죄 용서를 제공하고, 신자들의 마음에 성령의 활동의 길을 여신다. 유대교 제도 전체가 그리스도에 의해 대체되고, 모든 것이 주님이 죽음을 중심으로 하고 있다. 새 언약을 수립한 것은 바로 그 죽음이다."[103] 따라서 십자가에서 이루어진 구속에 참여하고 있는 우리들은 새 언약에 속한 사람들이다.

7. "이것을 행하여 마실 때마다 나를 기념하라"(25절)

---

99 Goudge, *The First Epistle to the Corinthians*, 100.

100 Calvin, *Commentary on the Epistle of Paul the Apostle to the Corinthians*, vol. 1, 383.

101 Cf. Bruce, *I & II Corinthians*, 112; Morris, *1 Corinthians*, 159; Fee, *The First Epistle to the Corinthians*, 555; 그리고 Soards, *1 Corinthians*, 241.

그러므로 여기서 "새"라는 말을 바울이 후에 넣은 것(Pauline origin)이라는 Meyer의 주장은 상당히 부당한 것이다(이를 언급하면서 비판하는 Godet, *Commentary on First Corinthians*, 585를 보라).

102 Morris, *1 Corinthians*, 159: "Jesus is saying that the shedding of his blood is the means of establishing the new covenant."

103 Morris, *1 Corinthians*, 159.

잔과 관련하여 이 말이 나타나는 곳은 고린도전서뿐이다. 그래서 이 말은 진정한 것이 아니라고 하는 생각에 반(反)해서, 누가의 "이와 같이"(ὡσαύτως, likewise)라는 말에 이것이 함의되어 있다고 보는 것이 더 옳을 것이다.104 그래서 "이것을 행하여 마실 때마다"라는 말은 바울이 편집해서 넣은 것이라는 견해는 "종국적으로 증명될 수 없다"고 말하는 고든 피의 말에 우리는 기꺼이 동의할 수 있다.105

　　"이것을 행하여 마실 때마다"(ὁσάκις ἐὰν πίνητε)라고 했으니 이것은 "식사할 때마다"라는 뜻은 아니고 "잔을 마실 때 마다"라고 보아야 한다고 하면서, 당시 유대인들의 삶에서 "빵은 언제나 접할 수 있는 것이었으나, 포도주는 늘 그런 것이 아니었다"는 점에 근거하여 이를 주장하는 바레트의 논의는106 지나친 것으로, 또는 이 맥락의 논의를 벗어난 것으로 여겨진다. 왜냐하면 25절의 요점은 "기억하라"는 것인데 이는 이미 24절에서도 떡과 관련하여 말한 것이기 때문이다. 중요한 것은 우리의 구원을 이루신 주님의 몸과 피를 기억하는 것이다.

---

104 그와 같은 입장을 표시하는 이들로 보수적인 분들은 말할 것도 없고, 다음도 보라: Jeremias *The Eucharistic Words of Jesus*, 138-203; Marshall, *Last Supper and Lord's Supper*, 51-53; Fee, *The First Epistle to the Corinthians*, 556; 그리고 Thiselton, *The First Epistle to the Corinthians*, 878.

그러므로 마가복음에 이 말이 없으므로 예수님께서 이를 실제로 말씀하신 것은 아니지만 이것은 최후의 만찬에서의 예수님의 의도를 지시하는 것으로 받아들여 질 수 있다고 보는 왓슨의 견해(Watson, *The First Epistle to the Corinthians*, 121)도 그리 옳은 것은 아니다.

105 Fee, *The First Epistle to the Corinthians*, 556.

106 Barrett, *A Commentary on the First Epistle to the Corinthians*, 269-70.

고든 피 자신이 잘 표현하고 있듯이, "이 식사의 빵과 잔이 함께 주의 죽으심을 표시하고 있다."[107] 그리고 바로 다음 절에서 다시 "때마다"라는 말이 떡과 잔과 관련하여 나오고 있다.[108]

마지막으로, 이 때 우리는 무엇을 믿으면서 이 성찬에 참여해야 하는가? 찰스 핫지는 다음 세 가지를 우리가 믿을 내용으로 제시하고 있는데 적절하다고 여겨진다.

> 1. 우리들은 예수님이 하나님의 아들이시며, 우리를 사랑하셔서 자신을 우리들을 위하여 주셨다는 것을 믿어야 한다.
> 2. (우리들은) 그의 피가 (우리의) 모든 죄를 씻었음을 (믿어야 한다).
> 3. (우리들은) 성례에서 (우리를 위해) 찢기신 그의 몸과 흘리신 그의 피라는 상징들과 그의 죽으심의 유익들도 다 제공하시며, 떨리는 손으로라도 이것들을 붙잡기 위해 내미는 모든 사람들에게 이 유익들을 분명히 전달하실 것임을 믿어야만 한다.[109]

성찬에 나아 올 때 우리들은 주의 약속을 참으로 믿어야 하다. 죄 때문에 성찬으로 나아오는 것을 어려워하는 것은 좋은 것이지만, 이 때에도 회개하는 죄인들에게 열려 있음을 믿어야 한다. 성찬의 잔을 붙잡기 어려워하던 여인에게 했다는 어떤 하일랜드 설교자의 다음 말은 모든 회개하는 죄인들에게 적용될 수 있다: "취하시오. 여인이여, 이것은 죄인들을 위한 것입니다. 이것은 당신을 위한 것입니다."[110]

---

107 Fee, *The First Epistle to the Corinthians*, 556: "The Bread and the cup of this meal together *signify the death* of the Lord."(Fee 자신의 강조점).

108 Cf. "ὁσάκις γὰρ ἐὰν ἐσθίητε τὸν ἄρτον τοῦτον καὶ τὸ ποτήριον πίνητε."

109 Hodge, *A Commentary on 1 & 2 Corinthians*, 228.

성찬 제정사에 근거한 바울의 권면

바울은 이 제정사의 근거해서 매우 폭 넓은 권면을 우리에게 주고 있다.[111] 그 중 다음 네 가지를 중심으로 이를 생각해 보기로 하자.

1. 왜냐하면

(성찬을 할 때마다)

"주의 죽으심을 오실 때까지 전하는 것이기 때문이다"(26절).

그와 같이 성찬을 행할 때 교회 공동체는 참으로 계속해서 그리스도의 죽으심을 "선포하는" 것이다.[112] 물론 성찬을 행하기 전에 그리스도의 죽으심으로 이루어진 복음 사실을 말로 선포하고[113] 또한 성찬 후에도 선포해야 하지만, 여기서는 성찬을 행하는 것이 그리스도의 죽으심을 전하는 것이라고 말한다.

성찬 자체에 이미 선포의 의미가 있다.[114] 알취볼드 로벗슨과

---

110 Barclay, *The Letters to the Corinthians*, 117: "Take it, woman; it's for sinners; it's for you."

111 26절의 말을 바울이 하고 있는 것으로 논의하는 Hodge, *A Commentary on 1 & 2 Corinthians*, 229; 그리고 Fee, *The First Epistle to the Corinthians*, 556을 참조하라.

112 이 현재 시제를 "계속적인 현재"로 언급하면서 강조하는 Thiselton, *The First Epistle to the Corinthians*, 886 ("a continous present action: you are proclaiming")을 보라.

113 이점을 강조하는 Fee, *The First Epistle to the Corinthians*, 557; 그리고 Watson, *The First Epistle to the Corinthians*, 121을 보라.

알프레드 플러머의 다음 표현은 매우 의미심장하다: "성찬은 행동화된 말씀이다. 그것이 기념하는 죽음을 행동으로 선포하는 것이다."[115] 그 함의를 모리스는 다음 같이 간명하게 제시한다: "성찬을 엄숙하게 행하는 것은 주님의 죽으심에 대한 분명한 선포이다. (여기서) 말씀과 상징으로 그리스도의 죽음이 사람들 앞에 제시된다."[116] 여기에 죽음이 강조되어 있지만,[117] 결국 그 함의는 죽음과 부활로 일어나 구원 사건 전체다.[118] 우리들은 성찬을 함으로 십자가와 부활 사건을 온 세상 앞

---

[114] Cf. Robertson and Plummer, *The First Epistle of St. Paul to the Corinthians*, 249 ("The Eucharist is an *acted* sermon, an *acted* proclamation of the death which it commemorates." Their own emphasis); R. C. H. Lenski, *The Interpretation of St. Paul's First and Second Epistle to the Corinthians* (Columbus, OH: Wartburg Press, 1937), 474; Barclay, *The Letters to the Corinthians*, 48; H ring *The First Epistle of St. Paul to the Corinthians* (1962), 118-19; Conzelmann, *1 Corinthians*, 201; Orr and Walther, *1 Corinthians*, 267 ("'왜냐하면'이라는 말이 진술을 도입하고 있기에 동사는 규정하는 것이기 보다는 진술하는 것이다"); Morris, *1 Corinthians*, 560; Prior, *The Message of 1 Corinthians*, 188 ("Paul's own stress is on the way every such celebration is a public proclamation of the Lord's death"); Blomberg, 『고린도전서』, 271; Soards, *1 Corinthians*, 242("성찬에 참여함이 선포 자체라고 이해 된다"); 그리고 조병수, 『우리는 한 몸이라: 고린도전서를 어떻게 읽을 것인가?』, 270("성찬은 선포의 의미를 지닌다. 다시 말하자면, 성찬은 그 자체가 보이는 말씀으로 기능한다"). 다른 의견을 지닌 Fee는 Johannes Weiss (1910), Hans Lietzmann (1949), M. E. Thrall (1965)도 이렇게 해석한다고 제시하고 있다 (Fee, *The First Epistle to the Corinthians*, 557, n. 63).

[115] Robertson and Plummer, *The First Epistle of St. Paul to the Corinthians*, 249: "The Eucharist is an *acted* sermon, an *acted* proclamation of the death which is commemorates."(their own emphasis).

[116] Morris, *1 Corinthians*, 160.

[117] 이를 강조하는 Beverly R. Gaventa, "'You Proclaim the Lord's Death': 1 Corinthians 11:26 and Paul's Understanding of Worship," *Review and Expositor* 80 (1983): 380; 그리고 Fee, *The First Epistle to the Corinthians*, 556.

에 "리사이틀"(recital)하는 것이다.

그리고 이 말속에 교회 공동체는 "그가 오실 때까지"(ἄχρις οὗ ἔλθῃ) 성찬을 하는 것이라는 함의가 들어 있다. 그가 "하늘로부터"[119] 다시 오신다는 것을 확신하는 교회 공동체는 그 때까지 주의 만찬을 하면서, 그가 오시기를, 그리하여 그가 가져다주신 하나님 나라가 극치에 이르기를 갈망하며 그 나라의 극치가 임하기를 위해 기도하는 공동체가 된다.[120] 브루스가 잘 표현한 바와 같이, "한 관점에서는 기념하는 행위가 다른 관점에서는 예기하는 행위이다."[121] 그러므로 주의 만찬을 제대로 하는 공동체는 주의 강림을 기다리는 공동체다.

또한 이 말 속에는 주께서 강림하신 후에는 더 이상 이런 식의 주의 만찬이 있지 아니하고,[122] 이것이 더 온전한 교제로 대치될 것이라는 함의도 있다고 해야 한다. 그런 의미에서 주께서 다시 오실 때를

---

[118] 이 때 기억할 만한 말이 마틴 케흘러가 복음서들에 대해서 "긴 서론과 함께 제시된 수난 기사들"(Passion narratives with extended introductions")이라고 한 말이다. Cf. Martin Kähler, *The So-called Historical Jesus and the Historic Biblical Christ* [1964], 80). 그리스도의 죽으심을 선포한다는 것은 모든 내용을 다 포함하는 것이기 때문이다.

[119] 이점을 강조하는 Barrett, *A Commentary on the First Epistle to the Corinthians*, 270을 보라.

[120] 극치에 대한 이 갈망을 잘 강조하는 Jeremias *The Eucharistic Words of Jesus*, 255를 보라. 또한 성찬의 공동체적 의미를 잘 강조하는 Fee, *The First Epistle to the Corinthians*, 558을 보라.

[121] Bruce, *I & II Corinthians*, 114: "What is from one point of view a memorial act is from another point of view an act of anticipation."

[122] 이를 시사하는 Godet, *Commentary on First Corinthians*, 590; Robertson and Plummer, *The First Epistle of St. Paul to the Corinthians*, 250; Thiselton, "Realized Eschatology at Corinth," *NTS* 24 (1978): 510–26, at 521f.: "(The Lord's Supper) has a distinctly interim character."); 그리고 Morris, *1 Corinthians*, 160을 보라.

"어린양의 혼인 잔치"라고 표현하는 요한계시록의 표현은 적절하고, 공관복음서들에서 이미 준비된 생각이기도 하다. 그러므로 지금 이 땅에서 우리들이 나누는 "주의 만찬"은 영원토록 우리가 주와 함께 나누는 교제의 맛보기이고, 그것의 일부를 미리 체험하는 것이다.[123]

그렇다면 어떻게 해야 이 주의 만찬에 제대로 참여하는 것이 되는가? 바울은 이에 대해서도 "그러므로"('Ωστε)라는 말로 시작하는 매우 좋은 지침을 주고 있다.

2. 자기를 살피고 그 후에야(27-29절)

먼저 바울은 "합당치 않게"(ἀναξίως) 주의 만찬에 참여하는 것이 무엇인지에 대해서 말한다. 기본적으로 이는 우리가 행하는 "주의 만찬"의 그 엄숙성과 의미에 합당하지 않게 참여하는 것을 뜻한다. "주의 몸과 피를 범하는 죄"(27절)라는 표현으로부터 그 의미를 찾으려고 하는 것이 적절하다.

그렇다면 어떻게 해야 하는가? 이에 대해서 바울은 "사람이 자기를 살피고 그 후에야 이 떡을 먹고 이 잔을 마실지니"(28절)라고 한다. 데이비드 프라이어가 잘 표현하고 있는 대로, "주의 만찬에 참여할 수 있는 특권과 높은 소명은 가장 엄격한 형태의 자아 성찰을 요구한다."[124] 그런데 "자기를 살핀다"(δοκιμαζέτω ἑαυτὸν)는 것은 그저 단

---

123 "기다림"과 함께 지금 우리가 행하는 것에서는 "아직 아니"의 측면도 고려해야 한다는 지적으로 Morris, *1 Corinthians*, 160; 그리고 Thiselton, "Realized Eschatology at Corinth," 521f.

124 Prior, *The Message of 1 Corinthians*, 189.

순한 "내성적인 성찰"(introspective examination)을 뜻하는 것만이 아니고, 그렇게 해서 **참됨을 드러내는 것까지**를 말하는 것이다. 띠슬톤은 이것이 "동기와 이해가 참으로 진정한 것인가를 점검하는 것"이라고 말한다.125 주님의 "인정의 기준에 맞추어 [자신들을] 점검하는 것"이다.126 그러므로 다음 두 가지 측면을 다 생각하는 것이 옳다.

첫째는, 주의 만찬에 참여하는 존재 자체와 그의 동기가 바른 것이어야 한다. 주의 만찬에서 자신이 다른 사람들을 어떻게 대하고 있는가를127 포함하여 자신의 존재 자체를 점검해야 한다. 그런데 자신이 그리스도와 관련되어 있지 않다면, 또 그저 외적으로만 관련되어 있고 실질적으로는 관련 없는 존재로 살고 있다면 주의 만찬에 참여하는 것이 주의 만찬 자체를 훼손하는 결과를 낸다. 그러므로 "자기를 내어줌과 다른 신자들과의 상호 관계성의 정신을 가지고" 성찬에 참여해야 한다.128 자신들을 이미 '인정된 자들'(οἱ δόκιμοι)로 여기지 말

---

125 Thiselton, *The First Epistle to the Corinthians*, 891. 이 때 그는 고린도전서 11:19에서 "도키모이"(οἱ δόκιμοι)라는 말이 "연단을 받아 참된 것으로 드러난 사람들"이라는 뜻으로 사용된 것을 참조하면서 이런 논의를 하여 나가고 있음에 유의하라.

126 Orr and Walther, *1 Corinthians*, 268: "Check against a standard of approval."

127 이점을 좀 더 강조하는 Fee, *The First Epistle to the Corinthians*, 562의 논의를 보라. 이전에 크리소스톰과 Billroth가 이런 해석을 했다고 한다 (Godet, *Commentary on First Corinthians*, 591의 정보). 이런 뜻에서 "자아 성찰의 대상은 사람의 내적 상태 일반이 아니라, 성찬에 대한 태도이다"라고 말하는 Godet, *Commentary on First Corinthians*, 592와 Conzelmann, *1 Corinthians*, 202이 논의는 **지나치게 구별적**이다. 마찬가지로, 여기서 "나쁜 양심으로, 회개 없이"라는 것만 말하는 것도(Theodoret와 Olshausen의 견해 – Godet, *Commentary on First Corinthians*, 591의 정보) 문제이다. 우리가 논의하고 있는 바와 같이 **그 둘 다를 포괄해야 할 것이다.**

128 Soards, *1 Corinthians*, 246. "자아로부터의 자유와 하나님과 다른 이

고, 자신들을 돌아보아야 한다.[129] "이런 자아 성찰은 그들의 행위와 삶의 방식이 그리스도의 행위와 삶의 방식을 드러내고 있는 지를 점검하는 것이다."[130] 우리들은 아주 "엄격하고도 진솔한 자기 점검"을 해야 한다.[131]

또한 둘째로, 주의 만찬이 과연 무엇을 뜻하는 것이고, 어떤 장중한 의미를 지닌 것인지를 명확히 이해하면서 이 일에 참여해야 한다. "그리스도의 수난에 대해 감사하는 기념이 없이" 성찬에 참여하면 안 된다.[132] 아마도 이런 의미가 29절에 나오는 "(주의) 몸을[133] 분별하지 않고"(μὴ διακρίνων τὸ σῶμα)라는 말에 들어 있을 수 있다. 주의 만찬은 결국 주의 몸과 피의 모든 함의에 참여함을 뜻하는 것인데, 이와 같이 주의 만찬의 참된 의미를 알지 못하고 참여하는 것도 결국 주의 만찬을 훼손하는 것이다.

그러나 이 두 가지는 실질상 하나라고 할 수 있다.[134] "그들의

들을 위한 자유"를 "그리스도와 같음"(Christlikeness)으로 이해하는 것(247), 그리고 "신자들은 그리스도와의 관계에서 살며, 그 관계로부터 다른 이들과의 관계에서 산다"고 이해하는 것(248)은 매우 좋은 이해이다. 그런데 그런 논의의 과정에서 신학과 도덕의 다른 측면들을 제거하려는 경향을 Soards가 드러내는 것이 아쉽다. 예를 들어서, "참된 자유는 … 예측할 수 없고, 때로는 공격적이기까지 하다"고 그가 말할 때, 그의 함의가 두렵다.

[129] 이 점을 강조하는 Vang, *1 Corinthians*, 155를 보라.

[130] Vang, *1 Corinthians*, 155.

[131] Prior, *The Message of 1 Corinthians*, 189: "rigorous and honest self-scrutiny."

[132] Godet, *Commentary on First Corinthians*, 592. 아마도 이런 의미에서 루터는 "너희를 위해"라는 말에 대한 믿음이 없이 참여하는 것이라고 했을 것이다(Godet, *Commentary on First Corinthians*, 591의 정보).

[133] 이상근은 우수한 사본들(ℵ, A, B, C)에는 "그 몸"이고, 3ℵ, D, G, F 사본들에는 "주의"가 첨가되어 있으나 "이 첨가가 없더라도 '주의 몸'인 것은 (관사와 더불어) 분명하다"라고 말한다(이상근, 『고린도전, 후서』, 158).

행동이 그들이 받아들이고 있다고 주장하는 복음을 배반하고 있다"면[135] 그것은 큰 문제이다. 그러므로 자신과 자신의 이해를 철저히 점검하고서, 그에 합당하게 성령님을 의존하면서 그리스도의 십자가와 관련하여 주의 만찬에 참여해야만 "주의 몸과 피를 범하는"(27절) 죄를 범하지 않고, "(주의) 몸을 분별하지 못하고 먹고 마심"으로써 결국은 "자기 죄를 먹고 마시는 자"(ὁ ἐσθίων καὶ πίνων κρίμα ἑαυτῷ – 29절)가 되는 죄를 범하지 않게 된다. 이는 직역하면 "정죄를 먹고 마신다"는 뜻이다.[136]

이렇게 말할 때 우리들은 여기서 말하는 주의 몸을 분별함이 (1) 성찬의 떡과 일반적인 떡을 구별함을 뜻하는[137] 것도 아니요, (2) "몸"이라는 말의 절대적 사용에 주의하면서 그리스도의 몸으로서의 교회를 일차적으로 고려한다는 의미도[138] 아니다. 이는 맥락 상 매우 자명하

---

[134] 그러므로 Bengel이 단순하게 말하듯이 "자아 성찰이 없이 참여하는 것이 합당치 않게 참여하는 것이라고도 할 수 있다(Godet, *Commentary on First Corinthians*, 591의 정보).

[135] Fee, *The First Epistle to the Corinthians*, 562. 이를 표현하는 브루스의 표현을 주목하여 보라: "a Christian whose behaviour belied his profession" (Bruce, *I & II Corinthians*, 115).

[136] 이 점을 강조하는 다음 해석들을 보라. 박윤선, 『신약 주석: 고린도전서』, 169; 이상근, 『고린도전, 후서』, 159: "자신의 판단을 자취하는 것이다. 그들은 이런 불분별 때문에 하나님의 징계를 면치 못하는 것이다.")

[137] Cf. Parry, *The First Epistle of Paul the Apostle to the Corinthians*, 171; Hӧring, *The First Epistle of St. Paul to the Corinthians*, 120. 이런 해석은 저스틴 마터, 어거스틴, 토마스 아퀴나스, 피터 롬바르드, 그리고 베자(Beza)를 비롯해서 19세기의 Heinrici, Johannes Weiss, F. Godet 등의 이해이기도 하다(Thiselton, *The First Epistle to the Corinthians*, 892, n. 218을 보라).

[138] 이런 해석은 Robertson & Plummer, *The First Epistle of St. Paul to the Corinthians*, 252; Moffatt, *The First Epistle of Paul to the*

며, 더구나 앞의 맥락에서 "피"라는 말이 덧붙여져 있기에 그것은 더 분명해진다.139 (3) 또한 이것을 그리스도 자신의 몸이라고 보면서 이를 분별치 못하면 우리가 그리스도 자신의 죽음에 대한 책임을 져야 하는(liable for his death) 상황이 된다고 보는 것도140 본문에 상당한 의미를 넣어 읽는 것이 된다. (4) 그러므로, 이것은, 우리가 위에서

Corinthians, 171-73; Conzelmann, 1 Corinthians, 202; Orr and Walther, 1 Corinthians, 274 등의 해석이다. 또한 G. Bornkamm, Ernst K semann, W. K mmel, E. Schweizer 등도 이런 해석을 취한다고 한다. 그리고 근자의 Witherington, Conflict and Community, 252; Blomberg, 1 Corinthians, 231; Hays, First Corinthians, 200; Collins, First Corinthians, 436, 439; Blomberg, 『고린도전서』, 265; Fee, The First Epistle to the Corinthians, 559, 564("the church as it is visibly portrayed at the Lord's Supper," "the church as that body," "the whole church that is seated as one body at this meal," "the one body of Christ, of which they all are parts and in which they all are gifts to one another"), 568; 그리고 Watson, The First Epistle to the Corinthians, 122-23 등의 해석이다.

네 번째 견해를 잘 드러내는 브루스조차도 29절과 관련해서 이런 시사를 하기도 한다(Bruce, I & II Corinthians, 115). 윌리엄 바클레이도 그와 같은 입장인데 그는 바울이 이 둘을 다 염두에 두었다고 한다(Barclay, The Letters to the Corinthians, 116). 거꾸로 데이비드 프라이어는 이런 해석과 우리의 네 번째 해석을 같이 붙여 제시하고 있다(Prior, The Message of 1 Corinthians, 189-90).

139 이점을 강조하는 Barrett, A Commentary on the First Epistle to the Corinthians, 273을 보라.

140 이런 해석으로 Prior, The Message of 1 Corinthians, 189; Fee, The First Epistle to the Corinthians, 559-61, 563을 보라. 아주 강하지는 않으나 이를 시사하는 Morris, 1 Corinthians, 161: "… misuse the symbols of that death, and share the guilt of those who put Jesus to death." 김세윤도 그런 시사를 한다. 김세윤, 『고린도전서 강해』, 286: "즉, 그리스도를 십자가에 못 박아 피 흘리게 한 자들과 같은 자리에 서게 되는 것입니다.")

그러나 이와 같은 해석이 바울이 의도한 의미일 수 없다는 단언으로 Bruce, I & II Corinthians, 114를 보라: "… Paul's language might taken by an English reader to denote responsibility for the death of Christ; this is not his meaning."

논의한 바와 같이, '그리스도의 몸과 피'로서의 주의 만찬 자체의[141] 의미를 잘 분별하고, 따라서 우리가 과연 그에 합당한 자인지를 잘 점검하는 것으로 이해하는 것이 좋을 것이다. 이와 같이 "자기를 분별하는 일은 성찬 참여의 필수 요건이다(고전 11:31)."[142]

그리고 이런 자기 점검은 (물론 성령님의 힘 가운데서) 그리스도인 개개인이 할 수 있는 것으로 이 문맥에 나타난다. 로벗슨과 플러머는 이것은 "개개인 그리스도인이 스스로 할 수 있는 것으로 제시되며, 그것이 정상적인 사태라고 함의하는 듯하다"고 하면서 다음 같은 크리소스톰의 말을 인용하여 제시한다: "[바울은] 한 사람이 다른 사람을 시험해 보라고 명령하지 않는다. 오히려 각 사람이 스스로를 시험하라는 것이다. 그러므로 이 법정은 개인적인 것이며 그 어떤 증인도 없게끔 한다."[143] 그러므로 바울이 말하는 전체적 내용과 문맥을 보면 사적인 고해(private confession) 같은 것이 있을 수 없음이 아주 자명하다.

3. 판단을 받는 것은 주께 징계를 받는 것이니(32절)

혹시 주의 만찬의 모든 의미를 잘 살피지 못하고 성찬에 참여하게 되

---

[141] Cf. Barrett, *A Commentary on the First Epistle to the Corinthians*, 275; Marshall, *Last Supper and the Lord's Supper*, 114.

[142] 전경연, 『고린도 서신의 신학 논제』 (서울: 대한기독교출판사, 1988), 242.

[143] Robertson and Plummer, *The First Epistle of St. Paul to the Corinthians*, 251. 그러므로 "사적인 고해를 위해 목사님이 사용되어야 하는 가의 문제에 대해서 여기서는 찬성도 반대로 하지 않지만"과 같은 앞의 문장도 고쳤어야 했을 것이다.

면 자신의 죄를 먹고 마시는 것이 되므로 결국은 하나님의 징계를 자초한다. 이렇게 보는 것이 자연스러운 해석이다.[144] 그들은 (1) 가난한 형제들에 대하여 죄를 지었고(22절), (2) 그리스도에 대해 죄를 지었다.[145] 그래서 당시 고린도 교회에서 어떤 분들은 약하여지고(ἀσθενεῖς), 어떤 분들은 병들었고(ἄρρωστοι), 어떤 분들은 죽었다(κοιμῶνται ἱκανοί - 30절).[146] 물론 이것은 고린도 교회에서 약하

---

[144] 한스 리츠만은 성찬의 요소가 이런 결과를 일으킨 것이라고 하면서 "불멸의 약(φάρμακο αθανασίας)이 죽음의 약(φάρμακον του θανάτου)이 되었다"고 말하나 이는 지나친 논의이다(이에 대한 소개와 반박으로 Conzelmann, 1 Corinthians, 203, n. 114 & 202, n. 104를 보라). Goudge는 상징적으로 "음식이 독이 되었다"고도 표현한다(Goudge, The First Epistle to the Corinthians, 101). 또 어떤 분들은 다른 것도 말하면서도 또한 지나치게 먹고 마신 것이 그 원인이라고 하면서, 그것의 자연스러운 결과라고 보려고 하나(Cf. Robertson and Plummer, The First Epistle of St. Paul to the Corinthians, 253), 이 맥락에서 바울은 하나님의 징계하심을 강조하고 있다는 모리스의 논의(Morris, 1 Corinthians, 161)가 옳다.

[145] 이 두 가지를 아주 명확히 열거하면서 언급하는 Hodge, A Commentary on 1 & 2 Corinthians, 235를 보라.

[146] 대부분의 주석가들은 이를 실제적인 약함과 병듦과 죽음으로 이해한다. 오직 S. Schneider 만이 Filologia Neotestamentaris 9 (1996)에 낸 논문에서 이 용어들을 비유적으로 이해하려고 한다(이에 대한 문헌 정보는 Thiselton, The First Epistle to the Corinthians, 894, n. 232를 보라). Soards, 1 Corinthians, 251에서 또 다른 해석으로 이런 비유적 이해를 제시하기도 한다. 아이혼(Eichhorn) 등은 정신적 병약자와 죽은 자라고 하였다고 한다(이상근, 『고린도전, 후서』, 159). 근자에 베일리가 이와 비슷하게 초자연적 개입을 배제하는 해석을 하였다: "… 폭식과 과음이 질병의 원인일 수 있다. 그러나 바울은 평소처럼 은밀하게, 그들의 교제의 파괴적 성격이 그들의 영적, 육체적 건강에 부정적인 영향을 미쳤다고 암시한다."(Bailey, 『지중해의 눈으로 본 바울』, 489). 이런 자연적 해석의 유익이 무엇인지 잘 모르겠다.

대부분의 해석자들은 이런 일이 개별적으로, 즉 각자의 잘못에 대하여 일어난 것으로 이해한다. 그런데 고든 피는 성도들이 성찬에서 형제를 무시하고 공동체인 몸을 망가뜨린 죄 때문에 몇 사람의 잘못으로 말미암아 온 공동체가 영향을 받

여지고, 병들고 죽음 사람들이 다 성찬에 잘못 참여하여 그렇게 되었다는 말은 아니다.[147] 그런 경우에 해당하는 일들이 발생했다는 말이다. 고든 피가 잘 표현하고 있듯이, "이것은 그들 자신의 상황에 대한 상황 부합적 성찰[對狀況論駁的省察]이다."[148]

고린도 교회에 대해서는 하나님께서 징계를 분명히 하셔서 하나님의 의도를 잘 드러내셔서 어떤 분들이 하나님으로부터 판단을 받는 것이 일어났다고 한다(32절). 사도행전 5:3, 4절도 언급하여 이와 연관시키면서 "사도 시대의 교회의 죄에 대한 하나님의 심판의 엄중성은 주께서 그 교회와 연합해 있는 것의 밀접성의 필연적 결과"라고 말

았고, 그 결과로 어떤 이들이 약해지고 병들고 죽고 하는 일이 있었다고 공동체 전체에 대한 하나님의 심판을 바울이 말하는 것이라고 논의한다. Cf. Fee, *The First Epistle to the Corinthians*, 565. 이는 좀 독특한 해석이라고 여겨진다.

더 독특한 해석으로, 이를 공동체적인 것으로 생각하면서 고린도 교우들이 성찬에서도 가난한 분들을 잘 돌보지 않아서 어떤 분들이 가난 때문에 병에 들고 죽는 일도 발생했다는 뜻일 수도 있다는 Vang, *1 Corinthians*, 155의 해석을 들 수 있다("He *may* refer simply to specific illnesses (and deaths) stemming from poverty issues such as hunger and malnutrition – issues that could, and should, have been avoided in Christ's body (the church)."– Vang 자신의 강조점). 이는 아주 독특한 해석이라고 해야 할 것이다. 콘첼만도 공동체의 문제이지 개인적인 것이 아니라고 하면서("공동체가 병든 것이다" – Conzelmann, *1 Corinthians*, 203, n. 115), 이 본문의 자연스러운 의미를 손상시키고 있다.

[147] 이점을 지적하는 Orr and Walther, *1 Corinthians*, 268; Morris, *1 Corinthians*, 161도 보라. 모리스는 고린도 교회의 성도들 중 치유의 은사를 지닌 사람들이 있었음에도(12:9, 28) 불구하고 이런 일이 일어났다는 점도 지적한다 (161).

[148] Fee, *The First Epistle to the Corinthians*, 565: "[It] is an *ad hoc* reflection on their own situation."

그런데 이런 징계를 행하신 분이 이 성찬에 심판자로 임재하신 그리스도이시라는 왓슨의 해석은 매우 흥미롭다. 이 때 "그리스도께서는 구주로서가 아니라 심판자로서 임재하신 것이다"(Watson, *The First Epistle to the Corinthians*, 116). 그러나 이는 너무 지나치게 많이 나아간 것으로 보이기도 한다.

하는 고우지의 말은[149] 사도 시대의 교회의 성격을 잘 표현한 것이라고 할 수 있다.

바울은 그것이 주께 징계를 받은(παιδευόμεθα) 것이라고 말한다. 이런 일들은 "고통을 받은 사람들이 회개하도록 그들의 유익을 위해서 일어난 된 징계이다."[150] 그러므로 이 죄들은 예수님께서 말씀하셨던 용서 받지 못하는 죄들은 **아니다.**[151] 그러나 심판이라는 의미의 "크리마"(κρίμα) "앞에 정관사가 없음"에 주목하면서, 정관사가 붙으면 영원한 심판인 "그 심판"(the judgment)이 되고, 그렇지 않으면 징계라고 논하는 것은[152] 적절해 보이지 않는다.

---

[149] Goudge, *The First Epistle to the Corinthians*, 102: "The Severity of God's judgments upon sin in the Apostolic Church was the necessary result of the closeness of His union with her."

[150] Hodge, *A Commentary on 1 & 2 Corinthians*, 234: "These judgments were chastisements designed for the benefit of those who suffered, to bring to repentance." 그리스도께서 이미 죄 값을 치루셨으므로 믿는 자에게 형벌이 없음을 요한복음 5:24에 근거해서 분명히 언급하고, 히 12:5-11을 언급하면서 자신의 백성들에 대한 징계의 한 부분임을 명확히 하는 Prior, *The Message of 1 Corinthians*, 190을 보라. 그는 "완전하신 아버지의 지혜스럽고 사랑스러운, 고통스러우나 생산적인 징계"(the wise, loving, painful but productive discipline of a perfect Father)라고 말한다. 히 12:5과 연관시키는 Mare, "1 Corinthians," 260도 보라. 또한 Orr and Walther, *1 Corinthians*, 274; 그리고 조병수, 『우리는 한 몸이라: 고린도전서를 어떻게 읽을 것인가?』, 272도 보라.

[151] 이점을 언급하는 Hodge, *A Commentary on 1 & 2 Corinthians*, 234를 보라.

[152] 이런 논의의 예로 Godet, *Commentary on the First Corinthians*, 594; Mare, "1 Corinthians," 260을 보라. Mare의 논의 중에 의미 있는 것은 "징계를 받은"(παιδευόμεθα)이라는 말이 현재 시제로 쓰였고, "정죄 받지 않게"(μὴ κατακριθῶμεν)라는 말이 부정 과거 시제로 쓰인 것을 대조하는 것은 좀 의미 있어 보인다. 즉, 현재의 계속되는 징계에 대한 경험과 미래 심판의 최종적 실재를 대조하기 위한 것이라는 것은(Mare, "1 Corinthians," 261, n. 32) 의미 있다. 그러나 이것도 **문맥상 그런 의미를 찾아야지** 시제에 너무 의존하는 것은 좋지 않다.

하나님의 백성들에 대한 하나님의 징계와 배려의 한 부분이 여기 있다. "그러므로 이 심판은 처벌이 아니라 징계요, 하나님의 은혜의 증표이다"고 말하는 흐로샤이데의 말이 정확하다.[153] 정암도 잘 강조하고 있는 바와 같이, "육신 상으로는 죄인들이 죽은 데까지 이르는 징계를 받게 하여서라도, 그들의 영혼은 구원받도록 하시는 것이 하나님의 사랑이다(고전 5:5)."[154]

이런 경우에도 하나님께서는 결국은 "구원하시기 위해서"[155] 미리 판단을 하신 것으로 보아야 한다. 그래서 그렇게 징계 받는 것, 그렇게 판단을 받는 것도 결국은 "우리로 세상과 함께 징계를 받지 않도록 하기 위한"(ἵνα μὴ σὺν τῷ κόσμῳ κατακριθῶμεν) 것이라고 한다(32절). 하나님의 징계도 결국 신자들은 더 온전히 하셔서 최후의 심판에서 "세상과 함께"(σὺν τῷ κόσμῳ) - 이 때 세상은 고데가 잘 표현한 바와 같이 "회개하지 않고 그리하여 상실된 인간들을 지칭한

---

[153] Grosheide, *The First Epistle to the Corinthians*, 276: "That judgment, therefore, is not a punishment, but a chastisement, a token of God's grace (3:11; 히 12:5f.; 계 3:11)." 또한 Goudge, *The First Epistle to the Corinthians*, 102: "징계는 사랑의 목적으로 가지고 있다." 또한 Godet, *Commentary on the First Corinthians*, 597: "이 심판은, 매우 심각한 것이기는 하지만, 또한 주님 편에서의 자비의 행위이기도 하다. 그것은 아직은 영원한 정죄는 아니고, 오히려 그것을 방지하는 역할을 하는 것이다."

[154] 박윤선, 『신약 주석: 고린도전서』, 170. 또한 이상근, 『고린도전, 후서』, 159; 그리고 Bruce, *I & II Corinthians*, 116 ("a disciplinary purpose")도 보라.

[155] 이점을 잘 드러낸 논의로 C. F. D. Moule, "The Judgment Theme in the Sacraments," in W. D. Davis and D. Daube, eds., *The Background of the NT and Its Eschatology: In Honour of C. H. Dodd* (Cambridge: Cambridge University Press, 1956), 464-81, at 470; Bruce, *I & II Corinthians*, 116; Fee, *The First Epistle to the Corinthians*, 565; 그리고 Watson, *The First Epistle to the Corinthians*, 124를 보라.

다"[156] – 정죄되지 않도록 하시려는 하나님의 배려가 있는 것이다.[157]

그러나 이것으로부터 오늘날도 교회 공동체 안에서의 성도들의 연약함과 병듦과 죽음이 모두 다 이런 죄 때문이라고 추론해서는 안된다.[158] 바울은 여기서 "사람들의 의견이 아니라, 하나님의 뜻이 우리의 태도와 행동에 대한 척도"라는[159] 큰 원칙을 선언하는 것이다.

4. "그러므로 먹으러 모일 때에 서로 기다리라"(33절)

바울의 권면은 이 말로 마쳐지고 있다. '에크데케스떼'(ἐκδέχεσθε)를 "기다리라"고 해석하는 것이 자연스러운 해석이다.[160] 그러나, 앞부분

---

[156] Godet, *Commentary on the First Corinthians*, 597.

[157] 그렇기에 이런 것들도 "하나님의 사랑의 표들"(the tokens of God's love)이라고 말하는 모리스의 말도 생각해 보라(Morris, *1 Corinthians*, 162).

[158] 이점에 대한 강조로 Fee, *The First Epistle to the Corinthians*, 565를 보라. 바울이 이를 말하는 것은 "예언자적인 판단에서"라고 그는 강조한다(565).

[159] Soards, *1 Corinthians*, 251.

[160] 앞부분의 논의들을 참고하라. Cf. NRSV, NIV, NJB. 박윤선, 『신약 주석: 고린도전서』, 170. 이상근은 다른 해석도 생각하나 기본적으로 "기다리라"는 입장을 취하여 주석하고 있다(이상근, 『고린도전, 후서』, 160). 또한 Hodge, *A Commentary on 1 & 2 Corinthians*, 235; Godet, *Commentary on the First Corinthians*, 598f.; Robertson and Plummer, *The First Epistle of St. Paul to the Corinthians*, 255; Grosheide, *The First Epistle to the Corinthians*, 276; Bruce, *I & II Corinthians*, 116; Morris, *1 Corinthians*, 162; Smith, "The Problem with the Observance of the Lord's Supper in the Corinthian Church," 538–39; 그리고 김세윤, 『고린도전서 강해』, 289–90도 보라. 이 중에서 Hodge, Grosheide, Bruce, Morris, 조병수 등은 모든 이들이 가져 온 공동의 음식을 먹을 때 다른 분들이 먼저 취하기를 기다리라는 입장을 표한다. (박윤선과 이상근도 이와 비슷한 것 같은데 모호하다). 바레트는 음식의 적절한 배분이 먼저 이루어지고, 그 후에 다 같이 먹어야 한다는 것이 함의되었다고 한다

에서 이미 살펴보았지만, 70인경(LXX)의 용례를 생각하면서 이를 "받아들이라"고 해석하는 경우들도 있다.[161]

이것을 어떻게 이해하던지, 결국은 다른 지체들을 먼저 배려하라는 함의를 지닌 것임은 누구나 인정한다. 다른 지체들을 먼저 배려하지 않는 공동체는 결국 외적인 형식을 갖추어 성찬을 한다고 해도 결국 "주의 만찬"을 하는 것이 아니다. 이미 그리스도의 한 몸의 깨뜨려 버린 공동체는 주의 만찬을 할 수 없다고 바울은 선언한다. 칼빈은 여기서 자신이 논의한 것을 다음 같이 정리해서 제시하고 있다: (1) "성찬에서 평등성이 드러나야 한다." (2) "반드시 그리해야 하는 바와 같이, 참된 참여(a real participation)가 있어야 한다." (3) "각자가 자신의 식사를 하는 것이어서는 안 된다." 더 나아가서 (4) "이 성례는 다른 일반적 잔치나 식사들과 혼합되어서는 안 된다."[162]

그러므로 다른 지체들을 배려하는 공동체 됨을 이루는 근원적 사건인 십자가 사건과 우리가 하나가 되었음을 선언하는 성찬에서[163] 우리의 근원적 정체성을 다시 생각해야 한다. 고든 피가 잘 말하고 있

(Barrett, *A Commentary on the First Epistle to the Corinthians*, 276).

[161] 이상근에 의하면 Kiel 대학교의 고대 동양어 교수였던 Justus Olshausen (1800–82)과 소위 에어랑엔 학파의 Johannes Christian Konrad von Hofmann (1810–79), *Die heilige Schrift des neuen Testaments zusanimenhangend untersucht* (1862–1878, 2nd ed., 1896) 등이 이렇게 보았다고 한다(이상근, 『고린도전, 후서』, 160). 또한 Bruce W. Winter, Richard A. Horsley, Gordon Fee, Ottfried Hofius, 그리고 Richard Hays 등이 이런 의견을 말한다는 것을 위에서 이미 언급하였다.

[162] Calvin, *Commentary on the Epistle of Paul the Apostle to the Corinthians*, vol. 1, 394.

[163] 성찬이 십자가를 통하여 하나가 되었음을 선언하는 것이라는 점은 모든 사람들이 지적하는 강조점이지만, 그들 중에서도 특히 Fee, *The First Epistle to the Corinthians*, 544를 보라.

듯이, "빌레몬서에서 노예 제도 문제를 다룰 때와 같이 바울은 여기서도 가진 자들과 가지지 못한 자들의 불균형의 문제를 간접적으로 공격하나, 여기서는 그 핵심을 공격한다."[164] 십자가 사건에 의해 한 몸이 된 우리들로 하여금 계속해서 이 근원적 사건을 돌이켜 보도록 하는 이 성찬에 참으로 의미 있게 참여할 때에 우리들은 진정한 참여를 통해서 우리들이 그리스도 안에서 한 몸임을 온 세상에 드러내는 것이며, 그것이 그리스도의 죽으심을 온 세상에 선포하는 것이 된다. 이렇게 할 때에 오직 그리스도를 통한 갱신의 복음을 다시 드러내는 성찬은 다시 한번 더 복음 사건으로 우리 가운데서 시행되는 것이다.

우리들의 성찬과 교회의 모습은?

이 모든 것을 살핀 우리들은 어떻게 생각하고 성찬을 어떻게 행해야 하는가? 일단 교회 공동체가 자신들의 정체성을 항상 돌아보면서 그 정체성에 부합한 모임을 가져야 하고, 성찬 모임이 그 의미에 부합한 유익한 것이 되도록 해야 한다. 옥스퍼드 대학교의 신학 정교수(Regius Professor of Divinity in the University of Oxford)이기도 했고, 일리의 목사(Canon of Ely)였던 Henry Leighton Goudge (1866-1939)가 오래 전에 잘 표현한 바와 같이, "교회에 속하였다는 것은 **모두를 형제로 만드는 것이고, 모두에게 위엄을 부여하는 것이다.**"[165] 십자가로 인한 이런 우리의 정체성을 분명히 드러내는 사건들

---

164 Fee, *The First Epistle to the Corinthians*, 544.

165 Goudge, *The First Epistle to the Corinthians*, 99: "Membership in the Church makes *all brethren, and gives dignity to all.*" 강조점은 덧붙인

가운데 하나가 "주의 만찬"을 제대로 시행하는 것이다. 주께서 오실 때까지 교회 공동체는 주께서 제정하신 그 의도에 부합하게 주의 만찬을 시행하여 그 정체성을 온 세상에 드러내야 한다. 그러므로 교회 공동체가 이렇게 정상적으로 모이는 것은 유익한 것이며, 세상을 향하여 주의 죽으심을 (그리고 함의상 그의 다시 사셨음과 하늘에 계심과 심판하러 세상에 다시 오실 것임을) 온 세상에 전하는 것이다.

그러려면 교회 공동체에 속한 개개인이 "주의 만찬"의 심오한 의미를 그야말로 명심(銘心)해야 한다. 이렇게 그 심각한 의미를 마음에 새기지 않고서는 교회는 계속해서 여러 문제들에 빠질 것이고, 그 모임은 유익하지 않은 모임이 되고, 사명을 다하지 못하는 교회 공동체가 되고 만다. 우리들이 그리스도와 함께 죽고 살아난 사람들이라는 것을 다시 생각하면서 그것을 가능하게 한 십자가와 부활을 중심으로, 그리고 이를 우리에게 적용시키시고 분명히 하시는 성령님의 사역을 중심으로 '주의 만찬'을 의미 있게 시행하기 위해서 날마다 자기를 점검(self-examination)해야 한다. 이런 자아 성찰은 십자가와 부활의 빛에서 자신을 돌아보는 것이며, 결국은 주의 만찬에 제대로 참여하기 위한 조건이므로, 이는 결국 교회 공동체를 참으로 **"주님의"** 공동체가 되도록 하는 작업이 된다.

중요한 것은 이 공동체의 '주의 공동체' 됨에 있다. 그것을 드러내기 위해 주의 만찬을 하는 것이고, 주의 만찬을 의미 있게 하도록 하기 위해 각 지체들은 깊이 있는 자아 성찰을 하는 것이다. 주의 만찬과 분리된 자아 성찰은 진정한 의미의 자아 성찰이 아니며, 따라서 주님의 공동체와 떨어져 있는 지체는 어불성설(語不成說)이다. 오늘날

것임.

한국 기독교계에서 이 점과 그 함의를 깊이 있게 생각해 보아야 한다!

"고린도 교회의 문제는 모이기에 실패한 문제가 아니라, 그들이 모일 때 참으로 하나님의 새로운 백성으로서의 성격을 잘 드러내지 못한 문제였다"는 고든 피의 말에[166] 비추어 보면, 오늘날 한국 교회는 (1) 모이기에 실패하는 문제도 드러내고 있고, (2) 또한 우리가 겨우 모일 때에도, 고린도 교회와 같이 모일 때에 하나님의 새로운 백성의 성격을 잘 드러내지 못하는 모습도 드러내고 있다. 우리는 이 두 가지 문제 모두에 대해서 회개해야 한다. 중요한 것은 주님과의 교통이며, 또한 그의 백성들과의 교통(the communion with the Lord and his people)이다.[167]

우리들의 모임이 참으로 "유익한" 모임이 되어야 한다. 그런데 그 "유익"의 기준을 각자가 정하려고 해서는 안 되고, 성경이 말하는 의미에서 신약 성경의 그 교회 공동체를 참으로 이 땅 가운데 제대로 드러나게 하는 데 유익한 것이 되어야 한다. 이것으로 위해 주의 만찬이 제정된 것이다. 그러므로 각 지체들은 부지런히 자아 성찰을 하여 자신들의 모든 존재와 존재 방식이 이 교회 공동체를 이 세상에 드러내는 일에 기여하는 것인지를 깊이 있게 성찰해야 한다.

진정한 자아 성찰은 주의 만찬을 의미 있게 행하도록 하는 일이며, 주의 만찬을 제대로 행하는 것이 우리의 모임을 유익한 것이 되게 한다. 이 땅에 있는 동안 우리들은 계속해서 이런 유익한 모임을 하여 주께서 구속사역을 이루신 진정한 의미를 이 땅에 온전히 드러내도록 해야 한다. 이 부분을 주석하면서 윌리엄 바클레이가 한 말을 인용함

---

[166] Fee, *The First Epistle to the Corinthians*, 536.

[167] 이점을 강조하는 여러 사람 중에 Mare, "1 Corinthians," 260도 보라.

으로 이 논의 전체를 마치려한다: "나눔의 기술을 잊은 교회는 더 이상 참된 교회가 아니다."168

---

168 Barclay, *The Letters to the Corinthians*, 113: "A Church is no true Church where the art of sharing is forgotten."

제 3 부

교회와 실천

10

교회에서의 여성 사역의 문제:
디모데전서 2:9-15에 대한 성경 신학적 논의[1]

교회에서의 여성 사역 문제에 대해서 우리가 과연 어떻게 생각하여야 하는가 하는 질문이 오늘날 한국 교회 안에서도 계속 제기되고 있다. 이 문제에 대한 간단한 논의를 제시해 보고자 한다. "교회 안에서의 여성의 사역"이라고 할 때 많은 사람들은 목사와 장로로서의 사역을 중심으로 생각하려고 한다. 이런 현상이 과연 바람직한 것인가에 대해서 필자 자신은 별로 확신이 서지 않는다. 오히려 필자 자신은 "여성 사역"이라는 말을 좀 더 폭 넓게 생각해야 하고 그런 폭 넓은 의미의 여성 사역의 중요성을 강조해야 한다고 생각한다. 이런 폭 넓은 의미에

---

[1] 이 글의 가장 기본적인 틀은 이미 오래 전에 제시하였고 그리하여 필자의 책 『기독교 세계관으로 바라보는 21세기 한국 사회와 교회』 (서울: SFC, 2005) 235-47=개정판 (서울: CCP, 2018), 265-76에 제시했던 것임을 밝힌다. 이 논문은 이전의 짧은 글을 더 깊이 있고 상세하게 발전시킨 것이다.

서는 교회 안에서 여성은 처음부터 중요하게 사역해 왔고, 앞으로도 그러할 것이다. 그러한 여성의 사역들은 남성의 사역과 마찬가지로 교회의 삶과 성장의 필수불가결한 것들이다.[2] 그러나 일단 이 글에서는 많은 사람들이 오늘날 이 문제에 대해서 문제를 제기할 때 생각하는 의도인 여성이 교회의 목사와 장로로서의 사역을 하는 것이 허용될 수 있는가 하는 점을 논의하고자 한다.

모든 그리스도인들이 공통된 출발점

먼저 우리는 오늘날 논란이 되는 이 구체적인 문제에 대해서 우리 각자가 어떤 의견을 가지고 있든 지를 차치(且置)하고, 모든 그리스도인들이 동의해야만 하는 부분에 대한 논의부터 시작하는 것이 좋을 것이다. 이 점을 분명히 해야 이 문제에 대한 논의에서 본질을 흐리게 하지 않는 건전한 논의가 진행될 수 있기 때문이다. 이 점을 분명히 하지 않으면 논의해 가는 과정 가운데서 문제의 본질을 흐리는 지엽적이고 비본질적인 논의와 심지어 감정적인 의견 표명과 의견의 대립으로 나아갈 위험이 있으므로 모든 그리스도인들의 논의에서는 먼저 다음 몇 가지 점들을 분명히 하고 논의를 시작해야 한다. 우리의 논의가 진정 그리스도교적인 논의이려면 우리 모두가 함께 동의하고 출발해야 할 점들은 다음과 같은 점들이라고 여겨진다.

---

2 이 점을 잘 드러내는 Douglas Moo, "What Does It Mean Not to Teach or to Have Authority over Men? 1 Timothy 2:11-15," in *Recovering Biblical Manhood and Womanhood*, eds., John Piper and W. Wayne Grudem (Wheaton, IL.: Crossway, 1991, 2nd edition, 2006), 179-93, at 179를 보라.

1. 남자와 여자는 그 신분과 지위에 있어서 동등하다.

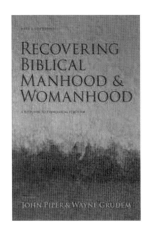

그리스도인들은 이 점에 있어서 누구나 동의 할 것이다. 그러므로 후의 논의에서 이 점을 가지고 서로를 공격하는 일이 없도록 해야 할 것이다. (예를 들어서, 여성 사역을 찬성 하는 이들이 이를 비판하는 이들에게 대해서 그렇게 보는 것은 여성을 평등하게 보는 것 이 아니라고 한다든지 하는 식으로 논의해서 는 안 된다.) 창조와 구속의 빛에서는 남녀 가 평등하다.[3] 타락의 영향 하에서 서로가 투쟁하며 결과적으로 남자가 여자를 다스리 게 되는 현상이 발생했으나(창 3:16), 그것은 적극적인 의미를 지닌 것 이기보다는 죄악의 결과요 죄에 대한 형벌의 한 부분으로 나타난 것이 다. 그렇게 상호 지배적이려고 하는 상황은 하나님께서 긍정적이고 적 극적인 의미에서 우리에게 주신 관계의 상황은 아니다.

그러므로 이후의 논쟁에서 어떤 입장을 지니든지 그리스도인은 그리스도 안에서 남녀가 평등하다는 것을 인정하며 논의하는 것이라는 점을 분명히 해야 한다. 다시 말해서, 여자가 어떤 점에서 부족한 점이 있어서 여성의 교회에서의 사역이 있을 수 없다는 식의 논의가 전개되 어서는 안 된다. 다시 말하자면, 어떤 방향에서든지 인격적 가치와 역

---

3 Cf. 이승구, 『기독교 세계관이란 무엇인가?』 (서울: SFC, 2003), 134. 또한 Thomas R. Schreiner, "Head Coverings, Prophecies, and the Trinity, 1 Corinthians 11:2-16," in *Recovering Biblical Manhood and Womanhood*, 138.

할을 동일시하려고 해서는 안 되다. 그리하려는 것은 비성경적이고 세속적인 관점이다.[4] 신분과 지위에 있어서 남자와 여자는 동등하고 단지 그 은사와 기능의 차이가 있는 것이다. 이점은 구속에서 더 분명히 드러나게 된다. 그러므로 그리스도 안에서 주어지는 구속이 창조에서 주어진 역할 관계를 무효화시키는 것과 같이 말하는 것은[5] 옳지 않은 것이다. 구속은 타락으로 인한 문제를 제거하고 창조 때의 관계성에 회복시켜 주는 것이다.[6] 창조와 구속의 빛에서 이는 모든 그리스도인의 논의의 전제의 하나이다.

　　또한 창조와 구속의 빛에서는 남자와 여자는 서로가 서로를 필요로 하는 것이요, 하나님의 의도는 남자와 여자가 각기 그들의 특성을 가지고 하나님의 일에 필요한 것이다. 돕는 배필의 의미가 "그에게 상응하는 돕는 자"임을 생각할 때 이 점은 매우 자명하다. 그래서 바울은 "주안에는 남자 없이 여자만 있지 않고, 여자 없이 남자만 있지 아니하니라"(고전 11:11)라고 말하고 있다. 이점은 성경적 상보주의자들(biblical complementarians)과 성경적 평등주의자들(biblical

---

　　4 이점을 잘 지적하는 William Mounce, *Pastoral Epistles*. Word Biblical Commentary 46 (Nashville: Thomas Nelson Publishers, 2000), 148의 논의를 보라: "Yet the equating of worth and role is a nonbiblical, secular view of reality. Nowhere in Scripture are role and ultimate worth ever equated."

　　5 이런 논의의 대표적인 예로 Ruth A. Tucker and Walter L. Liefeld, *Daughters of the Church, Women and Ministry from the New Testament Time to the Present* (Grand Rapids: Zondervan, 1987), 451을 보라.

　　6 사실 바울은 타락에 근거해서나 다른 것에 근거해서가 아니라 구속에 근거해서 여인들이 남자에게 복종하라고 권면하고 있다. 이점을 지적하는 Bertil Gärtner, "*Didaskalos*: The Office, Man and Woman in the New Testament," trans. J. E. Harborg, *Concordia Journal* 8 (1982): 52-60, at 59-60을 보라.

egalitarians)이 모두 동의하는 점이다.

2. 사역자는 그리스도의 대리자(vicar)가 아니다.

신약 교회의 직임은 구약 교회의 직임과 직접적 연속성을 지니고 있는 직임들이 아니다. 구약의 직임들은 오실 메시아의 사역을 바라보게 하는 모형론적 의미를 지니고 있었다고도 할 수 있으나 신약의 직임들은 구약의 직임과 직접적 연속성을 지니고 있지 않고, 또한 그리스도께서 성취하신 온전한 선지자, 제사장, 왕직의 대리 직임을 가지고 있지 않은 것이다. 그러므로 천주교회나 성공회 등에서 주장하는 바와 같이 예수님을 대리하는 직임에 근거하여 이 문제에 대해서 생각하여야 한다는 것은 이 문제와는 전혀 상관없는 논의를 하는 것이다. 즉, 교회의 어떤 직분자들이 그리스도를 대리하는 것인데, 그리스도가 남성이었으므로 교회의 사역자는 남성이어야만 한다는 식의 논의는 선결 문제 오류를 지닌 잘못된 논의가 된다. 왜냐하면 신약 교회의 직임은 그리스도를 대리하는 직임이 아니기 때문이다. 따라서 우리는 신약 교회의 직임은 그리스도의 대리자 역할을 하는 것이 아님을 분명히 하면서 논의해야 한다.

3. 신약의 선지자들이 있는 상황은 과도기적인 현상이었다.

신약의 선지자들 가운데서는 남자 선지자들과 함께 여선지자들이 있었다(행 21:9; 고전 11:5(?)) 그러나 그런 직분이 신약 교회에 지속적으로 있게 하지 않으신 것이다. 새로운 계시가 교회 안에 지속적으로 있는 것이 아니다.[7] 그러므로 신약 초기에 여자 선지자들이 있었으므로 우리 시대에도 말씀을 가르치는 여자들이 있을 수 있다는 논의는 계시사의 과정을 잘 생각하지 않는 논의인 것이다.

4. 시금석: 항상 있을 교회의 모습을 향해 성경이 어떻게 말하고 있느냐?

신약 성경이 교회 안에서의 사역에 대해서 빛을 비춰 주는 것이 우리의 최종적 판단 근거가 된다. 그러므로 이 문제에 대한 우리의 판단이 우리의 문화 현실이나 우리의 현실에 대한 요구로부터 도출되어서는 안 된다. 우리의 현실이 이 문제를 판단하는 준거가 되어서는 안 된다. 예를 들어서, 교회 안에서 남자들과 똑 같이 교육받은 여성들이 차별받고 있다는 현실로부터 이 문제에 대한 우리의 의견을 이끌게 해서는 안 된다. 또한 우리 문화의 요구가 이 문제를 판단하는 준거가 되어서도 안 된다. 1세기 교회의 문화적 정황이 우리의 교회의 원칙을 규제하도록 해서도 안 되고, 그와 반대로 오늘날의 문화적 상황이 이 문제에 대한 우리의 판단을 좌지우지하도록 해서도 안 된다. 오늘날에는 여성들의 참여가 사회 전반에 일반화되어졌으므로, 또한 교회 안에서는 여성이 더 많으므로 당연히 여성이 교회 안에서 중요한 직임을 감당하여야 한다는 식의 오늘의 문화와 현실에 근거한 논의가 우리의 사유를 지배해서는 안 된다. 다시 한 번 더 말하지만 신약 성경이 신약 교회의

---

7 이 점에 대한 더 깊은 논의로는 이승구, 『기독교 세계관으로 바라보는 21세기 한국 사회와 교회』 (서울: SFC, 2005), 263-65, 275-78, 299-302를 보라.

이 문제에 대해서 말하는 것만이 우리의 최종적 판단 근거가 되어야 한다(*sola scriptura!*).

5. 현실적의 배려의 문제

그렇기에 오늘 우리의 상황에서는 꼭 같이 교육받은 여성들이 교회 안에서 전도사님이나 교육부서 등에서 사역할 때 경제적 처분(예, 사례)에서나 존경받음에 있어서 남성들과 차별 받지 아니하도록 하는 모든 외적인 준비가 이루어져 나가야 한다는 것에는 모든 그리스도인들이 동의해야 하고, 더 나아가서 실제적으로 이를 이루어 가기 위해서 함께 노력해 가야 한다.

6. 성경에 대한 순종의 문제

그러나, 다시 말하지만, 성경의 규범적 의미에 대해서 우리가 다 순종하려는 태도를 지녀야 한다. 성경이 말하는 것에 대해서는 우리 모두가 복종해야 한다. 성경의 명백한 가르침에도 불구하고 그 말씀에 순종하려 하지 않는 것은[8] 비성경적인 태도이다. 그러나 혹시 성경을 존

---

[8] 이런 태도는 바울이 창세기 기록에 근거해서 여자가 가르치고 남자를 주관하는 것을 허락하지 않는다는 것을 분명히 인식하면서도 바울의 논리와 결론에 **동의하기를 거부하는** 데서 찾아 볼 수 있다. 이런 태도의 대표적인 예로 Paul King Jewett, *Man as Male and Female* (Grand Rapids: Eerdmans, 1975), 116, 19-126을 보라. 그는 여기서 바울이 말하는 식으로 논의하면 동물들이 아담보다 먼저 창조 받았으므로 그렇다면 동물이 가르쳐야 한다는 결론이 나오므로(Jewett,

중하면서 서로 달리 해석하는 사람들 사이에서는 서로가 성경을 존중하는 태도를 확인 할 수 있으면 그것을 인정하면서 서로 존중히 여기면서, 성경에 대한 서로 다른 해석에 대해서는 재미있게 토론하며 함께 하나님의 바른 뜻이 어떤 것인지를 추구하여 가야할 것이다. 그렇게 하지 않고 서로 인신 비방하거나 서로를 이단시하는 태도로 발전되어 가서는 안 된다. 물론 성경의 가르침에 복종하지 않으려고 하는 것에 대해서는 강한 비판을 해야 한다.

다시 말해서 우리는 성경의 가르침에 복종하려고 하면서 그 성경의 가장 바른 뜻이 어떤 것인지를 함께 찾아가는 동료 해석자들로서 서로를 존중하고 귀히 여기는 태도를 가져야 한다. 그리고 다시 한 번 더 강조하자면, 우리의 모든 판단의 최종적 근거는 성경의 가르침이어야만 한다.

Man as Male and Female, 119-27), 또한 창세기 1장의 창조의 순서로 보면 아담이 나중에 창조되었는데 더 우월한 것이라면 여자가 남자 보다 더 우월한 것이라는 것이 된다고(126-27) 하면서 바울은 단순히 틀렸다고 한다. 창세기 1장은 남녀가 동등하다고 하는데 바울은 창시기 2장을 1장과 분리 시켜서 논의하므로 그는 그저 랍비적 전승을 따르는 것이라고 하면서 "창세기 2:18f.에 대한 이런 랍비적 이해는 정확하고 옳은 것이가?"라고 묻고는 "우리는 그렇다고 생각하지 않는다"고 주장한다(*Man as Male and Female*, 119). 또한 그의 "Why I Favor the Ordination of Women," *Christianity Today* 19/18 (1975): 7-12도 보라. 이와 비슷한 논의들로 다음도 보라: Karen W. Hoover, "Creative Tension in Timothy 2:11-15," *Brethren Life and Thought* 22 (1977): 163-65; Catholic Biblical Association of America's Task Force on the Role of Women in Early Christianity," Women and Priestly Ministry: The New Testament Evidence," *Catholic Biblical Quarterly* 41 (1979): 603-13, at 612. 또한 Scholer는 바울의 창세기 사용이 선택적이므로 문제가 있다고 논의한다(D. M. Scholer, "1 Timothy 2:9-15 and the Place of Woman in the Church's Ministry," in *Women, Authority and the Bible*, ed. A. Mickelsen [Downers Grove, Ill.: IVP, 1986], 208-11). 그러나 이 모든 논의들은 다 성경의 권위를 그대로 믿지 않으려고 하는 것이다.

이 문제에 대한 신약의 해당 구절과 그 의미

그렇다면 우리는 일차적으로 이 문제에 대해 결정적인 논의를 하는 신약 성경의 구절이 있는 지를 확인해야 한다. 먼저 이 논의와 관련해서 많이 언급되는데 실상 여성의 교회의 공적 사역자 됨의 문제와는 아주 직접적 관련이 없는 구절들에 대해서 생각해 보자.

첫째로, 고린도전서 11:2-16의[9] 맥락을 잘 살펴보면 그 본문은 직접적으로 여성의 교회 안에서의 사역자 됨의 문제에 대한 말을 하는 것이 아니라는 것을 알 수 있다. 이 구절은 이런 상황에서 여인이 남성 지도자의 지도하에서(under the authority of male leadership) 예언하고 기도해야 한다는 것을 말하고 있는 것이다. 머리에 수건을 써야 한다는 것은 이 원리를 그 시대에 드러내는 방식이다.[10] 더구나 이 구절 안에 있는 여선지자나 그들의 예언에 대한 언급은 당시에는 요한계시록까지의 계시가 아직 다 주어지기 전이었으므로 선지자들이 아직까지 있었다는 것에 근거하여 설명할 수 있을 것이다. 그러므로 당시에 예배 가운데서 예언하는 여선지자가 있었다는 것을 근거로 오늘날도 교회 안에 그런 일을 하는 이들이 허용될 수 있으리라고 하는 것은 계시사의 발전에 유의하지 않는 것이다.

---

[9] 이 구절이 어떤 이들이 주장하듯이 후대에 덧붙여진 것이 아니라 바울 자신의 것임과 이 구절 전체에 대한 좋은 논의로 Gordon D. Fee, *The First Epistle to the Corinthians*, NICNT (Grand Rapids: Eerdmans, 1987), 492, n. 3; Schreiner, "Head Coverings, Prophecies, and the Trinity," 124-39.

[10] 이 점을 논의하는 Schreiner, "Head Coverings, Prophecies, and the Trinity," 138을 보라.

둘째로, 고린도전서 14:34-36도 여성의 교회 안에서의 공적인 사역자 됨에 대한 말을 하는 것은 아니라고 판단된다. 이는 예배 중에 소란스럽게 하거나, 특히 옆 사람에게 묻기 위해 말하는 것을 지적하면서, 바울이 "만일 무엇을 배우려거든 집에서 자기 남편에게 물을 지니라"(고전 14:35)라고 말하는 것이라고 보는 것이 가장 자연스러운 해석이라고 여겨진다. 그렇게 보아야만 이 구절들에게 바울이 말하는 요점을 분명히 하는 것이다. 따라서 이 구절은 여성들이 교육을 많이 받지 못했던 당시의 상황에 비추어서 예배가 소란스러워지지 않도록 하는, 따라서 "모든 것을 적당하고 질서 있게 하라"(고전 14:40)는 권면의 한 부분으로 주어진 말씀으로 생각해야지, 이를 여성의 공적 사역자 됨이라는 문제에 대해 직접적 함의를 지닌 말씀으로 보기 어려울 것이다.

또한 이 구절이나 그 한 부분을 후대에 덧붙인 것이라고 하면서 바울 신학을 수립하는 것과는 전혀 관련시켜서는 안 된다는 견해는[11] 본문 비평적으로도 문제가 있고, 맥락상으로도 지나친 것이라고 하지 않을 수 없다. 이 본문을 자세한 연구한 신약 학자들은 이 구절들이 바

---

[11] 이런 견해의 대표적인 예들로 다음을 보라: Francis X. Cleary, "Women in the New Testament: St. Paul and the Early Pauline Tradition," *Biblical Theological Bulletin* 10 (1980): 78-82; D. J. Doughty, "Women and Liberation in the Churches of Paul and the Pauline Tradition," *Drew Gateway* 50 (1979); 1-21; William O. Walker, "The 'Theology of Women's Place' and the Paulinist' Tradition," *Semeia* 28 (1983): 101-12; G. W. Trompf, "On Attitudes Towards Women in Paul and Paulinist Literature: 1 Corinthians 11:3-26 and Its Context," *CBQ* 42 (1980): 196-215; 그리고 Gordon D. Fee, *The First Epistle to the Corinthians*, NICNT (Grand Rapids: Eerdmans, 1987)과 김세윤, 『하나님이 만드신 여성』 (서울: 두란노, 2004); 김세윤, 『고린도전서 강해』 (서울: 두란노 아카데미, 2008).

울의 원본에 있었을 것이고 34-35절을 14:40에 위치시키는 사방 사본을[12] 제외하고는 현 위치에 있는 것으로 제시하는 사본상의 증거가 분명하다고 논의한다.[13]

그러므로 신약 성경 가운데서 이 문제와 관련하여 직접적인 연관성을 지닌 구절은 디모데전서 2:9-14의 말씀이라고 생각된다. 여기서는 그 맥락이 교회의 예배적 상황이라는 것은 바로 위에 있는 구절인 디모데전서 2:8의 "각처에서 남자들이 분노와 다툼이 없이 거룩한 손을 들어 기도하기를 원하노라"고 말하는데서 찾아질 수 있다. 이는 각 가정에서 기도하는 것을 지칭하는 것이기보다는 초기 교회 공동체의 예배처에서의 의식적 기도 행위를 언급하는 것이라고 여겨진다. 즉, 이 본문에서 "각처에서"(ἐν παντὶ τόπῳ)라고 말할 때 바울은 신자들이 함께 모이는 것을 염두에 두면서 말하므로 교회 공동체 안에서의 남자들의 기도의 모습을 규정하고 있는 것이라는 말이다.[14]

---

[12] D, F, G, 88*, a, b, d, f, g, Ambrisiaster, Sedulius-Scotus, 그리고 Codes Fuldensis (541년에서 346년 사이에 빅토르(Victor of Capua) 주교의 명령으로 만들어진 라틴어 사본. 이에 대해서는 Donald A. Carson, "'Silence in the Churches': On the Role of Women in 1 Corinthians 14:33b-36," in *Recovering Biblical Manhood and Womanhood*, 141을 보라.

[13] 그 대표적인 예로 다음을 보라. Carson, "'Silence in the Churches': On the Role of Women in 1 Corinthians 14:33b-36," 141-45. 그는 또한 다음 같은 이들의 연구를 동감적으로 소개한다: Bruce M. Metzger, *A Textual Commentary on the Greek New Testament* (London: United Bible Societies, 1971), 565; E. Earle Ellis, "The Silenced Wives of Corinth (1 Cor. 14:34-35)," in *New Testament Textual Criticism: Its Significance for Exegesis*, Festschrift for Bruce M. Metzger, eds., J. Eldon Epp and Gordon D. Fee (Oxford: Clarendon, 1981), 213-20.

[14] 이런 해석의 대표적인 예로 Ralph Earle, "1, 2 Timothy," *The Expositor's Bible Commentary* 11 (Grand Rapids: Zondervan, 1978), 360; Lea

바울이 "내가 원하노라"(βούλομαι)라고 말하는 것은 아주 권위 있는 명령의 어조(a note of authoritative command)를 표하는 것이라고 한다.15 특히 바로 앞의 7절에서 자신의 권위를 주장한 권위 있는 사도 바울에게서 온 것이므로 이 말씀은 그저 참조할 정도의 것이 아닌 것이다.16 그러므로 이 맥락에서 바울이 말하는 것은 매우 강한 명령을 하는 것으로 여겨져야 할 것이다. 따라서 "이와 같이"(ὡσαύτως)로 시작하고 있는 9절-12절에서도 바울은 기본적으로 교회 공동체 안에서의 여성의 삶의 성격이 어떠해야 하는지를 아주 단호하게 규정하고 있는 것이다.17 여기 복수로 나타나던 "여자들"(γυναῖκας)라는 말이 11절에서 단수로(γυνή) 나타난 것은 바울이 여기서 단순히 부인들

and Griffin, *1, 2 Timothy, Titus*, 95; Mounce, *Pastoral Epistles.* 105, 107, 148; 그리고 Moo, "What Does It Mean Not to Teach or to Have Authority over Men? 1 Timothy 2:11-15," 182를 보라. 아주 명백히 말하지는 않지만 기독교 예배와 관련하여 이를 계속 언급하므로 이 정황이 공동체 예배적 정황임을 시사하는 J. N. D. Kelly, *A Commentary on the Pastoral Epistles* (New York: Harper & Row, 1960; reprinted, Peabody, Mass.: Hendrickson Publishers, 1987), 65; Donald Guthrie, *The Pastoral Epistles*, revised edition, Tyndale New Testament Commentaries (Grand Rapids: Eerdmans, 1990), 84도 보라.

15 Kelly, *A Commentary on the Pastoral Epistles*, 65.

16 문맥을 살피면서 이점을 지적하고 있는 Mounce, *Pastoral Epistles.* 106을 보라.

17 같은 해석으로 다음을 보라: Kelly, *A Commentary on the Pastoral Epistles*, 66; Guthrie, *The Pastoral Epistles*, 84, 87; Earle, "1, 2 Timothy," 360, 362; and Lea and Griffin, *1, 2 Timothy, Titus*, 95: "He also prescribing *for the church and not the home*, although the directives about dress (vv. 9-10) can apply in both. The general tenor of the passage is more appropriate when applied to *women in worship.*" 98 (강조점은 필자가 덧붙인 것임). 그들은 이 부분은 교회 공동체 안에서 삶을 전제하고 있는 것이라고도 말한다(97). 또한 Moo, "What Does It Mean Not to Teach or to Have Authority over Men? 1 Timothy 2:11-15," 182; Mounce, *Pastoral Epistles.* 108f.도 보라.

에게 대해서만이 아니라 모든 여인들이 어떻게 해야 하는지를 말하기 위해 사용한 의도적인 단수의 사용이었다고 보기도 한다.[18]

그러므로 11절과 12절에서 "여자"(γυνη)라는 말이 단수로 나타난 것에 근거하여 이는 '한 가정에서의 남편과 아내의 관계'를 규정하는, 그리하여 에베소서 5:22이나 골로새서 3:18-19과 비슷한 가르침을 주기 위한 것이라는 논의는[19] 설득력이 전혀 없다. 이 맥락 전체가 교회 공동체 안에서의 여인의 행동에 대해 교훈하고 있는 맥락이기 때문이다.[20] 바울은 이런 예배적 맥락에서 여인들이 과연 어떻게 자신들을 치장할 것인지를 말하고(2:9-10), 이런 예배적 상황에서 "여자는 일절 순종함으로 종용히 배우라"고 한 뒤(11절, 여기까지는 말씀은 고전 14:34-36절의 의미와 상통할 수 있다), 더 나아가서 "여자의 가르치는 것과 남자 주관하는 것을 허락하지 아니하노니"라고 말하고 있다(12절). 다시 말하지만, 바울은 여기서 "회중의 공식적 모임에서의 활

---

[18] R. C. H. Lenski, *The Interpretation of St. Paul's Epistles to the Colossians, to the Thessalonians, to Timothy, to Titus, and to Philemon* (Columbus, Oh: Wartburg, 1946), 562; Lea and Griffin, *1, 2 Timothy, Titus*, 98, 94, n. 16. 그래서 마운스는 11정과 12절의 이 "여인"(γυνη)이라는 말을 보편적인 것을 말하는 "속적인 명사"(a generic noun) 또는 보편적인 원리를 선언하는 "일반적 단수"(generic singulars)이라고 한다(Mounce, *Pastoral Epistles*, 117, 120). 그리고 이런 용어의 사용은 일반적 진리를 진술하는 데 적절하다고 말한다 (118, 119, 143).

[19] Cf. Russell C. Prohl, *Women in the Church* (Grand Rapids: Eerdmans, 1957), 31-32; N. H. Hommes, "Let Women be Silent in the Church: A Message Concerning the Worship Service and the Decorum to be Observed by Women," *Calvin Theological Journal* 4 (1969): 5-22, at 13; Joyce Baldwin, *Women Likewise* (London: Falcon, 1973), 21-22.

[20] 이 점에 대한 좋은 논의로 Moo, "What Does It Mean Not to Teach or to Have Authority over Men? 1 Timothy 2:11-15," 188을 보라.

동들"에 대해서 언급하고 있는 것이다.[21] 그러므로 이 말씀을 어떻게 해석하느냐에 따라서 여성의 교회 안에서의 목사와 장로로서의 사역에 대한 찬반양론이 있게 된다.

본격적 쟁점: "디모데전서 2:12-14을 과연 어떻게 해석할 것인가?"

근자에 목회서신에서 11-12절에 대해서만큼 많이 다루어진 본문이 없을 것이며, 그 모든 논의들의 주장들은 너무 다양해서 과연 이 본문에 대한 역사적으로 바른 읽기가 무엇인지 의심할 정도라고 말하는 마운스는 다른 모든 것을 제쳐 두고 본문을 역사적으로 읽을 때 바울은 교회 공동체 안에서의 여성의 사역을 제한시키고 있으며, 그 근거를 창조의 순서에서 찾고 있다고 한다. 그래서 만일에 바울이 다른 곳에서 교회 공동체 안에서의 여성의 권위 있는 공식적 가르침을 허용한다면 그는 스스로 모순을 범하는 것이거나 우리가 본문인 11-14절을 오해한 것이 된다고 본문에 대한 명확한 역사적 읽기(historical reading of the text)를 제시한다.[22]

---

21 Thomas D. Lea and Hayne P. Griffin, Jr., *1, 2 Timothy, Titus,* The New American Commentary 34 (Nashvilkle, Tennessee: Broadman, 1992), 98: "in the public meetings of the congregation." 또한 Susan T. Foh, "A Male Leadership View: The Head of the Woman is the Man," in *Women in Ministry: Four Views,* eds. B. Clouse and R. G. Clouse (Downers Grove, Ill.: IVP, 1989), 125, 182-97; Moo, "What Does It Mean Not to Teach or to Have Authority over Men? 1 Timothy 2:11-15," 182, 그리고 Mounce, *Pastoral Epistles,* 119도 보라.

22 Mounce, *Pastoral Epistles,* 117. 이 구절에 대한 그 동안의 해석사를

이 구절과 관련된 중요한 논점은 다음 세 가지일 것이다. 첫째로, "여자의 가르치는 것과 남자 주관하는 것"(12절)은 과연 무엇을 뜻하는 것인가? 둘째로, 이 금령은 당시의 문화적 상황에 따른 1세기적 정황에 대한 이야기인가, 아니면 주께서 오실 때까지의 상황 전체를 지배하는 것인가? 셋째로, 이 말씀을 바울의 글로 믿는 지, 아닌 지의 여부. 이 세 가지 논점들을 하나하나 논의해 보기로 하자.

1. "가르침"과 "주관함"의 의미

첫째로, "여자의 가르치는 것과 남자 주관하는 것"(12절)은 과연 무엇을 뜻하는 것인가? 먼저 "가르친다"(διδάσκειν)는 말의 표현 형태는 다른 곳에 사용된 용어들과 비교할 때 가르치는 것은 교회에서의 공식적으로 가르치는 것과 연관된 것이고(딤전 1:3; 3:4; 4:11, 13, 16; 5:17; 6:3; 딤후 2:2, 24; 4:2), 따라서 다른 곳에서 "목사 즉 교사"(엡 4:11)라고 언급된 이들의 사역에 해당하는 것이라고 보는 것이 가장 자연스러운 해석이라고 여겨진다. 이런 맥락에서 "가르침"은 성경에 대한 공식적 교리적 가르침을 동반하는 활동이고(딤전 5:17), 가르치는 목사에게 위임된 권세이기 때문이다(엡 4:11).[23] 특히 바울이 조금 후에 장로들에 대해서 언급하고(딤전 3:1-17), 그 뒤에는 장로들 가운데서 특히 가르치는 일에 힘쓰는 자들을 언급하고(딤전 5:17) 있는 이 편

잘 정리한 것으로 D. Doriani, "Appendix 2: History of the Interpretation of 1 Timothy 2," in *Women in the Church*, eds., A. J. Köstenberger, T. R. Schreiner, and H. S. Baldwin (Grand Rapids: Baker, 1995), 215-69를 보라.

[23] Lea and Griffin, *1, 2 Timothy, Titus*, 99, 100.

지 전체의 맥락을 보면 바울이 여기서 염두에 두고 있는 것은 기독교의 공식적 가르침(formal teaching)인 것이 분명하다.[24] 여기서의 가르침은 교회 공동체 안에서의 공식적 가르침, 특히 성경을 가르침이다.[25] 그러므로 여기서 말하는 가르침은 모든 그리스도인이 행해야 하는 가르침이라는 일반적인 것이 아니다.[26]

그리고 이 본문의 문맥에서는 이 "가르치는"(διδάσκειν) 것이 가장 앞에서 나와 강조되고 있으며 (따라서 바울은 여인이 공식적으로 가르치는 것을 강하게 반대하는 것이다), 동시에 "배우

---

[24] 이 점을 같이 강조하면서 보충하는 논의들로 다음을 보라: Wayne Grudem, "Prophecy Yes, But Teaching No: Paul's Consistent Advocacy of Women's Participation without Governing Authority," *Journal of Evangelical Theological Society* 30 (1987): 11–23; C. L. Blomberg, "Not Beyond What Is Written: A Review of Aida Spencer's Beyond the Curse: Women Called to Ministry," *Criswell Theological Review* 2 (1988): 403–21; Lea and Griffin, *1, 2 Timothy, Titus*, 99; 그리고 Mounce, *Pastoral Epistles*, 119, 123, 126.

그러므로 여인들이 비공식적인 상황에서 가르치는 것도 금한다는 것은 본문의 의도에서 벗어나는 것이다. Cf. Lea and Griffin, *1, 2 Timothy, Titus*, 99, n. 32, 104; Moo, "What Does It Mean Not to Teach or to Have Authority over Men? 1 Timothy 2:11–15," 186. 여인들은 젊은 여자들을 가르치도록 명령받고 있고(딛 2:3–4), 어린 아이들을 가르치는 것이 함의되어 있고(딤후 1:5, 3:15), 브리스길라는 그녀의 남편 아길라와 함께 아볼로를 사적으로 가르쳤다(행 18:26). 그러므로 바울이 여인들에게 금하는 것은 **말씀을 공식적으로 가르치는 목사직**이다.

[25] Mounce, *Pastoral Epistles*, 119, 126. 또한 다음도 보라: Moo, "What Does It Mean Not to Teach or to Have Authority over Men? 1 Timothy 2:11–15," 185: "목회서신에서 가르침은 언제나 이와 같이 제한된 의미의 권위 있는 교리적 가르침이다(authoritative doctrinal instruction)."

[26] *Pace* Philip B. Payne, "The Interpretation of 1 Timothy 2:11–15: A Surrejoinder," in *What does the Scripture Teach about the Ordination of Women*, The Committee on Ministerial Standing of the Evangelical Free Church of America (Minneapolis, MN: The Evangelical Free Church of America, 1986), 96–115, at 101–4.

는"(μανθανέτω) 것과 대조되어 있다(11-12절).[27] 그래서 바울은 여인들은 가르치는 것이 아니라 배워야 한다고 말하는 것이다. 그러므로 여기서 바울이 요구하는 것은 여인들의 지식의 성장에는 관심을 기울이지 않고 그저 물리적인 침묵만을 요구하던 유대적인 관습과는[28] 달리 참으로 "배울"(μανθανέτω) 것을 요구하는 기독교적인 정신을 나타내고 있다는 생각도[29] 본문의 의미를 깊이 생각한 관찰에서 나온 것이라고 할 수 있다. 이로써 바울은 그저 이전의 유대적 관습을 받아들여서 그것을 따르고 있는 것이 아님을 분명히 한다. 즉, 바울은 여인들도 자신들의 "기독교적 성장과 발전을 위해서 배우기 위해서 하나님의 메시지에 집중할 것을 권면하는" 것이다.[30] 그래야 그들에게 독특한 방식으로 복음을 전파하는 일에 여인들도 기여할 수 있기 때문이다.

그러므로 "종용히"(ἐν ἡσυχίᾳ, in quietness)라고 번역된 말도 물리적인 침묵보다는 "질서 있는 가르침을 받아 변화될만한 태도"(orderly, teachable behavior)를 가질 것을 호소하는 것이 된다.[31]

---

[27] 같은 의견을 표현하면서 이 점을 강조하는 Moo, "What Does It Mean Not to Teach or to Have Authority over Men? 1 Timothy 2:11-15," 193; Mounce, *Pastoral Epistles*, 123을 보라.

[28] 랍비들의 이런 태도를 가장 보여 주는 "토라를 여인에게 가르치느니 그것을 불태워 버리는 것이 더 낫다"는 말을 보라(y. Sot. 3. 19a, 3, cited in Mounce, *Pastoral Epistles*, 119). 그는 m. Sot 3. 4; b Qid. 29b, 34a, b Sanh. 94b도 언급하고 있다.

[29] 이 점을 잘 표현하는 Lea and Griffin, *1, 2 Timothy, Titus*, 98; Moo, "What Does It Mean Not to Teach or to Have Authority over Men? 1 Timothy 2:11-15," 183; 그리고 Mounce, *Pastoral Epistles*, 119를 보라.

[30] Lea and Griffin, *1, 2 Timothy, Titus*, 98.

[31] Lea and Griffin, *1, 2 Timothy, Titus*, 98, n. 27. 여기서 벧전 3:4과 살후 3:12의 같은 어근을 가진 단어가 사용되고 있음을 잘 지적하고 있다.

그러므로 "바울은 물리적 침묵을 요구하기 보다는 가르침을 받을 만한 정신을 요구하는 것이다"는 말은32 이 구절의 의도를 매우 잘 파악하고 표현한 것이라고 할 수 있다.

그러나 바울은 여인들이 후에 잘 가르치기 위해서 잘 배워야 한다고33 결코 말하지 않는다.34 이에 대해서는 "모든 유대인 남자들은 율법을 배우도록 권고 받고 있지만 그 모든 이들이 다 랍비가 되는 것은 아니지 않는가?"라는 지적을 하는 더글라스 무의 논의가35 매우 적절한 논의이다. 그러므로 12절의 말씀을 "여인들이 잘 배우기 전까지는 에베소에서 여인들의 가르침을 바울이 금하려고 하였다"는36 식으

---

32 Lea and Griffin, *1, 2 Timothy, Titus*, 98: "Paul was not demanding physical silence but a teachable spirit." 또한 같은 책의 100쪽도 보라.

33 이런 주장은 Aida Besançon Spencer, "Eve at Ephesus: Should Women Be Ordained as Pastors According to the First Letter to Timothy 2: 11–15?" *Journal of Evangelical Theological Society* 17 (1974): 215–22, at 221; idem, *Beyond the Curse: Women Called to Ministry* (Nashville: Nelson, 1985), 74–80에 나타나고 있다. 스펜서는 "어떤 이가 가르침을 받으면 결국 가르치게 된다"고 주장하는데(*Beyond the Curse*, 85) 이것도 지나친 말이라고 하지 않을 수 없다.

34 이점을 명확히 하며 잘 지적하는 Mounce, *Pastoral Epistles*, 118, 134을 보라. 그는 바울이 그런 의도를 가졌다면 바울은 쉽게 그렇게 말할 수 있었을 것이라고 하며, 여기서의 문제가 교육문제였다면 바울은 **교육받지 못한 남자와 여자가** 가르치는 것을 **모두** 금한다고 말하였을 것이라고 잘 논의하고 있다(134).

35 Moo, "What Does It Mean Not to Teach or to Have Authority over Men? 1 Timothy 2:11–15," 184.

36 이 논의는 Spencer, "Eve at Ephesus," 219; idem, *Beyond the Curse*, 74, 80, 85에서 주장된 것이다. 당시에 1세기 에베소에서 여인들이 교육을 받지 못했으므로 가르치는 금한 것이라는 다른 논의들로는 다음을 보라: G. Bilezikian, *Beyond Sex Roles* (Grand Rapids: Baker, 1985), 179; Alan Padgett, "Wealthy Women at Ephesus: I Timothy 2:8–15 in Social Context," *Interpretation* 41 (1987): 19–31, at 24; C. S. Keener, *Paul, Women, and*

로 생각하는 것은 명확히 잘못된 것이다.

또한 바울은 이렇게 조용히 배울 때에 "일절 순종함" 가운데서 (ἐν πάσῃ ὑποταγῇ, in all submission or in full submission) 종용히 배우라고 말한다(11절). 이 용어(ὑποταγη, submission)는 대개 권위 있는 사람과의 관계 가운데서 요구 되는 것을 표현할 때 사용된 말이다(딛 3:1; 막 12:17; 롬 13:1-7; 벧전 2:13-14; 딛 2:5, 골 3:18, 엡 5:22, 벧전 3:1, 딤전 3:4, 눅 2:51; 딤전 6:1-2, 딛 2:9; 몬 16; 벧전 2:18; 벧전 5:5). 대개는 권위에 복종하거나 자발적으로 복종하는 것을 말할 때 사용된다.[37] 누구에게 순종해야 한다는 것인가? 쉴라이너가 잘 지적하고 있듯이 모든 남자들이 다 교회 공동체 안에서 가르치고 권위를 가지고 있는 것이 아니므로 이 맥락에서의 "복종"(ὑποταγη)은 그저 남자에게 복종하라는 것이 아니고, 가르치는 남자 지도자들(male leaders)과 그들의 가르침에 복종하라는 것이다.[38]

Wives: Marriage and Ministry in the Letters of Paul (Peabody, MA: Hendrickson, 1992), 107-8, 111-12. 이런 논의들을 잘 반박하는 Mounce, *Pastoral Epistles*, 122, 134도 보라.

[37] 이점을 잘 지적하는 Moo, "What Does It Mean Not to Teach or to Have Authority over Men? 1 Timothy 2:11-15," 183; Mounce, *Pastoral Epistles*, 119를 보라.

[38] Thomas R. Schreiner, "An Interpretation of 1 Timothy 2:9-15: A Dialogue with Scholarship," in *Women in the Church*, eds., A. J. K stenberger, T. R. Schreiner and H. S. Baldwin (Grand Rapids: Baker, 1995), 105-54, at 124. 비슷한 견해들로 다음을 보라: M. Dibelius and H. Conzelmann, *The Pastoral Epistles*, Hermenia (Philadelphia: Fortress, 1972), 47; Douglas J. Moo, "I Timothy 2:11-15: Meaning and Significance," *Trinity Journal* 1 (1980): 62-83, at 64; idem, "What does It Mean," 183; Padgett, "Wealthy Women at Ephesus," 24; P. W. Barnett, "Wives and Women's Ministry," *Evangelical Quarterly* 61 (1989): 225-38, at 230; 그리고 G. W. Knight, III, *The Pastoral Epistles*, NIGTC (Grand Rapids: Eerdmans, 1992),

그러므로 바울은 여기서 여인들은 잘 배워야 한다는 것을 강조하면서, 여인들이 기독교회 안에서 공식적 가르치는 일을 할 수 없다고 선언하는 것이다. "가르치는 권위 있는 행위, 복음 진리의 선포하고 오류를 반박하는 것은 그 어떤 이든지 배웠으면 할 수 있는 것이 아니라는" 것이다.[39] 그런 의미에서 바울은 여기서 여인들이 교회 공동체 안에서 공식적으로 가르치는 것을 금한다.

또한 "주관하는 것"(αὐθεντεῖν)도 교회 안에서 공식적으로 다스리는 것에 해당하는 말이라고 보는 것이 가장 자연스러운 해석이라고 여겨진다. 목회서신에서 교회 공동체를 공식적으로 다스리는 행위는 장로들이 행하도록 되어 있는 것이다(딤전 3:5; 5:17).[40] 물론 여기 사용된 말이 신약성경에서 이곳에서만 나타나는 말이므로[41] 그 정확한 의미가 무엇인지에 대해서는 논란이 많이 있다. '아우뗀테오'(αὐθεντέω)라는 이 말이 "주도권을 가지려고 하다"(domineer) 또는 "권위를 찬탈하거나 오용하다"(usurp authority)는 부정적인 의미로 사용된 것이라고 하면서 이 말은 권위를 잘못 사용하는 것을 금하는 것이라고 해석하려는 분들이 있다.[42] 이렇게 보는 분들은 여인들이

139.

[39] Mounce, *Pastoral Epistles*, 118.

[40] 이점을 잘 지적하는 Moo, "What Does It Mean Not to Teach or to Have Authority over Men? 1 Timothy 2:11–15," 187을 보라.

[41] 또한 세속 희랍어에서도 이 말은 드물게 나타난다고 한다. Mounce, *Pastoral Epistles*, 126.

[42] 그 대표적인 예가 D. M. Scholer, "1 Timothy 2:9–15 and the Place of Woman in the Church's Ministry," in *Women, Authority and the Bible*, 203, 205. 또한 이런 해석을 하는 분들은 다음과 같다: C. K. Barrett, *The Pastoral Epistles in the New English Bible*, New Century Bible (Oxford: Clarendon, 1963), 55; Philip B. Payne, "Libertarian Women in Ephesus: A

정당한 권세를 가지는 것을 이 구절이 금하거나 제한하지 않는다고 논의하려는 것이다. 그러나 그렇다면 이 말을 남자들과 대조하면서 여인들에게 대해서 사용된 그 맥락에서의 의미가 사라지게 되는 것이다. 그러므로 이 용어의 가장 자연스러운 의미는 교회 공동체 안에서 여인들이 남자 위에 공식적으로 권위를 행사하는 것을 금하는 것이다.[43]

Response to Douglas Moo's article 'I Timothy 2:11-15: Meaning and Significance,'" *Trinity Journal* 2 (1981): 169-97, at 175; C. D. Osburn, "αὐθεντέω (1 Timothy 2:12)," *Restoration Quarterly* 25 (1982): 1-12; Gordon D. Fee, *1-2 Timothy, Titus,* Good News Commentary (San Francisco: Harper & Row, 1984), 73; Spencer, *Beyond the Curse* 86-87; B. Witherington, *Women in the Earliest Churches* (Cambridge: Cambridge University Press, 1988), 121-22; P. H. Towner, *The Goal of Our Instruction: The Structure of Theology and Ethics in the Pastoral Epistles* (Sheffield: Scheffiels Academic, 1989), 215-16; idem, *1-2 Timothy and Titus,* IVP New Testament Commentary (Downers Grove, IL.: IVP, 1994), 77; T. J. Harris, "Why Did Paul Mention Eve's Deception? A Critique of. P. W. Barnett's Interpretation of 1 Timothy 2," *Evangelical Quarterly* 62 (1990): 335-52; Keener, *Paul, Women, and Wives,* 108-9 (그런데 그는 증거가 아주 분명하지는 않다고 한다); C. Boomsma, *Male and Female, One in Christ: New Testament Teaching on Women in Office* (Grand Rapids: Baker, 1993), 71f.; R. C. Kroeger and C. C. Kroeger, *I Suffer Not a Woman: Rethinking I Timothy 2:11-15 in the Light of Ancient Evidence* (Grand Rapids: Baker, 1992), 84-104; S. Motyer, "Expounding 1 Timothy 2:8-15," *Vox Evangelica* 24 (1994): 95-96; R. M. Groothuis, *Good News for Women: A Biblical Picture of Gender Equality* (Grand Rapids: Baker, 1997), 215f. 이런 견해들이 제시된 과정에 그에 대한 반박은 Mounce, *Pastoral Epistles,* 126f.를 보라.

43 이에 대한 좋은 논의로 Moo, "What Does It Mean Not to Teach or to Have Authority over Men? 1 Timothy 2:11-15," 186, 187, 497, n. 18; Mounce, *Pastoral Epistles,* 128을 보라. 이런 견해에 동의하는 주석가들을 Mounce는 자신의 주석 *Pastoral Epistles,* 126에서 일일이 열거하고 있다: W. Lock, D. Guthrie, J. N. D. Kelly, D. Moo, J. B. Hueley, A. J. Panning, G. W. Knight, III, R. Y. K. Fung, A. Padgett, L. E. Wilshire, P. W. Barnett, S. H. Gritz, H. S. Baldwin, 그리고 T. R. Schreiner.

그런데 어떤 분들은 가르침으로서 남자 위에 있는 지위를 취하는 것이라고 보면서 여인들에게 이런 지위, 즉 '가르침으로 위에 있는 지위'를 가지는 것을 금하는 것이라고 해석하여 그 앞에 있는 말과 차이가 없는 말로 해석하고 있다.[44] 심지어 이 문맥에서 "가르치는" 것과 "주관하는" 것은 중언법(重言法, hendiadys, 즉 한 개념을 전달하기 위해 두 가지 다른 단어를 사용하는 수사법)이라고 주장하면서 여기서 바울은 여인들의 권위 있는 가르침을 금하는 것이라고 해석하고 있다.[45] 그러나 여기서 "가르치다"는 말과 "주관하다"는 말이 다섯 단어나 떨어져 있는데, 대개 중언법(hendiadys)의 경우에는 두 단어가 붙어 있을 때로 그렇게 해석될 수 있다는 심각한 문제가 있다.[46]

---

[44] 이런 해석의 원조의 하나는 켈리(J. N. D. Kelly)라고 할 수 있다. 그는 "여인이 교회에서 가르치는 것은 남자 위에서 권위를 휘두르는 것과 같다"(For a woman to teach in church ⋯ *is tantamount to* her wielding authority over a man, i.e. domineering, or laying down the law to him)고 말한다(Kelly, *A Commentary on the Pastoral Epistles*, 68, 강조점은 필자가 붙인 것임). 그와 비슷하게 가르침과 주관하는 것을 연결시키는 해석으로 다음을 보라: G. W. Knight, III, "ΑΥΘΕΝΤΕΩ in Reference to Women in 1 Tim 2:12," *New Testament Studies* 30 (1984): 143–57; Barnett, "Wives and Women's Ministry," 233; 그리고 Lea and Griffin, *1, 2 Timothy, Titus*, 99, 104.

[45] J. B. Hurley, *Man and Woman in Biblical Perspective* (Grand Rapids: Zondervan, 1981), 201; Philip B. Payne, "Libertarian Women in Ephesus: A Response to Douglas Moo's Article 'I Timothy 2:11–15: Meaning and Significance.'" *Trinity Journal* 2 (1981): 169–97; idem, "The Interpretation of 1 Timothy 2:11–15: A Surrejoinder." In *What does the Scripture Teach about the Ordination of Women* (Minneapolis, MN: The Evangelical Free Church of America, 1986),, 96–115: Motyer, "Expounding 1 Timothy 2:8–15," 96: R. L. Saucy, "Women's Prohibition to Teach Men: An Investigation into Its Meaning and Contemporary Application," *Journal of Evangelical Theology* 37 (1994): 79–97, at 90; Boomsma, *Male and Female, One in Chris*, 72–73.

더 나아가서, 다른 곳에서 여기 나온 "주관하다"와 비슷한 뜻의 말이 교회 공동체 안에서 공식적으로 다스리는 것에 사용된 것을 살펴보면 이 말의 의미가 분명히 드러나게 될 것이다. 그러므로, 다시 말하지만, 이는 다른 곳에서 "장로들"이라고 언급된 이들이 하는 사역을 지칭하고 있는 것으로 판단된다.

　　이렇게 보면 이 말씀은 여자가 교회 안에서 공식적인 가르치는 직무인 목사의 역할을 하는 것과 다스리는 직무인 장로의 역할을 하는 것을 금하는 구절이라고 해석된다. 바울은 여인이 그런 일을 하는 것을 "내가 허락하지 아니한다"(οὐκ ἐπιτρέπω)고 현재 시제로 강하게 말하고 있다.47 때로 "내가"라는 말에서 이를 고린도전서 7:25-26과 연관시키면서 이는 바울의 개인적 의견일 뿐이지 절대적인 것이 아님을 시사하려고 논의하려는 이들이 있으나 마운스가 잘 논의하고 있듯이 바울은 이런 말을 자주 사용하며 아주 절대적 금령을 말할 때도 이런 표현을 하고 있기에48 고린도전서 7장과 연관시키려는 논의는 그렇게 강하거나 유익한 논의가 될 수 없을 것이다. 또한 "허락하지 아니한다"고 말하고 있으므로 이것은 이 말을 듣는 사람들이 따를 수도 있고 따르지 않을 수도 있는 의견 제시일 뿐이지 명령은 아니라고 논의하는 사람들이 있으나,49 그것은 본문의 자연스러운 해석을 왜곡시키는 현학

---

　　46 이점을 잘 지적하면서 이를 중언법으로 보려는 시도를 잘 논박하고 있는 Mounce, *Pastoral Epistles*, 128을 보라. 그는 F. Blass, A. Debrunner, and R. W. Funk, *A Greek Grammar of the New Testament*, section 442 [16]의 정보도 언급하면서 논의하고 있다.

　　47 이것이 권위 있는 강한 선언이라는 좋은 논의로 Mounce, *Pastoral Epistles*, 121f.를 보라.

　　48 이 점을 잘 지적하는 좋은 논의로 Mounce, *Pastoral Epistles*, 120f.을 보라.

적인 논의일 뿐이지 전체 맥락 속에서 그렇게 해석될 수 있는 것이 결코 아니다.

"허락한다"는 말은 거의 법적 규정에 가까이 있는 권위적 요구를 표현할 수도 있는 말이고, 이것이 랍비들이 무엇을 금하거나 할 때 사용하던 말이었다는 것을 지적하는 분들도 있다.[50] 또한 "허락한다"는 말이 현재 형으로 사용될 때 이 말이 때때로 구체적인 문제를 언급하는 것이나[51] 그것은 문맥이 그런 해석을 요구하는 것이지 이 말의 본래적 의미에 이것이 상황적이라는 함의를 가지고 있는 것은 아니다.[52] 그러므로 이 말이 어떤 의미로 사용되었는지는 문맥에 근거해서 판단해야 할 것이다. 그리고 이 문맥상 여기 현재 시제로 쓰여진 말은 보편

---

49 이런 주장의 예로 다음을 보라: J. M. Ford, "Biblical Material relevant to the Ordination of Women," *Journal of Ecumenical Studies* 10 (1973): 669-94, at 682; W. C. Kaiser, Jr., "Paul, Women and the Church," *Worldview Challenge* (September 1976): 9-12, at, 10; G. R. Osborne, "Hermeneutics and Women in the Church," *Journal of Evangelical Theological Society* 20 (1977): 337-52, at 347; Payne, "Libertarian Women in Ephesus," 170-73; 그리고 G. N. Redekop, "Let the Women Learn: 1 Timothy 2:8-15 Reconsidered," *Studies in Religion* 19 (1990): 235-45.

50 C. Spicq가 목회서신에 대한 그의 불어 주석(4판, 1969) I:379에서 그리한다고 한다(Mounce, *Pastoral Epistles*, 121).

51 이 본문에서 이 용어가 그저 제한된(limited and temporary) 의미를 가질 뿐이라는 논의로 Don Williams, *Apostle Paul and Women in the Church* (Ventura, CA: Gospel Light Publications, 1977), 112를 보라.

52 이에 대한 논의로 Moo, "The Interpretation of 1 Timothy 2:11-15: A Rejoinder," *Trinity Journal* 2 (1981): 198-223, at 199-200; idem, "What Does It Mean Not to Teach or to Have Authority over Men? 1 Timothy 2:11-15," 185; Mounce, *Pastoral Epistles*, 122를 보라. *Contra* Williams, *Apostle Paul and Women in the Church*, 112; 그리고 Payne, "Libertarian Women in Ephesus," 172.

적 규정을 제시하는 것이다.

2. 상황적인 금령인가, 보편적 금령인가?

그렇다면, 둘째로, 이 금령은 당시의 문화적 상황에 따른 1세기적 정황에 대한 이야기인가, 아니면 주께서 오실 때까지의 상황을 지배하는 것인가? 만일에 1세기 정황에서의 이야기라면 이 말씀은 1세기 성도들에게는 구속력을 지니는 것이지만, 오늘 우리에게는 구속력이 없는 말씀인 것이 된다.[53] 어떤 해석자들은 바울이 이 편지를 쓰고 있는 에베소는 아데미 여신 숭배(the Artemis cult)의 중심지의 하나인데 이 종교에서 여성들의 주도권의 영향을 받은 영지주의적 형태의 유대적 기독교가 바울이 이 논의를 하는 역사적 맥락이라고 논의하기도 한다.[54]

---

[53] 이런 입장을 취하는 오스본은 이 문맥에서의 문제는 여성들의 복종의 문제인데 오늘날은 가르치는 사람이 1세기에서와 같이 가르침 받는 사람들 위에 주관하는 것("lording")으로 여겨지지 않으므로, 오늘날은 가르치는 위치에서 섬기는 여성이 바울이 요구하는 복종하는 태도를 손상시키지 않을 수 있다고 한다. 복음을 전하는 것이 주된 관심이므로 여인들이 권위를 주장하거나 이 문제를 강요하지 말라고 한다. 그러나 여인의 사역을 금하는 장벽 같은 태도를 깨기 위해서 오늘의 문화의 한계 내에서 일할 필요가 있다고 시사한다(Osborne, "Hermeneutics and Women in the Church," 337-52).

아예 바울이 이 편지를 쓰고 있는 에베소는 아데미 여신 숭배(the Artemis cult)의 중심지의 하나인데 이 종교에서 여성들의 주도권의 영향을 받은 영지주의적 형태의 유대적 기독교가 바울이 이 논의를 하는 역사적 맥락이라고 논의하는 일도 있다.

[54] Cf. S. H. Gritz, *Paul, Women Teachers, and the Mother Goddess at Ephesus* (Lanham, Md.: University Press of America, 1991), 116. 이와 비슷한 논의로 Kroeger and Kroeger, *I Suffer Not a Woman*, 42-43, 50-52, 59-66, 70-74, 93, 105-13도 보라. 그러나 이런 식의 논의는 결국 이 부분에서 바

그리츠는 이렇게 말한다: "아데미 숭배와 관련된 여성주의적 원리가 온전히 침투되어 있는 종교적 정황 가운데서 여성의 높아짐이나 우위 같은 태도가 있었다. 13절은 그런 강조점을 뒤집으려는 시도인 것이다."[55] 이런 논의의 연장선에서 에베소는 고대 사회 가운데서 이상스럽게 여성의 권리를 강하게 주장하는 중심지였으므로[56] 그에 대항하는 바울의 강한 권면이 나타났다고 주장하기도 한다.

만일 그런 것이라면, 교회 모임과 관련하여 여자는 머리에 수건을 쓰라는 금령이(고전 11:2-16)[57] 1세기 고린도 교인들에게만 적용되

울의 권면은 이런 역사적 맥락에서 온 것이므로 오늘날의 교회에까지 그대로 적용될 수 있는 것은 아니라는 함의를 가지게 되는 것이다. 그러므로 이런 논의가 심각하고 무서운 것이다.

크뢰거 등의 논의에 대한 비판들로 다음을 보라: R. W. Yarbrough, "*I Suffer Not a Woman*: A Review Essay," Presbyterian 18 (1992): 25-33; A. Wolters, "Review of *I Suffer Not a Woman*," *Calvin Theological Journal* 28 (1993): 203-13; S. M. Baugh, "The Apostle among the Amazons," *Westminster Theological Journal* 56 (1994): 153-71. 특히 바우흐는 크뢰거 등의 에베소에 대한 재구성된 견해가 잘못되었음을 잘 드러내면서 1세기 중반의 에베소는 로마의 강한 영향이 있었음에도 불구하고 희랍적이어서 여성에게는 겸양과 신실함을 요구하였고, 에베소서 특별히 독특히 여성주의적인 도시가 아니었다는 것을 잘 드러내고 있다("A Foreign World: Ephesus in the First Century," in *Women in the Church*, 13-52, especially at 49-50).

켈리는 소위 이 거짓 교사들에 대한 사람들의 재구성과 묘사가 "불완전하고 상당히 모호하다"고 하고 있다. Kelly, *A Commentary on the Pastoral Epistles*, 11. 그러므로 우리의 재구성에 근거해서 주해를 좌우하려는 일을 매우 주의해야 한다.

[55] Gritz, *Paul, Women Teachers, and the Mother Goddess at Ephesus*, 308.

[56] 이를 강조하는 Markus Barth, *Ephesians*, 2 vols. Anchor Bible (New York: Doubleday, 1974), 2:661을 보라.

[57] 이 구절이 여성이 머리를 길게 뒤로 늘여뜨리는 것을 금하는 것이라는

고 오늘 우리들에게는 적용되지 않는 것과 같이,58 또한 고린도전서 16:20 말씀에도 불구하고 그리스도인들 사이의 인사 방법이 시대에 따라 다르게 적용될 수 있는 것과 같이 디모데전서의 이 금령도 우리에게는 적용되지 않는 금령으로 여겨져야 할 것이다. 이런 주장을 하려는 사람들은 대개 당시 여인들은 잘 교육받지 못했기 때문에 바울이 여인이 교육시키는 것을 금했다고 하든지,59 또한 이 교육 문제와 연관시키면서 이 여인들에게 영향을 미치고 있는 (디모데전서 5:11-15, 디모데후서 3:1-7에 나타나고 있는) 거짓 교사들과의 관계를 중시하면서 바울은 에베소 교회에 있었던 (페인의 이른바 "에베소의 자유스러

해석을(James B. Hurley, "Did Paul Require Veils or the Silence of Women? A Consideration of 1 Cor. 11:2-16 and 1 Cor. 14:33b-36," *Westminster Theological Journal* 35 [1973]: 193-200; idem, *Man and Woman in Biblical Perspective* [Grand Rapids: Zondervan, 1981], 254-71; J. Murphy-O'Conner, "Sex and Logic in 1 Corinthians 11:2-16," *Catholic Biblical Quarterly* 42 [1980]: 488-89) 반박하면서 머리에 수건을 쓰는 것으로 보는 전통적 해석에 대한 변호와 논의로 Fee, *I Corinthians*, 506-12; Schreiner, "Head Coverings, Prophecies, and the Trinity, 1 Corinthians 11:2-16," 125-27을 보라.

58 이것이 일반적인 입장이다. 이런 입장을 잘 변호한 것으로 Schreiner, "Head Coverings, Prophecies, and the Trinity, 1 Corinthians 11:2-16," 138을 보라.

이와는 달리 오늘날도 바울이 권한대로 수건 쓰는 것을 회복해야 한다는 주장으로 다음을 보라: Bruce Waltke, "1 Corinthians 11:2-16: An Interpretation," *Bibliotheca Sacra* 135 (1978): 46-57; Susan T. Foh, "A Male Leadership View," in *Women in Ministry: Four Views*, 86-87; 그리고 R. D. Culver, "Traditional View: Let the Women Keep Silent," in Clouse and Clouse, 29-32, 48 (그는 이 문제에 대해 자유로운 선택을 허용하면서도 회복하는 것을 선호하는 것으로 제시하고 있다).

59 Spencer, "Eve at Ephesus," 219; Bilezikian, *Beyond Sex Roles*, 179; Padgett, "Wealthy Women at Ephesus," 24; Keener, *Paul, Women, and Wives*, 107-8, 111-12. 이런 논의들을 잘 반박하는 Mounce, *Pastoral Epistles*, 122, 134도 보라.

우려고 하는 여인들"[Libertarian Women in Ephesus]이라는[60] 구체적인 문제에 대해서 논의하는 것이라고 한다.[61] 따라서 이 규정은 보편적인 것은 아니라고 하는 것이다.

매우 의아스럽게도 고든 피가 이런 입장의 강력한 대변인의 한 사람이라고 할 수 있다. 그는 이 본문(디모데전서 2:9-15)과 디모데전서 5::11-15의 과부들의 문제 사이의 상당한 유사성을 지적하면서, 이 본문(디모데전서 2:9-15)은 에베소의 어떤 특정한 문제와 관련한 논의라고 한다.[62] 그래서 피는 다음과 같은 결론을 내린다:

이 여인들과 교회를 거짓 교사들의 마수에서 구출해 내는 것이 이 전체의 요점이다. 그 구출은 (여인들이) 입어야 할 적절한 옷은 어떤 것이며, (일체 조용함 가운데서 배우는 것을 포함한) 공동체 안에서의 바른 행

---

60 Payne, "Libertarian Women in Ephesus," 169-97. Alan Padgett는 그들을 "에베소의 부유한 여인들"이라고 한다(Padgett, "Wealthy Women at Ephesus," 19-31).

61 다음에 언급한 고든 피(Gordon D. Fee) 이외에 이런 논의의 또 다른 대표적인 예로 다음을 보라: Letha Scanzoni and Nancy Hardesty, *All We're Meant to Be: A Biblical Approach to Women's Liberation* (Waco, TX: Word, 1974), 37, 70-71; Spencer, "Eve at Ephesus," 216-22; idem, *Beyond the Curse*, 84-91; Payne, "Libertarian Women in Ephesus," 185-97; Scholer, "1 Timothy 2:9-15 and the Place of Woman in the Church's Ministry," 211; M. J. Evans, *Woman in the Bible* (Downers Grove, IL: IVP, 1983), 104-06; Padgett, "Wealthy Women at Ephesus," 25-27; Bilezikian, *Beyond Sex Roles*, 179-8; Roger L. Omansen, "The Role of Women in the New Testament Church," *Review and Expositor* 83 (1986): 15-25, at 23-24.1.

62 Gordon D. Fee, "Issues in Evangelical Hermeneutics: Part III. The Great Watershed, Intentionality and Particularity/Eternality: I Timothy 2:8-15 as a Test Case," *Crux* 26 (1990): 31-37 (reprinted in *Gospel and Spirit* [Peabody, MA: Hendrickson, 1991], 52-65, at 57-59).

동, 그리고 (5:9-10의 빛에서 보았을 때 10절에서 주장된 선한 행위의 하나인) 혼인하고 아이를 키우는 등을 다 포괄하는 것이다.[63]

비슷한 견해를 취하면서 파제트는 바울은 "어떤 여인"(γυναικι), 즉 이단에 의해 미혹된 여인이 가르치는 것을 금하는 것일 뿐이라고 하고 있다.[64] 그런가 하면 키너는 당시 상황에서 교회 공동체 안에서 여인들이 가르치는 직임을 가지고 있으면 외부인들에게 기독교에 대한 부정적 인상을 줄 것이기 때문에 바울이 여인들의 가르침을 금했다고 한다.[65] 결국 이런 해석에 의하면 디모데전서 2:9-12의 규정은 보편적인 것이 아니라 1세기 에베소라는 독특한 상황에서만 적용되는 논의로(an *ad hoc* discussion addressing specific issues in Ephesus)만 여겨져야 한다는 것이다.

만일 이 디모데전서 2장의 본문이 12절로 마쳐지고 있다면 이와 같은 해석의 가능성도 상당히 심각하게 고려되어야 할 것이다. 그러나, 무(Moo)가 잘 지적하듯이, 에베소의 여인들이 잘못된 가르침을 가르치고 있었다는 증거가 없으며,[66] 또한 사실 그런 경우라도 특정한

---

[63] Fee, *Gospel and Spirit*, 59.

[64] Padgett, "Wealthy Women at Ephesus," 25. 그러나 만일 바울이 그렇게 이단에 미혹된 여인이 가르치는 것을 금하려고 하였으면 그가 그런 식으로 말했을 것이다. 파제트를 비판하면서 이점을 분명히 하는 Mounce, *Pastoral Epistles*, 123을 보라.

[65] Keener, *Paul, Women and Wives*, 111. 비슷한 논의로 P. H. Towner, "Gnosis and Realized Eschatology in Ephesus (of the Pastoral Epistles) and the Corinthian Enthusiasm," *Journal of the Study of New Testament* 31 (1987): 95-124, at 111; James G. Sigountos and Myron Shank, "Public Roles for Women in the Pauline Church: A Reappraisal of the Evidence," *Journal of the Evangelical Theological Society* 26 (1985): 289-98도 보라.

상황과 관련하여 주어진 교훈이 원칙적으로 보편적일 수 없다는 것도 분명히 사실이 아니다. 왜냐하면 어떤 구체적 문제와 관련해서 주어진 가르침도 보편성을 지니고 교회를 규정할 수 있기 때문이다.[67]

더 나아가, 이보다 더 강한 이유로, 이 본문에는 디모데전서 2:13-14이 따라 붙어 있으므로 이 규정이 특정한 문제에 대한 규정이기만 하다고는 결코 해석될 수는 없다.[68] 이 말씀에 의하면, 이 본문의 인간 저자인 바울은 (1) 남자가 먼저 창조되고 그 뒤에 여자가 창조되었다는 창조의 순서에 근거해서(12절), 그리고 (2) 여자가 먼저 타락하고 그것을 남자가 따랐다는 타락의 순서의 근거해서(14절) 여자가 교회에서 공식적으로 가르치며 주관하는 일을 할 수 없다고 논의하는 것이다. 여자에게 문제가 있다는 것이 아니라 이와 같은 창조와 타락의 순서라는 역사적 사실에 근거해서 바울이 여인의 주도권에 대한 금령을 내리고 있다.[69]

여기서 중요한 것은 창세기 2장에 표현된 남자와 여자의 관계

---

66 Moo, "What Does It Mean Not to Teach or to Have Authority over Men? 1 Timothy 2:11-15," 190.

67 Moo, "What Does It Mean Not to Teach or to Have Authority over Men? 1 Timothy 2:11-15," 188f.

68 같은 입장을 표하면서 13절과 14절에 근거하여 바울이 **보편적 원리를 제시**하고 있다는 논의로 Thomas R. Schreiner, *New Testament Theology: Magnifying God in Christ* (Grand Rapids: Baker, 2008), 773을 보라.

69 이로부터 좀 더 나아가서, 인류 최초의 범죄의 경우에서와 같이 남자들이 조심성 없게 지도권(leadership)을 여성에게 내어주었을 때 남자들과 여자들이 모두 다 실수와 잘못을 할 가능성이 더 크다는 식으로 논의해 가는 것(Gerald L. Bray, "The Fall Is a Human Reality," *Evangelical Review of Theology* 9 [1985]: 338; Lea and Griffin, *1, 2 Timothy, Titus*, 101)도 흥미롭기는 하지만 이를 너무 지나치게 밀고 가는 것은 문제가 있다고 여겨진다.

에 대한 바울의 이해이다. 13절에서는 하나님께서 처음에 아담에게 여자에 대한 지도적 기능을 주신 것과 같이 교회에서도 남자들에게 어떤 지도적 기능을 주셨다는 것이다.[70] 창세기 2장에서 남자를 먼저 창조하신 것은 하나님께서 남자의 권위를(male authority)를 부여하시려는 의도가 있는 것이라고 바울은 본 것이다.[71] 마치 고린도전서 11:8에서 여자가 남자에게서 나왔으므로 남자에게 의존해야 한다고 하며, 남자에게 머리됨이 주어진 것을 말하는 것과 같이 여기서도 창조의 순서에 근거해서 여인들의 교회 공동체에서의 역할의 제한이 있다고 시사(示唆)하는 것이다. 남자와 여자의 역할의 차이가 창조 질서에 뿌리박고 있다는 것이다.[72] 이를 받아들이지 않으려고 하는 것은 창조 질서를 뒤집으려고 하는 것이라는 말이다.[73]

또한 타락의 순서를 말하는 14절에서는[74] 처음 타락의 상황과 같은 상황이 나타날 것을 염려하는 바울의 마음이 제시되고 있다. 그렇다면 창조의 질서와 타락의 문제가 있는 상황 가운데서는 바울의 이

---

[70] Lea and Griffin, *1, 2 Timothy, Titus*, 104.

[71] Mounce, *Pastoral Epistles*, 130, 148.

[72] Moo, "What Does It Mean Not to Teach or to Have Authority over Men? 1 Timothy 2:11–15," 190, 191. 또한 이를 시사하는 논의로 Schreiner, "Interpretation of 1 Timothy 2:9–15," 151을 보라.

[73] 역시 같은 점을 지적하는 Mounce, *Pastoral Epistles*, 130을 보라.

[74] 중요한 것은 그런 역사적 사실이다. 그러므로 이로부터 (죄가 아담으로부터 나온 것이 아니라 하와로부터 기원하였다는) 시락서 25:24의 신학이 이 당시에 이미 수립되었고, 목회서신의 저자는 그것에 동의하고 있었기에 이 구절을 말하고 있는 것이라는 오베르린너의 논의(L. Oberlinner, *Der Pastoralbriefe*, vol. 1 [Breiburg: Herder, 1994], 99, cited in Mounce, *Pastoral Epistles*, 136)는 매우 지나치며 본문의 역사적 정황에도 맞지 않고, 본문의 맥락과도 어울리지 않는 해석을 제시하는 것이라고 하지 않을 수 없다. 또한 여성들이 창조의 특성상 더 쉽게 속을 수 있다든지, 지적으로 열등하다고 말하는 것은 이 문맥과는 전혀 상관없는 것이다.

금령은 교회 공동체 안에서 계속 적용되는 것으로 여겨져야 하는 것이다. 이 논의의 방식을 깨지 않는 한 우리는 다르게 해석할 수 있는 여지가 없다.

흥미로우나 전체 문맥과 일치하지 않는다고 여겨지는 해석으로 13절의 접속사(γὰρ)를 가장 보편적이고 일반적인 "이유를 말하는 접속사"로 보지 않고 앞의 진술에 대한 예증(illustration)이나 모범(example)으로 해석하려는 것이다.[75] 이런 해석에 의하며 바울은 사단에게 속임을 당한 여자의 대표적인 예로서 하와를 언급했다는 것이다. 그렇게 되면 하와는 에베소에서 이단에 속임을 당한 여자들의 좋은 예증이 된다는 것이다.[76] 이와 같은 해석은 13-14절에도 불구하고 11-12의 규정은 에베소의 이단의 유혹을 받은 여자들이 가르치는 것과 주관하는 것을 금하는 것이 될 뿐이고, 이것이 결코 보편적 규정이 될 수 없게 하는 것이다. 그러나 "왜냐하면"이라는 가장 일반적인 의미를 놓아두고 이와 같이 독특하고 이상한 해석을 시도할 이유가 없는 것이다.

마운스는 이 접속사의 가장 일반적인 용법은 이유를 진술하는 것이라고 말하고 있다.[77] 더구나 디모데전서 2:13에서는 이 접속사

---

75 이런 해석을 제시하는 Payne, "Libertarian Women in Ephesus," 176; Scholer, "1 Timothy 2:9-15 and the Place of Woman in the Church's Ministry," 208; Padgett, "Wealthy Women at Ephesus," 25; Witherington, *Earliest Churches*, 122; A. Mickelsen, "An Egalitarian View: There is Neither Male nor Female in Christ," in *Women in Ministry: Four Views*, 173-206, at 203; 그리고 Gritz, *Paul, Women Teachers, and the Mother Goddess*, 136.

76 Mickelsen, "An Egalitarian View," 203.

77 Mounce, *Pastoral Epistles*, 131. 또한 Moo, "The Interpretation of 1 Timothy 2:11-15," 203; Moo, "What Does It Mean Not to Teach or to Have Authority over Men? 1 Timothy 2:11-15," 190도 보라.

(γὰρ)가 일반적이지 않은 약화된 의미(the unusual weakened force)로 사용된 맥락상의 증거가 없다고 마운스는 잘 논의하고 있다.[78] 그렇다면 13절에 대한 "가장 자연스러운 독법과 사전적으로 가장 지지를 많이 받을 수 있는 결론은 여기서 '가르'(γὰρ)가 예증적인 것이 아니라 12절이 참되다는 이유를 제시하는 것이다."[79]

    그러므로 이 구절들에 대한 가장 자연스러운 해석에 의하면, 창조의 질서가 계속되는 한, 교회 공동체 안에서는 "여자의 가르치는 것과 남자 주관하는 것"(12절)이 허락되지 않는다.[80] 그리고 여기서 바울은 일반적 진리를 진술하는 것이다.[81] 사실 바울은 여기서 뿐만 아니라 어느 교회와 관련해서든지 그런 생각을 가지고 있는 것인데, 이런 문제가 제기된 상황이기에 이를 명확히 말하고 있는 것이다.[82]

---

[78] Mounce, *Pastoral Epistles*, 132.

[79] Mounce, *Pastoral Epistles*, 132. 또한 135, 136도 보라.

[80] 같은 의견의 진술로 Moo, "What Does It Mean Not to Teach or to Have Authority over Men? 1 Timothy 2:11-15," 180을 보라.

   그런데 Lea and Griffin, *1, 2 Timothy, Titus*, 1024에서는 가르치는 것과 주관하는 것을 다 목사의 직무와 연관시키는 해석에 근거해서 바울의 권고는 "목사의 직무"(the office of pastor)를 남자들에게만 제한시키는 것이 된다고 논의하고 있다.

[81] Cf. "여자"라는 말은 일반적 진리의 진술에 적절한 소위 "유적(類的) 명사"(generic noun) 사용을 지적하는 Mounce, *Pastoral Epistles*, 118도 참조하라.

[82] 이점을 잘 드러내어 논의하는 Moo, "What Does It Mean Not to Teach or to Have Authority over Men? 1 Timothy 2:11-15," 189를 보라: "… it was Paul's position in every church that women should not teach or have authority over men. He must give explicit teaching on the subject here simply because it has surfaced as a problem in this church. Yet this would be his position in any church, whether or not some false teaching required him to write about it."

여기까지는 우리와 동의하면서, 바울의 가르침에 의하면 여인들은 항구적으로 교회 공동체 안에서 남자에게 종속하게 되어 있고, 1세기 어떤 여자들이 공식적으로 가르치려고 하고 남자를 주관하려고 하면 이 종속의 원리를 어기는 것이 된다고 말하고는 그러나 오늘 날에는 "종속"의 개념이 달라졌으므로 꼭 여자들이 가르치지 못하거나 남자를 주관하지 않아야 하는 것은 아니라는 논의는[83] 정말 교묘하게 바울의 의도를 왜곡하는 것이라고 하지 않을 수 없다.[84] 무(Moo)가 잘 말하고 있듯이, 어떤 문화 안에서라도 (교회 공동체 안에서 공식적으로) 남자와 관련하여 가르치고 주관하는 행위에 관여하려는 여성은 종속에 대한 성경적 원칙을 어기고 있는 것이기 때문이다.[85]

3. 바울의 글인가의 여부

셋째로, 이 말씀을 바울의 글로 믿는지의 여부에 대해서 논의해 보기로 하자. 성경에 대해서 비평적 견해를 가진 사람들은 디모데전서를 비롯한 목회서신이 바울에 의해서 쓰여진 것이 아니라 후대의 사람이 바울의 이름으로 자신의 견해를 표명한 것이라고 한다. 그러므로 진짜 바울은 남자와 여자의 모든 면에서의 평등을 주장하는 데, 이 '위-바

---

[83] Grant R. Osborne, "Hermeneutics and Women in the Church," *Journal of the Evangelical Theological Society* 20 (1977): 337–52, at 348.

[84] 이점을 논의하면서 잘 반박하는 Moo, "What Does It Mean Not to Teach or to Have Authority over Men? 1 Timothy 2:11–15," 191을 보라.

[85] Moo, "What Does It Mean Not to Teach or to Have Authority over Men? 1 Timothy 2:11–15," 191.

울'(the "pseudo-Paul")은 진짜 바울의 견해와 달리 여성의 사역을 제한했다고 주장한다. 그러므로 교회가 디모데전서에서 말하는 것을 따를 이유가 없다는 것이다.[86]

필자는 이 말씀을 바울 자신이 쓴 것으로 보는 것이 가장 자연스럽고 바른 해석이라고 여긴다. 본문 자체가 사도 바울이(딤전 1:1; 1:13; 2:7) 디모데에게(1:2, 18; 6:20) 구체적인 정황 가운데(딤전 1:3) 있는 그에게 목회의 지침을 주기 위해 기록한 것임을 분명히 하고 있기 때문이다.[87] 1세기 정황에서 사도의 이름을 빌어 바울의 제자격 되는 존재가 이런 편지를 쓰는 것이 오늘날과 같이 위조나 이름 도용으로 여겨지는 것이 아니고, 그렇게 할 수 있는 것이 당대의 관습적인 관례였다는 설명을 받아들이기는 매우 어렵다고 본다. 그러나 백 번 양보해서 혹시 그렇다고 해도 적어도 그 인간 저자가 이 글을 쓰는데 성령께서 영감하셨다는 것을 받아들인다면 이는 하나님의 말씀으로 여겨져야 한다. 그렇다면 위의 논의에 의해서 이는 오늘 우리를 규제하는 하나님의 말씀인 것이다. 그렇다면 이 부분의 인간 저자가 누구이든지 이 말씀에 따라서 우리는 교회에서는 "여자의 가르치는 것과 남자 주관하는 것"(12절)을 허락할 수 없는 것이다.

---

86 이미 오래된 이런 견해를 근자에 주장한 대표적인 예를 들면 다음과 같다: Mary Hayter, *The New Eve in Christ* (Grand Rapids: Eerdmans, 1987), 132-33, 142-43; Cleary, "Women in the New Testament," 78-82. 신약 성경에서 여성의 종속(female subordination)을 요구한 모든 구절들은 모두 바울 이후의 것이라고 보고, 따라서 고린도전서 11:2-16 같은 구절들은 바울의 본래 편지에 덧붙여진 것이라고 주장하는 William O Walker, "The 'Theology of Woman's Place' and the 'Paulinist' Tradition," *Sēmeia* 28 (1988): 101-12도 보라.

87 같은 점을 잘 지적하는 논의로 Moo, "What Does It Mean Not to Teach or to Have Authority over Men? 1 Timothy 2:11-15," 180을 보라.

그리고 이 부분을 바울이 쓴 것이 아니라는 점을 강조하려는 분들에게 묻고 싶은 것이 있다. 그렇게 논의하시는 분들은 과연 만일 이것이 바울이 친히 쓴 것이라면 이 말씀을 따라서 하려는 마음을 가지고 그런 논의를 하는 것인가? 혹시 이 말씀에 따르고 싶지 않은 마음이 그들을 이 말씀은 바울이 쓴 글이 아니라는 해석으로 나아가게 하는 것이 아닌지를 묻고 싶다.

디모데전서 2:15의 의미

결론으로 나아가기 전에 디모데전서 2:9-15 해석 가운데서 가장 논란거리가 되는[88] 15절 말씀의 의미를 생각해 보아야 할 것이다. "그러나 여자들이 만일 정절로써 믿음과 사랑과 거룩함에 거하면 그 해산함으로 말미암아 구원을 얻으리라"는 말씀은 어떻게 이해해야 하는가? 이 "해산함"(τεκνογονία, 직역하면, "아이 낳음")이라는 말은 신약 성경에서 이곳에만 나타나는 말이고 다른 문헌에서도 잘 나타나지 않는다고 한다.[89]

다른 구절에 대해서도 그렇거니와 이 구절에 대한 지나친 문자적 해석은 언제나 문제를 일으킨다. (1) 때때로 계속해서 믿음 안에 거하면 해산하는 과정에서 안전케 지켜지리라고 물리적으로 번역하고 해

---

[88] Lea and Griffin, *1, 2 Timothy, Titus*, 102: "… few verses have caused such vexing problems for interpreters."

[89] Mounce, *Pastoral Epistles*, 145. 그는 *Greek-English Lexicon of the New Testament*, 808과 J. H. Moulton과 G. Milligan이 편집한 *The Vocabulary of the Greek Testament*, 628의 정보에 근거에서 이를 말하고 있다.

석하는 분들이 있다.[90] 그러나 신앙 안에 있으면서도 해산 과정에서 많은 이들이 죽고 어려움을 당한 현실 앞에서 이런 해석이 이 구절의 의도라고 주장하기는 어려워 보인다.

그렇다면 여기 "구원을 받을"(σωθήσεται) 것이라는 것이 영적인 의미의 구원을 받는 것이라고 대부분의 해석자들이 생각한다.[91] 그러나 흥미롭게도 (2) 여인이 해산하는 것으로 영적인 의미에서 구원을 얻는다고 해석하는 이들은 거의 없다.[92] 그 누구도 이 구절을 이렇게 지나치게 문자적으로 해석하지 않는다는 말이다. 크리소스톰 (Chrisostom)과 홀덴(Houlden)은 아이를 낳지 않은 여인들이 있음을 생각하면서 "해산함으로"(διὰ τῆς τεκνογονίας)라는 말을 "아이를 키움(child-nurture)으로"라고 바꾸어 이해하고서는 아이를 낳지 않은 여인들도 여성적으로 아이들을 키우는 일을 하므로 그런 아이 키움으로 구원을 얻을 것이라고 해석했다고 한다. 그러나 이런 해석도 결국 인간의 어떤 행위에 의한 구원을 시사하는 문제가 있으므로 이런 해석은 바른 해석일 수 없다.[93] 왜냐하면, 마운스가 잘 논의하고 있는

---

90 NIV (1978); NASB; Moffatt 역 ("get safely through childbirth"); C. F. D. Moule, *An Idiom-Book of New Testament Greek*, 2nd edition (Cambridge: Cambridge University Press, 1959), 56; C. K. Barrett, *The Pastoral Epistles in the New English Bible*, New Century Bible (Oxford: Clarendon, 1963), 56-57; Jewett, *Man as Male and Female*, 60; B. Barron, "Putting Women in their Place: 1 Timothy and Evangelical Views of Women in Church Leadership," *Journal of Evangelical Theological Society* 33 (1990): 451-59, at 457; 그리고 Keener, *Paul, Women, and Wives*, 118-19.

91 이 본문의 문맥상 이 "구원받을"(σωθήσεται)이라는 것이 영적인 구원이라는 것에 대한 좋은 논의로 Mounce, *Pastoral Epistles*, 144f, 146.를 보라.

92 이점을 지적하는 Lea and Griffin, *1, 2 Timothy, Titus*, 102를 보라.

93 이런 해석 제시와 반박으로 Guthrie, *The Pastoral Epistles*, 89;

것과 같이, "목회서신의 구원 교리는 철저히 바울적인 것이기" 때문이다. 즉, "구원은 하나님의 은혜와 자비로 말미암는 것이며 신자들이 믿음으로 받는 것이다. 그것은 행위를 통한 구원일 수 없다. 그러니 해산함을 통한 구원이 아니라는 것을 말할 필요도 없다."[94]

　　(3) 마리아가 아이를 낳음으로, 즉 메시야의 탄생으로 구원이 주어졌다고 하는 해석이 있다. 그들은 "해산함"이라는 말 앞에 정관사(τῆς)가 있다는 사실("the childbirth")에 주목하면서 이것은 다른 해산이 아닌 마리아가 예수님을 해산한 그 해산(the birth par excellence)을 지칭한다고 한다.[95] 따라서 마리아의 메시야 해산으로

Mounce, *Pastoral Epistles*, 146을 보라.

　　[94] Mounce, *Pastoral Epistles*, 144, 또한 같은 책의 145, cxxx-cxxxv도 보라. 또한 Schreiner, "Did Paul Believe in Justification by Works? Another Look at Romans 2," *Bulletin for Biblical Research* 3 (1993): 131-58도 보라.

　　[95] 켈리 자신이 이 해석을 지지하는 것은 아니지만 이 용어는 Kelly, *A Commentary on the Pastoral Epistles*, 69에서 온 것이다.

　　이런 해석을 지지하는 학자들은 다음과 같다: C. J. Ellicott, *The Pastoral Epistles of St. Paul*, 3rd edition (London: Longman, 1864), 37; H. P. Liddon, *Explanatory Notes on St. Paul's First Epistle to Timothy* (London: Longmans, Green, 1897), 20; B. B. Warfield, "VIII. Critical Note: Some Exegetical Notes on 1 Timothy: II. Connection and Meaning of 1 Timothy II. 8-15," *Presbyterian Review* 8 (1921): 502-4, at, 504; Walter Lock, *A Critical and Exegetical Commentary on the Pastoral Epistles* (Edinburgh: T. & T. Clark, 1924), 32-33; Spencer, "Eve at Ephesus," 220; idem, *Beyond the Curse*, 92-94; Jewett, *Man as Male and Female*, 60; Williams, *Apostle Paul and Women in the Church*, 113; Payne, "Libertarian Women in Ephesus," 177-78, 180f.; H. Huizenga, "Women, Salvation and the Birth of Christ: A Reexamination of 1 Timothy 2:15," *Studia Biblica et Theologica* 12 (1982): 17-26; Mark D. Roberts, "'Woman Shall be Saved' - A Closer Look at 1 Timothy 2:15," *Reformed Journal* 33 (1983): 18-22; Padgett, "Wealthy Women at Ephesus," 28, 29; T. C. Oden, *First and Second Timothy and*

구원이 주어졌다고 해석하는 것이다. 특히 창세기 3:15과 연관시키면서 그곳에서 약속된 "아이가 여인에 의해 태어남으로 말미암아 구원이 선언된" 것과 이 구절(15절)을 깊이 연관시켜 설명하는 것이다.[96] 비록 하와가 범죄하였고, 그것은 오고 오는 모든 여인들에게 영향을 미치고 있지만 여인들은 예수님의 출생으로 그리고 그가 가져 올 구원으로 구언될 것이라고 해석하는 것이다. 여인이 그녀의 역할을 수행하여 메시야를 낳게 되어 바로 "그녀"(ἡ γυνὴ, 이는 마리아에게서 성취된다는 것을 시사하면서)가 세상에 구원을 가져 오게 된다는 것이다.[97] 파제트는 특히 여기서 강조된 것은 여인이 "씨를 낳음으로 사단으로부터 구원되는 것"이라고 한다.[98]

그러나 기본적으로 바울은 예수님의 죽음이 구원을 주는 것으로 말하지 예수님의 출생이 구원을 주는 것이라고 말하지 않는다는 점과 그 "해산함"이라는 말이 마리아가 해산한 한 사건을 지칭하는 것이 아니라 모든 여인들의 해산하는 행위를 모두 지칭하는 것일 수 있다는 것을 기억해야 한다.[99] 이런 해석의 더 심각한 문제는 여인이 구원을 가

Titus, Interpretation (Atlanta: John Knox, 1989), 101-2; Knight, *The Pastoral Epistles*, 146-47; Stanley E. Porter, "What does it Mean to be 'Saved by Childbirth' (1 Timothy 2.15)?" *Journal for the Study of the New Testament* 49 (1993): 87-102, at 90, n. 8.

96 이 견해를 가진 분들이 대개 그렇게 생각하지만, 이 인용 자체는 Knight, *The Pastoral Epistles*, 146에서 온 것이다.

97 이 표현도 Knight, *The Pastoral Epistles*, 146에서 온 것이다.

98 Padgett, "Wealthy Women at Ephesus," 28.

99 이 두 가지를 지적하는 Lea and Griffin, *1, 2 Timothy, Titus*, 102를 보라. 특히 두 번째 요점과 관련해서 헬라어에서의 관사는 어떤 특정한(definitive) 하나의 해산을 지칭하는 것이 아니라 해산함(child-birth) 일반을 지칭하는 일반적인 것인(generic) 것임을 지적하는 Guthrie, *The Pastoral Epistles*, 89도 보라.

져 오는 것이 아니라 여인이 구원을 받는다고 이 구절이 말하는 것과 모순을 일으킨다는 점이다. 더구나 메시야의 오심으로 택자들 모두가 구원된 것이지 여인들만이 구원된 것은 아니므로 이 해석은 결국 이 구절의 의미가 잘 전달되지 않도록 하는 해석이라고 하지 않을 수 없다.

(4) 또 하나의 이상한 해석으로 "여인이 아이를 낳음에도 불구하고, 여인은 구원을 받으리라"고 해석하는 것이 있다.[100] 최초의 죄 때문에 모든 여인들은 심지어 그리스도인들도 아이를 낳는 고통을 감수해야 하지만, 믿는 여인들은 복음을 믿음으로 구원을 얻을 것이라고 해석하는 것이다. 그러나 이 해석은 '디아'(διὰ)라는 희랍어 전치사에 부자연스러운 의미를 부가하는 해석이라고 판단할 수밖에 없다.[101] 또한 하와의 죄 때문에 주어진 저주는 아이 낳는 것이 아니라 아이 낳는 것과 관련된 고난이기[102] 때문에 이는 여러모로 부정확한 해석이라고 하지 않을 수 없다.

(5) 여인의 역할과 관련하여 아이 낳음을 강조한 이유 중의 또 하나는 혼인하지 말 것을 주장하는 잘못된 가르침(딤전 4:3)과 후에 이를 계승한 영지주의자들 때문이었다는 것도 생각해 볼만하다.[103] 이와

---

[100] E. F. Scott, *The Pastoral Epistles*, Moffatt New Testament Commentary (New York: Harper and Brothers, 1936), 28.

[101] 이런 해석을 소개하고 잘 반박하고 있는 논의로 Guthrie, *The Pastoral Epistles*, 89; 그리고 Mounce, *Pastoral Epistles*. 147을 보라.

[102] 이 점을 지적하는 논의들로 다음을 보라: Moo, "I Timothy 2:11-15: Meaning and Significance," 71, Porter, "What Does It Mean to be 'Saved by Childbirth' (1 Timothy 2.15)?" 96-97; Mounce, *Pastoral Epistles*. 147.

[103] 이점을 지적하는 Kelly, *A Commentary on the Pastoral Epistles*, 70을 보라. 이레니우스에 의하며, 후기에 영지주의자들은 "혼인하는 것과 아이 낳는 것을 사단에게서 기원한" 것이라고 했다고 한다. 그는 Irenaeus, *Haer.* I. 24. 2를 인용하고 있다.

같은 바울의 반대자들, 특히 이단적 주장을 하는 사람들이 혼인하지 않고, 아이를 낳지 않으며 오히려 교회 공동체 안에서 가르치고 주관하는 위치를 차지하려고 해야 구원을 얻는다고 주장했기에[104] 바울이 그들의 말을 인용하면서 그들을 비판하는 것이 15절 말씀이라는 해석이 있다. 그렇기에 이 구절에 이단자들의 경향을 반박하는 상당히 어색한 말이 15절에 나타나게 되었다는 것이다.[105] 15절 배후에 반대자들의 주장이 있고, 그에 반하려는 바울의 의도를 드러내려고 한다는 점에서는 흥미로우나 본문의 문맥상 이것이 15절의 말씀을 낳게 한 것이라고 단언하기는 어려워 보인다.

그러므로 (6) 이 구절을 가장 잘 해석하는 길은 "그 해산함"을 제유법(a synecdoche)로 보는 것이다.[106] 제유법이란 부분으로 전체를 말하고, 전체로 하나를 제시하거나 유(genus)를 말하는데 그에 속

---

[104] 에베소의 거짓 교사들이 이런 주장을 하였다는 논의들로는 다음을 보라: Kelly, *A Commentary on the Pastoral Epistles*, 70; Fee, *1–2 Timothy, Titus*, 74–75; Scholer, "1 Timothy 2:9–15 and the Place of Woman in the Church's Ministry," 197–98; Padgett, "Wealthy Women at Ephesus," 28; Gritz, *Paul, Women Teachers, and the Mother Goddess at Ephesus*, 143; Moo, "What Does It Mean Not to Teach or to Have Authority over Men (1 Timothy 2:11–15)," 192, Kroeger and Kroeger, *I Suffer Not a Woman*, 171–77; Schreiner, "Interpretation of 1 Timothy 2:9–15," 150; 그리고 Mounce, *Pastoral Epistles*, 146.

[105] Cf. L. T. Johnson, *Letters to Paul's Delegates: 1 Timothy, 2 Timothy, Titus*, The New Testament in Context (Valley Forge, PA: Trinity, 1996), 133; 또한 P. H. Towner, *1–2 Timothy and Titus*, IVP New Testament Commentary (Downers Grove, IL: IVP, 1994), 80.

[106] 이를 제유법으로 보고 해석하는 대표적인 경우로 Lea and Griffin, *1, 2 Timothy, Titus*, 102를 보라. 제유법이라는 용어를 사용하지 않지만 비슷하게 해석하는 Moo, "What Does It Mean Not to Teach or to Have Authority over Men? 1 Timothy 2:11–15," 192를 보라.

하는 한 종(difference)을 사용해서 말하는 일종의 수사법을 말한다. 여기서는 해산함이라는 여자만이 할 수 있는 일을 들어서 여인들만이 하도록 되어 있는 일 전체를 언급하고 있다고 보는 것이다. 그리고 이 구절은 여인들의 해산함이 구원의 원인이나 조건이 된다는 말이 아니다. 그렇게 되면 혼인하지 않은 여인들이나 혼인했어도 아이를 낳지 않은 여인들은 구원을 받지 못하는 것이 되고 만다. 바울이 그런 식으로 이야기할 리가 없으므로 그 "해산함"이란 여인들이 행하는 여러 가지 일들 모두를 지칭하는 것이다.

이렇게 보면 앞에서는 "구원을 얻으리라"(σωθήσεται)고 단수로 말하다가 여기서 "그들이 만일 정절로써 믿음과 사랑과 거룩함에 거하면"(ἐὰν μείνωσιν ἐν πίστει καὶ ἀγάπῃ καὶ ἁγιασμῷ μετὰ σωφροσύνης)이라고 하면서 주어를 복수로 바꾸어 표현하는 의미가 드러난다. 이는 "아내와 남편"을 의미하는 것이 아니며,107 "여인과 그 자녀들을" 가르치는 것도 아니다.108 여기 복수로 언급된 사람들은 믿음 가운데 거하는 모든 여자들을 말하는 것이며, 그런 여인들을 하나로 생각하면서(generically) 말하는 것이라고 할 수 있다. 여인들이 해야 하는 여러 일 가운데서 오직 여자들만이 할 수 있는 대표적인 일인 "해산함"을 언급한 것이다(제유법). 이렇게 여인들이 자신들이 창조 질

---

107 이 복수를 남편과 아내로 보는 해석은 N. Brox, *Die Pastoralbriefe*, 4th edition (Regensburg: Pustet, 1969), 137, cited in Mounce, *Pastoral Epistles*, 147에 나타나 있다.

108 *Pace* Joachim Jeremias, *Die Briefe an Timotheus und Titus* (Göttingen: Vanderho다 & Ruprecht, 1975), 22; J. L. Houlden, *The Pastoral Epistles*, The Pelican New Testament Commentaries (Harmondsworth and New York: Penguin, 1976), 72-73; 그리고 Johnson, *Letters to Paul's Delegates*, 133.

서 가운데서 해야 할 일을 수행하는데, "만일에 정절로써 믿음과 사랑과 거룩함에 거하면", 즉 그 모든 일들을 믿음으로 하면 구원을 받는다는 뜻이다.

특히 여인들이 창세기 3:15에 분명히 규정된 역할을 받아들이되 믿음으로 그리하면 구원을 얻는다는 것이다.[109] 여기서 믿음은 여인이 십자가에서 이루신 그리스도의 사역을 계속해서 신뢰하는 것을 뜻한다.[110] 그러므로 여기서 바울이 권면하는 것은 여인들은 모범적인 아내와 어머니가 되어 구원의 실재를 드러내라는 것이다.[111] 여인들은 교회 안에서의 직분을 감당하려고 애쓰는 사람들이(contenders for ecclesiastical office) 되지 말고 오히려 가정에서의 책임을 다해야만 한다는 것이다.[112]

결론

이상에서 우리는 신약 성경에서 여성의 교회 안에서의 사역 문제를 다

---

[109] 창세기 3:15을 연결시켜 제시한 해석으로 Kelly, *A Commentary on the Pastoral Epistles*, 69, 70 ("fulfils it *in the right spirit*," … a woman's salvation will *depend on her spiritual state, i.e. on her faith* in Christ…" 강조점은 필자가 붙인 것임)를 보라.

[110] 특히 이를 강조하는 Mounce, *Pastoral Epistles*, 147을 보라.

[111] Lea and Griffin, *1, 2 Timothy, Titus*, 102: "Paul was teaching that that women prove the reality of their salvation when they become model wives and mothers, whose good deeds include marriage and raising children (1 Timothy 5:11, 14)."

[112] Cf. Lea and Griffin, *1, 2 Timothy, Titus*, 103. 또한 Earle, "1, 2 Timothy," 362도 보라.

루는 유일한 구절이라고 할 수 있는 디모데전서 2:12-14에 근거해서 판단할 때 여자가 교회 안에서 공식적으로 가르치는 일을 하는 것(목사직)과 다스리고 주관하는 일을 하는 장로직은 성경적으로는 허락되지 않았고, 이 구절의 내포에 따라 그것은 창조의 질서가 존재하는 한 지속되는 교훈이라는 것을 살펴보았다. 이런 성경의 가르침이 있는 한 우리는 이 말씀에 근거해서 교회 안에서 목사직과 장로직을 여성에게 허락할 수 없다고 결론 내려야 할 것이다. 그러나 그 외의 폭 넓은 의미의 여성 사역은 교회 안에서 매우 중요하게 여겨지고 격려되어야 한다. 그렇게 하는 것이 신약의 가르침에 우리가 복종하는 방식이다.

이와 같은 성경적 결론을 따를 때 우리는 여성이 능력이 부족하다거나 열등하다는 생각에서 그리해야 한다는 것이 아님에 주의해야 한다. 우리는 순전히 성경이 지시하는 가르침에 충실하려고 하는 마음에서 이 문제에 대한 판단을 해야 하는 것이다. 성경은 교회 안에서의 여성의 사역에 대해서, 그것도 목사직과 장로직에 대해서만 이런 금령을 분명히 하고 있다. 따라서 사도 시대부터 모든 정통적 그리스도인들은 이와 같이 생각해 왔다.[113] 그러나 교회 밖의 이 사회의 다른 영역에서 여성이 가르치는 것을 이 성경 구절은 금하지 않는다. 또 다른 사회적 맥락에서 여성이 주관하는 자와 치리하는 자와 재판하는 자가 되는 것을 이 성경은 금하지 않는다. 여성이 잘 다스릴 수 있는 은사가 있다면 다른 사회의 영역에서 그와 부합한 하는 일을 하는 것은 하나님의 일을 이루는 일의 한 부분이 될 것이다. 또한 여성이 잘 가르치는 은사가 있다면 이 사회의 여러 영역에서 잘 가르치는 일을 효과적으로

---

113 이 점을 잘 지적하는 Moo, "What Does It Mean Not to Teach or to Have Authority over Men? 1 Timothy 2:11-15," 179를 보라.

해야 할 것이고, 그리스도인 여성이 그렇게 하는 것은 하나님 나라의 중요한 사역을 감당하는 것이 될 것이다.

그러나 디모데전서 2:12-14의 의미에 대한 우리의 주해가 유지될 수 있다면 교회의 맥락에서는 여성이 공식적으로 가르치는 목사직을 수행하는 것과 다스리는 장로직을 수행하는 것이 허용되어서는 안 될 것이다. 그러므로 우리는 이제까지 정통주의적 성경 해석가들과 함께 남성과 여성의 본질적 평등성(essential equality)과 기능상의 차이(functional differentiation)를[114] 주장하는 것이 된다.

그러므로 결국 여성의 교회 안에서의 목사와 장로로서의 사역 가능성의 문제는 디모데전서 2:12-14을 어떻게 해석하느냐에 달려 있는 것이다. 부디 우리는 이 말씀의 의미에 충실해서 이 말씀에 순종하는 그리스도인이 되었으면 한다. 이 말씀에 대한 해석이 어떻게 되든지 성경의 가르침에서 벗어나려고 해서는 안 된다.

이 문제에 대한 근자의 논의 중에서 가장 성경적이며 개혁파적 전통에 충실하며 이 글의 입장과 가장 유사한 논의로 에드먼드 클라우니(Edmund Clowney)의 『교회』에서의 논의를 참조하라.[115] 그러나 그는 나와 같이 디모데전서 2:12-14에만 근거하여 논의하지 않고, 이 부분을 중시하면서 다른 신약의 구절들도 같은 함의를 지니고 있다고 해석하면서 논의한다. 또한 이와 가까우면서도 집사직까지도 여성이 감당하지 않는 것이 성경적이라는 논의로는 로버트 레이몬드(Robert L. Reymond)의 논의를 보라.[116] 그의 논의 역시 신약의 폭 넓은 구절들

---

[114] 이 점을 같이 강조하는 정통주의적 논의들을 보라. 특히 Schreiner, "Head Coverings, Prophecies, and the Trinity, 1 Corinthians 11:2-16," 특히 138; 그리고 Mounce, *Pastoral Epistles*, 147을 보라.
[115] Edmund Clowney, *The Church* (Leicester: IVP, 1995), 제 15 장.

을 중심으로 논의하여 가고 있다.

나의 입장은, 이 글에서 밝힌 바와 같이, 신약의 다른 구절들이 분명히 여성 안수에 대해 논의하고 있는지에 대해서는 확신이 서지 않으나, 디모데전서 2:12-14을 앞뒤 문맥으로 고려하며 읽을 때 이 구절은 창조 질서와 타락의 빛에서 여성의 교회 안에서의 목사로서의 활동과 장로로서의 활동을 금하고 있다는 것이다. 그러므로 우리는 이 구절에 대해서 과연 참으로 순종하는가 하는 것은 심각하게 여겨져야 한다고 여겨진다.

만일에 어떤 분이 이 구절을 주해적으로 바르게 주해하려고 하면서 순전히 성경 주해의 빛에서 여성의 교회 직분 임직을 주장한다면 그것은 학문적으로 용인될 수 있는 일이라고 판단한다. 이 때 그런 주해와 나와 같이 디모데전서 말씀에 근거해서 부정적인 결론을 내리는 해석 가운데 어떤 것이 이 본문에 더 합당한 것인가 하는 것은 계속해서 성경 본문에 근거해서 논의하고, 결국은 후에 주께서 친히 답해 주시리라고 믿는다. 그때까지 나는 지금까지의 이해의 빛에서 디모데전서 2:12-14을 바르게 주해하면 이 글에서 우리가 논의한 것과 같은 결론에 이르러야 한다고 생각한다. 오직 성경 주해에만 근거하여 다른 입장에서 논의하려는 분들의 의견을 존중하며 높이 사면서도 말이다. 그러나 현대 문화적 선입견에 근거하여 논의하려는 모든 태도는 성경보다는 현대 문화적 상황을 중심으로 논의하려는 것이므로 우리들 모두 그렇게 하지 않도록 해야 한다.

---

[116] Robert L. Reymond, *A New Systematic Theology of the Christian Faith* (Tennessee: Thomas Nelson, 1998), 제 23장, 각주 9, 10.

11

추모를 위한 가정 예배 모범안 제시

들어가는 말: 세 가지 원칙

이 모범안을 제시하는 일에서 우리가 설정한 기본적인 원칙 세 가지를 분명히 하고서 논의를 시작하려고 한다. 첫째는 추모식을 특별한 것으로 여기거나 그런 것을 만들지 않는다는 원칙이다. 기독교 역사에 있어서 돌아가신 분들 대한 특별한 추모를 하는 일은 비교적 늦게 그것도 성자숭배의 잘못된 관행과 함께 나타나게 되었고, 이런 잘못된 관행들은 종교개혁시대에 심각한 비판을 받고서 사라지게 되었다. 따라서 우리들은 이를 그리스도인의 가정에서 매일 이루어지는 예배(가정 예배)의 하나로 여기면서 제시하려고 한다. 그리스도인들이 교회 공동체 전체가 모여서 예배하는 공적 예배(public worship)와 함께 사적 예배(private worship)에 힘써야 하는데, 가정 예배는 이런 사적 예배의 하나이다. 매일 온 가족이 함께 모여 예배하는 중 그 날이 가족 성원들의 생일에 해당하면 생일 감사 예배가 되는 것과 같이, 그 날이 돌아가신 부모님의 기일이면 그 날 가정 예배가 추모예배가 되는 식이다. 그렇게 할 때만 추모 예배를 독특한 일로 여기지 않고 매일 매일 하나님 백성으로 살아가는 가족들의 삶의 자연스러운 한 부분으로 여겨질 수 있다. 이 일을 위해서는 먼저 가정 예배의 회복이 절실히 요구된다. 어떤 방식으로든지 가정 예배가 회복되어야 하고, 그 가운데서 매우 자연스럽게 추모 예배가 이루어지도록 해야 할 것이다.

둘째는 이런 식으로 하는 추모 예배의 예배 모범을 제시하려고 한다. 이를 바르게 이해하려면 서구 교회에서 기도서(prayer book)의 전통과 예배 모범(Directory for the Worship)의 전통을 정확히 이해하면서 그 둘을 비교할 수 있어야 한다. 기도서는 천주교회와 성공회와 감독교회가 사용한 것으로, 결과적으로 이는 모든 교회에 일정한 예배 방식을 강요하는 것이었다. 기도서는 그에 따라서 예배를 진행하면 잘 모르는 사람들도 예배를 진행할 수 있다는 장점은 있으나, (1) 무엇보다 성경적이지 않은 요소들이 그 순서 안에 포함되어 있을 때에도 그것을 강요하여 양심의 자유를 해친다는 심각한 문제와 (2) 기성의 틀을 따라서 예배하게 함으로 예배의 자발성을 해치는 문제를 가지고 있다. 그래서 종교개혁시대에 이런 기도서의 전통에 강하게 저항하면서 오직 신약 성경에 있는 예배의 요소들(elements)만으로 하나님께 예배해야 한다고 "예배에 대한 규정적 원리"를 강조하는 일이 나타났다. 칼빈의 입장을 따르는 분들, 특히 청교도들은 예배의 요소에 대해서는 오직 신약 성경에 있는 것만을 사용해야 한다는 것을 강조하면서도 그 순서나 양식을 일정하게 정하여 그것을 강요하지 않고, 하나님의 자비하심을 따라 권면하는 식으로 예배 모범을 제시하였다. 공적 예배에 대해서 그들이 제시한 예배에 대한 규정적 원리와 예배 모범을 활용하여 한국 교회에서 잘 활용할 수 있는 가정 예배 모범을 제시할 수 있다고 생각하여 이 모범안을 제시해 보기로 한다.

세 번째는 추도(追悼)라는 용어나 그런 분위기 보다는 추모(追慕)라는 용어와 그런 의식을 확산하도록 한다는 것이다. 추도(追悼)라는 말의 어원상 애도(哀悼) 등과 같이 슬퍼한다는 것에 강조점이 주어지기 쉽다. 그리스도인들이 돌아가신 부모님이나 조상을 생각할 때 사랑하시는 분들을 당장 눈앞에서 뵐 수 없으니 슬픈 마음이 있을 수 있다. 그것이 자연스러운 일이지만, 그리스도인들로서는 소망의 없는 이들과 같이 지나치게 슬퍼해서는 안 된다. 왜냐하면 우리들은 부활의 소망을 가지고 있어서, 분명한 재회(再會)의 소망을 가지고 살기 때문이다. 그러므로 우리들의 가정 예배에서는 그 분들의 신앙과 평소의 삶을 기억하면서 그것을 추모(追慕), 추억(追憶)하며 기린다는 뜻으로 추모(追慕)라는 용어와 의식을 확산하도록 하는 것이 좋을 것이라고 판단하였다.

이와 관련하여 몇 가지 용어들에 정리를 하는 것이 좋을 것이라고 판단된다. 첫째로, 죽은 분들에 대하여 망인(亡人)이라고 하여 마치 죽은 자들이 멸망(滅亡)한 것과 같은 의미로 말하는 것은 예수님을 참으로 믿고 죽은 분들에게는 사용되지 말아야 한다. 따라서 예수님을 믿고 죽은 분의 부인에 대하여 미망인(未亡人)이라고 지칭하는 말도 적절하지 않다. 이와 관련하여 고인(故人)이라는 용어에 대해서는 어떻게 하는 것이 좋을지 의견의 일치를 보지는 못하였지만, 믿고 돌아가신 분들에게는 "하늘의 부르심을 입으신", "주님의 부르심을 입으

신", 또는 "하늘에 계신 하나님과 함께 있는" 등으로 풀어 쓰는 것이
더 좋으리라는 의견을 제시한다.

이제 본격적 논의를 시작하면서 예배의 기본적 원리를 분명히
하고, 온 교회가 같이 모여 예배하는 공예배에 대한 예배 모범들을 일
부 검토한 후에 그에 근거해서 가정 예배 모범을 제시해 보기로 한다.

예배의 기본적 원리

예배란 무엇인가? 엄격하게 말해서 예배는 구속함을 받은 하나님의 백
성들이 성령 안에서 그리스도의 구속에 의존하여 삼위일체 하나님께
하나님으로 바로 알고서 그 영혼을 숙여 경배하는(προσκυνέω) 것이라
고 말할 수 있다.[1] 종교개혁적 교회에서는 예배의 요소들과 예배의 방
식을 될 수 있는 대로 성경적 가르침에 근거해서 주께 드리려고 노력
해 왔다. 이런 원칙에 따르는 성경과 종교개혁에 충실한 분들은 하나
님께 드리는 예배를 어떻게 이해했는가?

첫째로, 오직 삼위일체 하나님께만 드려질 수 있는 예배는 구속
함을 받은 하나님의 백성들이 성령 안에서 삼위일체 하나님께 그 영혼
을 숙여 경배하는(προσκυνέω) 것이므로, 구속의 근거가 되는 예수 그리
스도의 온전하신 삶과 십자가의 구속에 의존해서만 하나님께 드려 질
수 있는데, 이는 오직 성령에 의존할 때만 가능한 일이라고 하는 점을

---

1 예배에 대한 이하의 논의는 이승구, "공예배의 방향", 『한국 교회가 나
아갈 길』 (서울: CCP, 2018), 47-84를 참조하라. 이하 몇 문단의 내용은 이 글에
서 그대로 가져 온 것임을 밝힌다. 또한 그 책에 있는 "예배에 있어서 연속적 읽기
와 설교"라는 장(118-41)도 참조하라.

강조한다. 이것이 "영으로"(우리말 개역 성경에 "신령으로"라고 번역된 ἐν πνεύματι) 경배한다는 말의 진정한 의미이다. 모든 진정한 예배는 이런 뜻에서 성령 안에서 영이 경배하는 것이다(προσκυνέω). 그러므로 하나님께 경배할 때는 우리의 마음 가운데 하나님을 공경하여 그 앞에 절을 하겠다는 소원이 있어야 하고, 내가 절하는 그 대상이 받아야 할 만큼 나의 마음을 하나님께 반드시 드려야 하는 것이다. 이 일을 위해서는 예배의 대상이 되는 하나님을 바로 알아야만 한다. 하나님을 하나님으로, 삼위일체 하나님으로 창조하시고 섭리하시고 구속의 일을 이루시는 크신 하나님으로 바르게 알며 우리의 일생, 몸 전체를 다 드려서 섬겨도 그것으로 부족할 정도로 크시고 엄위하신 하나님으로 바르게 알아야 하며,[2] 그 엄위에 비해 자신은 스스로의 자격으로는 감히 나아갈 수 없는 존재이므로 그리스도의 공로에만 의존하는 대단히 조심스럽고 두려운 심정을 가지고, 그러나 그리스도의 공로에 의존해서 담대하고 당당하게 경배하는 심정으로 나아가 섬겨야 한다.[3]

둘째로 참된 예배는 "진리 안에서"(ἐν ἀληθείᾳ) 해야한다. 그래서 개혁파 선배들이 진리로 받아들인 "하나님의 말씀인 성경"에 보증이 있는 예배의 요소들만을 사용하고, 성경적 근거가 없는 것들은 모두 제거하고서 삼위일체 하나님께 경배하려고 한 것이다. "예배의 방식과 요소들에 대해 하나님 말씀의 공인이 있어야만 한다"는 원칙에 충실한 것이다.[4] 신학과 교리에서만이 아니라 예배에서도 하나님

---

2 이 점에 대한 강조로 김홍전, 『예배란 무엇인가?』(서울: 성약, 1987), 83, 85, 86, 87, 88을 보라.

3 Cf. 김홍전, 『예배란 무엇인가?』, 89-91.

4 John Murray, "Worship," in *Worship: Adoration and Action*, ed., D. A. Carson (Carlislie: The Paternoster & Grand Rapids: Baker, 1993), 168: "… for all the modes and elements of worship there must be

께서 계시하신 것 이외에는 그 어떤 것도 덧붙여져서는 안 된다는 것을 종교개혁에 충실한 분들은 강조했다.[5] 예를 들어서, 칼빈은 "나는 성경에서 도출된 따라서 전적으로 신적인 하나님의 권위에 근거한 인간의 제도들만을 시인할 뿐이다"고 말한다(*Institutes*. IV. x. 30). 그리고 벨직 신앙 고백서(1561)에서는 아주 분명히 천명하기를 교회의 치리자들은 "우리의 유일하신 선생님이신 그리스도께서 제정하신 것을 떠나지 않도록 주의를 기울여야 한다. 그러므로 우리는 모든 인간적 창안물들, 하나님을 예배하는 일에 사람들이 도입하여 그 어떤 방식으로든지 양심을 얽어매고 강요하는 것들 모든 법들을 거부한다"라고 하였다.[6] 또한 웨스트민스터 소요리 문답(1647) 제51문에서는 십계명 제 2계명과 관련해서 가장 직접적으로 생각할 수 있는 "형상으로써 하나님을 예배하는 것" 외에도 "그의 말씀 가운데 정하지 아니한 어떤 다른 방법으로 예배하는 것"은 금해진 것이라고 단언하였다.

신약 성경의 나타난 것을 살펴보면 회당 예배에서와 같이 공기도가 있었고(행 2:42; 딤전 2:1, 8; 고전 14:16; 엡 5:20), 성경 봉독이 있었으며(딤전 4:13; 살전 5:27; 살후 3:14; 골 4:15, 16; 벧후 3:15, 16; 계 1:3), 설교로 그 내용을 풀어 주는 일이 있었다(눅 4:20; 딤후

---

authorization from the Word of God."

   5 이 점에 대한 논의로 Edmund P. Clowney, "Distinctive Emphasises in Presbyterian Church Polity," in *Pressing Toward the Mark: Essays Commemorating Fifty Years of the Orthodox Presbyterian Church*, eds., C. G. Dennison and R. C. Gamble (Philadelphia: Orthodox Presbyterian Church, 1986): 100–105; Edmund P. Clowney, "Presbyterian Worship," in *Worship: Adoration and Action*, 113–118, 특히 113을 보라.

   6 *The Belgic Confession*, Art. XXXII, in *The Creeds of Christendom*, vol., III: *The Evangelical Protestant Creeds*, ed. Philip Schaff (Harper and Row, 1931; reprinted, Grand Rapids: Baker, 1990), 423.

3:15-17; 딤후 4:2). 또한 새언약 백성들의 찬송이 명령되었고, 시사되었으며(엡 5:19; 계 5:9-13; 11:17f.; 15: 3,4), 찬송과 기도에 '아멘'으로 응답하는 일이 관례화 되었다(고전 14:16; 계 5:14; cf. 롬 1:25; 9:5; 엡 3:21). 가르침은 식탁 교제, 특히 성찬과 연관되어졌고(행 2:42; 20:7, Cf. vv. 20, 25, 28), 이 때의 감사 기도가 언급되었으며(고전 11:24), 세례가 있고 이와 신앙 고백이 연관되어졌다(벧전 3:210 그리하여 공적인 신앙 고백이 시사되고 있다(딤전 6:12; 벧전 3:21; 히 13:15; cf. 고전 15;1-3). 그리고 가난한 이들을 위한 연보가 때때로 함께 나타났고(고전 16:1-3; 고후 9: 11-15; 빌4:18), 백성들은 삼위일체 하나님의 축복을 받았다(고후 13:13; 눅 24:50; cf. 민 6:22-27).[7] 이렇게 성경에 나타난 요소들만을 가지고 예배하되, 여러 지역에 흩어져 있는 모든 교회는 그들의 정황과 지혜에 따라 적절한 순서를 마련해서 예배할 자유를 가지고 있다.

추모를 위한 모임의 모범안

1. 기본 원리

추모를 위한 모임을 가정 예배의 한 부분으로 함에 있어서 삼위일체 하나님께 드리는 예배가 중심이 되도록 한다는 원리가 분명히 드러나야

---

[7] 이상의 요소들에 대한 정리는 개혁파적 원리에 유의하면서, 또한 바른 주해를 염두에 두면서 Clowney, "Presbyterian Worship," in *Worship: Adoration and Action*, 117의 말한 바를 다시 검토하여 제시한 것이다.

한다. 기본적으로 이 모임은 일차적으로 삼위일체 하나님께 대한 예배이다. 이 모임의 중심은 추모의 대상이 되는 분이 아니라 우리들의 예배를 받으시는 삼위일체 하나님이 되도록 해야 할 것이다. 그리고 무엇보다도 죽음을 정복하고 부활하셔서 하늘에 계시다가 이 땅에 다시 오실 그리스도를 바라보도록 하는데 예배의 초점이 맞추어져야 한다. 그런 후에 주님 품에 계신 분들의 신앙을 다시 회고하며, 생전에 교훈을 되돌아보고 후손들이 그렇게 살 것을 다짐하며 주님이 다시 오시는 날까지 말씀대로 올바로 살도록 은혜를 구하는 것은 자연스럽고 아름다운 일이다. 그러나 일차적인 목적인 우리와 주님 품에 계신 모든 사람을 지으신 삼위일체 하나님께 합당한 경배를 하는 일임을 매우 분명히 해야만 한다.

둘째로, 가정 예배의 연속성 가운데서 이 모임도 진행되도록 해야 할 것이다. 그러므로 원칙적으로는 각 가정의 가장이 그 예배를 인도하도록 해야 한다. 그 모임 중에 혹시 교역자가 참석한 경우에는 교역자로 하여금 예배를 주관하게 할 수도 있으나, 원칙적으로는 각 가정의 가장이 가정 예배를 주관하고 인도하도록 하는 것이 옳다. 교역자가 참여한 경우에도 가장이 예배의 사회를 하고, 말씀 선포만을 교역자에게 부탁하면 될 것이다.

셋째로, 혹시 사진을 준비하는 것은 있을 수 있으나 **촛불을 켜거나 향을 피우는 것은 하지 말아야** 한다. 음식을 차릴 때 예배 전에 차려 놓는 것은 금해야 하며, 음식은 예배 후에 가족들이 함께 나누는 것이 좋다. 시간을 제사처럼 밤늦게 정하는 것도 피하는 것이 좋을 것이다.

2. 일상적 가정 예배의 경우의 모범안 예시

제 1 부 삼위일체 하나님께 드리는 예배

예배에로의 부름	······	사회자
성시 읽기	시편 133편	사회자
예배를 위한 간단한 기도	······	사회자
찬송	30장	다같이
성구 교독	교독문 72	사회자와 회중
사도 신경	······	다같이
(찬송)	188장	다같이
기도	······	맡은이
성경 봉독	여호수아 24:14-31	사회자
말씀 강설 - "우리도 여호와를 섬기리니 그는 우리 하나님이심이니이다"- 설교자
기도	······	설교자
송영	3장	다같이
주께서 가르치신 기도	······	다같이

제 2 부 추모식

추모 대상자의 약력 소개	······	손자나 혹은 친척 어른 중에서
추모 대상자의 신앙과 삶 중에서 기억할만한 이야기 나누기	·····맡은 이들

마침

3. 모범안 예시

(돌아가신 아버님에 대한 추모 예배의 경우로 상정하고 예배 모범안을

제시하기로 한다. 신앙을 가지고 돌아가신 경우를 상정하였으나, 그렇지 않은 경우에는 적절한 수정을 하여 가정 예배를 하여야 할 것이다.)

제 1 부 삼위일체 하나님께 드리는 예배

예배에로의 부름 ·····································사회자

2010년 3월 1일 가정 예배를 하려고 합니다. 그런데 오늘은 아버님, 할아버님께서 돌아가신 날이기도 합니다. 아버님, 할아버님은 이제 하나님께서 계신 하늘에서 하나님을 뵈오며 하나님께 경배하고 계십니다. 우리도 우리 영혼의 무릎을 꿇어서 우리 하나님을 경배하기를 시작하시겠습니다. "우리의 도움이 천지를 지우신 여호와께 있도다." 다 같이 기도하시겠습니다.

성시 읽기 ·················시편 133편 ·······················사회자
예배를 위한 기도 ·····································사회자

"온 세상을 창조하셨으며, 우리를 구속하시고 지금도 살아 계셔서 온 세상을 주관하시는 삼위일체 하나님께 우리 영혼의 무릎을 꿇어 절하오니 성령님께서 우리의 심령을 올려 주셔서 하나님께 경배하기에 알맞은 경지에로 올려 주셔서 참된 경배를 드리게 하여 주옵소서. 우리 주 예수 그리스도의 이름으로 기도하옵니다." 아멘

"다 같이 찬송 30장을 불러서, 우리 하나님을 찬양하겠습니다."

찬송 ·······················30장 ·······················다같이

"찬송가 뒤에 있는 교독문 72번을 사용하셔서 몇 가지 성구를 교독하겠습니다."

성구 교독 ·················교독문 72 ·················회 중

"찬송가 앞에 있는 사도신경을 사용하셔서 우리들이 믿고 있는 바를 살아 계신 하나님과 온 세상 앞에 공표하시겠습니다."

사도 신경 ···························다같이

"찬송가 188장을 사용하셔서 우리 주님을 찬양하시겠습니다."

찬송 ·················188장 ·················다같이

"다같이 기도하실 때에 _____께서 우리의 기도를 인도해 주시겠습니다."

기도 ···························· 맡은이

(이하의 기도문은 예시문이므로 참조만 하면 될 것이다. 종교 개혁 교회에서는 자유로운 기도를 권장해 왔다. 기도를 미리 준비해서 또 때로는 써서 하는 것도 좋으나 각자가 자신의 깨달은 바에 근거해서 진심으로 자신의 간구를 주께 드리도록 해야 한다.

"거룩하신 하나님, 오늘 우리 가족들을 다 모아 주시고 하나님께 경배하게 하시오니 감사를 드리옵니다. 주께서 우리들을 일일이 창조하여

주시고, 역사의 한 가운데서 일어난 그리스도의 십자가 구속 사건이 우리의 죄 용서를 위해 일어난 일임을 믿도록 하셔서 이 땅에서도 하나님 백성으로 살아가게 하시오니 참으로 감사하옵니다. 주께서 우리들의 아버님, 할아버님을 창조하시고 주님을 믿으며 평생을 살게 하시다가 주님 품에서 쉬게 하심에 대해서도 감사를 드리옵니다. 귀한 믿음의 본을 우리에게 남겨두시어 우리들이 이 땅에서 아버님과 할아버님 같은 신앙을 가지고 살 수 있도록 귀한 본을 주심에 대해서도 하나님께 감사드립니다. 우리들이 그 믿음의 본을 받을 수 있도록 하시고, 주를 믿는 신자로서 이 세상을 살아가신 것처럼 우리는 더욱 힘을 내어서 주의 백성다운 삶을 살 수 있도록 하여 주옵소서. 온 가족들에게 동일한 신앙을 주셔서 다 함께 살아 계신 주님을 섬겨 가게 하시고, 한 사람도 이 신앙을 버리지 않게 하옵소서.

이 일을 위해서 하나님께서 우리에게 지속적인 은혜 베푸심이 필요하옵나이다. 우리들이 간절하게 그리고 목마르게 주님의 은혜를 간구하오니 우리들에게 필요한 은혜를 날마다 베푸시는 주님께서 이렇게 모여 경배하는 오늘도 우리에게 은혜를 내려 주셔서 우리로 주님의 뜻을 더욱 더 잘 이해하게 하시고, 주님의 은혜 가운데서 더욱 성장하게 하셔서 과연 하나님 백성다운 삶들을 살아가게 하옵소서. 이 일을 위해 우리가 주님의 말씀을 읽고 그 뜻을 헤아리려 하오니 성령님께서 말씀과 우리의 마음을 조명하사 우리들로 하여금 하나님 말씀의 깊은 뜻을 헤아리게 하시고, 하나님의 뜻을 잘 알게 하여 주실 뿐만 아니라, 주님의 뜻을 수행할 수 있는 힘을 더하여 주시기 원합니다.

우리 모두가 이렇게 주님과의 깊은 교통 가운데서 이 땅을 살다가 주님과 함께 계신 아버님, 할아버님을 하늘에서 만날 뿐 아니라, 주님께서 다시 오시는 날, 우리 모두가 우리 주 예수님과 같은 모습으로 부활하여 주님 앞에 무릎 꿇어 절하며 기쁨을 가지고 주님을 영원히 섬기게 하여 주옵소서. 우리 주 예수 그리스도의 이름으로 기도하옵나이다."

"오늘의 본문은 구약 성경 357-358쪽에 있는 여호수아서 24장 14절에서 31절의 말씀입니다. (다시 한번 더 말하여 편히 찾도록 하고, 이 성구를 찾도록 잠시 기다린 후에) 여호수아서 24장 14절에서 31절에 기록된 **하나님의 말씀을 들으십시오.**"

성경 봉독 ·················여호수아 24:14-31 ·················사회자
("주께서 이 말씀을 사용하셔서 우리들에게 은혜 베풀어 주시기 원합니다" 또는 "이것은 주님의 말씀입니다").

(혹 설교자가 따로 있는 경우에는 "_____께서 본문의 말씀을 우리에게 설명하여 주실 것입니다. '우리도 여호와를 섬기리니 그는 우리 하나님이심이니이다'라는 제목으로 하나님의 말씀을 선포하시겠습니다.)

말씀 강설 ············"우리도 여호와를 섬기리니"············설교자
기도 ·······································설교자

"거룩하신 주님, 귀한 말씀을 우리에게 주심을 감사하옵나이다. 이 말씀이 강조한 것과 같이 우리가 여호와를 경외하며 성실과 진정으로 섬길 수 있도록 하옵소서. 우리의 마음으로 진정 이 결단하게 하시고, 우리가 그렇게 살아 갈 수 있는 힘과 용기를 같이 허락하여 주옵소서. 이

렇게 온 가족이 함께 주를 섬겨 나가 이 가족이 대대손손 주님을 참으로 섬겨 나가게 하여 주옵소서. 우리들이 이 본문이 말한 '여호와께서 이스라엘을 위하여 행하신 모든 일을 아는 자'들처럼 되게 하사 우리들이 지속적으로 주를 섬겨 나가게 하옵소서. 우리 주 예수 그리스도의 이름으로 기도하옵나이다."

"다 같이 찬송가 3장을 불러서, 삼위일체 하나님을 찬양하겠습니다."

　　　　송영 ···3장 ·································다같이

"우리 주님께서 가르치신 기도를 하여 하나님께 하는 경배를 마치겠습니다."

　　　　주께서 가르치신 기도 ··· 다같이

"이상으로 우리 주님께 드리는 예배를 마쳤습니다."

제 2 부 추모식

"이제 하나님 품에 계신 우리 아버님에 대한 말씀을 잠시 나누겠습니다".

　　　　추모 대상자의 약력 소개 ·················손자나 혹은 친척 어른 중에서
　　　　추모 대상자의 신앙과 삶 중에서 기억할만한 이야기 나누기 ···· 맡은이
　　　　마침

〈부록: 가정 예배 설교문〉

"우리도 여호와를 섬기리니 그는 우리 하나님이심이니이다"

본문: 여호수아 24:14-31

돌아가신 아버님을 (또 우리 어린 아이들의 경우에는 할아버님을) 생각하면서 우리는 지금 살아계신 하나님께 경배하고 있습니다. 하나님께서는 우리들이 하나님을 바르게 섬기면 살기를 원하십니다. 돌아가신 우리들의 아버님, 할아버님의 간절한 소망도 역시 같은 것일 것입니다. 과거 이스라엘 백성들의 지도자들도 백성들에 대해서 같은 소망을 가졌었습니다. 그 중에서 오늘은 이스라엘을 인도해서 가나안 땅으로 이끌어 갔던 여호수아가 죽기 전에 이스라엘 백성에게 유언처럼 남겼던 말씀에 대해서 생각해 보기로 하겠습니다. 이것은 모든 죽어 가는 조상들이 그 자녀들과 후손들에게 하고 싶은 말일 것입니다. 그러기에 이것은 우리 선조들의 우리에 대한 유언이기도 하고, 우리의 우리 후손들에 대한 유언이기도 합니다.

　　여호수아는 "여호와를 경외하며 성실과 진정으로 그를 섬기라"고 말합니다. "너희 열조가 강 저편과 애굽에서 섬기던 신들을 제하여 버리고 여호와만 섬기라"고 합니다. 다른 신들을 향하는 경향은 이전에도 있었고, 지금도 있고, 미래에도 있을 수 있는 것이기에 여호수아는 강하게 이점을 지적하는 것입니다. 우리 한국 민족들도 기독교가 이 땅에 들어오기 전에 신(神)이라고 하며 섬기는 것들이 많이 있었습니다.

여호수아가 여기서 말하는 것은 그 모든 것을 제하여 버리고 여호와만 섬기라고 하는 것입니다. 이 말씀을 하는 이유는 이렇게 다른 신들을 향하여 나아 갈 수 있는 유혹이 항존하고 있기 때문입니다. 하나님의 놀라운 구원을 목도한 이스라엘 백성들, 하나님과 함께 출애굽하고, 40년 광야 생활을 하고, 여호수아와 함께 가나안 정복을 하면서 하나님께서 함께 하심을 경험했던 이스라엘 백성들에게도 다른 신들을 향해 나아 갈 수 있는 가능성이 있기에 여호수아는 이 말을 먼저 꺼내는 것입니다. 좀 더 나아가면 "너희가 여호와를 능히 섬기지 못할 것은 그는 거룩하신 하나님이시오, 질투하시는 하나님이시니"라고까지 표현합니다(수 24:19). 여기서 여호수아가 시사(示唆)하는 것은 여호와를 섬긴다고 하면서 다른 것들도 같이 마음에 두는 것을 여호와 하나님께서는 차마 보지 못하신다는 것이고, 그런 "허물과 죄를 사하지 않으신다"는 것입니다. 하나님은 전심으로 모든 것을 다하여 섬기도록 되어 있습니다(신 6:4,5, 5:24).

물론 오늘 여기에 있는 우리에게 있어서 우상은 다른 신들이 아닐 경우가 많습니다. 하나님을 섬긴다고 하면서도 우리 자신의 행복이나 유익이나 자족이나 건강들이 궁극적 목적인 경우에 하나님은 그것은 우상을 섬기는 것이라고 여기실 것입니다. 그러므로 오늘 우리는 스스로 깊이 있게 물어야 합니다. '우리들이 하나님 이외에 섬기는 다른 것이 있는가? 하나님을 섬긴다고 하면서도 마음 속 깊은 곳에서 하나님보다 더 큰 관심을 차지하고 있는 것은 없는가?' 만일 그런 것이 있다면 우리는 그런 것들을 모두 제거해 버리고, 오늘의 본문의 여호수아와 이스라엘 백성들처럼 "나와 내 집은 여호와만 섬기겠노라", "우리가 정녕 여호와를 섬기겠나이다"고 고백해야 합니다. 여호와 하나님은 신약에 밝히 드러난 계시의 빛에서 보면 삼위일체 하나님이십니다. 그러므로 우리들은 삼위일체 하나님만을 섬기기로 하고, 삼위일체 하나님을 경배하며 삼위일체 하나님 앞에서 살아가야 합니다. 이것은 우리의 예배에서 삼위일체 하나님을 늘 염두에 두어야 한다는 뜻도 되지만 매일 매일 삶을 살아 갈 때 늘 삼위일체 하나님을 의식하면서 그 하나님의 뜻이 우리의 삶 가운데서 구현되도록 하려는 마음을 가지고 살아가야 한다는 뜻입니다. 개혁파 선배들이 늘 강조해 왔던 "하나님 앞에서"(*coram deo*)의 정신과 태도를 가지고 살아가야 합니다. 그런 우리의 삶은 항상 기쁨과 즐거움 가운데서 주님의 뜻을 구현하기 위해 사는 삶으로 나타날 수밖에 없습니다.

그런데 하나님을 섬긴다는 것은 쉬운 일이 아님을 여호수아는 강조합니다. 이는 그러니 여호와를 섬기지 말라는 듯이 아님을 성경을 읽는 사람들은 누구나 다 잘 알게 됩니다. 주를 섬기는 일은 하나님의 거룩하심과 질투하시는 하나님이심을 생각하면서 살아 나가는 삶입니다. 하나님을 섬기는 삶은 마음을 하나님에게로 향하고(수 24:23), 하나님의 목소리를 청종하는 삶입니다(수 24:24). 이 다짐을 받고서 여호수아는 이전에 모세를 통해 주셨던 율법의 말씀을 자세히 설명하는 일을 다시 합니다: "그 날에 여호수아가 세겜에서 백성으로 더불어 언약을 세우고 그들을 위하여 율례와 법도를 베풀었더라"(수 24:25). 오늘날 하나님의 백성들도 그와 언약을 맺은 언약 백성들인데, 우리들은 그리스도 안에서 성취된 새언약에 속한 새언약의 백성들이고, 이제 그 언약 백성들은 신약에 밝히 드러나 주님의 뜻대로 살아가면서 구약에 율법의 정신을 잘 살려 나가야 하는 백성인 것입니다. 그렇게 하지 않는 것은 하나님의 언약 백성임을 저버리는 것이 됩니다. 우리 주님이 소멸

하는 불이심을 강조하는 이유는 그것이 그저 위협이 아니라 언약 백성들이 어떻게 고귀하신 하나님 앞에서 살아가야 하는 지를 잘 드러내는 말이라고 하지 않을 수 없습니다.

돌아가신 아버님, 할아버님을 생각하면서 지금도 살아 계신 하나님 앞에 이 경배를 하는 우리들이 이 귀한 말씀을 마음 속 깊이 새겨야 할 것입니다. 그래서 우리 개개인들이 바로 이런 모습으로 하나님을 섬겨 가도록 해야 합니다. 하나님 앞에는 각기 홀로 서는 것이기 때문입니다. 그러나 우리 주님은 우리들을 가족으로 창조해 주셨습니다. 그래서 우리 가족들이 모두 하나님을 이렇게 섬겨 갈 수 있도록 서로 격려하는 일을 게을리 하지 말아야 합니다. 우리 모두가 하나님을 제대로 섬겨 가기로 이 시간에 과거 이스라엘 백성들처럼 다짐했으면 합니다. 예수 그리스도를 구주와 주님으로 섬기기로 한 우리 가족들은 이제부터 영원토록 삼위일체 하나님만을 섬기며, 그 하나님 앞에서 살아가는 백성으로서의 맹세를 분명히 해야 할 것입니다. 그런 의미에서 우리 가족들이 다 같이 모이는 이 시간은 모든 신약 교회의 성도들의 언약에 우리도 속해 있음을 분명히 하는 우리들의 언약 갱신일이라고도 할 수 있습니다. 우리 모두가 그런 의미로 하나님 앞에서 이런 의식을 가지고 살기로 강하게 서로 다짐하는 시간이 되기를 원합니다.

다 같이 기도하시지요.

(기도) "거룩하신 하나님! 오늘도 우리 가족들이 다 같이 모여 하나님 앞에 경배하게 하시니 감사를 드립니다. 이 일이 가능한 것은 우리 주 예수님께서 십자가에서 우리들을 위해 구속의 죽음을 죽어주셨기 때문임을 고백하오며, 그리스도의 십자가의 공로에 의존하여 주 앞에 경배하나

이다. 과거 이스라엘 백성들이 여호수아의 도전 앞에서 '우리가 여호와만 섬기겠나이다'고 고백하였던 것처럼 우리 마음속에 우리 평생과 영원히 삼위일체 되시는 여호와 하나님만을 섬겨 나가고자 하는 마음이 가득하게 하여 주옵소서. 이스라엘 백성들이 정신을 차렸을 때마다 하나님 앞에서 언약을 갱신하였듯이, 과거 스코틀랜드의 언약도(言約徒)들이 하나님 앞에서 언약 백성으로 성경에 따라서만 살기로 언약을 맺었던 것처럼 우리 가족도 그리스도의 새 언약에 동참하며 언약 백성임을 인정하오며 하나님 앞에서 이 언약을 더 분명히 하고자 하오니 세월이 지날수록 우리 안에 언약 백성으로서의 의식이 더 강해지게 하여 주시옵소서. 우리 주 예수 그리스도의 이름으로 기도하옵나이다. 아멘."

12

목회자 세습 문제에 대한 한 고찰

엄밀하게 말해서 세습 문제에 대해서는 신학적인 논의를 한다는 것, 그것도 조직신학적인 논의를 한다는 것이 이상한 일이다.[1] 단지 우리들의 모든 문제들에 대해서 성경적 입장에서, 신학적 입장에서 다루는 일은 필요한 일이라고 여겨서 한국 교계에서 문제되고 있는 세습 문제에 대한 논의를 시작하기로 하자.

---

[1] 이전에 이 문제를 가장 심각하게 다룬 논의로는 교회세습반대운동연대가 2013년 2월 19일 오전 10시 명동 청어람에서 '교회 세습, 신학으로 조명하다'를 주제로 학술 심포지엄을 개최하고, 구약학, 신약학, 조직신학, 교회사, 기독교윤리학, 사회학적 관점에서 교회 세습 현상을 논의한 것이다. 이 논의의 요점들이 배덕만 책임 집필, 『교회 세습 하지 맙시다: 교회 세습 반대운동 연대보고서』(서울: 홍성사, 2016), 115-61에 있다.

용어 정리

어떤 분들은 용어 사용에 대해서 매우 민감하게 반응하시는 분들이 있다.[2] 그러나 일단은 세습과 대물림을 다 같은 용어로 사용하는 것이 좋겠다고 생각한다. 그리고 그 의미는 **할아버지(외할아버지)나 아버지(장인), 또는 삼촌 등 아주 가까운 분이 목사나 장로로 섬기던 교회를 "어떤 방식으로든" 그 자녀나 자녀의 배우자나 아주 가까운 친척이 담임 목사로 섬기게 되는 경우**를 말한다. 이는 이제까지 나왔던 세습에 대한 언급보다 훨씬 폭 넓은 언급이다. 그러므로 아주 정확히 말하면 우리가 문제 삼는 것은 '담임 목사직 세습'이라고 할 수 있다.[3] 여기에 다양한 경우가 있으므로 "어떤 방식으로든지"라는 말을 하였다. 곧 바로 세습하는 일(소위 '직접 세습')이 있을 뿐만 아니라, 곧 바로가 아니라 방식을 조금 달리하여 격대로나 일정한 시간이 경과한 후에 담임 목사로 섬기게끔 하는 일(소위 '징검다리 세습'이나 '쿠션 세습')도 등장하기 때문이다.[4]

그러므로 "성경을 따르는 교회들에서 이런 종류의 세습이나 대물림이 있을 수 있는가?" 하는 것이 중요한 문제가 된다.

---

[2] 그 대표적인 예로 통하측 림형석 목사의 "세습은 재산을 물려주는 것이지만, 교회 대물림은 목회를 물려주는 것이다. 세습보다 목회 대물림이라고 표현하는 것이 더 적절하다"는 대답을 들 수 있다(http://www.newsnjoy.or.kr/news/article View.html?idxno=219636).

[3] 이런 용어를 사용한 예로 배덕만 책임 집필, 『교회 세습 하지 맙시다: 교회 세습 반대운동 연대보고서』, 12를 보라. 교회 세습이라는 오해를 사기 쉬운 용어보다 '담임 목사직 세습'이라는 용어가 매우 정확한 용어이다.

[4] 이런 용어와 이와 관련된 다른 용어들에 대해서는 배덕만 책임 집필, 『교회 세습 하지 맙시다: 교회 세습 반대운동 연대보고서』, 37-39를 보라.

기본적 원칙

성경은 이런 문제에 대해서 직접적으로 말하고 있는 것이 없다. 그러나 이로부터 '그러므로 우리들이 세습이나 대물림을 할 수 있다'고 하는 분들은 과연 성경의 전체적 가르침의 의도를 잘 따르는 것인지 질문해야 한다. 그러므로 우리는 어떤 구절이나 성경이 말하는 상황에 근거해서 세습이나 대물림 이야기를 하려고 해서는 안 된다.

성경이 이에 대해서 직접 말하는 것이 없다는 말은 첫째로, 구약의 세습의 예를 신약 직분에 적용해서는 안 된다는 말이다. 왜냐하면 **신약 교회의 직분은 구약 교회의 직분과는 전혀 성경이 다른 직분이기 때문이다.** 구약 교회의 직분은 구약 교회였던 유대-이스라엘 나라와 관련한 직분이다. 그 직분들 가운데 제사장직은 세습되는 직임이었다. 레위인들 가운데서 아론 계통의 사람들이 제사장직을 감당한 것이다. 아론의 자손이 아니고는 제사장이 될 수 없었고, 따라서 그 부모가 제사장이면 그 자녀가 제사장이 되도록 하였다. 대제사장은 더욱 그러하여 그 아버지가 대제사장인 경우에 그 아들이 대제사장이 될 수 있었고, 그런 방식으로 계승하였다. 그러므로 구약에서 제사장직은 세습하는 직임이었다.

또한 구약에는 왕직도 세습하도록 되어 있었다. 물론 처음 왕으로 세움 받은 사울이 하나님께 순종하지 않고 결국 하나님을 버리므로 그는 하나님으로부터 버림받았다. 그리하여 블레셋과의 전쟁에서 죽은 후에 그 대신에 하나님의 마음에 합한 자인 다윗을 세우시고, 그가 유대지파의 왕으로 옹립되어 7년 반 다스린 후에 이스라엘 전체의 왕으

로 세워졌다. 그의 사방에 평화를 주신 후에 하나님께서 그에게 말씀
하시기를 "내가 네 앞에서 물러나게 한 사울에게서 내 은총을 빼앗은
것처럼 그에게서 빼앗지는 아니하리라. 네 집과 네 나라가 내 앞에서
영원히 보전되고 네 왕위가 영원히 견고하리라"고 하셨다(삼하
7:15-16). 그러므로 다윗이 죽으면("네 수한이 차서 네 조상들과 함께
누울 때에" - 삼하 7:12) 하나님께서는 그의 몸에서 날 그의 씨를 그의
뒤에 세워 "그의 나라를 견고하게 하리라"(삼하 7:12)라고 언약하시고,
이 언약대로 남 유다 왕국에서는 계속해서 다윗의 후손들이 왕이 되게
하셨다.

그러나 구약 시대에도 선지자 직은 세습되는 것이 아니었다.
"선지자의 아들"이라는 말이 나오기는 하는데(아모스 7:14) 이는 자신
의 자녀를 말하기 보다는 선지자 밑에서 공부하는 사람을 뜻하는 경우
들이라고 생각된다. 그러므로 선지자는 하나님께서 부르셔서 선지자
직임을 수행하는 것이지 그 자체로 어떤 계승을 하는 것은 아니었다고
생각된다.

이스라엘 백성들이 출애굽하도록 하나님께서 보내신 지도자 모
세도 그 자녀가 그를 이어 이스라엘의 지도자가 된 것이 아니고, 에브
라임 지파의 눈의 아들 호세아를(민 13:8) 모세가 "여호수아"라고 부르
고(민 13:16), 모세의 수종자로 섬기고 있던 중에 모세가 죽자 여호와
께서 여호수아에게 "내가 모세와 함께 있었던 것 같이 너와 함께 있을
것임이니라. 내가 너를 떠나지 아니하며 버리지 아니하리"라고 하셔서
그를 모세의 후계자로 삼으셨다(수 1:6). 여호수아 후에는 백성들이 어
려울 때에 "여호와께서 그들을 위하여 사사들을" 세우셨고, 그 때에는
"그 사사와 함께 하셨고 그 사사가 사는 날 동안에는 여호와께서 그들

을 대적의 손에서 구원하셨다"(삿 2:18). 그러나 사사들도 세습적인 직임이 아니었다. 각기 다른 지파에서 나와 하나님께서 세우신 때에 이스라엘 백성을 섬긴 것이다.

그러므로 구약 직임들 가운데서 오직 제사장과 다윗 계열의 왕들만 세습하도록 하셨다. 그런데 **신약 시대에는 구약 시대와는 전혀 다른 성격의 새로운 직임들을 주셨다.** 신약에는 가르치는 장로로서의 목사(teaching elder)와 가르치는 일은 하지 않고 같이 치리만 하는 장로(ruling elder)를 포함한 장로들(딤전 5:17; 행 14:23; 행 15:4; 행 16:4; 행 20:17; 행 21:18)과 성도들을 잘 보살피며 돕는 집사들(빌 1:1, 딤전 3:8-13, 행 21:8 (?))이라는 직임을 세우셨다. 구약의 직임과 신약의 직임은 전혀 다른 직임들이다.

따라서 둘째로, 십자가 사건 이후에 십자가에 근거하여 세워진 신약 교회의 직임의 하나인 담임 목사직 세습의 문제는 신약 교회에 주어진 독특한 직분인 목사직의 성격을 깊이 생각하는 가운데서 결론을 이끌어 내야 하는 문제이다. 목사직은 제사장직이 아니라는 것은 (성경을 떠나 잘못된 이해 속에서 어두운 교회의 정황을 만들어낸) 천주교회(the Roman Catholic Church)의 문제를 비판하면서, 예수 그리스도의 십자가 사건이 구약 제사 제도를 완성하신 것이니 십자가 사건 이후에는 더 이상 이 세상에서 제사를 드릴 수 없다는 것을 명백히 한 종교개혁의 전통을 따르는 교회들의 주장이었다.

이것은 성경의 가르침에 충실하려는 노력에서 나왔다. 예수 그리스도의 십자가 사건에 대해서 말하면서 히브리서 기자는 십자가에서 "예수 그리스도의 몸을 단번에 드리심으로 말미암아 우리가 거룩함을 얻었노라"(히 10:10)고 선언한다. 이로써 "황소와 염소의 피가 능히 죄를 없이 하지 못하"기에(히 10:4) 그 모든 구약 제사들이 모형(type)으로 표현하던 것의 원형(archetype)으로 진정하고 최종적인 제사가 십자가에서 이루어졌음을 말하는 것이다. 다음 같은 구약 제사와 십자가 사건의 대조를 주목하여 보라:

제사장마다 매일 서서 섬기며 자주 같은 제사를 드리되 이 제사는 언제나 죄를 없게 하지 못하거니와 오직 그리스도는 죄를 위하여 한 영원한 제사를 드리시고 하나님 우편에 앉으사 그 후에 자기 원수들을 자기 발등상이 되게 하실 때까지 기다리시나니(히 10:11-13)

이를 다음과 같이 대조해 볼 수 있다.

구약의 제사들	십자가에서 이루어진 제사
여러 제사장들	한 분의 제사장이신 그리스도
여러 제사들	한 영원한 제사
계속해서 자주 같은 제사를 드림	한 제사 후에는 하늘에서 안식
그 자체로는 죄를 없이 하지 못함	죄를 완전히 제거하심 (17절)
모형들(types)	원형(archetype)

그러므로 십자가에서의 한 영원한 제사가 하나님께 진정한 제사로서 드려진 후에는 그 십자가의 구속에 참으로 참여한 사람들은 "마음에 뿌림을 받아 악한 양심으로부터 벗어나고 몸은 맑은 물로 씻음을 받았다"(히 10:22). 그 결과 참으로 십자가에 참여하고 그리스도와 신비한 하나됨(*unio mistica*)을 가진 사람들은 "거룩함을 얻었고"(10절), "한 번의 제사로 영원히 온전하게 하셨다"(14절). 그러므로 그들에 대해서 하나님께서는 "그들의 죄와 그들의 불법을 내가 다시 기억하지 아니하

리라"고 하신다(17절). 이로부터 나오는 마지막 결론은 "이것들을 사하셨은즉 다시 죄를 위하여 제사 드릴 것이 없느니라"(18절)는 것이다. 그러므로 이제 십자가 아래 있는 교회들은 다시는 제사를 드려서는 안 된다. 예배는 제사가 아니다. 예배를 인도하고 봉사하는 사람들은 제사장이 아니다. 우리에게는 유일하신 한 제사장이 있을 뿐이다.

신약 교회는 이런 이해 위에 세워진 교회이다. 하나님께서는 40여 년 지난 후인 70년에 예루살렘이 멸망하게 허락하시어 더 이상 제사가 드려지지 않게 하셨다. 그 후로는 유대인들도 더 이상 제사를 드리지 못하고 있다. 제사를 폐하신 하나님의 놀라운 섭리가 작용하고 있는 것이다. 이제 우리 주 예수 그리스도께서 영단번에 완성하신 온전한 제사에 근거해서 너무 감사하여 감격에 찬 사람들이 감사 마음을 표하며 영혼의 무릎을 꿇어 절하는 일이 곳곳에서 발생하며, 이렇게 예배한 사람답게 사는 일이 있는 것이다. 이것이 신약 교회의 모습이다. 그렇게 하나님의 뜻대로 사는 일이 자신을 거룩한 산제사로 드리는 일이며(롬 12:1), 그렇게 사는 우리 모든 그리스도인들이 다 왕 같은 제사장들이다(벧전 2:9).

그런데 신약 교회가 얼마 후에 곧바로 바른 정신을 상실하고 예배를 제사라고 생각하며, 예배를 드리는 사람을 제사장이라고 하면서 잘못된 예배 의식을 발전시켜 가서, 제단(altar)이 다시 등장하고, 그 제단에 등잔을 대신한 촛대들이 놓이기 시작하고 십자가가 등장하고, 구약처럼 향을 피우는 일이 등장하고, 시편의 성전에 올라가는 노래에 착안하여 층계송이 나오고, 예배 인도자를 사제(priest)라고 하면서 구약과 신약을 섞어 내는 일이 발생했다. 예배의 타락에서 예배를 섬기는 이에 해당하는 사람을 제사장(priest)이라고 하는 말과 의식이 나타나기 시작했다. 그리하여 천주교회에서 지금도 그리하고 있는 대로, "주께서 여러 분과 함께 하십니다"(사제) "사제의 영혼과도 함께"(회중)이라는 말로 시작하는, 사제가 있고, 그 사제가 제사를 드리는 것이 중심인 예배가 나타났다.

중세의 이런 예배가 성경에 비추어 볼 때 잘못된 것임을 아주 분명히 천명하는 데서 종교개혁이 시작되었다. 예배가 제사가 아니라는 것과 예배 인도자가 사제(priest)가 아니라고 하는 이 말을 처음 하기 시작한 루터는 1520년부터 곳곳에서 교회 공동체를 말씀으로 섬기는 사람이 사제(priest)가 아니라, 십자가에 의해 구속함을 받아 자신을 거룩한 산제사로 드리는 모든 그리스도인들이 다 사제(priest)라는 것을 강하게 천명하였다. 이것이 모든 신자들의 제사장임에 대한 선언이다. 그러므로 바르게 성경적으로 이해된 바에 의하면 목사직은 독특한 의미의 사제직이 전혀 아닌 것이다. 그래서 우리는 신부(神父)님(father!)이라는 말도 사용하지 않는다.

더구나 칼빈과 그를 따라서 좀 더 철저히 성경적으로 개혁한 교회들에서는 아예 목회자에 대해서 "사제"라는 말을 사용하는 것을 다 제거해 버렸다. 이와 같이 루터파의 이해를 좀 더 성경적으로 개혁한 것이기에 개혁파 교회라고 한다. 그러므로 그의 한 부분인 장로교회에서는 목사를 결코 사제, 즉 제사장이라고 불러서는 안 되고, 그런 의식을 가져서도 안 된다. 신약의 목사직임이 구약의 직임과는 전혀 다른 것임을 아주 분명히 해야 한다. 따라서 목사직은 세습하는 것이 아니다. 혹시 아버지도 목사의 사역을 하고, 그 아들도 다른 지역에서 목사의 사역을 하는 경우에도 세습으로 그리하는 것이 아니고, 그들을 각각 하나님께서 불러서 목사의 직임을 감당하는 것이다.

담임 목사직 세습에 함의된 문제

시골 어떤 마을에 있는 어떤 작은 교회 공동체가 있다고 해 보자. 목사님의 사례도 변변히 드리지 못하는 곳인 이 공동체의 담임 목사님께서 은퇴하실 때가 되어 다른 방도를 찾지 않으면 결국 이 교회 공동체를 파(破)해야만 하는 상황에 이르렀다고 해 보자. 그런 상황에서 서울에서 신학 공부를 마친 그 목사님의 아드님이 오셔서 그 교회를 담임하게 되었다고 해 보자. 그렇게 되면 이를 비판할 사람은 없을 것이다. 다른 방도로는 없어질 교회 공동체를 이어 갈 수 있게 해 주신 것에 대해 하나님께 감사했을 것이다. 그러므로 우리들이 비판적으로 언급하는 세습이라는 말은 그저 아버지를 이어 아드님이 목사가 되는 것이나 심지어 아버지를 이어서 아들이 한 교회의 담임 목사가 되는 것이 아니다. 참된 어려움의 길로 나아가는 것을 비판할 사람은 없다. (그래서 최근에 물의를 일으킨 교회에서도 목회하는 것은 큰 십자가를 지는 것인데, 그 고통의 길로 가려고 한다는 말도 나온 것으로 보인다). 진심으로 고난의 길로 나아가려 한다면 그것을 세습이라고 비판하지 않는다.

그러나 이런 경우도 지금처럼 세습 문제로 온 교회들이 복잡해진 상황에서는 이런 일조차도 시도하지 않는 것이 더 덕스러운 것으로 여겨진다. 오히려 참으로 헌신할 수 있는 좋은 친구들이 이런 일을 감당하는 것이 좋을 것이다. (그러나 이런 경우에는 거의 *adiaphora*의 문제로 여길 수 있는 문제이다.) 그런데 이제는 여러 교단들이 소위 세습 방지법을 만들었다.

2012년 9월 25일에 기독교 대한 감리회는 정동제일 감리 교회에서 임시입법의회를 열고 『교리와 장정』 개정안으로 논의한 후에 **개신교단 최초로** 세습 방지법을 통과시켰다. 이는 "부모가 담임자로 있는 교회에 그의 자녀 또는 자녀의 배우자는 연속해서 동일 교회의 담임자로 파송할 수 없다. 부모가 장로로 있는 교회에 그의 자녀 또는 자녀의 배우자는 담임자로 파송할 수 없다"는 것이다.[5] 무기명 투표 결과 총 투표자 390명 중 찬성 245명, 반대 138명, 기권 7명으로 통과됐다고 한다.

대한예수교장로회 통합측은 2013년 9월 11일에 9개 노회가 낸 헌의안에 대하여 토론하여 1,033명 재석 총대 중 870명이 세습 방지법 제정을 찬성했다.[6] 그리하여 그 다음 해인 2014년 99회 총회에서 교회 대물림 대상 범위를 "해당 교회에서 사임(사직) 또는 은퇴하는 위임(담임) 목사의 배우자 및 직계 비속과 그 직계비속의 배우자"와 "해당 교회 시무장로의 배우자 및 그 직계비속의 배우자"로 규정했다. 한국기독교장로회는 2013년 9월 27일에 "부모가 시무목사나 장로로 있는 교회에 그의 자녀나 자녀의 배우자를 연속해서 동일 교회의 시무 목사로 청빙할 수 없다"는 내용을 교단 헌법에 포함시켰다.[7] 따라서 (이런 분위기 속에 있는 한국 교회들은 이런 법을 갖지 않은 교단에 있는 교회들이라도) 이런 법에 따라서 담임 목사직 세습을 하지 않는 것이 옳을 것이다.

더구나 심각한 문제는 대개의 경우에 상당히 힘이 들고, 더 나아가 이제는 거의 불가능하다고 여겨지는 교회 개척(church planting)이라는 고난의 과정이 없이, 상당히 큰 교회의 담임 목사직을 그 아들

---

5 「조선일보」, 2012년 9월 26일자, A23면.
6 배덕만 책임 집필, 『교회 세습 하지 맙시다』, 98.
7 배덕만 책임 집필, 『교회 세습 하지 맙시다』, 98.

이나 사위나 가까운 친척이 계승하려고 할 경우이다. 또한 상당히 규모 있는 교회 공동체의 장로님들의 아들이나 사위나 가까운 친척이 담임 목사직을 차지하려고 하는 경우도 이에 포함된다. 이런 경우에는 거의 모든 사람들이 비판의 눈초리를 보내게 된다. 이는 **혈연의 끈을 가지고 어떤 유리함을 얻으려 하는 것의 하나로 보이기 때문**이다.

그러므로 우리 사회에 지금까지도 만연한 혈연, 지연, 학연의 끈으로 모든 것을 하려고 하는 오랜 관행을 참으로 잘라내는 것이 필요하다. 서울교통공사의 고용 세습 문제에 대해서 온 나라가 심각한 문제임을 지적하고,[8] 비판하지 않았던가? 그와 비슷한 문제에 대한 사회적 논의가 곳곳에서 나타나고 있다. 이 세상에서도 그리할 때에 비판한다면 더 그러하여야 할 교회 공동체에서야 얼마나 더 하겠는가? 고난스러운 과정을 생략하고, 그 후에 오는 과정에 동참하려는 일종의 사회적 편승을 이 세상이 비판적으로 보는데, 이 세상과는 다른 길을 제시하고 하나님의 뜻대로 살 것으로 요구하는 교회 공동체가 그런 편승을 용인하고 심지어 조장한다면 그것이 과연 교회다운 결정과 행보라고 하기 어려울 것이다. "현재 한국 교회와 사회의 상황"에서는 담임 목사직 세습이 "일정한 특권이 혈연적으로 계승되는 세습임이 분명해 보인다"는 배덕만 교수와 집필진의 진술이[9] 정확하다고 판단된다.

---

8 이슬기, 김선엽, "'고용 세습' 서울교통공사, 노조가 경영진 목까지 졸랐다", 「조선일보」, 2018년 10월 19일자 기사 (http://news.chosun.com/site/data/html_dir/2018/10/17/2018101700191.html); 손가영, "서울교통공사 '고용세습' '멱살잡이 폭력행사' 진실은?" 〈미디어 오늘〉, 2018년 10월 17일자 기사

(http://www.mediatoday.co.kr/?mod=news&act=articleView&idxno=145020#csidxfd778140d82e572b51073718f66a242).

9 배덕만 책임 집필, 『교회 세습 하지 맙시다』, 123.

그리고 대개의 세습은 불행한 결과를 가져 온 경우가 많이 있다. 개신교계에서는 1997년에 아들에게 교회를 대물림하여서 '대형 교회 세습 1호'로[10] 불려온 서울 충현교회 김창인 원로목사가 2012년 6월 14일에 "한국 교회와 하나님 앞에 저의 크나큰 잘못을 회개합니다. 충현교회 성도 가슴에 씻기 어려운 아픔과 상처를 주었습니다…"라고 하면서 "아들을 무리하게 담임목사로 세운 것은 일생일대의 실수"라고 고백하였었다.[11]

*****

담임 목사직 세습 문제에 대해서 의식 있는 사람들은 이것이 옳은 것이 아니며, 결국 교회에 도움이 되지 않는다고 다 같이 의견을 같이 하여 주장한다.[12]

---

10 그 이후 2001년 광림교회 등 계속되는 예들은 배덕만 책임 집필, 『교회 세습 하지 맙시다』, 31-36에 잘 진술되어 있다. 목담임 목사직을 세습한 교회의 명단은 171-78에 제시되고 있다.

11 「조선일보」 2012년 6월 14일자 기사 A2면.

12 Cf. 강연안, "대물림되는 교회 무엇이 문제인가", 『어떻게 참된 그리스도인이 될 것인가』 (서울: 한길사: 2012), 219-33; 김영한, "교회 세습 금지의 신학적 근거", 「크리스챤 투데이」, 2012년 10월 1일자 기사 (http://www.christiantoday.co.kr/news/258450); 2013년에 있었던 논의들; 김영한, "명성 교회 세습을 보고: 목회 초창기의 아름다운 머슴 정신은 어디로 갔는가?", 「크리스챤 투데이」, 2017년 11월 20일자 기사 (http://www.christiantoday.co.kr/news/306338); 현요한, "교회 담임목사직 세습의 문제점들"(2018. 2. 10. 명성교회 세습 철회와 교회개혁을 위한 장신대 교수 모임): "담임목사직 세습은 신학적으로 정당화될 수 없다. 또한 이렇게 신학적으로 고찰하기 전에 이미 사회인들이 상식 이하의 일이라 생각하고 있다. 그럼에도 계속 세습을 감행한다면, 그것은 한국교회의 사회적 신뢰성을 더욱 실추시키는 일이요, 오늘날 한국 사회에서 복음 전파를 더욱 어렵게 하고 교회로 하여금 사회에서 소금

담임 목사직 세습 문제를 비롯하여 우리에게 닥친 모든 문제들에 대해서 우리들 한 사람 한사람은 하나님 앞에서 깊이 생각하면서 과연 아주 구체적인 우리의 삶의 과정에서 주께서 무엇을 원하시려는지를 숙고(肅考)하고, 그에 근거해서 결단하고, 그렇게 살아가야 할 것이다. 그것이 과연 성령님과 함께 생각하고 사는 방식이다. 그것을 벗어난 것은 비성경적이고, 비성령적이며, 비기독교적인 것이고, 그런 것은 결국 교회를 해치는 것이다.

과 빛이 되는 변혁적 능력을 상실케 하는 일이 될 것이다."

13

안수(按手) 문제에 대한 성경적, 신학적 고찰

우리들은 교회와 신앙생활과 관련된 일 가운데 상당수를 어깨너머로 배우는 경우가 많이 있다. 전통 가운데서 배우는 것이다. 그 전통이 좋은 전통인 경우에는 전통 가운데서 배우는 것이 상당히 견고한 의미를 지니게 된다. 그런데 그 전통이 잘못된 경우에는 그냥 전통주의자가 되는 것이고, 잘못된 전통을 계속 유지하는데 기여하는 사람이 될 뿐이다. 그러므로 우리들은 교회 공동체 안에서 전통적으로 하는 것에 대해서 그것이 과연 성경적으로, 신학적으로 어떤 것이지를 검토해야 한다. 그것이 옳은 경우에는 계속해서 그런 일을 해야 한다. 전통적으로 해왔기 때문이 아니라 주께서 성경 가운데서 하라고 했기 때문에 말이다. 그러나 성경적으로, 신학적으로 검토해서 틀린 것들은 가차 없이 시정하려고 노력해야 한다. 이것이 진정한 의미의 회개이고, 개혁이라고 할 수 있다. 종교 개혁 시기는 이런 일을 매우 심각하게 감행했던 귀한 시기였다. 오늘날 우리들도 그 정신(ethos)을 공유하는 사람들로서 우리들의 모든 실천들을 성경에 근거해 점검해 가야 한다.

안수(按手)도 우리들의 교회 생활에서 자주 경험한 전통적 행위다. 우리들은 역사적으로도 이를 보아 왔고, 우리의 교회 생활 가운데서도 이를 자주 경험해 왔다. 그래서 대부분의 사람들은 아무 거리낌 없이 이를 행하고, 상당히 자연스러운 것으로 여긴다. 이를 검토하려고 하는 경우는 매우 드물다. 바로 이런 것이 우리의 문제가 될 수 있다. 과연 성경에서 안수를 어떻게 언급하고 있는 지 생각해 보자.

성경에 나타난 안수의 두 가지 의미

성경에 보면 대개 두 경우에 안수(按手)한 것으로 나타난다. 그 하나는 어떤 직임으로 어떤 이를 세워 봉사하게 할 때 종교적 지도자가 안수한 일이 있다. 예를 들어서, 성막에 대한 봉사를 위해서 레위 인들을 세울 때에 "레위 인을 회막 앞에 나오게 하고 이스라엘 자손의 온 회중을 모으고, 레위 인을 여호와 앞에 나오게 하고 이스라엘 자손이 그들에게 안수하게 한 후에 아론이 이스라엘 자손을 위하여 레위 인을 흔들어 바치는 제물로 여호와 앞에 드릴지니, 이는 그들에게 여호와께 봉사하게 하기 위함이라"(민 8:9-11)고 하여 안수하는 목적이 하나님께 봉사하기 위한 것임을 밝히고 있다. 또한 모세가 다음 세대를 준비할 때에 모세가 여호와께서 18절에서 "눈의 아들 여호수아는 그 안에 영이 머무는 자니 너는 데려다가 그에게 안수하"라고 그에게 "명령하신 대로 하여 여호수아를 데려다가 제사장 엘르아살과 온 회중 앞에 세우고 그에게 안수하여 위탁하되 여호와께서 모세에게 명령하신 대로"하였다(민

27:22-23). 그 결과 "그에게 지혜의 영이 충만하니 이스라엘 자손이 여호와께서 모세에게 명령하신 대로 여호수아의 말을 순종하였더라"(신 34:9)라고 하였다.

신약 시대에도 예루살렘 교회에서 구제를 위해 일곱 사람을 세울 때에 사도들이 정해준 기준에 따라서 교우들이 선출하여 "사도들 앞에 세우니 사도들이 기도하고 그들에게 안수하니라"(행 6:6)라고 하여, 직임에로 세울 때에 안수한 예가 나온다. 또한 안디옥 교회에서 주를 섬겨 금식할 때에 성령님께서 "내가 불러 시키는 일을 위하여 바나바와 사울을 따로 세우라 하시니" 이에 "금식하며 기도하고 두 사람에게 안수하여 보내니라"(행 13:2-3)라고 하여 이미 교회의 교사로 활동하던 바나바와 바울을 이방인들을 위한 선교 사역을 하게 할 때에 안수한 기록이 있다. 또한 바울이 디모데에게 "네 속에 있는 은사 곧 장로의 회에서 안수 받을 때에 예언을 통하여 받은 것을 가볍게 여기지 말며"(딤전 4:14)라고 말하는 것으로부터 디모데가 목사와 복음 전하는 자로 세워진 것은 장로의 회에서 안수 받아 세워진 것임을 알 수 있게 한다. 이처럼 어떤 일을 맡아서 행할 때에 주께서 그 일을 그에게 맡기심을 분명히 하기 위해 안수한 일들이 나온다. 그러나 성경 시대에도 모든 임직의 경우에 다 안수가 있었던 것은 아니다. 모세를 세울 때 안수했다는 기록도 없고, 신약의 경우에도 모든 임직자들에게 안수했다는 언급도 없다.

성경에 나타난 안수의 또 한 경우는 병 고치는 일과 관련된 것이다. 갈릴리 어느 회당에서 안식일에 예수님께서 가르치실 때에 "열여덟 해 동안이나 귀신 들려 앓으며 꼬부라져 조금도 펴지 못하는 한 여자가" 있어서, 예수님께서 보시고 불러 "여자여 네가 네 병에서 놓였다하시고, 안수하시니 여자가 곧 펴고 하나님께 영광을 돌리는지라"고 하였다(눅 13:10-13). 이 경우에 주님은 치유를 선언하시고 안수하셨다. 또한 나사렛에서는 사람들이 믿지 않으므로 "아무 권능도 행하실 수 없어 다만 소수의 병자에게 안수하여 고치실 뿐"이었다고 한다(막 6:5). 그리고 벳새다에서는 "사람들이 맹인 한 사람을 데리고 예수께 나아와 손 대시기를 구하거늘, 예수께서 맹인의 손을 붙잡으시고 마을 밖으로 데리고 나가사 눈에 침을 뱉으시며 그에게 안수하시고 무엇이 보이느냐 물으시니, 쳐다보며 이르되 사람들이 보이나이다. 나무 같은 것들이 걸어가는 것을 보나이다 하거늘, 이에 그 눈에 다시 안수하시매 그가 주목하여 보더니 나아서 모든 것을 밝히 보는지라"(막 8:22-25)하여 두 번 안수하여 고치신 기록도 나온다. 바울도 열병과 이질에 걸려 누워 있던 보블리오의 부친의 문제에 대하여 "기도하고 그에게 안수하여 낫게" 하였다(행 28:8).

이 두 경우가 합하여진 경우로 보이는 것이 다메섹 도상에서 예수님을 만나 햇빛 보다 더 빛난 빛 앞에서 눈이 안 보이고 엎드려져서 사람들에게 이끌려 그 성에 들어간 바울에게 아나니아가 "안수하여 이르되 형제 사울아 주 곧 네가 오는 길에서 나타나셨던 예수께서 나를 보내어 너로 다시 보게 하시고 성령으로 충만하게 하신다"(행 9:17)고 한 경우이다. 아나니아의 안수로 바울이 다시 보게 되고 성령으로 충만하여 이방인의 사도를 세움을 얻었다. 사도들이 안수하면 이제 예수님을 믿는다고 하고 모이던 초신자들에게 성령이 임하셨다(행 8:17). 에베소의 요한의 세례만 알고 있던 사람들에게 바울이 "요한이 회개의 세례를 베풀며 백성에게 말하되 내 뒤에 오시는 이를 믿으라 하였으니 이는 곧 예수라"고 증언하자 "그들이 듣고 주 예수의 이름으로 세례를 받았다.” 그런데 “바울이 그들에게 안수하매 성령이 그들에게 임하시므로 방언도 하고 예언도”했다고 하였다(행 19:4-6). 또한 예수님께서 백성들의 요청에 응하여 어린아이들을 품어 앉으시고 안수하여 주신 일도 있다(마 19:15//막 10:16).

역사 속에서

이렇게 성경의 예들이 있었으므로 사람들은 자연스럽게 예수님처럼, 사도들처럼 기도하면서 안수하는 일을 행하여 갔다. 그런데 다들 생각하지 않은 몇 가지 문제가 있었다. 첫째는 예수님께서 또 사도들이 임직 때나 병 고칠 때 **항상 안수한 것은 아니라는 사실**이다. 사실 열 두 제자를 세우실 때에도 예수님께서 안수하셨다는 말은 없다. 또 예수님께서 병 고치실 때 항상 안수하신 것도 아니다. 때로는 그저 말로만 “죄 사함을 받았다, 나았다” 등의 선언을 하셨고, 그것으로 문제가 해결된 경우도 많이 있다. 예수님께서 당시의 모든 아이들을 안으시고 안수하고 축복하신 것도 아니다. 사도들도 병 고칠 때도 항상 안수한 것도 아니다. 둘째는 예수님과 사도들은 그 치유가 온전한 것이었다. 셋째로, 하나님께서 과연 교회에 임직 때와 치유 때에 항상 안수하도록 하셨다는 함의가 있지 않다는 것이다.

　　역사 속에서 이 문제를 심각하게 생각한 때가 종교 개혁 때였다. 천주교회가 지속적으로 안수하여 소위 사도적 계승을 통해 그 임직자들을 세우면서 사도들에게 있던 그 동일한 권세가 그 후임자들에게 있다고 하며, 따라서 전임자가 안수할 때 마치 이전에 사도가 안수할 때에 성령님께서 임하시는 것과 같은 것이 있다고 주장하는 것을 반성적으로 바라보기 시작한 것이 종교개혁의 교회였다.

성경에 비추어 고찰한 결과 각 교회 공동체에서 사제(司祭), 즉 제사장(priest)이라고 불리워진 분들이 사실은 제사장이 아니고, 믿는 우리들이 모두 다 왕 같은 제사장이라는(벧전 2:9) 확신을 가지게 된 것이 모든 것의 시발점이라고 해도 과언이 아니다. 그러므로 주교가 안수할 때 성령님이 특별이 임하는 것이 아니라는 통찰이 생겼을 때, 모든 미신적인 것을 거부한다는 의미에서 개혁파 교회들은 임직식에서 안수하는 것을 없애고 그저 기도만으로 어떤 사람을 목사로, 어떤 사람을 장로로, 또 어떤 사람을 집사로 세웠다. 그래서 안수식이라는 말보다는 장립(將立)식 또는 임직(任職)식이라는 말이 더 옳은 말로 자리 잡았다. 칼빈이 목회하던 제네바 교회에서도 그러했고, 스코틀란드 장로교회 〈제 1 치리서〉(1560)에서도 이와 같이 안수를 없애고, 기도만으로 임직 식을 하였다. 이 모든 일을 어느 정도 시행하여 미신이 없어졌다고 생각한 〈제 2 치리서〉(1578)부터는 장로교회에서 이전에 했던 안수를 부활하되 그것이 단지 **상징적**인 것이라는 것을 분명히 하였다.

그러므로 이제 사도들이 그들의 사역을 다하고 하늘에 있는 이 교회 시대에는 안수가 상징적인 것이요, 이것에 의해서 성령님이 임하거나 은혜가 주어지는 것이 아니라는 것을 아주 명백하다.[1] 우리는 그저 하나님께 간절히 기도하는 것이다. 이 사람이 이 직분에로 구별 되었는데 주께서 더한 은혜를 주셔서 그 직분을 잘 감당하여 주의 교회에

---

[1] 이런 문제들에 대해서 더 살펴보기 원하면 이승구, "개혁파 교회 제도와 교회의 직원들", 『한국 교회가 나아갈 길』 (서울: CCP, 2018), 145-49, 특히 158-59; 이승구, "정암 박윤선의 개혁파적 교회론", 『21세기 개혁 신학의 방향』 (서울: CCP, 2018), 123-54, 특히 138-39를 참조하라.

유익에 되게 해달라고 간절히 기도하는 것이요, 단지 상징적으로 안수하는 것일 뿐이다.

같은 원리가 병 고침을 위한 안수에도 적용되어야 할 것이다. 예수님과 사도들은 병 고침에서 때때로 안수하신 일이 있었다. 그러나 **예수님과 사도들도 병 고칠 때에 언제나 안수하면서 기도하신 것은 아니다.** 또한 사도들의 경우에는 그들이 기도한다고 항상 병이 나은 것도 아니다. 사도 바울의 육체의 가시가 그 대표적인 예이며, 디모데의 위장병을 위한 권면에도 그것이 나타난다. 그러므로 우리들이 병 고침을 위해 기도할 때에 주께서 원하시면 나을 것이요, 주께서 원치 않으시면 병이 지속될 것이며 때로는 죽는 일도 발생할 수 있다는 것을 분명히 해야 한다.[2] 그러나 우리는 간절히 주님께서 우리들의 병을 돌아보시고, 주님의 나라와 교회를 위하여 우리를 온전히 하여 주시기를 간구하여야 하고 주께서는 주께서 원하시는 경우에 고쳐주신다(약 5:16).

과연 우리들이 안수를 하면서 기도해야 하는가?

그러면 병 낫기를 위해 기도할 때 과연 안수해야 하는 지에 대해서 생각해 보기로 하자. 먼저 예수님과 사도들도 병 고침을 위해 기도할 때에 항상 안수한 것은 아니라는 것을 깊이 생각하자. 그리고 하나님과 주님의 영광만을 생각하면 공동체가 함께 기도할 때에 모든 무리가 함께 기도하는 중에 주께서 병든 자들을 고쳐주시면 우리는 우리 가운데

---

2 이를 강조하면서 분명히 하는 Anthony A. Hoekema, *Saved by Grace* (Grand Rapids: Eerdmans, 1989), 38ff.를 보라.

서 놀라운 일을 행하신 주님에게만 영광을 돌리게 될 것이라면 점에도 주의하자. 그렇게 모여서 기도하는 중에 누군가가 손을 얹고 기도했는데 주께서 치유해 주시면 얼마 후에 여러 오해가 여러 사람에게서 나타나기 시작한다. 혹시 그렇게 안수한 사람에게 특별한 능력이 있다는 오해가 생길 수도 있고, 그것은 많은 문제를 일으키게 된다.

다시 말하지만, 예수님과 사도들도 병 낫기를 위해 기도할 때에 항상 안수한 것은 아니다. 더구나 우리들은 예수님도 아니고 사도들도 아니다. 그러므로 마치 우리가 사도들의 계승자인 양 그들이 안수했으니 우리도 하겠다고 해서는 안 된다. 종교 개혁 때에 개혁자들을 따라 성경을 그대로 따르려 하던 신실한 성도들은 순교하면서도 성경의 원리를 따라서 사도적 직분의 계승은 있지 아니하다고 주장했었다. 오직 사도적 가르침의 계승이 있을 뿐이며, 그 사도적 가르침에 의하면 처음 신약 교회를 세우실 때 창설직원들로 세우신 사도들만이 아주 독특한 위치를 지닌 것이다. 그러므로 그 이후 교회 시대의 교회 직분자들이 자신들이 마치 사도의 계승자인 것처럼 하면 안 된다. 그러므로 우리가 안수하여 직분자들에게 성령의 은혜가 임하는 것처럼 생각해서도 안 되고, 우리가 안수하여 병을 고치는 것처럼 해서도 안 된다. 우리는 그저 삼위일체 하나님께서 은혜를 주시도록 간절히 기도할 뿐이고, 주께서 병을 고쳐 주시도록 힘을 다하여 간절히 기도해야 한다. 그리고 그리할 때에 그 어떤 오해도 발생하지 않도록 노력해야만 한다.

첫째, 우리에게 본래적 어떤 능력이 있어서 안수하면 병 고침이 발생하는 것처럼 해서는 안 된다. 우리가 주께서 기도할 때 주께서 모든 것을 살피시어 우리의 기도에 대한 응답으로 병이 고쳐지는 것이지, 우리의 어떤 능력과 재능에 의해서 병 고침 등이 일어나지 않는다는 것이 분명해야 한다.

둘째, 보는 사람들이 우리가 무슨 힘이 있는 듯이 느끼도록 하면 안 된다. 우리는 그저 주님께 간구하는 것이고 실제로 그로 놀라운 일을 행하시는 분은 우리 주님이시다. 우리는 아무 것도 아니고 주님만이 모든 일을 행하시는 모든 것이다. 그것이 드러나야 한다.

혹시 간절함의 표현으로 환부나 어깨나 머리에 손을 얹고 싶은 마음이 나타날 수도 있다. 그러나 그 때에도 첫째는 위에서 언급한 오해가 발생하지 않도록 하기 위해서, 그리고 우리 시대의 복잡한 오해를 막기 위해서 그리하지 아니하는 것이 훨씬 좋을 것이다. 특히 요즈음 같이 복잡한 세상에서 남자 목사님들이 여자 성도들에게 안수하는 것은 불필요한 여러 오해를 낳을 수 있기에 더욱 피하는 것이 좋을 것이다.

마지막으로 안찰(按擦)이라는 행위가 있는 데, 이는 어떻게 하는 것이 옳을까? 참된 교회에서는 안찰을 하지 않았다. 기도원 등에서 이런 행위 등이 유행했고 그것이 교회들에 영향을 미친 일이 있다. 그러나 바른 교회는 그리하지 않아야 한다. 안찰 행위는 우리 시대에는 그로 말미암아 맞아 죽은 사례들도 많이 있고, 특히 오늘날과 같이 신체에 손대는 것을 상당히 금기시 하는 시대에는 더 많은 오해를 낳을 수 있으므로 기독교권에서 근절되어야 한다.

기도에 더욱 힘써야

이 모든 것을 살핀 우리들이 해야 할 마지막 말은 무엇인가? 우리는 "기도에 더욱 힘쓰는 자들이 되어야 한다"는 것이다. 안수와 안찰을 하지 말라는 것이 간절히 기도하지 말라는 것이 아님을 분명히 해야 한다. 오히려 안수와 안찰을 하지 않는 우리들이 더욱 더 힘써 기도해야한다. 특히 교회 공동체 안의 연약한 자들과 병든 분들을 위해서 주께 간절히 기도해야 한다. 주께서 온전함을 주셔서 주님을 섬기고, 교회와하나님 나라를 섬기는 일에 지장이 있지 않도록 열심히 기도해야 한다. 그 결과, 주께서 몸을 회복하여 주시면 우리는 우리들 가운데서 놀라운일을 행하시는 주님만을 높이고 경배하며, 그 주님께 자신을 헌신해야한다. 이 일에 그 어떤 오해가 발생하지 않도록, 우리 자신에게 그 어떤영광도 돌아오지 않도록, 오직 하나님께만 영광이 돌려지도록 우리가안수 등을 하지 않아야 한다. 이것이 성경적 원리를 따르는 것이며, 종교개혁을 의미 있게 받아들이는 것이다.

14

오늘날 한국 교회 안의 실천적 문제 3가지

한국 교회 안에서 점점 더 당연시되어 가고 있는 세 가지 실천적 문제에 대해서 생각해 보자. 처음에는 이 문제들이 한국 교회 안에 전혀 있지 않던 문제들이었다. 이전에, 성경에 비추어 교회를 개혁하고자 하신 분들은 이 문제들 모두에 대해서 부정적 견해를 표했었기 때문이었다. 그런데 이 문제들이 한국 교회 안에 들어 와서 이제는 이런 것들이 점점 더 매우 자연스러운 일로 자리를 잡아가고 있다. 이것은 우리들이 점점 정신을 차리지 않고 있음을 드러내는 현상이라고 할 수 있다. 이 문제들을 차례로 생각해 보면서 우리네 한국 교회를 돌아보도록 하자.

문제 1: 소위 "성지 순례" 문제:

"성지 순례라는 용어를 사용하도 될까요?"

천주교회에서는 팔레스타인 땅을 비롯해서 곳곳에 성지(聖地)가 많이 있다. 〈〈가톨릭 대사전〉〉에 의하면 성지를 "하느님과 관련된 성스런 땅 – 예컨대 하느님이 임재하였거나 다시 나타날 것으로 기대되는 곳, 혹은 특별히 신성하다고 생각되는 곳"이라고 말한다. 그래서 천주교회에서는 소위 이런 성지를 방문하여 예배를 드리는 경신(敬信) 행위의 하나로 "성지 순례"를 말한다. 그들에 의하면, "그리스도교 시대에 들어오면 순례는 신에 대한 흠숭의 의미뿐 아니라 회개하는 행위로, 혹은 성인에 대한 존경의 행위로, 혹은 영적인 은혜를 받기위한 행위로, 혹은 은혜에 감사하기 위한 행위로 인식되었다."고 한다. 따라서 "초대 교회에서는 주로 예수 그리스도께서 생활하시던 팔레스티나로 순례하였고, 그 후에는 많은 순교자들의 피로 물들여진 로마에서의 순례도 성행하였다. 8세기 이후부터 순례는 신자들의 의무에 속한다는 관습이 생겨나 대 순례단이 조직되기도 하였다. 현대에는 팔레스티나와 로마 이외에도 루르드, 파티마, 과달루페 등 성모 마리아가 발현한 곳에도 순례한다." 한국 땅에도 천주교가 말하는 성지들이 많아 가톨릭 정보에 의하면 상당히 많은 곳을 언급하고 있을 정도이다.[1]

　　그러나 성경에 충실하게 교회를 개혁하고자 하던 개혁신학적 입장에서 생각해 보면 특히 십자가 구속 사건 이후에는 그리스도에 대한 바른 신앙을 지닌 성도들이 있는 곳마다 모두 다 거룩한 곳이기에 어떤 특정한 장소를 성지(聖地)라고 하기 어렵다는 생각을 자연스럽게 가지게 될 것이다. 하나님과 함께 우리가 있는 곳마다 모두 성지이니 어떤 특정한 장소를 가르쳐 성지라고 하기 어렵다는 것을 분명히 해야 한다. 특히 이런 특정한 장소를 방문 하는 것을 "성지 순

---

[1] http://info.catholic.or.kr/holyplace/default.asp.

레"(pilgrimage)라고 하는 것은 참으로 피하여야 할 일이 아닐 수 없다. 특히 이를 보속(補贖)과 연관시키는 천주교회적 관습과 연관하여 생각하면, 우리 개신교인들이 이런 용어를 사용하는 것은 참으로 종교개혁의 정신을 망각한 것이라고 하지 않을 수 없다.

성경을 좀 더 잘 이해하기 위한 목적으로 예루살렘 등 팔레스타인 지역을 방문하는 것에 대해서는 "성경지리 및 문화 연수"나 그와 비슷한 용어들을 사용하여 표현하는 것이 적절하다고 여겨진다. 부디 우리나라 개신교 안에서 "성지 순례" 같은 잘못된 용어의 사용이 계속되지 않도록 최선의 노력을 다해 갔으면 한다.

문제 2: 사순절을 지키는 문제

아무리 이야기해도 사람들이 잘 듣지 않는 일의 하나로 종교개혁 시기에 개혁 교회에서는 사순절(Lent, 四旬節)을 폐하였다고 강조하고 칼빈과 청교도들은 사순절 등의 특별한 절기를 지키지 않고, 오히려 매일 매일을 십자가의 빛에서 살아가야 함을 강조하였다고 해도 그런 방향으로 나아가지 않는 일을 언급할 수 있다.

요한 칼빈(John Calvin)은 그의 주저 『기독교 강요』 4권 12장 20절에서 천주교에서 사순절을 미신적으로 지켜 나가는 것의 폐해를 강하게 지적하였다. 그는 기본적으로 모든 종교적인 행위를 오직 성경의 가르침에 근거해서 해야 하는데, 성경에는 사순절을 지키라는 규정이 없으므로 아무리 좋은 의도에서라도 이를 지키는 것은 성경을 따르는 것이 아니라 사람들이 만든 인간의 규례를 따르는 것이라는 입장을 견지하고 있다. 칼빈은 양심의 주인이신 하나님 앞에서 우리는 오직 하나님께서 성경 가운데서 규정한 것만을 따라가야 한다는 양심의 자유를 강하게 천명한 것이다.

청교도들은 이런 칼빈의 입장에 충실하여 당대 천주교회와 성공회에 남아 있던 인간들의 규례를 철폐해 나가는 일에 열심이었다. 그러므로 적어도 장로교회에서 신앙 생활하는 사람들, 그리고 칼빈의 가르침을 따르고 청교도들을 존중하는 장로교 교단에서는 사순절을 지키면서 이 기간에 어떤 특정한 일을 하야 한다고 생각하는 사람들이나 그런 식으로 목회하는 사람들이 없어야 한다. 그렇게 하지 않는다면 우리는 역사 의식이 없는 것이다.

이때에 우리가 생각해야 할 가장 근본적인 원칙은 **우리는 오직 성경이 말하는 것에만 근거해서 교회의 여러 일들을 한다**는 원칙이다. 바로 여기서 같은 개신교도임에도 불구하고, 사순절의 여러 문제를 지적하고 그리스도인들은 사순절 때만이 아니라 항상 십자가와 고난의 빛에서 살아야 한다는 루터의 말에도 불구하고, 계속해서 사순절(Lent) 기간을 지켜 가는 루터파와 성공회와 오직 성경이 가르치는 방식에 의지해서 예배와 교회의 모든 일을 하여 가려던 개혁파의 분명한 차이가 나타난다. 루터파와 성공회는 이전 교회의 전통 가운데서 성경에 명확한 반대가 있는 것만 없애고(예를 들어서, 예배당 안에 있는 형상 같은 것), 나머지는 그대로 두었는데 반해서, 칼빈을 철저히 따르던 개혁파와 청교도들은 그 외에도 그저 빈 형상으로서의 십자가나 촛대나 사순절 같이 '성경이 말하지 않는 것'을 일체 버려 버렸다. 우리는 교회에서 행하는 것에서나 일상생활에서 행하는 것에서 오직 성경의 지침에 따라서만 행하려고 하는 것이다.

둘째는 비성경적인 것을 열심히 행하는 것이 "위선"임을 지적하는 개혁자들의 말에 깊은 주의를 기울여야 한다. 대개 사람들은 성경에 없는 것을 만들어 낸 다음에는 그것에 상당히 종교적 의미를 부여하기에 그것으로 말미암아 사람들은 사순절 같은 것을 잘 지켜 나가는 방식을 만들기 시작한다. 열심을 내어서 그런 것을 아주 정교하게 만들어 간다. 수년 동안 어떤 일을 하면서 그것을 잘 지키는 방법도 만들어 가고, 이 때는 이렇게 하는 것이 은혜를 받을 수 있는 좋은 방식이라고 하기도 한다. 대개 좋은 의도에서 그렇게 한다. 오랜 세월 동안 매년 그렇게 해 왔기 때문이다. 그러나 좋은 의도에서 행하는 이런 것이 성경에 근거하지 않을 때는 그것도 "위선"이라는 개혁자들과 정암 박윤선 목사님의 말을 우리는 새겨들어야 한다. 우리로서는 하나님을 위해서 정성껏 하는 것이 하나님 보시기에 "위선"이라면 그 얼마나 불쌍한 일인가?

그러면 어떻게 해야 하는가? 첫째는 우리는 모든 우리의 시간을 항상 "그리스도의 십자가와 부활의 빛에서" 살아야 한다. 그러므로 그리스도의 십자가와 고난을 생각하면서 그로 말미암아 우리가 구속되었다는 감사의 마음으로 살 뿐만 아니라, 항상 그리스도의 고난과 십자가의 길을 따라 가려고 해야 하고, 그리스도의 부활 생명이 약동하는 삶을 살아가야 한다. 중요한 것은 "항상 그리해야 한다"는 것이다. 이것이 칼빈과 청교도들이 가장 강조한 요점이다. 매일 매일을 십자가와 부활의 빛에서 살아가기에 어떤 특별한 절기를 지키지 않는 것이다. 여기에 구약과 신약의 차이가 나타난다. 이제 그리스도께서 십자가로 율법을 완성하신 이 신약 시대에 사는 우리들은 어떤 때를 특별하게 지키지 않는다.

둘째로는 이를 토대로 해서 사순절뿐만 아니라 우리가 신앙생활을 하는 방식 가운데서 명확한 성경적 근거가 없는 것은 집단적으로도 하지 않을 뿐만 아니라, 개인적으로도 하지 말고, 오히려 좀 더 성경적 근거가 있는 것을 따라서 신앙생활을 하도록 해야 한다. 이것이 칼빈과 청교도들을 존중하고 따르는 교회와 그런 교회에 속한 교인다운 것이다.

그런데 한국 교회에도 이미 오래 전부터 사순절을 지키는 분위기가 강하게 들어와 있다. 그래서 이것을 지키지 않는다고 하는 것이 이상하게 여겨질 정도가 되었다. 모든 사람들이 사순절을 지킨다고 하는 이 시기에 대세와 시대의 분위기를 거슬러 가는 것은 매우 어려운 일이다. 바로 이런 점에서 개혁자들이 한 일이 얼마나 어려운 일이었는지를 생각하면서 그들이 하나님 말씀에 근거한 교리만을 믿고 다른 것을 폐지하고, 하나님 말씀에 근거한 실천만을 하려고 한 것을 존중하면서 우리도 그리해 나가야 한다. 그렇게 나아가는 분들이 점점 많아지기를 원한다. 성경과 역사의 교훈에 근거해서 시대에 거슬러 가는 우리들이기를 원한다.

문제 3: '강단 십자가 부착 금지, 그 신학적 의미'

2015년 9월에 모였던 대한 예수교 장로회 합동 측 제 100회 총회 결의 사항 가운데 강단에 십자가 부착을 금지한 과거 총회 결의를 재확인한 것을 놓고 주변에서 여러 말들이 많고 생각들이 많다. 처음에 한국 교회 강단에는 십자가가 없었을 것인데 이것을 도입하는 사람들이 있기 시작하고 논의가 되기 시작하자 1957년 9월 부산중앙교회 예배당에서 열렸던 제 42회 총회에서 강단에 십자가가 있게 해서는 안 된다고 결의했었다. 후론(後論)하겠지만 그것은 그 시대의 교회가 그래도 개혁 신학에 어느 정도 충실한 모습을 가지고 있었음을 보여 주는 결의였다. 그러나, 그런 신학적 고려에 근거한 과거 결의에도 불구하고, 곳곳의 예배당 안에 십자가를 설치하는 일이 매우 많았고 (이는 각 교회가 신학적 고려 없이 마음대로 여러 가지 일을 처리해 왔음을 잘 보여주는 사례이다), 대개 대형 교회가 그런 설치를 하여 소위 은혜롭게 보이면 곳곳의 여러 교회들이 그것을 따라가는 일이 많아져서 이전 총회 전에도 강단에 십자가를 세울 수 있도록 하는 헌의가 있었고 (이는 우리의 현실에 근거하여 과거의 바른 결정을 고쳐 달라는 내용이다) 이를 논의하였으나 이전 총회에 이어서 이번 총회에서도 1957년도의 42회 총회 결의 내용을 재확인한 것이다. 이는 합동측이 근자에 한 결정 가운데서 거의 유일하게 잘한 결정이라고 여겨진다. 왜 그렇게 생각하는지에 대한 논의를 시작해 보기로 하자.

전제: 십자가를 믿는 믿음의 중요성

기독교는 구속의 종교이다. 그런데 이 구속이 그리스도의 십자가에서 일어났다고 하는 것이 기독교의 기본적 믿음이다. 그러므로 개신교인들은 십자가에서 일어난 구속을 믿으므로 십자가를 사랑하는 사람들이다. 십자가 없이는 구원이 없고, 십자가 없이는 부활도 없고, 십자가 없이는 영광도 없다. 우리의 모든 것이 십자가에 달려 있다고 해도 과언이 아니다. 이만큼 기독교는 십자가를 중요시한다. 이것이 이 모든 논의의 기본적 출발점이고 전제이다.

가시적 형상화의 문제점

그런데 문제는 우리가 사랑하는 그 십자가, 우리의 구속이 거기서 이루어진 그 십자가, 그리스도의 십자가를 '형상화'할 때에 일어난다. 타락한 인간들은 항상 이런 형상화를 지향한다. 이것을 가장 잘 아시는 분은 하나님이시다. 그래서 하나님께서는 예배와 관련해서는, 당신님께서 지시해 주신 것 외에는, 그 어떤 형상화도 하지 말라고 명하셨다. 그런데 천주교에서는 오늘날도 미사할 때는 반드시 그리스도의 형상이 부착된 십자가가 있어야 한다고 규정하고 있다. 물론 오늘날 한국 개신교도들 가운데서 하나님의 형상화에 찬성할 사람들은 없을 것이다.

문제는 이 형상화에 대한 반대에 '예수님의 상이 제거된 십자가의 형상'도 포함되는가 하는 것이다. 이 문제를 가장 심각하게 생각한 교회는 16세기에 종교개혁이 어느 정도 진행되던 영국 교회였다. 철저한 종교개혁을 원하던 청교도들 중 일부는 형상이 없는 '빈 십자가'(a bare cross or a simple cross or the unadorned cross)도 예배당 안에 있어서는 안 된다고 하였다. 이것은 예배당마다 십자가가 설치되어 있던 당시로서는 매우 혁명적인 주장이었다. 이것은 철저한 청교도가 아닌 사람들에게도 영향을 미쳐서 아주 철저한 청교도가 아닌 사람도 엘리자베스 여왕이 자신이 참석한 예배를 인도하고 설교를 해 달라고 했을 때, 그 채플에 십자가가 있지 않다면 기꺼이 그렇게 하겠노라고 한 주교도 있을 정도였다.[2] 그러므로 철저한 성경적 입장을 지닌 사람들은 항상 예배당 안에 가시적 형상으로서의 십자가도 있지 않아야 한다고 주장했다. 칼빈과 그의 입장을 따르는 사람들은 항상 이런 입장에 서 있었다. 그것이 성경적이라는 생각에서 그리했다. 그리하여 그들은 거의 모든 예배당 안에 이미 설치되어 있는 십자가를 제거한 것이다. 성경말씀에 따르기 위해서 말이다. 성경에 따른 바른 예배를 하기 위해서 그리한 것이다. 〈스코트 신앙고백서〉(1560)는 20장에서 미신을 조장할 수 있는 모든 의식들을 버리라고 하여 심지어 성호를 십자가로 긋는 것까지를 거부하였으니, 결국 모든 형상화를 거부한 것이라고 보아야 한다. 마찬가지로 〈제 2 스위스 신앙고백서〉(1566)도 "고대 교회의 전통을 따라 의식을 더하는 것을" 금하고 있으니 역시 같은 입장을 표현한 것이라고 보아야 한다.

대한 예수교 장로회는 칼빈 등이 성경에 근거해서 제시한 개혁신학을 따르는 장로교단의 하나이다. 그래서 비록 칼빈과 개혁신학을 그렇게 잘 알았던 것은 아니고, 철저하게 칼빈을 따르는 것도 아니었지만 그래도 명목이 개혁신학을 따르는 1950년대 말의 한국장로교회는 그런 전통을 따라 예배당 안에 십자가 형상(形象)을 허용해 달라는 청원을 거부했던 것이라고 판단된다.

왜 이 청원들이 다시 나타나는가?

그런데 오늘날 예배당 안에 십자가를 설치하게 해 달라는 청원이 다시

---

2 이에 대한 논의로 다음을 참조하라. 이승구, "조직신학에서 본 청교도 사상", 『21세기 개혁 신학의 방향』(서울: CCP, 2018), 59—88. 특히 74, n. 36.

나타나는 이유는 무엇일까? 현실적으로 아무 생각 없이 이미 십자가를 설치한 예배당들이 많기 때문이다. 이렇게 거의 모든 예배당 안에 십자가가 있는데, 그렇게 해서는 안 된다는 과거의 결정이 이상하지 않느냐는 것이다. 그러므로 과거의 결정을 철회하든지, 그것을 무시하고 현실을 인정해서 예배당 안에 십자가가 있을 수 있게 해 달라는 것이다. 이를 번복해서 결정하면 후에는 예배당마다 그 안에 십자가 형상이 있도록 해야 한다는 결과가 나타나게 된다는 점에도 유의해야 한다.

실질적으로 이렇게 많은 예배당 안에 십자가가 부착된 이런 현상 배후에는 최소한 다음 세 가지 움직임이 있다고 할 수 있다. 첫째는 아무래도 역사의식(歷史意識)의 부족이다. 과거의 장로교회가 과연 어떤 과정을 겪어서 형성된 것이고, 과거 장로교인들이 심지어 피 흘리면서까지 천주교회적 예배당을 개신교회의 예배당으로 바꾸었는지에 대한 의식이 없거나 사라졌기 때문이다. 그 과거의 역사를 잘 의식한 분들은 결코 과거로 회귀하는 일들을 하지 않는다.

둘째는 다양한 교회들과의 접촉 때문이다. 이를 민간 차원에서의 에큐메니즘의 실현 때문이라고 할 수 있다. 해외여행이 자유롭게 되고 여러 나라를 방문하여 여러 교회들에 참여하면서 때로는 루터파 교회들의 예배에도 참여해 보고, 때로는 영국 성공회에 참여해서 예배도 하고, 또 때로는 미국에 있는 감독교회에서 예배하면서, 이들 교회의 예배당 안에 십자가가 있는 것을 보고 그것을 좋게 생각하는 일이 나타나고, 또한 때로는 그것을 본 따서 예배당을 건축하면서 예배당 안에 십자가를 도입하는 일이 일어난 것이다. 이는 WCC 운동에 열심인 교회들에서는 더 일반화 되어서 WCC가 앞장서서 유도하는 예전의 통일에 동의하는 교회들은 십자가뿐만 아니라 강단에 촛대가 등장하기도 하고 다른 예전적 장식물들이 아주 자연스럽게 있게 된 것이다. 그런 교회들이 늘어 감에 따라서 또 교회들 간의 교류가 많아짐에 따라서 거의 모든 교회들이 비슷한 양식을 지향한 결과의 하나가 예배당 안에 십자가가 있게 된 것이다.

셋째는 신학적인 다양화 현상 때문이다. 심지어 개혁신학을 지녔다고 하는 장로교회 안에서도 과거의 칼빈 등이 제시한 그 신학에 꼭 따라야만 하는가 하는 회의들이 나타났기 때문이다. 칼빈의 견해도 중요하지만 다른 사람들의 견해도 참조할 수 있지 않는가 하면서 다양한 권위들이(authorities) 우리들의 교회 안에 들어와서 급기야 각기 소견에 옳은 대로 하는 일들이 나타나는 것이다.

그리하여 암묵리에 한국 교회 안에는 예배당 안에 십자가가 있는 것이 아주 일반적인 것이 되어서, 예배당 안에 십자가가 없는 교회에 대해서는 이 교회는 이단 교회가 아니냐고 질문하는 일이 있을 정도가 되었다. 그렇기에 이런 청원이 거의 매해 등장하는 것이다. WCC 운동에 열심인 교단들에서는 이런 청원이 나타날 리도 없다. 그것이 거의 기정 사실화 되었기 때문이다. 그래도 전통적 개혁신학을 따르는 교단에서는 이런 질문이 나오는 것이다. 이번 총회에서 이전 총회의 결정을 그대로 따르기로 한 것은 그나마 잘 한 것이다. 그러나 언제 상황이 바뀔지 모른다. 그렇기에 이 문제에 대한 신학적 역사적 고찰을 하는 것이 중요하다.

십자가 형상에 대한 고찰

예배당 안에 십자가가 있어도 좋다든지 있으면 더 좋다고 생각하는 분들은 우리들이 그 십자가 형상을 숭배하는 것이 아니니 별문제가 없을 뿐만 아니라, 그 십자가를 바라보면서 예수님이 달리신 십자가를 생각하게 되고, 그것을 통해서 하나님의 사랑을 생각하게 되니 좋지 않으냐고 논의한다.

문제는 이런 논의가 예배당 안에 다양한 상(像, images)을 세우고 있던 천주교회의 논의와 비슷하다는 것이다. 천주교회에서는 상들에게 경배하는 것이 아니라 그것을 통해 살아계신 하나님을 경배하고 하나님께로 나아가는 데 더 도움이 된다고 오랫동안 논의하고 있다. 그러므로 상이 있는 것, 그 앞에 절하는 것도 사실은 그 상(像)에게 경배하는 것이 아니라 그 상(像) 배후에 계신 살아계신 하나님을 경배하는 것이니 문제 될 것이 없다고 한다. 오직 하나님께만 경배(latria)를 드리는 것이니, 예배당 안에 상(像)에 있고 심지어 그 상(像)에 절을 하고(dulia), 성자들을 존숭(dulia)해도 그것은 하나님께만 돌려 드리는 영예를 조금도 다른 데로 돌려 드리는 것이 아니라는 것이다. 물론 한국 개신교도들 가운데 십자가에 예수님의 상을 붙이자고 하는 사람들은 드물다. 그러므로 이것과는 다른 것이라고 하지만, 그 배후의 논리가 상당히 비슷하다는 점에 주의해야 한다.

천주교회에서는 상을 통해서 그 상 배후에 계신 하나님에게로 나아가려는 것이, 여기서는 '상이 없는 십자가 형상'을 통해 그 십자가 자체가 문제가 아니라 그 배후의 하나님의 사랑과 예수님이 지신 십자가를 생각하게 되니 좋은 것이 아니냐는 것이다. 여기서 우리는 과거 우리의 선배들이 왜 이것이 문제라고 여겼는지, 왜 어떤 것을 보면서 그것 배후의 것을 생각하게 하는 것 자체도 문제가 된다고 생각했는지를 돌아보아야 한다.

가장 기본적으로 본질적인 문제가 있다. 십자가를 사랑하는 것은 십자가 형상과는 전혀 상관없다. 십자가 형상이 있어야 그리스도의 십자가를 생각할 수 있는 것이 아니다. 사실 하나님께서는 그 어떤 형상도 없이 영적으로, 참으로 오직 영적으로 하나님께 경배하기를 원하신다. 그러므로 예배당 안에는 우리가 영적으로 하나님께 나아가는 데 지장을 줄 수 있는 그 어떤 것도 있지 않는 것이 좋다.

둘째로, 예배당 안에 십자가 형상이 있을 때 나타날 수 있는 수없이 많은 악용과 오용의 문제들이 있다. 물론 이것은 부차적인 것들이다. 그러나 이것이 실제에 있어서는 더 심각한 문제를 일으킬 수도 있다. 예를 들어서, 십자가 형상이 있으면 그것 앞에서 하는 기도가 더 효과적이고 생각하는 오용이 나타날 수도 있고, 중세 사람들이 그리하였듯이 그것을 붙잡고 기도하면 더 효과가 있다고 생각할 수도 있으며, 그와 같은 수없이 많은 오용들이 나타나기 쉽다. 그래서 과거의 개혁파 선배들은 처음부터 그런 문제가 발생할 것이 있지 않도록 하라고 했던 것이다. 그들 자신이 그 오용과 오해의 문제를 아주 뼈저리게 경험했었기 때문이다. 이제는 그런 문제가 일어날 일이 없다고 할 수도 있으나 그것은 인간의 부패성을 과소평가한 것이라고 여겨진다. 그러나 이는 본질적 문제는 아니고 그저 부차적 문제에 대한 지적일 뿐이다.

*****

우리들은 우리 주 예수 그리스도께서 우리의 죄를 속하기 위해 죽으신 십자가를 사랑한다. 우리는 십자가로 말미암아 구원받았다. 영어 표현 자체가 그것을 의미하듯이 십자가는 가장 중요한 것이다. 그러나 이는 그리스도께서 달리신 갈보리 언덕의 그 십자가에서 일어난 구속이 구속사의 절정이요 핵심이라는 말이다. 이로부터 십자가 형상이 우리의 중심이라고 해서는 안 된다. 칼빈은 예수님께서 진짜로 그것에 매달렸다고 주장되는 십자가도 그 자체가 중요한 것은 아님을 분명히 했다. 과거 우리 선배들이 십자가 상을 없애기 위해 피 흘린 것을 생각해 보라. 십자가 상이 없는 예배당, 그 안에서 성경이 직접 언급하는 예배의 요소들만을 가지고 삼위일체 하나님께 십자가에서 이루어진 구속의 공로에 의지하여 성령님 안에서 바르게 예배하기 위해 저들의 생명과 재산과 그야말로 모든 것을 바쳤던 개혁파 선배들의 모습을 생각하면 우리들은 우리들의 예배당 안에 다시 십자가 상이 있게 할 수 없을 것이다. 다시 강조한다. 우리에게는 십자가가 중요하다. 기독교는 십자가의 종교다. 그러나 이것은 십자가 형상이 우리에게 중요하다는 뜻이 아니다. 부디 "십자가 형상"으로부터 그리스도께서 지셔서 구속을 완성하신 십자가의 의미와 효과를 참으로 믿는 "십자가 신앙"으로의 전환이 일어나길 원한다.

15

종교개혁이 문화에 미친 영향:
요한 세바스챤 바흐를 중심으로

종교개혁이 문화에 미친 영향을 여러 모로 생각할 수 있고, 그 일을 가장 효과적으로 하는 일은 실례를 검토해 보는 것이라고 여겨진다.[1] 루터파의 경우에 바흐, 키에르케고어, 그룬투비 등등 많은 사람들을 생각할 수 있을 것이고, 개혁파 경우에 화란의 화가인 렘브란트 등을 생각해 볼 수 있을 것이다. 그 가운데서 이 글에서는 평생 루터파 교인으로 살며, 루터파 교회의 예배를 위해 많은 칸타타와 예배 전주곡들과, 수난곡 등을 작곡한 요한 세바스챤 바흐(Johann Sebastian Bach,

---

[1] 사상사적으로는 W. Stanford Reid, ed., *John Calvin: His Influence in the Western World* (Grand Rapids: Zondervan, 1982)와 같은 일을 지속적으로 폭 넓게 하며 문화적인 측면을 더 고찰하는 것일 것이다. 미국에서 사회와 문화에 미친 개혁 교회의 영향을 논한 책으로 James D. Bratt, *Dutch Calvinism in Modern America* (Grand Rapids: Eerdmans, 1984)과 같은 책을 들 수 있다. 이와 같은 책을 일일이 열거하는 것은 시공간의 제약 상 생략하기로 한다.

1685-1750)를 중심으로 생각해 보는 것이 좋을 것이다.

물론 바흐를 보는 시각도 여러 가지이다. 특히 1950년 바흐 서거 200주기를 기념하면서 (당시 동독에 있던) 라이프치히에서 바흐 기념 주간을 개최하는 것에 대해서 논평하면서 독일의 민족 사회주의 대변인은 바흐는 외적으로는 당시의 기독교적 표상의 세계에 매여 있었으나 사실 "합리주의가 그의 창작 활동의 기반이었으므로" 바흐는 "세속적이며 발전적이고 무신론적인 계몽 사상가여서 교회의 굴레에서 벗어났다"고 하면서 "이것이야 말로 종교적 가면 아래 가려져 있는 바흐의 참모습"이라고 했다고 한다. 그에 의하면, 바흐는 "부르주아적이면서도 종국적으로는 프롤레타리아 혁명에 이바지하는 방향으로 발전했다"고 말했다고 한다.[2] 물론 이것은 마르크스주의의 해석이 어떤 것임을 잘 드러내는 마르크스주의적 해석의 대표적인 예이다. 그래서 이를 인용한 제바스는 이를 "참람하고 제멋대로 이해하는 피상적인 해석"이라고 말하기도 했다.[3] 그러나 이는 어떤 한 사람의 삶과 생각을 어떻게 보아야 하느냐 하는 것이 그렇게 단순한 것은 아니라는 것을 잘 보여주는 대표적인 예가 될 수 있다.

바흐의 음악을 어떻게 이해할 것이냐 하는 문제는 매우 어려운 해석의 문제이다. 그러나 그의 종교 음악에서 루터역 성경을 가사로 사용하는 그의 표현과 그의 성탄 오라토리오, 수난곡들, 부활절과 오순절 칸타타, 수백 개에 달하는 칸타타와 모테트, 예배 곡들, 기악곡들에 나타난 기독교적 표현들과 그 안에 녹아 있는 그의 정신과 신앙은

---

2 이는 Friedrich Seebaß, *Johann Sebastian Bach: Der Thomaskantor*, 김영재 역, 『요한 세바스챤 바흐: 삶과 음악의 종교적 뿌리』 (서울: 예솔, 2011), 머리말, 우리 말 번역 4-5에서 인용한 것을 재인용한 것이다.
3 Seebaß, 『요한 세바스챤 바흐』, 5.

그를 그저 그 시대에 상황 속에서 라이프치히 교회의 음악가로 있던 사람으로서 어쩔 수 없이 이런 곡들을 쓸 수밖에 없는 사람으로 취급하는 것을 매우 어렵게 한다. 바흐를 잘 이해하고 나면 왜 릴제 감독(Bishop Lilje) 같은 사람이 바흐의 음악을 "신앙에서 나온 음악"이라고 말했는지를 잘 이해할 수 있을 것이다.[4] 이를 잘 이해하기 위해 먼저 그의 생애를 간단히 더듬어 보기로 하자.

바흐의 생애 개요

바흐가 죽고 나서 쓰여지기 시작한 그에 대한 전기들에 의하면 그의 7대조 할아버지쯤 되는 베이트 바흐(Veit Bach)는 방앗간 도제였으나 헝가리에서[5] 루터파적인 복음 이해에 대한 충성으로 자기 재산 전부를 팔아 독일 지역으로 온 것이다. "그 이후 그의 집안에는 복음에 대한 충성이 가장 값진 유산이 되었다"고 바흐의 한 전기 작가는 쓸 정도였다.[6]

---

4 Cf. Seebaß, 『요한 세바스챤 바흐』, 8.

5 박용수는 파이트 바흐는 본래 헝가리 지역이 고향이었는데 종교적 이유로 튀링겐의 베히마르에 이르러 정착하였다고 한다(박용수, 『바흐 평전』[서울: 유비, 2011], 65). 그가 정미업자라고 말한 것으로 보아 박용수도 아마도 Johann Nicolaus Forkel, *Über Johann Sebastian Bachs Leben, Kunst, und Kunstwerke* (Leipzig, 1802), 강해근 옮김, 『바흐의 생애와 예술, 그리고 작품』 (서울: 한양대학교 출판부, 2005), 30을 따른 것으로 판단된다. 이에 비해 제바스는 고향인 튀링겐 지역의 Wechmar를 떠나 헝가리에 가서 거주하다가 개신교 신앙을 따르기 위해 튀링겐 지역으로 왔다고 한다(Seebaß, 『요한 세바스챤 바흐』, 17). 포르켈의 생각은 바흐가 1735년 말에 작성하고 칼 필립 엠마누엘 바흐가 보충한 바흐 가문 연보에 근거한 것이니 이것이 더 옳으리라고 여겨진다.

6 Seebaß, 『요한 세바스챤 바흐』, 21. 그는 심지어 헝가리에서 그의 재산 전부를 교회에 헌납하였다고 하는데(20), 이 보다는 재산 전부를 팔아 독일로 이주했다는 것이 "그의 재산을 가능한 한 모두 돈으로 바꾸어 독일로 이주했다"는 바

합스브르크가의 반종교개혁 정책으로 그가 헝가리에서 쫓겨난 것은 매우 자연스러운 일이었다고 할 수 있다. 헝가리에서 쫓겨난 그는 고향인 독일 튀링겐(Thüringen) 지역으로 돌아와 1619년에 사망했다고 한다. 그의 아들 한스 바흐(Johann Hans Bach, d. 1626)로부터 시작하여 계속하여 수많은 음악가가 이 가문에 나타났다. 그래서 바흐에 대한 큰 전기를 쓴 크리스토프 볼프는 "에어푸르트에서 아이제나흐에 이르는 튀링엔의 여러 도시들에서 '바흐'라는 이름은 곧 '음악가'를 의미하였다"고 쓸 정도이다.[7]

그들 중 바이마르(Weimar)의 음악가였던 크리스토프 바흐 (1613-1661)의 아들로 1671년부터 아이제나흐(Eisenach) 궁정 음악가였던 요한 암브로시우스 바흐(Johann Ambrosius Bach, 1645-1695)와[8] 엘리자베트(Maria Elizabeth Lämmerhirt, 1644-1694) 사이의 8명의 자녀들[9] 중 막내로 1685년 3월 21일(토요일)에 아이제나흐의 프라우엔플란(Frauenplan)에서[10] 요한 세바스챤 바흐가 태어났다. 이처

흐 자신의 말에 더 충실한 것으로 여겨진다("바흐 가문계보", Forkel, 『바흐의 생애와 예술, 그리고 작품』, 215).

[7] Christoph Wolff, *Johann Sebastian Bach: The Learned Musician* (New York: W. W. Norton, 2000), 변혜련 옮김, 『요한 세바스챤 바흐 1』 (서울: 한양대출판부, 2007), 39. 이는 Forkel, 『바흐의 생애와 예술, 그리고 작품』, 31과 관련된 언급이다. 이후 이 집안은 "이백 수십 년 동안 7대에 걸쳐 60명 가까운 음악가를 배출"하였다고 한다(박용수, 『바흐 평전』, 58).

[8] 그와 꼭 닮은 쌍둥이 동생 요한 크리스토프 바흐(1645-1693)는 에어푸르트와 아른슈타트의 궁정악사였다고 한다. Cf. Forkel, 『바흐의 생애와 예술, 그리고 작품』, 36.

[9] 그 명단과 도표는 Wolff, 『요한 세바스챤 바흐 1』, 46에 나오는 〈표 1. 2〉에 잘 정리되어 있다.

[10] 그런데 바흐가 태어난 그 집은 현재 존재하지 않으므로, 현재 "바흐하우스"(Bachhaus)라고 불리는 그 Frauenplan 21 번지의 집은 바흐의 출생지는 아니라고 한다. Cf. Wolff, 『요한 세바스챤 바흐 1』, 47, 391, n. 13.

럼 우리들이 말하는 바흐는 루터가 오래 전에 그 성에서 성경을 번역했던 바르트부르크 성 아래 마을이라고 할 수 있는 아이제나흐에서 태어나 성장했다.[11] 사실 이 도시의 시민권이 그가 평생 소유했던 유일한 시민권이었다고 한다. 그리고 바흐 자신도 아이제나흐의 바흐(Johann Sebastian Bach Isenicus [or Isenacenis], ISBI)로 표기하기도 했다.[12] 이 요한 세바스챤 바흐는 그의 아버지 요한 암브로시우스 바흐에게서 바이올린을 배워서 청소년기에 열심히 연주했다고 한다.[13] 또한 그의 아버지의 사촌이요 바흐 자신이 "심오한 작곡가"라고 하고 있는 요한 크리스토프 바흐(Johann Christoph Bach, 1642-1703)가 당시 아이제나흐 시의 오르가니트 겸 궁정 합시코드 연주자였기에 그의 영향도 상당히 받았을 것으로 여겨진다.[14]

이 집안에서는 모든 것을 예배로 시작하는 것이 관례가 되어 있었다고 한다. 그러므로 튜링겐의 여러 지역에 흩어져 음악가로 활동하는 일가들이 1년에 한번 에어푸르트나 아이제나흐나 아른슈타트에 모일 때에도 그들은 모여서 먼저 하나님께 찬송하는 일로 모임을 시작하였다고 한다.[15] 이들은 정통주의 루터파(Lutheran Orthodoxy) 신앙

---

[11] 바흐가 태어날 당시 아이제나흐에는 6,000명 정도의 주민이 살았었다고 한다. 그러다 1710년 즈음에는 9,000으로 늘었다고 한다. Wolff, 『요한 세바스챤 바흐 1』, 50.

[12] Wolff, 『요한 세바스챤 바흐 1』, 50.

[13] 바흐가 사후에 남긴 슈타이너 바이올린은 그의 아버지 암브로시우스 바흐에게서 물려받았을 것으로 추론하고 있다. Wolff, 『요한 세바스챤 바흐 1』, 81.

[14] Wolff, 『요한 세바스챤 바흐 1』, 60-62.

[15] Seebaß, 『요한 세바스챤 바흐』, 19. 또한 Wolff, 『요한 세바스챤 바흐 1』, 58f.도 보라. 이는 모두 Forkel, 『바흐의 생애와 예술, 그리고 작품』, 34 (또는 Hans T. David and Arthur Mendel, eds., *The New Bach Reader: A Life of Johann Sebastian Bach in Letters and Documents*, rev. and expanded by

고백 안에서 생활하고 활동했다. 이런 가문적 배경을 지닌 요한 세바스챤 바흐에게도 어릴 때 가장 큰 인상을 남긴 것이 종교 음악이었다는 것은 매우 자연스러운 일이다. 바흐 전기가의 한 사람인 프리드리히 제바스는 루터파 "정통주의 신학자의 설교나 논쟁적인 글들이 서서히 망각되어 가던 시대적 정황에서 개신교적 경건을 가장 순수하게 표현하는 것"이 음악이었다고 말하고 있다.16 루터파적인 경건함과 음악 – 이것이 그의 주변의 환경이었다고 말할 수 있다. 바흐의 아들들인 빌헬름 프리데만 바흐와 칼 필립 엠마누엘 바흐에 대해서 세바스챤이 했다는 다음 같은 말은 그대로 그 자신의 음악 교육에도 적용될 수 있을 것이다: 그 아이들이 음악적으로 탁월한 이유는 "그 아이들은 아주 어렸을 때부터 아버지 집에서 오직 좋은 음악만 들었기 때문이다. 그 아이들은 심지어 무엇인가를 배우기 이전부터 가장 훌륭한 음악을 듣는데 길들여져 있었다."17

소년 요한 세바스챤은 고향인 아이제나흐의 성 게오르크 라틴어 학교(St. Georg Latein Schule)에서 8살부터 5등급 반에 속하여 성경과 루터파 교리문답과 라틴어를 배웠다(1692-1695).18 그는 늘 뛰어난 성적을 거두었고,19 학교 합창단인 "코루스 무지쿠스"(*Chorus Musicus* or *Chorus Symphoniacus* or *Cantorey*)에서는 데스칸트 고

Christoph Wolff [New York, 1998], [이 책은 관례를 따라 NBR로 약침됨], 424의 영어역)에 근거한 것이다.

16 Seebaß, 『요한 세바스챤 바흐』, 21.

17 NBR, 456, Wolff, 『요한 세바스챤 바흐 1』, 94에서 재인용.

18 아이제나흐는 루터의 어머니의 고향이기도 했고, 루터 자신도 이 라틴어 학교에서 1498년부터 1501년에 공부한 바 있다. 이는 일반적인 정보이나 특히 Wolff, 『요한 세바스챤 바흐 1』, 38을 보라.

19 5등급 반을 마칠 때 (1694)에는 74명 중 14등이었고, 그 다음 해 4등급 반을 마칠 때는 23등이었다고 한다. Cf. Wolff, 『요한 세바스챤 바흐 1』, 58.

음으로 노래하고 마을 순회 합창(currende)에서도 노래했다고 한다.[20]

그런데 세바스챤이 9살 되던 1694년 부활 주일로부터 3주 쯤 뒤에(5월 1일) 당시 50세였던 그의 어머니가 돌아가시고, 그 다음 해인 1695년 2월 20일에 아버지마저 돌아가셨다.[21] 요한 세바스챤과 그의 형인 요한 야곱은 "아이제나흐에서 남동쪽으로 25마일 떨어진 작은 도시"인[22] 오르두르프(Ohrdurf)에서 가장 오래된 교회인 성 미하일 교회(Michaelliskierche)의 오르가니스트로 있던 큰 형 요한 크리스토프 바흐(Johann Christoph Bach, 1671–1721)에게로 갔다(1695–1700). 여기서 세바스챤은 중등 교육기관인 리세움(Lyceum Illustre Gleichense)에 3등급 반부터 다녔고,[23] 1698년 1월부터 시무하기 시작한 칸토르(Kantor)인 엘리아스 헤르다(Elias Herda, 1674–1728)의 추천으로 합창 장학생으로 학교 합창단인 '코루스 무지쿠스'(Chorus Musicus) 활동을 하였다고 한다. 이 시기에 그는 큰 형인 크리스토프에게서 음악적으로 상당한 영향을 받았다. 그리하여 요한 고트프리트 발터는 "세바스챤에게 클라비어의 첫째 원리를 가르친 사람은 그의 맏형 크리스토프였다"고 말하기도 했다고 한다.[24] 이 때도 형이 소유하고 있던 프로베르거

---

20 Seebaß, 『요한 세바스챤 바흐』, 21f.; Wolff, 『요한 세바스챤 바흐 1』, 54f. 아마 루터도 이 합창단(Currende)에서 노래했다고 한다(Wolff, 『요한 세바스챤 바흐 1』, 55).

21 이 비교적 정확한 연대 표시는 Wolff, 『요한 세바스챤 바흐 1』, 67, 69에 의지한 것이다. Seebaß, 『요한 세바스챤 바흐』, 22에서는 1694년 새해와 1695년 봄이라고 말하고 있다. 근자에 나온 볼프의 말이 정확할 것이다.

22 Wolff, 『요한 세바스챤 바흐 1』, 71.

23 이 때는 3등급 반에서 12살로 제일 어린 그가 1등을 했다고 하며, 그 다음 해에 2 등급 반에서 1698년 7월에는 5등을 하였고, 1999년 7월에는 평균 4살 어린 그가 2등으로 1등급 반에 진학하게 되었다고 한다. Cf. Wolff, 『요한 세바스챤 바흐 1』, 76.

24 NBR, no. 304 (Johann G. Walter, Musicalisches Lexicon, 1732),

(Johann Kakob Proberger, 1616–1667), 케를(Johann Kaspar Kerll, 1627–1693), 그리고 파헬벨(Johann Pachelbel, 1653–1706) 등 작곡가들의 악보를 달 빛 아래서 몰래 6개월 동안 사보하고 형에게서 상당한 경책을 받은[25] 학생 세바스챤이 스스로도 어떤 곡들을 작곡하지 않았을까 하고 음악사가들은 추측하려고 한다.[26]

세바스챤이 15세 되던 1700년 3월 15일에 (부유층 자녀들을 가르치면 숙식과 학비를 제공 받는) 호스피티아(*hospitia*) 자리를 잃게 되어[27] 같은 처지의 18세의 게오르크 에르트만(Georg Eerdmann)과 함께[28] "북쪽으로 200마일 이상 떨어진" 인구 만 명의 도시요 소금 생산지였던 뤼네베르크(Lüneburg)로 갔다고 한다.[29] 이 때 세바스챤이 자기 형인 크리스토프처럼 당시 누렘베르크의 성 제발두스 교회의 오르가니스트로 있던 요한 파헬벨에게서 배우는[30] 도제의 자리를 택하지

Wolff, 『요한 세바스챤 바흐 1』, 83에서 재인용. 또한 Forkel, 『바흐의 생애와 예술, 그리고 작품』, 37을 보라.

25 이에 대한 바흐 자신의 추억은 NBR, no. 306, (p. 299), Wolff, 『요한 세바스챤 바흐 1』, 85f.에 수록되어 있다.

26 "예배에서 일상적으로 사용할 수 있는 여러 종류의 대중적이고 장식이 풍부한 코랄이 실려 있는" Johann Gottfried Neumeister가 편집해 낸 Neumeister Collection 필사본에 수록된 38편의 바흐 작품들 가운데서 24곡 정도는 아마 1700년 이전에 완성된 것으로 보인다고 크리스토프 볼프 교수는 추론한다(Wolff, 『요한 세바스챤 바흐 1』, 91). 이 곡들은 형인 요한 크리스토프 바흐, 요한 마하일 바흐, 그리고 요한 파헬벨의 양식을 따르고 있다고 한다(91f., 93).

27 그러므로 다시 고아가 되어 뤼네베르크로 갔다는 Forkel, 『바흐의 생애와 예술, 그리고 작품』, 38의 표현을 잘못된 것이다. 역자 주 6에서 잘 말하고 있듯이 큰 형 크리스토프가 죽은 것은 20년 뒤인 1721년이기 때문이다.

28 그래서 바흐는 그를 "학교 친구이자 여행 친구"라고 말하고 있다(1726년 그에게 보낸 편지에서, NBR, no. 121, Wolff, 『요한 세바스챤 바흐 1』, 100에서 재인용). 에르트만은 이 학교를 마친 후 대학에 진학하여 법학을 공부하고 러시아 외교관을 했다(Wolff, 『요한 세바스챤 바흐 1』, 106).

29 Wolff, 『요한 세바스챤 바흐 1』, 79, 99, 104.

않고 오르두르프에서 상당히 떨어져 있고 튀링겐 지역 밖의 뤼네베르크로 간 것에 대해서 크리스토프 볼프 교수는 이런 결정에는 세바스챤 자신의 자유로운 결정이 더 크게 작용했을 것이라고 하면서 여기에는 1등급 과정을 미치고 대학에 가려는 의지, 독립하려 서려는 의지, 그리고 북부 독일의 그랜드 오르간에 대한 상당한 호기심이 작용했으리라고 추론하고 있다.[31] 여기에 아마도 이 학교 출신인 그의 스승 헤르다의 영향이 있었을 것으로 여겨진다.

이렇게 뤼네베르크(Lüneburg)에 온 세바스챤은(1700-1702) 성 마하일 학교(Michaelisschule)에서[32] 1등급 반을 공부하면서 라틴어, 희랍어, 수사학, 논리학, 그리고 종교 공부를 하였으며, 헤르다의 추천으로 합창 장학생으로 공부했다.[33] 15명의 엄선된 아침 예배 합창단에서도 활동하고, 그들을 포함하는 25명 정도의 '코루스 무지쿠스'에서도 활동했다. 그러나 높은 음으로 부르던 그는 변성 이후에는 아마도 베이스 단원이 부족하였기에 계속 아침 예배 단원으로 있었고,[34] 바이올린 연주자를 하면서 또는 '코루스 무지쿠스' 연주에 참여하고, 때로는 교회 오르가니스트를 도우면서 장학금을 계속 지원 받은 것으

---

[30] 크리스토프 바흐는 1686-89년 3년 동안 파헬벨에게서 공부했는데, 이 두 사람의 기보체가 너무 비슷한 것으로부터도 그 받은 영향의 정도를 알 수 있다고 한다(Wolff, 『요한 세바스챤 바흐 1』, 71, 90).

[31] Wolff, 『요한 세바스챤 바흐 1』, 79f.

[32] 이는 955년 세워진 성 미하일 베네딕트 수도원을 종교개혁 이후 학교로 개조한 것으로, 이 학교와 Johanneum 라틴어 학교는 뤼네베르크 공국의 북부 지역 전체에서 가장 중요한 중등 교육 기관이었다고 한다(Wolff, 『요한 세바스챤 바흐 1』, 102). 또한 이 학교는 음악적으로도 중요한데 "라이프치히의 성 토마스 학교와 더불어 규모, 전통, 재정 등 모든 면에서 독일 최고의 합창 도서관을 소유하고 있었다"고 한다(Wolff, 『요한 세바스챤 바흐 1』, 107).

[33] Cf. Wolff, 『요한 세바스챤 바흐 1』, 79.

[34] Wolff, 『요한 세바스챤 바흐 1』, 108.

로 추측된다.[35]

당시 뤼네베르크에 있던 게오르그 뵘(Georg Böhm, 1661-1733)
은 요한교회(Jahanniskirche)의 오르가니스트로서 세바스챤의 음악적
발전에 큰 영향을 미쳤다고 한다.[36] "분명히 뵘은 바흐가 지금까지 만
났던 건반 악기 비르투오조 중에서 가장 훌륭한 연주자였다."[37] 또한
당시 미하엘리스 수도원은 바로크 시대 작곡가들의 자필 악보 선집을
대부분 소유하고 있었다고 한다. 세바스챤은 이 악보들을 일일이 사보
하였을 것으로 추측한다.[38] 또한 "악보를 옮겨 적고 연주하며 연구하
고 작곡하는 일은 항상 병행되었다"는 말이 옳다면,[39] 이 시기 동안 세
바스챤은 여러 곳을 연주하기도 하고 작곡하기도 했다고 해야 한다.

또한 그는 당시 나이 많은[40] 오르간의 대가 성 카타리나 교회의
요한 아담 라인켄(Johann Adam Reinken, 1623?/1643?-1722)의 연주
를 듣기 위해 여러 차례 걸어서 함부르크에 가곤 했다고 한다.[41] 또한

---

[35] Seebaß, 『요한 세바스챤 바흐』, 26f.와 Wolff, 『요한 세바스챤 바흐 1』,
108.

[36] Seebaß, 『요한 세바스챤 바흐』, 26.

[37] Wolff, 『요한 세바스챤 바흐 1』, 111.

[38] Seebaß, 『요한 세바스챤 바흐』, 26. 그러나 볼프 교수는 "15, 16살 정
도 밖에 되지 않은 바흐가 도서관을 누비면서 악보들을 샅샅이 훑어보며 공부했을
것 같지는 않다…… [오히려] 바흐에게 살고 피가 되었던 경험은 과거와 현재의 완
성된 여러 종류의 전례, 비전례, 세속 음악을 실제로 연주하는 것이었다"(Wolff, 『
요한 세바스챤 바흐 1』, 107f.)는 새로운 의견을 제시하고 있다. 진실은 아마도 제
바스의 말과 볼프 교수의 말 사이에 있을 것이다.

[39] Wolff, 『요한 세바스챤 바흐 1』, 132.

[40] 볼프는 영어 초판에서는 당시 라인켄이 97세라고 말했었으나, 새로 밝
혀진 라인켄의 출생 연도인 1643년 12월로 계산하면 그들이 만난 당시 라인켄은 77
세가 아닌가고 추론한다(Wolff, 『요한 세바스챤 바흐 1』, 116의 역자 주).

[41] Seebaß, 『요한 세바스챤 바흐』, 27; 또한 NBR, no. 397을 인용하는
Wolff, 『요한 세바스챤 바흐 1』, 115.

대부분 프랑스 사람들이 모이는 작은 교회들(위그노 교회들)에서 프랑스 취향을 배우기 위해 첼레(Celle)에도 가곤 했다고 한다. 그래서 그는 여기서 불어와 섬세한 프랑스풍의 분위기에 익숙하게 되었다고 한다.[42]

1702년 봄 성 미하일 학교를 졸업한 그러나 (그 때문에 이제는 더 이상 장학금 지원과 무료 급식 지원을 받을 수 없는)[43] 여전히 가난한 세바스챤은 대학에 갈 엄두를 내지 못하고 쟁어하우젠(Sangerhausen)의 성 야곱 교회(Jacobkirche)의 오르가니스트 자리를 지원했다가 (만장일치로 17세의 바흐를 선출했던 시의회의 결정에 반해서) 당시 작센-바이스펠스(Sachsen-Wei ßfels)의 영주 요한 게오르크(Johann Georg, 1677-1712) 공작의 후원을 받은 후보자에게 밀려 선출되지 못했다.[44] 바흐는 1703년 봄에 작센 바이마르(Sachsen Weimar)의 요한 에른스트(Johann Ernst, III, 1664-1707) 공작의 작은 궁정 전속 오케스트라의 바이올린 연주자(*Hoft Musicus*)로의 단원 자리를 얻게 되었다.[45]

---

[42] Seebaß, 『요한 세바스챤 바흐』, 27. 그리하여 후기 바흐 음악에 이런 프랑스풍의 음악과 댄스 멜로디가 묻어나고 있다고들 말한다(Seebaß, 『요한 세바스챤 바흐』, 28). 이런 주장은 Forkel, 『바흐의 생애와 예술, 그리고 작품』, 38에서 온 것으로 보인다.
　　그러나 볼프는 함부르크보다 2배나 더 멀리 떨어진 첼레(Celle)가 아니라 게오르크 빌헬름 공작의 제 2 거주지로 신축된 뤼네베르크 성에서 프랑스풍에 젖을 수 있었는데, 그 이유는 위그노인 공작 부인인 엘레노르 데스미어 돌브뢰즈(Elénore Desmier d'Olbreuse)과 그녀와 연관되어 초빙된 궁정악단의 토마스 드 라 셀(Thomas de la Selle)의 영향과 그가 성 미하일 학교와 함께 있던 귀족 학교인 리터 아카데미(Ritter-Academie)의 무용악장으로 있었기에 그 학교와 접촉하면서 얻은 영향이라고 한다(Wolff, 『요한 세바스챤 바흐 1』, 105, 119).
[43] Wolff, 『요한 세바스챤 바흐 1』, 119.
[44] Wolff, 『요한 세바스챤 바흐 1』, 121; 박용수, 『바흐 평전』, 157. 제바스는 "Sängerhausen에서 프리랜서로 일하는 오르간 연주자 자리를 구하려 했으나 실패했다"고 표현했다(Seebaß, 『요한 세바스챤 바흐』, 29).

그리고 얼마 후에 그는 오르간 연주자로서 두각을 나타내게 되었고, 아른슈타트의 새교회(Neuekirche)의 새로 봉헌되는 오르간 연주 초청을 받게 된다.[46] 감동적인 연주에 반응하여 노이에 교회는 그날 당장 상임 오르간 연주가가 되어달라고 청빙하고, 1703년 8월 9일 임명장을 받았다.[47] "튀링겐에서 가장 역사가 오랜 도시"이며 "3,800명"의 인구를 가진[48] 아른슈타트에 있는 동안(1703-1707) 세바스챤은 독일과 프랑스 오르간 연주자들의 작품들을 잘 연주하고, 또 때로는 악보에 얽매이지 않고 오르간을 자유자재로 사용하는 일도 시도하였다고 한다. 1703년 8월부터(18세) 1707년 5월까지(22세) 4년에 가까운 기간에 세바스챤은 "경제적으로나 사회적으로 안정된 지위를 누렸고, 한편 부과된 책임은 미미하여 혼자 연습하고 탐구하고 작곡할 시간을 충분히 가졌다"고 한다.[49] 그의 〈오르간 소곡집〉(Orgel-Büchlein)에 수록된 곡들 중 초기 작품들은 아른슈타트에서 완성되었다고 보아도 될 것이라고들 한다. 예를 들어서, 〈주 그리스도, 하나님의 독생자〉(Herr Christ, der einge Gottessohn, BWV 601)과 〈주 예수 그리스도여, 당신님을 부르나이다〉(Ich ruf zu dir, Herr Jesus Christ, BWV 639), 그리고 〈C 단조 파싸칼리아〉(BWV 582)가 이에 해당할

---

[45] Seebaß, 『요한 세바스챤 바흐』, 29; 그리고 NBR, no. 303을 인용하는 Wolff, 『요한 세바스챤 바흐 1』, 120. Forkel, 『바흐의 생애와 예술, 그리고 작품』, 38f. 이 근거일 것이다.

[46] 이 교회가 지금은 바흐 교회(Bachkirche)라고 불린다고 한다(박용수, 『바흐 평전』, 161, 187).

[47] Seebaß, 『요한 세바스챤 바흐』, 29. 더 정확하게는 임명장에 날자가 8월 9일로 적혀 있었고, 바흐는 5일 뒤인 8월 14일에 "악수를 나누며" 제의를 수락했다고 해야 한다. NBR, no. 16을 인용하는 Wolff, 『요한 세바스챤 바흐 1』, 139, 141을 보라.

[48] Wolff, 『요한 세바스챤 바흐 1』, 140.

[49] Wolff, 『요한 세바스챤 바흐 1』, 162.

것이라고 추정한다.[50]

　그 당시 세바스챤이 간절히 만나고 싶었던 사람이 당시 60대 중반의 디트리히 북스테후테(Dietrich Buxtehude, 1637?-1707)였다. 그래서 한 번은 4주간의 휴가를 얻어 250마일 떨어진 (자유 선제후 도시인) 뤼벡(Lübeck)으로 걸어가 뤼벡의 마리아 교회(Marienkirche)의 유명한 "오르간 연주자요 그 도시의 카펠마이스터 같은 역할을 수행하고" 있던[51] 디트리히 북스테후테의 오르간 연주와 그가 작곡한 곡들에 도취하기도 했다고 한다.[52] 그래서 그는 휴가를 두 달이나 무단으로 연장했고(이 때는 1705-6년 사이의 겨울이었다), 결국 이 일이 화근이 되어 결국은 세바스챤이 아른슈타트를 떠나게 된다.[53]

　아른슈타트를 떠난 세바스챤은 1707년 6월 말에 튀링겐 지방의 밀하우젠(Mühlhausen)으로　가서　그곳　성블라지우스　교회(Blasiuskirche)의 오르가니스트요 시의 음악 감독이 되었다(22세).[54]

---

[50] Wolff, 『요한 세바스챤 바흐 1』, 167.

[51] Wolff, 『요한 세바스챤 바흐 1』, 168.

[52] Seebaß, 『요한 세바스챤 바흐』, 31f. 이는 아마도 북스테후테가 12월 2일과 3일에 레오폴드 1세 황제를 위한 추모 곡으로 작곡한 새로운 오라토리오 〈고통의 군대, *Castrum doliris*〉와 새로 등극한 황제 조셉 1세를 위한 〈명예의 사원, *Templum honoris*〉를 듣기 위해 갔을 것이라고 한다(Wolff, 『요한 세바스챤 바흐 1』, 170). 이 곡들이 지금은 분실되었다고 한다(Wolff, 『요한 세바스챤 바흐 1』, 173).
　북스테후테에 대해서는 Kerala J. Snyder, *Dietrich Buxtehude: Organist in Lübeck*, revised edition (Rochester, NY: University of Rochester Press, 2007)을 보라.

[53] 바흐가 북스테후테의 영향 하에서 작곡한 대표적인 곡으로 〈토카타와 푸가 D 단조〉 (BWV 565)를 든다. 이곡은 1708년 이전에 작곡된 것으로 추론하며 이 시기에 나온 많은 코랄 프렐류드들은 북스테후테의 영향을 받아 나온 것이라고 한다. Cf. 박용수, 『바흐 평전』, 180. 또한 1708년의 첫 칸타타 〈하나님은 나의 왕, BWV 71〉에서도 북스테후테의 영향이 나타난다고 한다(Wolff, 『요한 세바스챤 바흐 1』, 174).

[54] 당시 목회자는 요한 프로네(Johann Adolph Frohne) 감독이었다고 한

그리고 그는 1707년 10월 17일(월)에 6촌 사촌이며 약혼자인 마리아 바바라 바흐(Maria Barbara Bach, 1684-1720)와 도른하임 (Dornheim)의 성 바돌로매 교회(Bartholomäuskirche)에서 친구인 스타우버(Johann Rorenz Stauber) 목사의 집례로 혼인했다.

뮐하우젠에서 행복한 삶을 시작한 그는 1708년 2월 4일 새로 선출된 시의원들을 위한 축하연에 화사하고 현란한 바흐의 첫 번째 칸타타 〈하나님은 나의 왕이시다〉(*Gott ist mein König*, BWV 71)를 작곡하여 연주하고,[55] 바흐의 혼인예배를 인도했던 그의 친구 스타우버 목사(당시 아른슈타트의 목사로 봉직)가 8개월 후 혼인할 때 결혼 축하 칸타타인 〈주님은 우리들을 생각하시고 축복하신다〉(*Der Herr denket an uns und segnet uns*, BWV 196)를 작곡하고, 〈주여, 내가 깊은 곳에서 부르짖나이다〉(*Aus der Tiefe rufe ich, Herr*, BWV 131) 라는 시편 칸타타와 〈하나님의 시간은 최선의 시간이다〉(*Gottes Zeit ist die allerbeste Zeit*, BWV, 106)도 작곡한다.[56] 그러나 뮐하우젠 의 교회가 정통주의자들(대표인 마리아 교회의 목사 Georg Christian Eilmar, 1665-1715)과 경건주의자들(대표 Johann Adolph Frohne 감독, 1652-1723)의 분쟁으로 바흐의 음악 활동이 불가능하게 되어 이곳에서의 작품이 더 이상 나오지 않게 된다.[57]

다(Wolff, 『요한 세바스챤 바흐 1』, 185).

   [55] 이 바흐의 첫 카타타에는 "17세기 후반 전통과 특히 북스테후데의 영향 이 잘 나타난다"고 한다(Wolff, 『요한 세바스챤 바흐 1』, 174).

   [56] 그 외 코랄 전주곡들(BWV 714-39)과 25곡의 오르간 코랄(BWV 690-713a, 그리고 전주곡과 푸가들(BWV 533, 550, 551), 〈토카타와 푸가 D 단조〉 〈토카타와 푸가 E 장조〉(BWV 565, 566) 등을 이시기에 작곡했다고 한다(박용수, 『 바흐 평전』, 201-202). 그리고 아른슈타트, 뮐하우젠과 바이마르 초기 1710년까지 작곡한 토카타 D 장조 (BWV 912), D 단조 (BWV 913), E 단조 (BWV 914), G 장조 (BWV 916), G 단조 (BWV 915) 들을 언급한다.

세바스챤 바흐는 사촌인 요한 프리드리히 바흐(Johann Friedrich Bach)를 뮐하우젠 교회의 후임으로 하고, 자신은 작센 바이마르(Sachsen Weimar) 선제후에 의해 궁정 채플과 실내악을 위한 음악가로 초빙받아, 1708년 여름 바이마르 궁정(Schloss Wilhelmsburg) 예배당 오르가니스트로 그리고 선제후인 빌헬름 에른스트(Wilhelm Ernst, 1662-1728) 공작의 실내악단장(*cammer musicus*)으로서의 삶을 시작한다(1708-1717).[58] 여기서 첫 딸 카타리나 도로테아를 얻었고 (1708년 12월 29일), 2년 후에는 장남 빌헬름 프리데만을 얻고(1710), 1713년에는 쌍둥이 마리아 소피아와 요한 크리스토프를 얻었는데, 이 쌍둥이는 태어나지 마자 죽었다고 한다.[59]

세바스챤은 이곳에서 1714년 3월 2일(금)에는 콘체르트-마이스터(Konzert-Meister)가 되었다.[60] 그리하여 그 전에도 작곡을 했지만 1714년이 바흐가 작곡을 본격적으로 하도록 한 중요한 해라고 한다. 특히 궁정 모임을 위해 매달 정기적으로 칸타타를 작곡하는 일이 매우 중요한 변화였다.[61] 또한 그 해 3월 8일에 칼 필립 엠마누엘 바흐(Karl Philipp Emmanuel Bach)가 태어났고,[62] 1715년에는 요한 고트프리

---

[57] 그러나 볼프 교수는 이것이 세바스챤이 뮐하우젠을 떠난 이유가 아니고, 더 나은 경제적 조건과 좀 더 정연한 교회 음악을 할 수 있는 여건이 떠난 이유라고 한다(Wolff, 『요한 세바스챤 바흐 1』, 198f.).

[58] Seebaß, 『요한 세바스챤 바흐』, 37.

[59] Wolff, 『요한 세바스챤 바흐 1』, 205f.

[60] Seebaß, 『요한 세바스챤 바흐』, 43; Wolff, 『요한 세바스챤 바흐 1』, 251, 263. 할레의 리프프루엔 교회(Lieffruenkirche)의 오르가니스트로 갈까 생각하고 지원한 것의 결과로 빌헬름 에른스트 공작이 이런 결정을 한 것이라고 논의된다. Cf. 박용수, 『바흐 평전』, 218.

[61] Wolff, 『요한 세바스챤 바흐 1』, 263.

[62] 카를의 중간 이름 필립은 그의 대부로 서약한 텔레만(Georg Philipp Telemann, 1681-1767)에게서 온 것이라고 한다(박용수, 『바흐 평전』, 213). 1767

트 베른하르트 바흐가 태어났다.[63]

　　이런 가족의 번성과 함께 세바스챤은 당시 병들고 노쇠한 궁정 채플 마이스터인 요한 자무엘 드레제(Johann Samuel Drese) 대신 카펠 음악을 인도하고 오르간 곡과 칸타타를 작곡하여 재능을 보였다. 1714년 콘체르트마이스터가 된 후 이를테면 취임 칸타타로 쓴 곡은 1714년 3월 25일 예배를 위한 〈하늘 왕이시여, 어서 오소서〉(Himmelskönig, sei willkommen, BWV 182)이었다.[64] 그는 또한 "바이마르에서 오르간 작품의 대부분을 완성하였다"고 한다.[65] 심지어 〈브란덴부르크 협주곡〉의 많은 부분도 바이마르 시절에 시작되었을 것이라고 추측하곤 한다.[66]

년 텔레만이 죽었을 때 베를린에서 일하던 카를 필립 엠마누엘 바흐가 그를 계승해서 1768년에 함부르크 시의 음악 감독이 되었다고 한다(박용수, 『바흐 평전』, 213f.).

　[63] Wolff, 『요한 세바스챤 바흐 1』, 206.

　[64] Wolff, 『요한 세바스챤 바흐 1』, 263. 이외에 1714년에 발표한 칸타타는 Salomo Frank (1659?-1725)의 시를 대본으로 〈눈물 흘리며 탄식하고, 근심하면서 두려워하도다〉(Weinen, Klangen, Sorgen, Zagen, WWV, 12), 〈내 마음에 근심이 많도다〉(Ich hatte viel Bekümmeris, BWV 21), 〈죄악과 싸우리라〉(Widerstehe doch der Sünde) (BWV, 54), 〈믿음의 길을 걸으라〉(Tritt auf die Glaubensbahn, BWV 152), 〈큰 소리로 외쳐라, 너희 악기를 울려라〉(Erschallet ihr Leider, erklinget, ihr Saiten, BWV, 172), 〈Mein Herz schwimitt im Blut, BWV 199). Eermann Neumeister 목사의 시를 대본으로 〈어서 오소서, 이방인의 구세주여!〉(Nun Komm, der Heiden Heiland, BWV 61) 등이 있다(Cf. 박용수, 『바흐 평전』, 219).

　[65] Wolff, 『요한 세바스챤 바흐 1』, 217f., 282 그런데 이 시기의 기악 앙상블과 건반악기 작품들의 자필 원본은 거의 소실되었고, 바흐의 제자들이 사보한 것들이 남아 있다고 한다(Wolff, 『요한 세바스챤 바흐 1』, 281). BWV, 532, 534-537, 538 (토카타와 푸가 라(D)단조), 540 (토카타와 푸가 바(F)장조), **564 (토카타, 아다지오와 푸가 다 장조)**, 575, 582.

　[66] Wolff, 『요한 세바스챤 바흐 1』, 282. 그는 심지어 이 협주곡 전체가 바이마르 시절에 유래했을 가능성도 있다고 말하기도 한다(282f.).

그리하여 이 시기는 "그만의 독특한 양식을 형성하고 굳건히 확립하는데 박차를 가한 때"로 여겨진다. 그리고 바흐의 고유한 양식은 "근대 이탈리아 협주곡 양식에 대한 그만의 독특한 반응에서 얻어졌다"고 한다.[67] 안토니오 비발디(Antonio Lucio Vivaldi, 1678-1741)의 바이올린 협주곡과 8협주곡,[68] 마르첼로(Alessandro Marcello, 1684-1750; Benedetto Marcello, 1686-1739), 그리고 동시대의 근대 이탈리아 작곡가들의 협주곡을 철저히 분석하고 이를 건반 악기로 편곡하는 과정(1713-14년)을 통해서 이런 그만의 특성이 생긴 것이다. 1802년에 본격적인 바흐 전기를 쓴 포르켈은 비발디의 작품이 "바흐에게 음악적으로 사고하는 방법을 가르쳤다"고 했다고 한다.[69] 이 음악적 사고를 바흐는 *Ordung*(질서), *Zusammenhang*(일관성/종합), 그리고 *Verhältnis*(관계)로 표현했다고 한다.

그런데 바흐는 1716년 종교개혁 기념 축제에서도 소외당하고, 그 해 12월 1일에 궁정 카펠-마이스터였던 드레제가 죽고 그의 아들이요 부카펠-마이스터였던 요한 빌헬름 드레제(Johann Wilhelm Drese)가 계승하게 되자, 바흐는 장기 휴가를 요청했으나 거절당하였다. 그래서 바흐가

---

67 Wolff, 『요한 세바스챤 바흐 1』, 283, 294.

68 1713년 비발디의 협주곡을 건반악기 협주곡으로 편곡한 것으로 〈협주곡 D 장조, BWV 972〉, 〈협주곡 G 장조, BWV 973〉, 〈협주곡 G 단조, BWV 975〉, 〈협주곡 C 장조, BWV 976〉, 〈협주곡 F 장조, BWV 978〉, 〈협주곡 G 장조, BWV 980〉, (이는 아마도 비발디의 《〈조화의 영감〉》(L'Estro Armonico) 작품 3의 12곡 중 6곡일 것이다. 그 외에도 오르간 협주곡 5편, 쳄발로 협주곡 16편 등을 편곡했다고 한다. 후에 라이프치히에 가서도 1731년에 비발디의 〈조화의 영감〉 작품 3의 10번, RV 580을 〈네 대의 쳄발로를 위한 협주곡 가단조〉 (BWV 1065)로 편곡했다고 한다(Cf. 박용수, 『바흐 평전』, 228).

69 Forkel, *Über Johann Sebastian Bachs Leben, Kunst, und Kunstwerke* [trans. in BNR, part 6], Wolff, 『요한 세바스챤 바흐 1』, 285에서 재인용.

완강하게 사임 청원을 했다. 그러나 그 때문에 그는 11월 6일 주 판사의 구치소에 구금되었다가, 12월 2일 석방과 함께 해고당했다.[70]

바이마르를 떠난 바흐는 1717년 카펠 마이스터 자리가 공석이 된 개혁 교회 지역에 있는 작은 도시인 '안할트 쾨텐'(Anhalt-Köthen)으로 가서 쾨텐 영주의 궁정 카펠 마이스터가 되었다(1717-1723). 바흐는 사실 이 직무와 관련하여 1717년 8월 5일에 임명장을 받았다고 한다. 그러나 실질적으로는 바이마르에서 해고당하고 라이프치히 성 바울 교회의 오르간 감정을 하고 떠난 12월 18일 이후부터 일을 했다(1717-1723).[71] 친히 바이올리니스트 역할을 하던 23세의 젊은 영주 레오폴트(Leopold, 1694-1728) 대공과 바흐는 아주 친하게 지내면서 5년 동안 자유롭게 창작 활동의 절정기를 보냈다고 한다.[72] 이를 테면 바이마르 말기 감옥 속에서 시작된 것으로 여겨지는 〈평균율 클라비어 곡집〉(*Das wohltemperirte Clavier*, BWV, 864-869)의 첫 부분이 여기서 나왔다고 한다. 또한 1721년 브란덴베르크-슈베트(Brandenberg-Schwedt)의 백작인 크리스티안 루드비히(Christian Ludwig, 1677-1734)에게 헌정된 〈부란덴부르크 협주곡, BWV, 1046-1051〉, 〈프랑스 조곡〉, 〈바이올린 독주를 위한 소나타〉와 〈파르티타〉, 〈첼로 독주를 위한 모음곡〉 같은 곡들이 완성되고 궁정에서 다양한 용도로 연주되었을 것으로 추론된다.[73]

---

[70] Seebaß, 『요한 세바스챤 바흐』, 45; 또한 NBR. n. 68을 인용하는 Wolff, 『요한 세바스챤 바흐 1』, 309.

[71] Wolff, 『요한 세바스챤 바흐 1』, 301, 315, 317. 볼프 교수는 이 일이 바이마르의 공동 통치자였던 젊은 영주 에른스트 아우구스트 공작에 의해서 이루어졌을 것이라고 추론한다(Wolff, 『요한 세바스챤 바흐 1』, 301). 사실 쾨텐의 레오폴트 대공의 여동생이 1716년 1월에 에른스트 아우구스트 대공과 혼인하였다(Wolff, 『요한 세바스챤 바흐 1』, 299).

[72] Seebaß, 『요한 세바스챤 바흐』, 45.

[73] Wolff, 『요한 세바스챤 바흐 1』, 328f.

그러나 1720년 7월 바흐가 레오포트 대공과 함께 (쾨텐에서 130 마일 남쪽에 위치한 온천 휴양지인 보헤미아의 카를스바트(Karlsbad) – 오늘날의 카를로비바리[Karllovyvary])에 가서 연주하던 중) 부인인 마리아 바바라 바흐가 죽고,[74] 얼마 후에 오르두르프에 있는 형이 죽는 어려운 경험을 한다.[75] 새로운 곡 작곡에 몰두하면서도[76] 이런 어려움을 분위기를 바꾸어 극복하려고 세바스챤은 함부르크(Hamburg)에 있는 야코비 교회(Jacobikirche) 오르가니스트로 가려고 지원했다고 한다.[77] 이곳은 세바스챤이 소년일 때 뤼네베르크(Lüneburg)에 있으면서 요한 아담 라인켄의 오르간 연주를 듣기 위해 먼 곳을 걸어갔던 곳이기도 하다. 그러나 나이 많은 라인켄도 칭찬하던 바흐가 안 되고,[78] 부유한 수공업자의

---

[74] Seebaß, 『요한 세바스챤 바흐』, 48; Wolff, 『요한 세바스챤 바흐 1』, 350. 바흐는 12년 6개월 동안 동고동락하던 부인이 죽었고, 장례식도 7월 7일에 이미 이루어졌다는 소식을 **쾨텐에 돌아 와서야 들었다**고 한다(Wolff, 『요한 세바스챤 바흐 1』, 351).

[75] Seebaß, 『요한 세바스챤 바흐』, 48.

[76] 1720년에서 23년 사이에 작곡한 곡들로 〈무반주 첼로 모음곡〉(Suites for Solo Cello, BWV 1007-1012), 〈무반주 바이올린을 위한 소나타와 파르티타〉(Sonata and Partita for Solo Violin, BWV, 1001-1006), 〈인벤션〉(BWV 772-786), 〈신포니아〉(Sinfornias, BWV 787-801), 〈프랑스 모음곡〉(French Suites, BWV 812-817), 부란덴부르크 협주곡(BWV, 1046-1051), 그리고 〈평균율 클라비어 곡집〉(BWV 846-869) 등을 든다(박용수, 『바흐 평전』, 257).

[77] Seebaß, 『요한 세바스챤 바흐』, 48; 또한 Alfred Dürr, "Zum Wandel des Bach-Bildes. Zur Friedrich Blumes Mainzer Vortrag," *Musik und Kirche* 32 (1962): 145-52, 나주리 역, "바흐 상의 변화와 프리드리히 블루메의 마인츠 강연에 대하여", 『바흐를 바라보는 새로운 시선들』, 강해근, 나주리 책임 편집 (서울: 음악세계, 2007), 203-217, at 207.

[78] Seebaß, 『요한 세바스챤 바흐』, 48. 제바스는 이 때 라인켄이 100세에 가까웠다고 한다. Forkel, 『바흐의 생애와 예술, 그리고 작품』, 43; 박용수, 『바흐 평전』, 255에서 박용수도 당시 라인켄이 97세였다고 한다. 볼프 교수도 초판에서는 추도문에 있는 이 정보를 그대로 말하였으나 독어 판에서는 당시 라인켄의 나이가 77세였다고 수정하고 있다(Wolff, 『요한 세바스챤 바흐 1』, 353, 난하 주). 라인켄이 1643년 12월에 홀란드에서 태어났다는 논의는 Ulf Grapenthien, "Reinken,"

아들인 요한 하이트만(Johann Joachim Heitmann)이 4,000 마르크의 뇌물을 써서 이 교회의 오르가니스트가 되었다고 한다.[79]

그리고 바흐는 쾨텐 제후의 명령에 따라 1721년 12월 3일에 궁정 트럼펫 주자인 요한 카스파르 빌켄(Johann Caspar Wulchen or Wilcke)의 막내딸이요 쾨텐의 궁정 가수인 안나 막달레나(Anna Magdalena, 1701-1760)와 다시 혼인을 했다고 한다.[80] 그녀는 궁정 가수로서 바흐 곡의 가사를 살피고, 칸타타와 아리아를 노래하고, 때로는 오케스트라에서 쳄발로를 협연하거나 오르간을 연주하기도 했다고 한다.[81] 또한 바흐의 곡들의 필사자로서 봉사하기도 했는데 그녀와 바흐의 필체가 유사하여 전문 연구자들도 구별하기 어렵다고 한다.[82]

세바스챤은 안나 막델레나 사이에 요한 크리스토프 바흐(Johann Christoph Bach)와 요한 크리스챤 바흐(Johann Christian Bach)와 또 한 명의 아이(Christitiana Sophia Henriedtta Bach)를 갖게 된다(그리고 결국은 11명의 아이들을 얻게 된다). 그런데 1721년 12월 11일에 쾨텐

The New Grove Dictionary of Music and Musicians, 2nd edition, vol. 2 (London, 2001), 154-57에 근거하여 2007년 독일어판 서문에서 볼프 교수가 언급하고 있다. Cf. Wolff, 『요한 세바스챤 바흐 1』, 114, 난하 주.

[79] Wolff, 『요한 세바스챤 바흐 1』, 357; 그리고 아마 그를 따르는 박용수, 『바흐 평전』, 256.

[80] Seebaß, 『요한 세바스챤 바흐』, 50; 그리고 NBR. n. 86을 인용하는 Wolff, 『요한 세바스챤 바흐 1』, 362.

[81] 아마도 그녀의 건반 악기 실력을 향상시키고 그녀를 즐겁게 하기 위해 바흐가 작곡하고 앨범 타이틀 페이지 안에 그녀가 Clavier-Büchlein von Anna Magdalena Bachin, Anno 1722라고 써 넣은 앨범이 있다. 여기에 코랄 프렐류드인 〈예수 나의 소망〉(Jesu, Meine Zuersucht, BWV 728)과 초보 연주자를 위한 〈오르간 판타지아〉(Fantasia pro Organo, BWV 573)가 포함되어 있다(Wolff, 『요한 세바스챤 바흐 1』, 363).

[82] Seebaß, 『요한 세바스챤 바흐』, 51.

의 영주 레오폴드가 안할트-베른부르크(Anhalt-Bernburg)의 공주인 프레데리카 헨리에테 (Frederika Henriette, 1702-1723)와 혼인하면서 음악에 관심이 없던 공주의 영향으로 레오폴드의 음악에 대한 관심이 줄게 되어[83] 1722년부터 카펠레 예산이 삭감되기 시작하면서 쾨텐 궁전에서 "남은 여생을 보낼 계획까지 세웠던"[84] 세바스챤은 다른 일자리를 찾게 되었다.

이즈음인 1722년 7월 5일에 라이프치히(Leipzig)의 토마스 학교 칸토르(Kantor)였던 요한 쿠나우(스)(Johann Kuhnau(s), 1660-1722)가 소천하였다.[85] "토마스 학교의 칸토르 자리는 독일 내 종교 개혁 지역들 중에 교회 음악의 가장 풍성한 전통을 가진 것을 자랑할 뿐 아니라 큰 영향력을 발휘하는 자리였다."[86] 그러므로 당대 가장 뛰어난 음악가들이 물망에 오르게 된다. 그런데 당시 함부르크 음악 감독으로 있던 유명한 텔레만(Georg Philipp Telemann, 1681-1767)과 유명한 작곡가요 체르브스트(Zerbst) 궁정 오케스트라 단장이었던 요한 파쉬(Johann Friedrich Fasch, 1688-1758) 등이 "지원하기를 주저했다는 것을 알게" 되고, 다름슈타트 오케스트라 단장인 그라우프너(Christoph Graupner, 1683-1760)가 지원하였으나 1723년 3월 23일에 최종적으로 사절하면서 바흐를 추천하였다.[87]

---

83 Seebaß, 『요한 세바스챤 바흐』, 51.
84 Wolff, 『요한 세바스챤 바흐 1』, 364.
85 Seebaß, 『요한 세바스챤 바흐』, 53. 그런데 볼프는 이 날이 6월 5일이라고 한다(Wolff, 『요한 세바스챤 바흐 1』, 363). 박용수, 『바흐 평전』, 25도 이를 따르고 있다.
86 Seebaß, 『요한 세바스챤 바흐』, 53.
87 Seebaß, 『요한 세바스챤 바흐』, 54f. 볼프는 이것이 다름쉬타트의 영주 에른스트 루드비히가 그라우프너의 사직 요청을 거부했기 때문이라고 하면서, 이런 내용을 3월 22일에 통보해 왔다고 한다(Wolff, 『요한 세바스챤 바흐 1』, 370).

바흐는 "인구 3만 명"의 대도시 라이프치히로의[88] 이동에 대해서 다음 같이 말했다고 한다:

> 사실 처음에는 '궁정 카펠 마이스터'에서 칸토르로 자리를 옮기는 것이 전혀 바람직하지 않다고 생각되었다. 그래서 내 결정을 세 달이나 미루었다. 하지만 내가 맡을 칸토르 조건이 너무나 우호적이어서 (특히 나의 아들들이 [대학에서] 공부하기를 원했기 때문에) 나는 하나님의 이름으로 주사위를 던지고 라이프치히로 가서 시험을 치룬 후에 직장을 바꾸게 되었다.[89]

바흐는 아주 자세한 조항을 가진 계약서에 1723년 5월 5일에 서명하고 22일에 온 가족이 라이프치히로 이사하고,[90] 5월 31일에 공식적으로 임명되어, 세바스챤 바흐는 라이프치히 토마스 학교(Thomasshule)의 음악 단장이요 칸토르(Kantor) 역할을 시작하였다.[91] 바흐는 10학년과 11학년 학생들에게 라틴어와 라틴어 교리문답을 가르치고, 10학년부터 졸업반 학생들에게 음악을 가르치는 일을 감당했다. 이 칸토르는 토마스 학교의 칸토르 일뿐만 아니라 동시에 시 소속 칸토르이기도 했다.

---

88 Cf. Wolff, 『요한 세바스챤 바흐 2』, 이경분 옮김 (서울: 한양대학교 출판부, 2007), 20.

89 NBR. n. 152를 인용하는 Wolff, 『요한 세바스챤 바흐 1』, 368f. (라이프치히에는 1409년 설립된 라이프치히 대학이 있었다).

이 때 바흐는 음악가로서의 자질과 교육자로서의 자질을 잘 표시해야 했는데, 교육자로서의 자질을 잘 표현할 수 있는 것의 하나로 바흐가 쾨텐 지역의 궁정 채플 마이스터로 있을 때 10살배기 장남을 가르치기 위하여 쓰기 시작한 〈빌헬름 프리드리히 바흐를 위한 피아노 소책자〉(Clavierbüchlein vor Wilhelm Friedrich Bach)라는 초보자들을 위한 소곡 모음집이 제출되었을 수도 있다고 볼프 교수는 추론한다(Wolff, 『요한 세바스챤 바흐 1』, 374).

90 Wolff, 『요한 세바스챤 바흐 2』, 17, 27.

91 Seebaß, 『요한 세바스챤 바흐』, 57. 그 계약서의 자세한 내용은 이 책의 55f. 에 나와 있다.

그러므로 자연스럽게 그는 라이프치히의 네 개의 교회(다음 두 교회 외의 베드로 교회[Peterskirche]와 새 교회[Neuekirche]), 특히 성 토마스 교회(Thomaskirche)와 성 니콜라이 교회(Nikolaikirche)의 주일 예배 음악을 감당해야 했다. 예를 들어서, 1723년 대림절 첫 주일 아침에 연주했던 〈이제 오소서, 이방인의 구세주여〉 (*Nun komme, der Heiden Heiland*, BWV 61)의[92] 자필 악보에 바흐는 이 날 예배 순서와 자신이 감당해야 하던 음악과 관련된 세부 사항을 적어 놓았다.[93]

오르간 서주(Prelude)
찬송(Motet)
Prelude (전체에 걸쳐 합주 방식으로 연주)
키리에(Kyrie)
강단 앞에서의 영창
서신서 봉독
찬송(litani)
Prelude, Choral
복음서 봉독
칸타타 찬양: Prelude (칸타타와 같은 조성으로 연주, 그 동안 악기 조율 이루어짐)
      주음악(*Haupt Musik*) 〈이제 오소서, 이방인의 구세주여〉
사도신경 찬송 [루터 찬송가]
설교
찬송가 여러 절 부름(평소대로)
성찬 제정선언
      성찬이 끝날 때까지 코랄의 프렐류드와 합창을 교대로 연주함

---

[92] 이 곡은 원래 바이마르 시절에 작곡했던 곳이라고 한다(Wolff, 『요한 세바스챤 바흐 2』, 46).

[93] NBR. n. 113 인용하는 Wolff, 『요한 세바스챤 바흐 2』, 46.

축도

바흐는 1723년 삼위일체 주일부터 1726년 성령강림절까지 "마치 창작에 도취된 듯이 3년 동안 매주 일요일과 축일마다 라이프치히를 위해 새로운 칸타타를 선보였다."[94] 바흐의 칸타타는 성 토마스 교회와 성 니콜라이 교회에서 교대로 연주되었다. 예를 들어, 〈크리스마스 오라토리오〉(*Weihnachtoratorium*, BWV 248) 사본에 쓰인 제목은 1734-35년 성탄 시기에 실제로 어떻게 연주가 이루어졌는지를 보여준다.[95]

1부 (성탄절)   아침에는 성 니콜라스 교회에서 오후에는 성 토마스 교회에서

2부 (성탄절 2일) 아침에는 성 토마스 교회에서 오후에는 성 니콜라이 교회에서

3부 (성탄절 3일) 성 니콜라이 교회에서

4부 (신년축일)   아침에는 성 토마스 교회에서 오후에는 성 니콜라이 교회에서

5부 (그 다음 주일) 성 니콜라이 교회에서

---

94 Friedrich Blume, "Umrisse einen Bach-Bildes," Musica 16 (1962): 169-76, 김용환 역, "새로운 바흐 상의 개요", 『바흐를 바라보는 새로운 시선들』, 153-75, at 161. 그러나 블루메는 요약하자면 바흐는 "마지못해 교회를 위해서 작곡하였다"는 새로운 바흐 상을 1962년 6월 1일 마인츠에서 열린 국제 바흐 축제에서 제시한 것으로 유명하다. 이에 대한 반박 글로 Friedrich Smend, "Was bleibt? Zur Friedrich Blumes Bach-Bild," *Der Kirchmusiker* 13/5 (1962): 178-90, 오희숙 역, "무엇이 남았는가? 블루메의 바흐 상에 대하여", 『바흐를 바라보는 새로운 시선들』, 177-201을 보라.

95 Werner Newmann, ed., *Texte Sämtliche von Jahann Sebastian Bach vertonte Texte* (Leipzig, 1974), 448-55를 인용하는 Wolff, 『요한 세바스챤 바흐 2』, 44.

1723년 성탄절 기간 중의 〈마그니피카트, BWV 243a〉와 1724년 봄의
〈요한 수난곡〉96 등으로 준비된 바흐는 1727년 성 금요일(4월 11일)에
"지금까지 연주된 음악의 차원을 초월하는 한 작품을 연주"했으니, 그
것이 바로 〈마태수난곡〉(BWV 244)이다.97 이에 대해서 한스 엥겔은
다음과 같이 말했다:

> 이 수난-오라토리오에는 사람을 압도하는 드라마에다 내레이터가 있고, 민
> 요조의 합창이 있으며, 옛날 교회에서 하던 민속 연극에서처럼 청중을 끄
> 는 아리아와 합창이 있다. 수난곡에는 극적인 요소를 비롯하여 감정에 호
> 소하는 힘과 내적인 신앙심이 풍성하게 표현된다. 곡의 가사는 시인 피칸
> 더가 바흐 자신의 지도와 협력 아래 쓴 것이다.98

---

96 Wolff, 『요한 세바스챤 바흐 2』, 105; Alfred Dürr, "Das Bachbild im
20. Jahrhundert," in *51. Bachfest der Neuen Bachgesellschaft. Bachfest
Vorträge 1976* (Berlin, 1976), 18-36, 강해근 역, "20세기 바흐 상", 『바흐를 바
라보는 새로운 시선들』, 251-78, at 264. 이 〈요한 수난곡〉의 1725년의 두 번째 버
전과 세 번째 버전, 그리고 미완성인 1949년 네 번째 버전에 대해서는 Wolff, 『요한
세바스챤 바흐 2』, 105f.을 보라.

97 Wolff, 『요한 세바스챤 바흐 2』, 94, 110. 1736년의 개정이 어떤지에
대해서는 Wolff, 『요한 세바스챤 바흐 2』, 111을 보라. 초연 후 100년 후인 1829년
3월 11일에 멘델스존(Felix Mendelssohn, 1809-1847)의 연주로 베를린의 징-아카
데미(Zing-Academie)에서 연주되었다. Carl Friedrich Christian Fasch
(1736-1800)가 1791년에 창립한 Zing-Academie에서 공부한 Karl Friedrich
Zelter (1758-1832)에게서 배운 20세의 멘델스존이 바흐의 〈마태 수난곡〉을 지휘
하여 다시 세상에 선보인 것이다. 그러므로 마태수난곡과 요한 수난곡과 헨델의 메
시야가 1740년대에 만들어져 초연되었다는 강일구 교수의 언급은(강일구, 『바흐,
신학을 작곡하다』 [서울: 동연, 2012], 132, n. 70) 명백히 잘못된 것이다.

98 Hans Engel, *Johann Sebastian Bach* (Berlin: Walter de Gruyter,
1950), Seebaß, 『요한 세바스챤 바흐』, 689에서 재인용.

음악에 별 관심이 없는 시당국과의 관계나 생활의 어려움, 이전부터 토마스 학교의 칸토르가 가지고 있었던 대학교의 공식 행사 때의 음악 감독으로서의 권리를 보존하고 행사하기 위한 투쟁99 등으로 어려운 일이 있어서 러시아 황제의 공사에게 혹시 다른 곳의 일자리가 있으면 주선해주도록 요청하는 편지를 써서 친구인 에르트만에게 보낸 편지가 있는 것을 보면,100 또한 친구에게 "칸토르 직을 수행하면서 겪는 많은 괴로운 일들에 대한 보상을 가정에서 받는다"고 쓴 것을 보면101 이곳에서의 칸토르로서의 생활이 편하지만은 않았던 것으로 보인다.

그럼에도 불국하고 그는 죽을 때까지 27년 동안 이 직책을 수행하였다.102 이 기간 동안 칸타타, 수난곡, 오라토리오 등 1500회의 연주회를 하였다고 한다.103 또한 바흐는 (주로 침머맨[Gottfried Zimmermann]이 운영하던 레스토랑에서 연주하던) 작은 오케스트라 (*Collegium Musicum*)를 1729년부터104 1740년까지 지휘했다. 잘 알

---

99 이에 대한 자세한 논의로 Wolff, 『요한 세바스챤 바흐 2』, 133–47을 보라.
100 이 편지의 전문은 Seebaß, 『요한 세바스챤 바흐』, 59–61에 나온다.
101 Seebaß, 『요한 세바스챤 바흐』, 63.
102 Seebaß, 『요한 세바스챤 바흐』, 57.
103 Wolff, 『요한 세바스챤 바흐 2』, 40. 〈내주는 강한 성이요〉 (BWV 80)는 1727에서 31년 사이에 작곡된 곡으로 여겨진다(박용수, 『바흐 평전』, 314). 볼프 교수는 이곳의 초연 연주 날짜는 1740년이라고 언급한다(Wolff, 『요한 세바스챤 바흐 2』, 83).
104 1729년은 노이에 교회의 오르가니스트 겸 음악 감독이었던 게오르크 발타잘 쇼트가 고타(Gotha)의 칸토르로 떠나가고, 토마스 교회의 오르가니스트였던 그래브너(Christian Gräbner)가 사망하여, 라이프치히 음악계가 바흐 중심으로 재편될 수 없었다고 한다. 바흐가 콜레기움 무지쿰의 지휘를 감당하고, 괴르너 (Johann Gottlieb Görner)를 바울 교회에서 토마스 교회의 오르가니스트로 옮기고, 자신의 뛰어난 제자 게를라흐(Karl Gotthelp Gerlach)를 새 교회 오르가니스트로, 또 다른 제자 쉬나이더(Johann Schneider)를 니콜라스 교회의 오르가니스트로

려진 경쾌한 흔히 〈커피 칸타타〉라 불리는 〈조용하세요, 말하지 말고〉(*Schweigt stille, plaudert nicht*, BWV 211)는 1732년 이 그룹을 위해 작곡한 것이라고 한다.[105] 또한 〈농부 칸타타〉(*Mer hahn en neue Oberkeet*, BWV 212)도 이 시기에 작곡한 것이라고 한다.[106] 또한 그는 5곡의 수난곡을 썼는데 남은 것은 2편뿐이고, 성탄절 오라토리오와 마그니피카트, B단조 미사(BWV 232), 그리고 5년간 매주 연주할 칸타타 295편을 썼는데 그 중 3분의 1이 사라졌다고 한다.[107]

1745년 프러시아가 라이프치히 성문 앞까지 진격해 온 전쟁의 와중에 바흐는 〈평화의 왕, 주 예수 그리스도여〉(*Du Friederfürst, Herr Jesu Christ*, BWV 116)를 작곡했다고 하고, 1746년 초 프러시아 군이 퇴각하자 승리를 감사하면서 유명한 모테트 〈주님께 새 노래로 노래하라!〉(*Singet dem Herrn ein neues Lied*, BWV 225)를 작곡했다고 한다. 또한 잘츠부르크에서 추방된 사람들이 왔을 때, 1600명의 추방 자들이 가득찬 라이프치히 예배당에서 이전 1723년 삼위일체 첫 주일에 연주했던 칸타타 〈배고픈 자들에게 빵을 주소서〉(*Birch dem Hungrigen dein Brit*, BWV 39)를 연주했다고 한다.[108] 또한 이 시기에 상당수의 오르간 작품들도 작곡했으니, 라이프치히 시기의 대

임명했다고 한다(Wolff, 『요한 세바스챤 바흐 2』, 42).

[105] Seebaß, 『요한 세바스챤 바흐』, 63. 이는 피칸더의 〈파리 우화〉에서 영감 받아 작곡한 것이라고 한다.

[106] Seebaß, 『요한 세바스챤 바흐』, 63. 그런데 볼프는 〈새 어르신을 모시게 되었네유〉라는 제목을 지닌 이 칸타타는 1742년 8월 30일에 클라인스코허(Kleinschocher)의 칼 하인리히(Karl Heinrich von Diesau) 기사 영지에서 연주되었다고 하면서 이것이 '바흐 콜레기움 무지쿰'의 마지막 연주였을 것이라고 한다(Wolff, 『요한 세바스챤 바흐 2』, 221f.).

[107] Seebaß, 『요한 세바스챤 바흐』, 66.

[108] Seebaß, 『요한 세바스챤 바흐』, 69.

표적인 오르간 작품은 다음과 같다.[109]

BWV	제목	년도 (출처)
525-30	6곡의 소나타	1727-32년 (자필 악보)
541	G장조 프렐류드와 푸가 (개정)	1733년쯤 (수정한 자필 악보)
544	B단조 프렐류드와 푸가	1727-31년 (자필 악보)
548	E단조 프렐류드와 푸가	1727-32년 (일부만 자필 악보)
552ff.	클라비어 위붕	1739년 (오리지널 인쇄본)
562	C단조 판타지아와 푸가 (미완성)	1747/48경 혹 그 이전 (자필 악보)
645-50	6곡의 코랄 ("쉬블러")	1747년경 (오리지널 인쇄본)
651-68	18곡의 코랄(개정)	1739-42, 1746-47 (일부만 자필)
769	"하늘 높은 곳에서"를 주제로 한 캐논 변주곡	1747-48년경 (자필보)

1747년에 라이프치히에서 약 200km 떨어진 포츠담(Potsdam)에 있는 상수시 궁정(*Schloss Sanssouci*)에 가서 작센의 선제후인 프리드리히 2세(Friedrich II, 1712-1786)를 만나고 온 바흐는 라이프치히로 돌아와서 프리드리히 2세가 제시한 주제로 (푸가, 카논, 소나타 형식을 비롯한) 13편의 다양한 형식의 악곡을 만들어, 그의 마지막 대곡인 이 곡들을 1747년 7월 7일에 프리드리히 2세에게 〈음악의 헌정〉(*Musikalisches Opfer*, BWV 1079)라는 제목을 붙여 보냈다고 한다.[110]

바흐는 그의 생애 말기에 심한 안질로 고생했다고 한다. 오늘날의 의학적 지식으로 볼 때 이는 노인 당뇨에 의한 합병증이었다는 추

---

109 Wolff, 『요한 세바스챤 바흐 2』, 144.
110 Seeba ß, 『요한 세바스챤 바흐』, 72; Wolff, 『요한 세바스챤 바흐 2』, 338.

론이 제안된다. "어쩌면 노인 당뇨가 바흐의 병이 발병하게 된 이유이며, 병의 진행에도 결정적인 영향을 미쳤다는 것이 가장 믿을 만한 주장일지 모른다."[111] 1749년 12월 11일 편지가 (지금까지 알려진 바에 의하면) 그의 서명이 들어 있는 마지막 편지라고 한다.[112] 그러나 마지막까지 하나님과 이웃을 잘 섬기려는 마음으로 또 친구들의 권고에 의해 1750년 봄 "영국 출신 안과 의사 존 테일러 경(Sir John Taylor, 1703-1772)에게서" 수술을 받았으나[113] 재수술을 해야 할 상황에 이르렀고, 6개월 동안 병석에 누워 있어야 할 정도로 극도로 쇠약해졌었는데 죽기 열흘 전에 눈이 다시 회복 되었다가,[114] "1750년 7월 28일 (화) 저녁 8시 15분 즈음에 66세의 나이로 평화롭게 구세주의 은혜 속에서 조용히 복되게 세상을 떠났다."[115]

바흐의 신앙이 강하게 나타나는 부분들

다른 이들의 작품들과 함께 바흐의 초기 작품들이 실려 있는 *Neumeister Collection* 필사본에는 "예배에서 일상적으로 사용할 수 있는 여러 종류의 대중적이고 장식이 풍부한 코랄이 실려 있다"고 한다.

---

[111] Wolff, 『요한 세바스챤 바흐 2』, 361. 1749년 뇌졸중도 당뇨병에 의한 것이었으리라고 추론한다(311, 난하 주).

[112] Wolff, 『요한 세바스챤 바흐 2』, 367.

[113] Wolff, 『요한 세바스챤 바흐 2』, 369.

[114] 다른 모든 곳에 나오는 이 정보는 Forkel, 『바흐의 생애와 예술, 그리고 작품』, 47에 근거한 것이다. 이것에 대해서도 저혈당인 경우 나아졌다 또 나빠졌다 하며 교대로 나타나는 증상 때문이라는 추론이 주어진다(Wolff, 『요한 세바스챤 바흐 2』, 361).

[115] NBR, no. 306을 인용하는 Wolff, 『요한 세바스챤 바흐 2』, 371; Seeba ß, 『요한 세바스챤 바흐』, 74.

더구나 이 선집이 교회력을 따라 나열되어 있다.[116] 그렇다면 바흐의 초기 작곡은 상당수 예배를 위한 곡들을 작곡한 것이라고 볼 수 있다.

세바스챤이 혼인했던 해에 친구의 혼인식을 위해 1707년 10월경에 작곡한 곳으로 보이는 칸타타 〈주께서는 우리들을 생각하시고〉(Der Herr denket an us, BWV 196)는 시편 115편 12–15절에 음을 붙인 것으로 4부 성악과 현악기, 콘티누오를 위한 곡으로 작곡되어 있다.[117]

바흐가 쾨텐 지역의 궁정 채플 마이스터로 있을 때 10살배기 장남을 가르치기 위하여 쓰기 시작한 〈빌헬름 프리드리히 바흐를 위한 피아노 소책자〉(Clavierbüchlein vor Wilhelm Friedrich Bach)라는 초보자들을 위한 소곡집에서 2성부의 인벤션과 3성부의 심포니를 소개하고 있는데 표지에 "예수의 이름으로"(In Nomine Jesu)라는 말을 넣고 있다.[118] 또한 오르간을 배우는 초보자를 위한 지침서인 〈오르간을 위한 소곡집〉(Ogelbüchlein, 1717)에서도 "하나의 코랄을 여러 기법으로 연주함으로써 **지극히 높으신 하나님께만 영광을 돌리며, 그럼으로써 사람들이 배우도록**"하고 있다.[119] 그러므로 바흐 전기 작가의 한 사람인 제바스의 다음 같은 말은 아주 정확한 것이라고 할 수 있다.

> 그가 쓴 작은 곡들은 그리스도를 믿는 산 신앙에서 나온 것으로. 그의 신앙은 루터의 종교개혁을 통하여 빚어진 믿음이요, 독일 민족에게 값진 유산

---

116 Wolff, 『요한 세바스챤 바흐 1』, 91.
117 Wolff, 『요한 세바스챤 바흐 1』, 161f.
118 Seebaß, 『요한 세바스챤 바흐』, 46.
119 Seebaß, 『요한 세바스챤 바흐』, 46f, 강조점을 덧붙인 것임. 여기에는 바흐가 1713년부터 1716년 사이에 교회력에 맞추어 작곡한 169곡 중 57곡의 코랄 전주곡이 수록되었다(BWV 599–644).

으로 전수된 믿음이다. 잘츠부르크의 모차르트 기념관의 관장 파움가르트너는 그가 쓴 바흐의 전기에서 루터의 형상이 칼날처럼 번쩍이는 천사처럼 그 위대한 음악가의 존재 속에 나타나 보인다고 표현한다.[120]

바흐의 곡들을 들으면서, 더구나 그의 생애를 살펴보면서 다른 결론을 내리는 것은 매우 어려운 일이다.

사실 바흐 자신도 자신의 마지막 직장이라고 할 수 있는 라이프치히의 성 토마스 학교 칸토르가 된 것에 대해서 이렇게 말한 바 있다: "내가 성 토마스 학교의 음악 감독 겸 칸토르로 일하게 된 것은 모두 하나님의 뜻이다."[121]

바흐가 1738년도에 저술한 《〈게레랄바스 교습 방법〉》(Methodik der Gereralbaßlehre)에 대해서 바흐에 대한 방대한 전기를 쓴 필립 쉬피타는 다음과 말한 바도 있다:

> 게레랄바스의 최종 부분과 그 목적은 오직 하나님께 영광을 돌리며 우리의 정서를 회복하는 데 초점을 두었다. 이 점을 배려하지 않으면 본래 음악은 간 곳 없고 마귀의 단조로운 외침만이 있게 될 뿐이다.[122]

그의 구체적인 삶 속에서도 그의 신앙은 잘 드러난다. 1720년 7월 중

---

120 Seebaß, 『요한 세바스챤 바흐』, 47. 또한 Robin A. Leaver, "J. S. Bach's Faith and Christian Commitment," The Expository Times 96 (March 1985): 168-73도 보라. 바흐와 루터의 관계를 잘 논의한 소논문으로 Friedrich Smend, "Luther and Bach," The Lutheran Quarterly 1 (Novermber 1949): 399-410도 보라.

121 NBR. n. 152를 인용하는 Wolff, 『요한 세바스챤 바흐 1』, 373.

122 Philipp Spitta, Johann Sebastian Bach, Biographie, 2 vols. (Leipzig, 1873-79, 3 Aufl., 1921), Seeba ß, 『요한 세바스챤 바흐』, 66에서 재인용.

순 바흐가 쾨텐의 제후인 레오폴드와 함께 카를스바트(Karlsbad) 휴양지에서 돌아 왔을 때 부인인 마리아 바바라가 죽었다는 말을 전해 듣고 바흐는 이 충격을 **하나님을 신뢰하는 믿음으로** 새로운 작품들을 쓰는 일에 몰두함으로 극복하였다고 한다.[123] 당시 사람들에게처럼 그에게도 고난이 많았다. 20명의 자녀 가운데서 11명이 어릴 때 죽고 성장한 이들은 딸 넷과 아들 다섯뿐이었다.

그는 성경을 깊이 생각하며 읽는 습관이 있었다는 것이[124] 1733년 그가 구입해 보았던 루터파 정통주의 신학자 칼로비우스(Johann Abraham Calov[ius])가 루터 번역본을 대본으로 쓴 성경주해서(1682년 판) 옆에 바흐 자신이 쓴 기입들을 살펴보면 잘 드러난다.[125] 예를 들어서, 바흐는 역대하 5:13 주변에 "NB. 경건한 음악 곁에는 항상 하나님이 그의 은총과 함께 존재한다"고 쓰고 있다.[126] 전체적으로 바흐의 기입을 살펴 본 크리스토프 투라우만은 이는 "그가 성경과 함께 삶을 살았던 기독교인이었다는 증거를 제시한다"고 결론 내리고 있다.[127] 또한 바흐는 루터 전집을 라틴어 판과 독일어 판으로 가지고 있었다고 한다.[128]

---

[123] Seebaß, 『요한 세바스챤 바흐』, 48.

[124] Cf. L. David Miller, "J. S. Bach's Bible," *The Hymn* 25 (January 1974): 14-28.

[125] 이에 대한 논의로 Christoph Traumann, "요한 세바스챤 바흐의 유물에서 발견된 '칼로프 성경 주해서, 세 권'과 루터파 칸토르로서의 바흐 상을 위한 그 주해서의 의미," *Musik und Kirche* 39 (1968): 145-60, 한상명 옮김, 『바흐를 바라보는 새로운 시선들』, 219-49를 보라. 칼로비우스의 이 책에 대한 또 다른 언급으로 강일구, 『바흐, 신학을 작곡하다』(서울: 동연, 2012), 43f.을 보라.

[126] Traumann, "요한 세바스챤 바흐의 유물에서 발견된 '칼로프 성경 주해서, 세권'", 『바흐를 바라보는 새로운 시선들』, 234를 보라.

[127] Traumann, "요한 세바스챤 바흐의 유물에서 발견된 '칼로프 성경 주해서, 세권'", 『바흐를 바라보는 새로운 시선들』, 242.

더구나 그는 작품마다, 세속을 위한 것이라고 할 수 있는 작곡에까지도 S. D. G. 나 J. J. 라는 약자를 표했다고 한다. 즉, "오직 하나님께만 영광을"(*Soli Deo Gloria!*) 그리고 "예수여 도우소서"(*Jesu Juva!*)라는 기도를 계속한 것이다.[129]

앞에서 이미 말했던 바와 같이, 바흐는 그의 생애 말기에 심한 안질로 고생했다고 한다. 그는 이 상태에서 다음 같은 찬송시를 그의 제자요 사위인 알트니콜(Johann Christoph Altnikol)에게 받아 적게 하였다고 한다:

> 주의 보좌 앞에 이제 내가 다가갑니다.
> 오, 하나님, 내가 주께 공손히 비오니,
> 주의 자비로운 얼굴을
> 가련한 이 죄인으로부터 돌리지 마소서.
> 나에게 복된 임종을 주소서.
> 주여, 세상 끝 날에 나를 깨워주소서.
> 그리하여 내가 주님을 영원히 뵙게 하옵소서.
> 아멘, 아멘. 나의 기도를 들어 주소서.[130]

---

128 강일구, 『바흐, 신학을 작곡하다』, 42f., 73.

129 Seebaß, 『요한 세바스챤 바흐』, 62; 강일구, 『바흐, 신학을 작곡하다』, 28.

130 Seebaß, 『요한 세바스챤 바흐』, 73f. 이는 바흐 사후 처음 출판된 "대위법 기술의 총결산"으로 불리는 〈〈푸가의 기법〉〉(Die Kunst der Fuge, BWV 1080) 초판에 〈우리가 심한 곤궁에 처했을 때〉라는 제목의 이 시가 들어 있고 표지 뒷면에 있는 말 때문에 이렇게 말한 것이다. 그런데 볼프는 이미 바흐 자신이 손보아 둔 곡에 〈주의 보좌에 나아가리〉(Von deinen Thron tret' ich hiermit, BWV 668)라는 제목을 붙이도록 했을 것이고, 누가 이 일을 감당했는지는 모른다고 말한다(Wolff, 『요한 세바스챤 바흐 2』, 373f.). 그는 또한 〈우리가 심한 곤경에 처했을 때〉로부터 〈주의 보좌로 나아가니〉로 나아 간 것에서 바흐의 신앙을 엿보려고 한다.

흔히 "임종 코랄"(Deathbed Choral)로 불리는 이 곡에 나타나는 이런 바흐의 신앙은 기본적으로 그 집안과 당대의 루터파 정통주의의 성경을 강조하던 그 영향으로 형성되었을 것이다. 더구나 라틴어 학교에서 계속해서 라틴어 성경과 루터파 교리문답, 그리고 3등급 반에서부터 희랍어를 배운 그는 오르두르프(Ohrdurf)의 라틴어 학교인 리세움 (Lyceum Illustre Gleichense) 2등급 반일 때 루터파 신학자인 레온하르트 후터(Leonhard Hutter)의 조직신학(*Compendium locurum theologicorum*, 1610) 책을 가지고 공부했으니,[131] 그가 루터파 정통주의를 잘 알고 있었다는 것은 의심의 여지가 없다.

알버트 쉬바이쳐가 바흐의 음악에 대해서 했다는 다음 같은 말은 의미심장하고 적절한 말이라고 여겨진다: "바흐는 가사를 깊이 깊이 연구하고 철저하게 분석하여 가사가 전달하려는 주된 내용을 완전히 습득한 다음에야 비로소 거기에 음악적인 표현을 붙인다."[132] 참으로 세바스챤 바흐의 차남인 칼 필립 엠마누엘 바흐도 자신의 아버지는 "경건한 마음을 담아, 그리고 가사의 내용에 입각해서 작업하였고, 따라서 어줍지 않은 언어의 유희라든지 개개 어귀의 표현에 집착하지 않고, 오로지 고스란히 이해되는 표현을 남기려고 하였다"고 말했던 것이다.[133] 그렇다면 바흐는 성경과 루터파 정통주의 신학과 이에 근거한 찬송 시들을 깊이 묵상하면서 그의 곡들을 작곡했다고 해야 할 것이다. 그러기에 그는 1723년 라이프치히의 토마스카토르가 될 때에 루

---

[131] Wolff, 『요한 세바스챤 바흐 1』, 78.

[132] Albert Schweitzer, in Charles R. Joy, ed., *Music in the Life of Albert Schweitzer* (Boston: Beocon Press, 1959), 129, 강일구, 『바흐, 신학을 작곡하다』, 122, n. 4에서 재인용.

[133] "칼 필립 엠마누엘 바흐의 보충과 정정 I: 포르켈에게 보내는 편지, 177년 말", Forkel, 『바흐의 생애와 예술, 그리고 작품』, 204.

터파 신앙고백인 콘콜디아 신조(*Formula Concordiae*)에 그야말로 마음을 같이 하여 서명한 것이다.[134]

바흐의 장례식에서 어떤 곡이 사용되었는지 정확하지 않지만 아마도 바흐 자신이 1749년 말이나 1750년 봄에 기악 부분의 악보를 준비했던 그의 삼촌 요한 크리스토프 바흐(1645-1693)의 이중 합창 모테트인 〈사랑하시는 주 하나님, 우리를 깨우소서〉(*Lieber Herr Gott, wecke uns auf*)일 것이라는 시사들이 있다.[135] 그 가사는 다음과 같다:

> 사랑하는 주 하나님, 우리를 깨우소서.
> 당신님의 아들이 올 때에
> 우리는 그를 기쁨으로 맞이할 준비가 되었나이다.
> 순수한 마음으로
> 당신님의 사랑하는 아들 예수 그리스도를 통해서
> 우리들은 당신님을 섬길 것입니다. 아멘.[136]

이런 부활 신앙과 그리스도를 전적으로 의지하는 신앙과 하나님을 섬기는 신앙이 그의 가족과 그에게 있음을 반증해 주는 것이라고 여겨진다.

바흐 칸타타 전곡 연주를 위해 애썼던 또 다른 토마스 칸토르(Thomaskantor)요 자신의 장례식에서 바흐의 〈나의 기쁨 예수여〉(*Jesu, Meine Freude*, BWV 227)을 불러 달라고 했던 칼 스트라

---

134 Cf. 강일구, 『바흐, 신학을 작곡하다』, 73.
135 Wolff, 『요한 세바스챤 바흐 2』, 375. 이것이 바흐가 남긴 마지막 자필 악보일 것이라고 한다.
136 Wolff, 『요한 세바스챤 바흐 2』, 378에 있는 가사의 시 번역을 필자가 손질하였음.

우베(Karl Straube, 1873-1950. 4. 27)는 이렇게 말한 바 있다고 한다: "시간을 초월하는 바흐의 위대함은 **그의 예술과 신앙이 밀접히 하나로 연결된 점에 있다. 그의 음악은 살아 움직이는 기독교의 고상한 표현이다.**"[137] 또한 그는 바흐가 "가장 숭고하고 가장 예술적인 것에 가장 단순하고 가장 경건한 것을 포함시키려고 했다"고 말하기도 했다.[138] 이는 아주 중요한 지적이라고 여겨진다. 강일구 총장도 "바흐를 신앙에서 분리해서 보면, 바흐를 올바로 볼 수 없게 됩니다."라고 말하고 있다.[139]

마치는 말

진정한 신앙은 주어진 문화를 변화시켜 하나님을 섬기게 만든다. 19세기 문화 개신교(culture protestantism)의 모습과 같이 오늘날 나타나고 있는 문화에 종속해 들어가는 모든 문제들을 극복하기 위해서는 **먼저** 우리 안에 하나님과 그리스도의 구속에 대한 바른 신앙이 있어야 한다(종교개혁의 내용적 원리인 이신칭의[*Sola fide, sola gratia, solus Christus*]에 대한 철저한 믿음의 필요성). 그것은 성경에 대한 온전한 신뢰와 따름에서 나타난다(종교개혁의 형식적 원리인 오직 성경(*Sola Scriptura*)에 대한 믿음의 필요성). 성경을 온전히 믿게 하시는 이는 우리 안에서 역사하시는 성령뿐이시다. 성령의 내적인 증거에

---

[137] Seebaß, 『요한 세바스챤 바흐』, 101, 강조점은 덧붙인 것임.
[138] Karl Straube, "Rückblick und Bekenntnis," in Bach-Gedenkschrift 1950 (Zürich: Atlantis-Verlag, 1950), 9-17, 지형주 옮김, "회고와 고백", 『바흐를 바라보는 새로운 시선들』, 18f.
[139] 강일구, 『바흐, 신학을 작곡하다』, 29.

의해서 자신의 구원과 성경이 하나님의 말씀임을 온전히 믿게 된 사람들은 그리스도의 객관적 구속을 존재 전체를 가지고 전심으로 받아들이게 되고, 그 존재 전체로 그를 따르게 된다. 그것은 결과적으로 우리 주변의 문화를 하나님에게 복종하도록 하는 데까지, 바흐처럼 "위대한 하나님의 영광을 위하여"(*ad majorem Dei Gloria, or Soli deo Gloria*) 변화되고 발전되는 데에로 나아가야 할 것이고, 그 때까지 우리의 영적인 투쟁은 계속되어야 한다. 다시 강조하자면, 참된 신앙은 문화를 하나님께서 원하시는 방향으로 변혁하는 데에로 나아간다. 그러므로 알프레드 뒤르의 이른 바 "두 종류의 음악은 바흐의 '루터교적 직업관'에 의해 하나가 되었고, 개신교도들에게 그 직업관은 그에게 주어진 과업을 성취해 낸 일종의 예배로 비쳐졌다"는 말은 참된 것이다.[140] 바로 이런 의미에서 바흐는 작품마다, 세속을 위한 것이라고 할 수 있는 작곡에까지도 S.D.G. (*Soli Deo Gloria!*)나 J.J.(*Jesu Juva!*)라는 약자를 표한 것이 아닌가!

둘째로, 이 일에는 그런 동질의 신앙을 지닌 사람들의 협력이 반드시 필요하다. 바흐의 음악적 재능이 바이마르 시절에는 바이마르 공작의 도서관 사서였던 살로모 프랑크 (Salomo Frank, 1659?-1725)의 〈복음적 예배〉(*Evangelishes Andachts-Opffer*, 1715)의 텍스트나[141] 독일 교회 칸타타 정립에 공헌한 노이마이스터 (Eerdmann Neumeister, 1671-1756) 목사의 시(詩)와[142] 라이프치히 초기에는 아마도 안드레아스 슈튀벨(Andreas Stübel, 1653- 1725.)의 찬송시와 연

---

140 Dürr, "바흐 상의 변화와 프리드리히 블루메의 마인츠 강연에 대하여", 『바흐를 바라보는 새로운 시선들』, 217.

141 그의 시에 근거한 칸타타에 대해서 박용수, 『바흐 평전』, 220-21을 보라.

142 Cf. BWV, 18, 61, 24, 28, 59. 박용수, 『바흐 평전』, 211 난하 주.

결될 때에[143] 지속적인 교회 칸타타가 나올 수 있었던 것이다. 바흐의 코랄 칸타타 사이클이 수태고지일 칸타타인 〈얼마나 아름답게 빛나는 샛별인가(*Wie Schön leuchtet der Morgenstern*, BWV 1) 이후 갑자가 중단된 것이 아마도 그 때까지의 칸타타 텍스트를 전달하고 1725년 1월 27일에 슈튀벨이 죽은 것과 관련된다고들 생각한다.[144]

1725년 봄부터는 흔히 피칸더(Picander)로 불려지는 라이프치히 우체국장이었다가 국세청 관리였던 하인리히(Christian Friedrich Henrici)와의 동역이 라이프치히에서의 4차 연중 사이클(소위 "피칸더 사이클")을 완성하게 하였다.[145] 이를 위해 피칸더는 〈한 해의 주일과 축일을 위한 칸타타〉(*Cantaten auf die Sonn-und Fest-Tage durch das gantze Jahr*)를 작사하여 출판하기도 했다. 1728년 6월 24일자로 된 다음 같은 출판 서문에 그들의 신앙과 협력 의지가 잘 나타나고 있다.

> 하나님께 영광을 돌리며 친구들의 요청을 따라서 예배에의 봉헌을 위해 나
> 는 여기 칸타타 작시를 완결하기로 결심했습니다. 이 계획에 더욱 가까이
> 임할 수 있었던 것은 최고의 카펠마이스터 바흐 씨가 탁월한 음악으로 내
> 시의 서정적 결함을 채워줄 수 있으리라 자위할 뿐만 아니라, 이 노래들이
> 신성한 라이프치히 주 교회에서 불려지리라 기대하기 때문입니다.[146]

---

143 바이마르 시기 칸타타가 살로모 프랑크의 텍스트를 기반으로 한 것이 라는 것에는 의견의 일치가 있다(Seebaß, 『요한 세바스챤 바흐』, 38; Wolff, 『요한 세바스챤 바흐 2』, 73). 라이프치히 초기 칸타타의 대본가가 아마 쉬튀벨일 것이란 추론은 Wolff, 『요한 세바스챤 바흐 2』, 73f.에서 온 것이다.

144 Wolff, 『요한 세바스챤 바흐 2』, 79.

145 Cf. Wolff, 『요한 세바스챤 바흐 2』, 88f.

146 Werner Neumann und Hans-Joachim Schulze, eds., *Bach-Dokumente II* (Leipzig and Kapel, 1969), no. 243을 인용하는 Wolff, 『요한 세바스챤 바흐 2』, 88.

실제로 바흐는 그의 가사로 적어도 9개의 칸타타를 완성했다.[147] 좋은 작시자가 있어서 뛰어난 바흐의 작곡이 그 빛을 발하게 되었다. 협력의 중요성을 우리에게 강하게 말해주는 것이 아닐 수 없다.

셋째로, 음악의 비전문가인 저로서의 감히 말할 수 없는 것이지만, 바흐의 음악이 그 독특성을 드러낼 수 있었던 것은 바흐가 젊을 때 그 이전 시대나 동시대의 음악가들의 작품을 열심히 듣고, 분석하고 편곡하고 그 특성들의 자기 안으로 포함시키고 자기화하여 변혁시키는 과정을 통해 되었다는 것을 말하지 않을 수 없다. 흔히 바흐는 이런 노력으로 지역성을 극복하여 유럽 여러 지역의 음악을 이해하며 그것을 자기 것으로 변형했다고 한다. 같은 해인 1685년 태어난 할레 출신으로 함부르크, 피렌체, 베네치아, 그리고 1712년 이후 런던 등지에서 활약한 헨델(Georg Friedrich Händel, 1685-1759)과 달리 바흐는 그렇게 많은 지역을 여행하지는 않았지만 여러 지역의 뛰어난 음악을 들으려 하고 분석하고 그것을 자신의 음악 세계에 반영하려 했다고 한다.

초기에는 요한 파헬벨의 작품들을 모델로 삼아 그것에 충실하게 확장 변형하던 습작들이 있었는데,[148] 뤼네베르크에 있던 시절에는 그가 존경하던 오르간 연주자 게오르크 뵘을 통해서 프랑스 음악과 그

---

147 마태수난곡, 커피 칸타타(BWV 211), 크리스마스 오라토리오(BWV 248), 농부 칸타타(BWV 202) 등이 다 피칸더의 대본에 의한 것이라고 한다(Cf. 박용수, 『바흐 평전』, 289).

148 이에 해당하는 대표적인 곡들은 《노이마이스터 선곡집》에 수록된 〈낮과 빛이신 그리스도〉(*Christe, der du bist Tag und licht*, BWV 1096)과 〈오 주여, 저의 죄를 씻어 주소서〉(*Ach Herr, mich armen Sünder*, BWV 742) 등이다. 이들과 또 다른 비슷한 곡들에 대해서는 Wolff, 『요한 세바스챤 바흐 1』, 92f. 을 보라.

것의 연주 실제를 잘 알게 되었다고 한다.[149] 또한 함부르크의 라인켄을 통해서 북부 독일의 오르간 작품들뿐만이 아니라 라인켄의 이탈리아 양식의 작품을 거쳐 코렐리 (Arcangello Coreli, 1653-1713), 알비노니 (Tomaso Giovanni Albinoni, 1671-1751), 레그렌치 (Giovanni Legrenzi) 같은 이탈리아 작곡가들의 작품을 통한 배움이 있었다고 한다.[150] 또한 뤼네베르크 리터 아카데미 무용단장이요 뤼네베르크 성 궁정 악단에서 일하던 토마스 드 라 셀(Thomas de la Selle)을 통해서 프랑스 음악의 특성들을 배울 수 있었다고 한다.[151] 이 때까지는 바흐가 학생으로 공부하는 과정 중이었기에 다른 것을 공부하는 것은 어떤 의미에서 자연스러운 것이라고 할 수 있지만 특히 바흐가 바이마르 궁전에 있을 때인 1713-14년 어간에 비발디의 바이올린 협주곡을 비롯한 협주곡들과 동시대의 근대 이탈리아 작곡가들의 협주곡을 철저히 분석하고 이를 건반 악기로 편곡하는 일을 한 것은 그리하여 특히 (포르켈의 이른 바) "바흐에게 음악적으로 사고하는 방법을 가르친" 비발디의 작품들에 대한 연구는[152] 바흐가 얼마나 열심히 연구하여 다른 지역의 음악과의 상호 관계 가운데서 자신의 음악을 발전시켰는지를 알게 한다.[153]

---

149 이점에 대해서는 Wolff, 『요한 세바스챤 바흐 1』, 112를 보라. 또한 뵘의 영향 하에 바흐가 작곡한 합시코드를 위한 〈서곡 F 장조〉(BWV 820), 〈파르티타 F 장조〉(BWV 833), 〈모음곡 A 장조〉(BWV 832), 〈프렐류드와 푸가 A장조〉(BWV 896) 등에 대해서도 Wolff, 『요한 세바스챤 바흐 1』, 112를 보라.

150 이점에 대해서는 Wolff, 『요한 세바스챤 바흐 1』, 117f.를 보라.

151 이점에 대해서는 Wolff, 『요한 세바스챤 바흐 1』, 119를 보라. 이 정보는 이 시절에 바흐가 첼레(Celle)까지 가서 프랑스 음악의 풍을 배울 수 있었다는 Seebaß, 『요한 세바스챤 바흐』, 27의 주장을 보충하거나 수정하는 것이다.

152 Forkel, *Über Johann Sebastian Bachs Leben, Kunst, und Kunstwerke* (trans. in BNR, part 6), Wolff, 『요한 세바스챤 바흐 1』, 285에서 재인용. 그리고 이 점에 대한 논의로 Wolff, 『요한 세바스챤 바흐 1』, 219f.을 보라.

이상에서 우리는 오늘날 "서양 음악의 아버지"로 불리는[154] 바흐의 음악이 과연 어떤 것을 통해 나올 수 있는 지를 간단히 살펴보았다. 진정한 기독교 신앙, 같은 신앙을 가진 사람들과의 협력, 그리고 여러 다른 음악들에 대한 폭 넓은 공부, 그리고 이에 더하여 하나님께서 허락하신 음악적 천재성이 한 시대의 당시 유럽 지역 전반의 음악을 종합하며 더 높은 경지에로 올리는 음악적 발전, 문화적 발전에 기여를 하게 한 것이라고 할 수 있을 것이다.

---

[153] 바흐의 지칠 줄 모르는 학습의 중요성을 말하는 Forkel, 『바흐의 생애와 예술, 그리고 작품』, 170도 보라.

[154] 이것은 오늘날의 평가이지만 18세기 당시 바흐에 대한 평가를 잘 언급하고 있는 박용수, 『바흐 평전』, 24-34, 271의 기술과 비교해 보면 흥미롭다. 그러나 사실 외국에서 바흐를 "음악의 아버지"라고 언급하는 일은 그리 흔하지 않다고 여겨진다. 그 정도로 바흐를 높이는 대표적인 언급으로 포르켈이 말한 바 "독일과 다른 나라들의 모든 예술가들을 통틀어 제 1인자인 바흐의 숭고한 예술"이라는 언급, 그리고 "일찍이 존재했던, 또한 장래에 존재할 가장 위대한 음악시인이자 가장 위대한 음악 웅변가"라는 언급을 들 수 있다(Forkel, 『바흐의 생애와 예술, 그리고 작품』, 26, 170). 또한 젊은 알버트 쉬바이처가 그의 바흐 전기에서 언급한 다음 같은 말도 이에 해당할 것이다: "그래서 바흐는 하나의 종결이다. 그로부터 나오는 것은 아무 것도 없다. 모든 것이 그에게로만 향해 간다"(Albert Schweitzer, *Bach* [1950], trans. Ernest Newman, J. S. Bach, 2 vols. [New York: Macmillan, 1966], vol. 1, 3; 또한 『바흐를 바라보는 새로운 시선들』, 268과 279에 인용된 것도 보라)는 표현이다. 오늘날 이에 전적으로 동의하는 사람은 없지만 이것은 바흐에 대한 극찬의 하나이다. 또한 바흐를 화성의 원조인가를 묻는 아래 인용한 힌리히젠의 글이 있다. 18세기와 20세기의 바흐 인식의 차이에 대한 보다 학문적인 논의로는 Hans Joachim Hinrichsen, "Urvater der Harmonie? Die Bach-Rezeption," in *Bach Handbuch*, ed. Konrad Küster (Kassel, Stuttgart: Bärenreiter, 1999), 31-65, 차호선 역, "화성의 원조? 바흐 수용", 『바흐를 바라보는 새로운 시선들』, 279-49, 특히 282-95 (18, 19세기의 바흐 이해와 수용)를 보라.

책을 마치면서

세상 속에 있는 교회의 바른 역할은 무엇일까?

복잡한 현대 사회 속에 있는 교회는 과연 어떤 역할을 해야 하는가? 우리가 성경적으로 제대로 할 일에 대해서 사실은 의견의 일치를 가지면서도 그것을 표현하는 용어들이 다를 수도 있다. 사람들이 흔히 생각하는 것의 문제점을 드러내면서, 교회의 바른 역할에 대해서 생각해보기로 하자.

교회는 "제사장"이며 동시에 "예언자"적 역할을 해야 한다?

이런 제목이 시사(示唆)하는 것에 대해서는 대개의 그리스도인들이 동의할 것이다. 그러나 그것이 과연 정확한 표현일까 하는 질문 앞에서는 다양한 의견이 나타날 수 있다. 문제는 제사장과 예언자가 구약의 하나님 나라 백성이던 이스라엘 사회 속에 주어진 종교적 직임자들이었다는 데에 있다.

그런 상황과 우리의 상황은 두 가지 점에서 명백히 다르다. 첫째는, 이제는 구약과 달리 제사장과 선지자가 그 사명을 다하고 예수 그리스도께서 그것을 완성하신 신약 시대라는 점이 다르다. 둘째는 구약의 신정 사회와 달리 우리 사회는 하나님 믿지 않는 사람들이 대다수이고 그 안에 주님을 믿는 교회 공동체가 있다는 점이 다르다. 그러므로 구약의 제사장의 직무와 예언자의 직임이 신약 시대에는 더 이상 있지 않고, 심지어 제사장의 역할과 예언자의 역할이 있는지에 대해서도 심각한 질문이 제기 될 수 있다. 아주 엄밀하게 생각하려고 하는 분들은 이런 직임은 물론이거니와 이런 역할이 이 시대에 있을 수 있다고 하는 것에 대해서 부정적이다. 이제는 다른 직임들이 교회에 주어졌고, 다른 역할을 해야 한다는 것이다.

물론 이렇게 엄밀하게 용어를 쓰지 않고 그저 비유적으로 제사장적 역할과 예언자적 역할이라는 생각을 해 볼 수는 있다. 그러나 이런 확대된 비유적 언어의 사용이 후에는 사람들을 오도(誤導)할 수 있다는 것을 염려하시는 분들의 염려도 우리는 존중해 주어야 한다. 그렇다면 이런 용어를 쓰지 않으면서도 이런 용어를 (특히 교회의 예언자적 역할이라는 용어를) 써서 사회 속에서 교회의 역할을 표현해 보려고 하는 그 의도를 가장 잘 표현할 수 있는 길은 무엇일까? 그것을 몇 가지로 논의해 보고자 한다.

하나님 나라 백성인 교회

(1) 교회는 꿈꾸는 사람들이다.

교회는 이 땅 가운데서 꿈꾸는 사람들이다. 그런데 그것이 자신들의 꿈들(their own visions)이거나 자신들의 목적에 대한 꿈도 아니고, 이 세상 사람들의 온갖 꿈을 종합한 것이어서는 교회가 아니다. 교회는 이 세상과는 **질적으로 다른** 꿈을 꾸니, 교회는 하나님의 나라를 꿈꾸는 사람들이다. 하나님께서 친히 계획하시고 이 세상 역사 가운데서 그 나라가 임할 것이라는 소식을 예언자들을 통해서 전하게 하시고 급기야 예수 그리스도를 통해 이 땅에 이미 가져 오시고, 그리스도의 재림 때에 극치에 이르게 하실 하나님께서 친히 지으시는 하나님 나라를 꿈꾸는 사람들이다.

(2) 교회는 옳은 것을 지시하고, 그것에 비추어 우리의 문제를 드러내는 사람들이다.

그런데 그 나라는 의로운 나라여서 아무도 그 스스로 그 나라에 들어올 수가 없다. 그래서 사람들의 의와는 비교도 되지 않는 하나님의 의로만 가득찬 나라이므로 그 나라와 그 의에 비추면 인간의 진선미는 그야 말로 누더기와 같은 것이다(사 64:6 참조). 그러므로 교회는 인간의 심각한 죄악을 온 세상에 드러내고 이에 대한 유일한 해결책인 예수 그리스도의 십자가를 증언하여 사람들로 그 십자가의 공로에 의존하여 하나님 나라 안에 들어오게 하여, 같이 하나님 앞에서 서는 공동체이다.

(3) 교회는 진정한 실천가들이다.

이렇게 구속 받고 너무 감사하여 다른 이에게도 하나님 나라의 복음을 전하는 교회는 이 땅 가운데서 자신들이 흑암에 권세에서 건짐 받고 그의 사랑하시는 아드님의 나라에 들어가게 하신(골 1:13) 것이 너무 감사해서 열심히 하나님의 뜻을 수행하여 나가는 공동체, 즉 감사하여 실천하는 공동체이다. 그러므로 교회는 그저 백일몽 같은 꿈만 꾸는 사람들이 아니다.

교회의 세상 안에서의 역할

이 땅 가운데서 위에서 언급한 이 세 가지 역할을 교회가 제대로 한다면 교회는 이 세상에 궁극적으로 하나님의 뜻을 증언하게 될 뿐만 아니라, 간접적으로 이 세상의 현실적인 문제도 어떻게 풀어 나가는 것이 덜 악한(less evil) 것인지에 대한 증언도 하게 된다. 이 세상 다른 데서는 찾아 볼 수 없는 (교회가 하고 있는) 의에 대한 증언에 비추어 간접적으로 이 세상도 일반은총 가운데서 덜한 악(less evil)을 향해 갈 수 있도록 하는 역할도 할 수 있다. 교회가 세상에 대해 하나님의 의를 증언하는 가운데서 세상이 간접적으로 그래도 상대적으로 의롭고 옳은 방향을 향해 갈 수 있도록 하는 역할을 간접적으로 하게 된다.

또한 교회가 궁극적인 구제 단체는 아니지만 교회가 성경이 지시한 대로의 역할을 할 때 하나님의 넘치는 사랑이 교회 공동체 밖으로도 흘러넘치게 되면 주변 사람들에게도 넘치는 사랑의 구제를 하게 된다. 물론 개신교회는 그저 구제하는 식으로가 아니라 사람들로 하여금 창조와 구속에 감사해서 열심히 일해야 한다는 것을 배우고 일하도록 하고 음식을 제공하도록 하는 정책을 취했으므로 개신교인들의 일반 사회에서의 책임이 더 크다고 할 수 있다.

그리고 이 시대에 필요한 것으로 교회는 끝까지 남아 옳고 바른 것을 세상에 증언하는 시대의 양심 역할을 해야 한다. 무엇이 옳고 바른 것인지 판단할 수 있는 근거를 스스로 해체해 버린 이 세대 가운데서,[1] 그래도 끝까지 하나님의 원하시는 바가 옳고 의로운 것이라는 것을 세상의 용어로 바꾸어 잘 드러낼 책임이 교회에 있다.

나가면서

다시 강조한다. 교회는 궁극적으로 이 세상 자체를 위해 있지는 않다. 그러나 교회가 교회다운 역할을 제대로 할 때 이 세상도 간접적인 빛 비추임을 얻을 수 있고, 이 세상이 직면한 문제에 대한 해결책도 시사(示唆)받게 된다. 교회는 이 땅의 정치 발전이나 사회 발전이나 문화 발전을 위한 단체가 아니다. 그러나 교회가 진정 교회다울 때 교회는 이 세상의 정치 발전에도 진정한 기여를 하고, 사회 발전에도 기여를 하며, 문화 발전에도 큰 기여를 한다.[2] 이 모든 것이 교회의 참 교회다움에서 나오는 부산물이라는 것을 잊어서는 안 된다. 우리가 힘써서 우리들이 속한 교회를 참으로 교회다운 교회가 되도록 하자. 그리하여 이 땅에 그 열매로서 정치 발전도, 사회 발전도, 문화 발전도 경험할

---

[1] 이런 이 세대의 특성에 대한 분석으로 이승구, 『광장의 신학』 (수원: 합신대학원 출판부, 2010), 특히 354-60을 보라.
[2] 이점에 대한 논의로 이승구, "정치 문화", 『광장의 신학』, 185-210을 보라.

수 있도록 하자. 우리는 정치 발전, 사회 발전, 문화 발전을 위한 사람들이나 그것을 위한 기관은 아니다. 그러나 우리가 진정 교회다울 때 이 세상도 그 열매로 복을 얻는다.

참고 문헌

〈1-8장, 11-14장에 대한 참고 문헌〉

The Belgic Confession. In *The Creeds of Christendom*. Vol. III: *The Evangelical Protestant Creeds*. Edited by Philip Schaff. New York: Harper and Row, 1931; Reprinted. Grand Rapids: Baker, 1990.

The Confutation to the Augsburg Confession (1559). In Robert Kolb, *Sources and Contexts of the Book of Concord*. Minneapolis, MN: Fortress Press, 2001.

À Brackel, Wilhelmus. *The Christian's Reasonable Service*. 4 Vols. Grand Rapids: Reformation Heritage Books, 2011. 김효남, 서명수, 장호준 역. 『그리스도인의 합당한 예배』. 1-3. 서울: 지평서원, 2019.

Adams, Jay E. *Preaching with Purpose*. Grand Rapids: Zondervan, 1986.

Ambrose of Milan. *Commentaries on Twelve Psalms of David. Commentary of Saint Ambrose on twelve Psalms*. Trans. de M N Riain. Dublin: Halcyon Press, 2000.

Augustine. *On Christian Doctrine* (397). *Nicene and Post-Nicene Fathers*. Vol. 2. Edited by Philip Schaff (1887). Reprinted. Edinburgh: T&T Clark and Grand Rapids: Eerdmans, 1986.

_____. *The City of God* (413-26). *Nicene and Post-Nicene Fathers*. Vol. 2. Edited by Philip Schaff (1887). Reprinted. Edinburgh: T&T Clark and Grand Rapids: Eerdmans, 1986.

_____. *Contra Faustum*. NPNF. Vol. 4. Edited by Philip Schaff (1887). Reprinted. Edinburgh: T&T Clark and Grand Rapids: Eerdmans, 1986.

_____. *Tractates in the Gospel of John. Nicene and Post-Nicene Fathers.* Vol. 7. Edited by Philip Schaff (1888). Reprinted. Edinburgh: T&T Clark and Grand Rapids: Eerdmans, 1986.

Aulén, Gustaf. *Eucharist and Sacrifice.* Philadelphia: Muhlenberg Press, 1958.

Barrett, Lois Y. (Ed.) *Treasure in Clay Jars: Patterns in Missional Faithfulness.* Grand Rapids: Eerdmans, 2004.

Barth, Karl. *Church Dogmatics.* I/1: *The Doctrine of the Word of God.* Trans. G. W. Bromiley. Edinburgh; T & T. Clark, 1975.

Bavinck, Herman. 이승구 역. 『개혁주의 신론』. 서울: CLC, 1988.

_____. *Reformed Dogmatics.* Edited by John Bolt. Trans. John Vriend, 4 Vols. Grand Rapids: Baker, 2004. 박태현 역. 『개혁교의학 4』. 서울: 부흥과 개혁사, 2011.

Baxter, Richard. *The Reformed Pastor.* Edinburgh: Banner and Truth Trust, 1974.
우리말로도 여러 번역본이 있다. 그 중에 박형용 역. 『참 목자상』. 서울: 도서출판 좋은 미래, 2016.

Beale, G. K. "The New Testament and New Creation." In Scott J. Hafemann. (Ed.) *Biblical Theology: Retrospect & Prospect.* Downers Grove, Ill.: IVP, 2002.

_____. *The Temple and the Church's Mission: A Biblical Theology of the Dwelling Place of God.* Downers Grove: IVP, 2004. 강성열 옮김. 『성전 신학』. 서울: 새물결 플러스, 2014.

Beale, Stephen. "What Is Worship? Sacrifice, Participation, and Beauty." In *Catholic Exchange.* Posted on January 28, 2019. Available at: https://catholicexchange.com/what-is-worship-sacrifice-participation-and-beauty.

Beeke, Joel R. *Living for God's Glory.* Lake Mary: Reformation Trust, 2008. 신호섭 옮김. 『칼빈주의』. 서울: 지평서원, 2010.

Berkhof, Louis. *Systematic Theology.* Grand Rapids: Eerdmans, 1942.

Berkouwer, G. C. 『개혁주의 교회론』. 서울: CLC, 2006.

Bird, Michael F. *Jesus and the Origins of the Gentile Mission.* Edinburgh: T&T Clark, 2006.

_____. *The Saving Righteousness of God: Studies on Paul, Justification and the New Perspective.* Paternoster biblical monographs. Milton Keynes, UK: Paternoster, 2007.

_____. *Bird's Eye View of Paul: The Man, His Mission and His Message.* Nottigham: IVP, 2008=*Introducing Paul: The Man, His Mission, and His Message.* Downers Grove, IL: InterVarsity Press, 2008.

_____. *Are You the One who is to Come? The Historical Jesus and the Messianic Question.* Grand Rapids, Baker, 2009.

_____. *Jesus is the Christ: The Messianic Testimony of the Gospels.* Downers Grove, IL: InterVarsity Press, 2012.

_____. *Evangelical Theology: A Biblical and Systematic Introduction.* Grand Rapids; MI: Zondervan, 2013.

_____. *The Gospel of the Lord: How the Early Church wrote the Story of Jesus.* Grand Rapids, MI: Eerdmans, 2014.

_____. *An Anomalous Jew: Paul among Jews, Greeks, and Romans.* Grand Rapids: Eerdmans, 2016.

_____. *Jesus the Eternal Son: Answering Adoptionist Christology.* Grand Rapids: Eerdmans, 2017.

Blauw, Johannes. *The Missionary Nature of the Church: A Survey of the Biblical Theology of Mission.* Grand Rapids: Eerdmans, 1962.

Bliese, Richard H. and Craig Van Gelder. (Eds.) *The Evangelizing Church: A Lutheran Contribution.* Minneapolis: Augsburg Fortress, 2005.

Bloesch, Donald. "Is Spirituality Enough?" In *Roman Catholicism: Evangelical Protestants Analyze What Divides and Unites Us.* Edited by John Armstrong. Chicago: Moody Press 1994.

Bouwen, C. *Notes to the Belgic Confession.* Available at: http://spindleworks.com/library/bouwman/belgic/ART27.htm.

Bretzke, James T. (Ed.) *Consecrated Phrases: A Latin Theological Dictionary.* 3rd Edition. Collegeville, MN: Liturgical Press, 2013.

Brinegar, Shanew. "An Appreciation of Luther's Critique of the Eucharistic Sacrifice." *Lets Talk.* Posted on Dec. 18, 2017. Accessed on April 25, 2020. Available at: http://mcsletstalk.org/reformation-jubilee-500/appreciating-luther/appreciation-luthers-critique-eucharistic-sacrifice/#_edn20.

Brownson, James V. (Ed.) *Storm Front: The Good News of God.* Grand Rapids: Eerdmans, 2003.

Calvin, John. *Institutes of the Christian Religion* (1559). LCC Edition. Edited by John T. McNeill. Translated by Ford Lewis Battles. Philadelphia: Westminster, 1960.

Carson, D. A. "Challenges for the Twenty-first-century Pulpit." In *Preach the Word: Essays on Expository Preaching: In Honor of R. Kent Hughes,* 177-78. Edited by Leland Ryken and Todd Wilson. Chicago: Crossway, 2007.

Clark, R. Scott. *Recovering the Reformed Confession: Our Theology, Piety, and Practice.* Phillipsburg, NJ: P&R, 2008.

Clement, *The First Epistle of Clement to the Corinthians. The Ante-Nice Fathers.* Vol. 1: *The Apostolic Fathers: Justin Martyr, and Irenaeus.* Edinburgh: T&T Clark, 1867, reprint, Grand Rapids: Eerdmans, 1989.

Clowney, Edmund P. "Distinctive Emphasises in Presbyterian Church Polity." In *Pressing Toward the Mark: Essays Commemorating Fifty Years of the Orthodox Presbyterian Church.* Edited by C. G. Dennison and R. C. Gamble. Philadelphia: Orthodox Presbyterian Church, 1986.

_____. *The Church.* Leicester: IVP, 1995.

Cochrane, Arthur C. (Ed.) *Reformed Confessions of the Sixteenth Century.* London: SCM, 1966. New Edition. Louiville: Westminster John Knox Press, 2003.

Cooper, John W. *Panentheism: The Other God of the Philosophers: From Plato to the Present.* Grand Rapids: Baker, 2006.

Cyprian of Carthage. *The Epistles of Cyprian.* ANF. Vol. V: *Hippolytus, Cyprian, Caius, Novatian.* Edinburgh: T&T Clark, 1867. Reprint. Grand Rapids: Eerdmans, 1990.

Cyril of Jerusalem. *Catechetical Lectures. Nicene and Post-Nicene Fathers of the Christian Church.* Second Series. Vol. VII. Edinburgh: T&T Clark, reprint. Edinburgh: T & T Clark and Grand Rapids: Eerdmans, 1989.

D'Assonville, V. E. "Calvin as an Exegete of Scripture." *In die Skriflig* 44. Supplement 3 (2010): 129–43.

De Jong, Peter Y. *The Church's Witness to the World.* St. Catharines, Ontario, Canada: Paideia Press, 1980.

Dumbrell, William J. "Genesis 2:1–17: A Foreshadowing of the New Creation." In *Biblical Theology.* Edited by Scott Hafemann.

Edwards, David L. *Christian England.* Vol. 2: *From the Reformation to the 18th Century.* Glasgow: William Collins Sons & Co., 1983; Grand Rapids: Eerdmans, 1984.

Ferguson, Sinclair B. "The Reformed View." In *Christian Spirituality,* 47–76. Edited by Donald L. Alexander. Downers Grove, Ill.: IVP, 1988.

Fosdick, Harry Emerson. "Personal Counseling and Preaching." *Pastoral Psychology* 3/2 (1952): 11–15.

Freeman, Stephen. "The Sacrifice of worship." In *Glory to God in All Things.* Posted on May 30, 2017. Available at: https://blogs.ancientfaith.com/glory2godforallthings/2017/05/30/the-sacrifice-of-worship/

Godfrey, W. Robert. "Calvin and Calvinism in the Netherlands." In *John Calvin: His Influence in the Western World,* 93–104. Edited by W. Stanford Reid. Grand Rapids: Zondervan, 1982.

Goheen, Michael W. *"As the Father Has Sent Me, I am Sending You": J. E.*

Lesslie Newbigin's Missionary Ecclesiology. Zoetermeer: Boekencentrum, 2000.

_____. "Historical Perspectives on the Missional Church Movement: Probing Lesslie Newbigin's Formative Influence." *Trinity Journal for Theology & Ministry* 4/2 (2010): 62–84.

Gootjes, Nicolaas H. *The Belgic Confession: Its History and Sources*. Grand Rapids: Baker Academic, 2007.

Graves, M. "God of Grace and Glory." In *What's the Matter with Preaching Today?* Edited by M. Graves. Louisville, KY: Westminster/John Knox Press, 2004.

Grudem, Wayne. *Systematic Theology: A Introduction to the Biblical Doctrine*. Grand Rapids: Zondervan, 1994.

Guder, Darrell L. (Ed.) *Missional Church: A Vision for the Sending of the Church in North America*. Grand Rapids: Eerdmans, 1998.

Gundry, R. H. "The New Jerusalem: People as Place, Not Place for People." *Novum Testamentum* 3 (1987): 254–64.

Hahn, Roger L. with Dean Nelson and Howard Culbertson. "How Entire Is Entire Sanctification." In *I Believe: Now Tell My Why*, 73–98. Edited by Everett Leadingham. Kansas City, MO: Beacon Hill Press, 1994.

Hillar, Marian. "Laelius and Faustus Socinus Founders of Socinianism: Their Lives and Theology, Part 1." *Journal from the Radical Reformation* 10/2 (Winter 2002): 18–38; idem, "Laelius and Faustus Socinus Founders of Socinianism: Their Lives and Theology, Part 2." *Journal from the Radical Reformation* 10/3 (Spring 2002): 11–24.

Hodge, Charles. *Systematic Theology*. Vol. III. Grand Rapids: Eerdmans, 1995 Edition of the 1873 Work.

Hoekema, Anthony A. *Saved by Grace*. Grand Rapids: Eerdmans, 1989.

Horton, Michael Scott. *The Christian Faith: A Systematic Theology for Pilgrims on the Way*. Grand Rapids, MI: Zondervan, 2011.

_____. *Pilgrim Theology*. Grand Rapids: Zondervan, 2011.

_____. *The Gospel Commission: Recovering God's Strategy for Making Disciples*. Grand Rapids: Baker, 2011. 김철규 옮김. 『위대한 사명』. 서울: 복 있는 사람, 2012.

Hughes, Philip E. *The Book of the Revelation*. Grand Rapids, Mich.: Eerdmans, 1990.

Hunsberger, George and Craig Van Gelder. (Eds.) *The Church between Gospel and Culture: The Emerging Mission in North America*. Grand Rapids: Eerdmans, 1996.

Hunsberger, George R. *Bearing the Witness of the Spirit: Lesslie Newbigin's Theology of Cultural Plurality*. Grand Rapids: Eerdmans, 1998.

Hyde, Daniel R. *With Heart and Mouth: An Exposition of th Belgic Confession*. Grandville, MI: Reformed Fellowship, 2007.

Irvonwy, Morgan, E. G. *The Godly Preachers of the Elizabethan Church*. London: Epworth Press, 1965.

Jackson. Edgar N. *How to Preach to People's Needs*. Nashville, TN: Abingdon Press, 1956.

Jasper, R. C. D. and G. J. Cuming. *Prayers of the Eucharist: Early and Reformed*. Collegeville, Minnesota: The Liturgical Press, 1990.

Johnson, Alan F. "Revelation." In *The Expositor's Bible Commentary*. Vol. 12. Grand Rapids: Mich.: Zondervan, 1981.

Johnson, John. *Theological Works, of John Johnson*. London, Knaplock, 1718=*The Unbloody Sacrifice and Altar, Unvailed and Supported*. 2 Vols. Eugene, Or: Wipf & Stock, 2012, 2013.

Keller, Tim. https://www.redeemercitytocity.com/blog/the-missional-church ; https://vimeo.com/89014236.

Kilmartin, Edward J. *The Eucharist in the West: History and Theology*. Edited by Robert J. Daly, S.J. Collegeville, MN: Liturgical Press, 1998.

Klooster, Fred. "How Reformed Theologians 'Do Theology' in Today's

World." In *Doing Theology in Today's World: Essays in Honor of Kenneth S. Kantzer.* Edited by John D. Woodbridge & Thomas Edward McComiskey. Grand Rapids: Zondervan, 1994.

Kot, Stanislas. *Socinianism in Poland. The Social and Political Ideas of the Polish Antitrinitarians.* Trans. Earl Morse Wilbur. Boston: Starr King Press, 1957.

Lee, Seung-Goo. *Barth and Kierkegaard.* Seoul: Westminster Press, 1995.

_____. "A Biblical Theological Hermeneutics, the Pure Preaching of the Word of God, and the Unity of the Church." In *The Unity of the Church,* 105-10. (Ed.) Eduardus van Der Borght. Leiden and Boston: Brill, 2010.

Leeman, Jonathan. "What in the World is the Missional Church?" An article posted on March 1st 2000. Available at: https://www.9marks.org/article/what-world-missional-church/.

Letham, Robert. *The Work of Christ.* Downers Grove, IL: IVP, 1993.

Linn, Edmund H. *Preaching as Counseling: The Unique Method of Harry Emerson Fosdick.* Valley Forge, PA: Judson Press, 1966.

Lloyd-Jones, David Martyn. *Preaching and Preachers.* London: Hodder & Stoughton, and Grand Rapids: Zondervan, 1971.

_____. *Preaching and Preachers.* London: Hodder & Stoughton, and Grand Rapids: Zondervan, 1971.

Luther, Martin. "The Freedom of a Christian"(1520). In *Luther's Works* 31: *Career of the Reformer I.* Edited by Harold J. Grimm & Helmut T. Lehmann. Philadelphia: Fortress, 1957.

_____. "The Babylonian Captivity of the Church." In *Luther's Works* 36.

_____. *Luther's Works.* Vol. 36: *Word and Sacrament II.* Edited by Helmut T. Lehmann. Philadelphia: Fortress Press, 1959.

_____. "A Sermon on Titus 3:4-8, Early Christmas Morning Service (1522)." Available at https://www.blueletterbible.org/Comm/luther_martin/Incarnatio

n/Gods_Grace_Received_Must_Be_Bestowed.cfm.

_____. "Larger Catechism" (1529). In *The Book of Concord*. Edited by Theodore Gerhardt Tappert. Philadelphia: Fortress, 1959.

_____. "A Treatise on the New Testament, That is the Holy Mass." In *Luther's Works*. Vol. 35: *Word and Sacrament I, 84–88*. Edited by Helmut T. Lehmann. Philadelphia: Fortress Press, 1960.

_____. "Exposition of the Fifty–first Psalm (1531)." In *Select Works of Martin Luther: An Offering to the Church of God in "the Last Days."* London: W. Simpkin and R. Marshall, 1826=*Luther's Works*. Vol. 12: *Selected Psalms* I. Edited by Jaroslav Pelikan. St. Louis: Concordia Publishing House, 1964.

McKelvey, R. J. *The New Temple: The Church in the New Testament*. Oxford: Oxford University Press, 1969.

McKenzie, S.J., John L. *The Roman Catholic Church*. New York: Holt, Rinehardt and Winston, 1969.

McLaren, Brian. *A Generous Orthodoxy*. Grand Rapids: Zondervan, 2004.

Melanchthon, Philip. *Loci Communes, 1555*. Grand Rapids: Baker, 1982. 이승구 역. 『신학총론』. 고양: 크리스챤 다이제스트사, 2000.

Miller, R. M. *Harry Emerson Fosdick: Preacher, Pastor, Prophet*. Oxford: Oxford University Press, 1985.

Moore. Edward Caldwell. *Outline of the History of Christian Thought Since Kant*. New York: Charles Scribner's Sons, 1912.

Mounce, Robert H. *The Book of Revelation*. NICNT. Grand Rapids, Mich.: Eerdmans, 1977.

Murray, John. "Worship." In *Worship: Adoration and Action*. Edited by D. A. Carson. Carlislie: The Paternoster & Grand Rapids: Baker, 1993.

Newbigin, Lesslie. *Foolishness to the Greeks*. Grand Rapids: Eerdmans, 1986.

Noble, T. A. *Holy Trinity, Holy People: The Theology of Christian Perfecting*. Eugene, Oregon: Cascade Books, 2013.

Nygren, Anders. *Agape and Eros.* Revised Edition. London: S.P.C.K., 1953.

O'Neill, Onora. *Kant on Reason and Religion.* The Tanner Lectures on Human Values. Delivered at Harvard University, April 1–3, 1996.

Packer, J. I. *Keep in Step with the Spirit.* Old Tappen, NJ: Fleming H. Revell Company, 1984. Packer,

_____. *A Quest for Godliness: The Puritan Vision of the Christian Life.* Wheaton: Crossway Books, 1994.

Powlison, David. "The Pastor as Counselor." *Journal of Biblical Counseling* 26/1 (2012): 23–39.

Poythress, Vern. *The Shadow of Christ in the Law of Moses.* Brentwood, Tennessee: Wolgemuth & Hyatt, 1991.

Putnam, David. *Breaking the Discipleship Code: Becoming a Missional Follower of Jesus.* Nashville, TN: B&H, 2009.

Ramsey, G. L. *Care-full Preaching: From Sermon to Caring Community.* St. Louis: Chalice Press, 2000.

Reymond, Robert L. *A New Systematic Theology of the Christian Faith.* Nashville, Tennessee: Thomas Nelson Publishers, 1998.

Ridderbos, H. *Paul: An Outline of His Theology.* Grand Rapids: Eerdmans, 1975.

Rohls, Jan. *Theologies reformierter Berkenntnisschriften.* Göttingen: Vandenhoek and Ruprecht, 1997. Trans. John Hoffmeyer. *Reformed Confesssions: Theology from Zurich to Barmen.* Louisville, Kentucky: Westminster John Knox Press, 1998.

Roxburgh, Alan J. and Fred Romanuk. *The Missional Leader: Equipping Your Church to Reach a Changing World.* San Francisco: Jossey-Bass, 2006.

Rubin, Miri. *Corpus Christi: The Eucharist in Late Medieval Culture.* Cambridge: Cambridge University Press, 2002.

Ryken, Leland. *Wordly Saints: The Puritans as They Really Were.* Grand

Rapids: Zondervan, 1990.

Sargent, Tony. *The Sacred Anointing: The Preaching of Dr. Martyn Lloyd-Jones.* London: Hodder & Stoughton & Wheaton, IL: Crossway Books, 1994.

Schirrmacher, Thomas. *Missio Dei: God's Missional Nature.* Trans. Richard McClary. Bonn: Verlag für Kultur und Wissenschaft, 2017.

Selderhuis, Herman J. (Ed.) *The Calvin Handbook.* Grand Rapids: Eerdmans, 2009.

Senn, Frank. *Christian Liturgy: Catholic and Evangelical.* Minneapolis: Fortress Press, 1997.

Sproul, R. C. *Everyone's A Theologian.* Sanford, FL: Reformation Trust Publishing, 2014.

Spykman, Gordon J. *Reformational Theology: A New Paradigm for Doing Dogmatics.* Grand Rapids: Eerdmans, 1992.

Turretin, Francis. *Institutes of Elenctic Theology.* Trans. George Musgrave Giger. Vol. III. Phillipsburg, NJ: P& R, 1997.

Van der Borght, Eduardus. (Ed.) *The Unity of the Church: A Theological State of the Art and Beyond.* Leiden: Brill, 2010.

_____. *Sunday Morning – the Most Segregated Hour: On Racial Reconciliation as Unfinished Business for Theology in South Africa and Beyond.* Amsterdam: Vrije University, 2009.

Van der Kooi, Cornelis & Gijsbert van den Brink. *Christian Dogmatics: An Introduction.* Grand Rapids, MI: Eerdmans, 2017.

Van Gelder, Craig. *The Essence of the Church: A Community Created by the Spirit.* Grand Rapids: Baker, 2000.

Van Gelder, Craig and Dwight J. Zscheile. *The Missional Church in Perspective: Mapping Trends and Shaping the Conversation.* Grand Rapids: Baker, 2011.

Van Gelder, Craig. (Ed.) *Confident Witness – Changing World: Rediscovering the Gospel in North America.* Grand Rapids: Eerdmans, 1999.

_____. (Ed.) *Missional Church in Context: Helping Congregations Develop Contextual Ministry.* Grand Rapids: Eerdamns, 2007.

_____. (Ed.) *Missional Church and Denominations: Helping Congregations Develop a Missional Identity.* Grand Rapids: Eerdmans, 2008.

_____ (Ed.) *Missional Church & Leadership Formation: Helping Congregations Develop Leadership Capacity.* Grand Rapids: Eerdmans, 2009.

Van Genderen, J. & W. H. Velema. *Concise Reformed Dogmatics.* 1992. Trans. Gerrit Bilkes and Ed. M. van der Maas. Phillipsburg, New Jersey: P&R, 2008.

Van Halsema, Thea B. *Three Men Came to Heidelberg and Glorious Heretic: The Story of Guido de Brès.* Grand Rapids: Baker, 1982

Van Til, Cornelius. *Reformed Pastor and Modern Thought.* Phillipsburg, NJ: P&R, 1971. 이승구 옮김. 『개혁신앙과 현대사상』. 서울: 엠마오, 1985; 개정판, 서울: SFC, 2009.

Vicedom, Georg F. *Missio Dei: Einführung in eine Theologie der Mission.* München: C. Kaiser, 1958.

Vogalke, Ron. J. "*Ecclesia docens.*" In *Encyclopedia of Christian Education,* 434-36. Edited by George Thomas Kurian & Mark A. Lamport. Vol. 3. Lanham, MD: Rowman & Littlefield Publishers, 2015.

Vos, G. *The Pauline Eschatology.* Princeton, NJ: Princeton University Press, 1930. 이승구, 오광만 역. 『바울의 종말론』. 서울: 엠마오, 1989.

Vos, Geerhardus. *Reformed Dogmatics.* Vol. 1: *Theology Proper.* Trans. Richard B. Gaffin, Jr. et al. Bellingham, WA: Lexham Press, 2012.

Walvoord, John F. *The Revelation of Jesus Christ.* Chicago: Moody, 1966.

Warfield, B. B. *Perfectionism.* Edited by Ethelbert Dudley Warfield, William Park Armstrong, and Caspar Wistar Hodge. New York: Oxford University Press, 1931.

Wesley, John. *A Plain Account of Christian Perfection.* 1777. Reprinted. New-York: G. Lane & P. P. Sandford, for the Methodist Episcopal Church, 1842.

_____. "Christian Perfection." Wesley's Sermon 40. Available at: https://web.archive.org/web/20160425235558/http://www.umcmission.org/Find-Resources/John-Wesley-Sermons/Sermon-40-Christian-Perfection.

White, James F. *Protestant Worship and Church Architecture.* New York: Oxford University Press, 1964.

Wood, Allen W. *Kant's Rational Theology.* Ithaca: Cornell University Press, 1978.

Wood, Lawrence W. "The Wesleyan View." In *Christian Spirituality: Five Views of Sanctification, 95-118.* Edited by Donald L. Alexander. Downers Grove, Ill.: IVP, 1988.

Wright, Christopher J. H. *The Mission of God: Unlocking the Bible's Grand Narrative.* Downers Grove, IL: IVP, 2006.

Zscheile, Dwight J. (Ed.) *Cultivating Sent Communities: Missional Spiritual Formation.* Grand Rapids: Eerdmans, 2012.

강연안. "대물림되는 교회 무엇이 문제인가?" 『어떻게 참된 그리스도인이 될 것인가?』, 219-33. 서울: 한길사: 2012.

김명혁. "서울 선언의 의의와 현대 에큐메니칼 선교 신학의 동향". 「신학지남」 42/4 (1975): 69ff.

김영재. 『기독교 교회사』. 서울: 이레서원, 2000), 399도 보라.

김영한. "교회 세습 금지의 신학적 근거". 「크리스챤 투데이」, 2012년 10월 1일자 기사(http://www.christiantoday.co.kr/news/258450).

김영한. "명성 교회 세습을 보고: 목회 초장기의 아름다운 머슴 정신은 어디로 갔는가?" 「크리스챤 투데이」 2017년 11월 20일자 기사 (http://www.christiantoday.co.kr/news/306338).

김홍전. 『예배란 무엇인가?』 서울: 성약, 1987.

_____. 『교회에 대하여』. I, II, III, IV. 서울: 성약, 2000, 2001.

_____. 『그리스도의 지체로 사는 삶』. 서울: 성약, 2003.

_____. 『신앙의 자태』 I, II. 서울: 성약, 2007, 2008.

_____. 『예수께서 가르치신 기도』. 서울: 성약, 2003.

_____. 『주기도문 강해』. 서울: 성약, 2004.

_____. 『신령한 생활과 기도』. 서울: 성약, 2016.

_____. 『기도와 응답』. 서울: 성약, 2017.

_____. 『찾으라 그러면 찾을 것이요』. 서울: 성약, 2017.

박상봉. "요한 칼빈과 하인리히 불링거의 성만찬 일치: *Consensus Tigurianus.*"
        김병훈 편. 『노르마 노르마타』, 77-112. 수원: 합신대학원 출판부,
        2015.

박윤선. 『개혁주의 교리학』. 서울: 영음사, 2003.

박형룡. 『교의신학 신론』 (서울: 한국 기독교교육연구원, 1977.

_____. 『개혁주의 교의학 구원론』. 서울: 기독교교육협회, 1978.

_____. 『교의신학 6: 교회론』. 서울: 한국기독교교육연구원, 1977.

배덕만 책임 집필. 『교회 세습 하지 맙시다: 교회 세습 반대운동 연대보고서』. 서울:
        홍성사, 2016.

손가영. "서울교통공사 '고용세습' '멱살잡이 폭력행사' 진실은?" 〈미디어 오늘〉,
        2018년10월17일자 기사.http://www.mediatoday.co.kr/?mod=news&act=articleView&idxno=
        145020#csidxfd778140d82e572b51073718f66a242.

이근삼. 『개혁주의 조직신학 개요 2』. 이근삼 전집 6. 서울: 생명의 양식, 2007.

이남규. 『신조학』. 수원: 합신대학원 출판부, 2020), 45-47에서 보라.

이슬기, 김선엽. "'고용 세습 서울교통공사, 노조가 경영진 목까지 졸랐다". 「조선일보」,
        2018년 10월 19일자 기사.http://news.chosun.com/site/data/html_dir/
        2018/10/17/2018101700191.html.

이승구 외 4인. 『WCC, 참된 교회연합운동인가?』. 수원: 영음사 2012.

_____. 『사도신경』. 서울: SFC, 2004. 최근판. 서울: SFC, 2011.

_____. 『성령의 위로와 교회』. 서울: 이레서원, 2001. 최근판, 2013.

_____. "〈스코틀랜드 신앙고백서〉(1560)의 독특성". 김병훈 편. 『노르마 노르마타』, 409-34. 수원: 합신대학원 출판부, 2015.

_____. "성경적 에큐메니즘을 지향하면서", 364-80. 『우리 이웃의 신학들』. 서울: 나눔과 섬김, 2014.

_____. "스코틀란드 교회 〈제 2 치리서〉(1578)에 나타난 장로교회의 모습". 『노르마 노르마타』, 449-78.

_____. "한국 교회의 연합 문제에 대한 교의학적인 한 성찰", 「성경과 신학」 (2012)=『한국 교회가 나아 갈 길』, 210-33. 서울: CCP, 2018.

_____. 『21세기 개혁신학의 동향』. 서울: CCP, 2018.

_____. 『교회론 강설: 하나님 나라 증시를 위한 종말론적 공동체와 그 백성의 삶』. 서울: 여수룬, 1996); 『개혁신학 탐구』. 서울: 하나, 1999.

_____. 『광장의 신학』. 수원: 합신대학원출판부, 2010.

_____. 『교회란 무엇인가』. 최근 판. 서울: 나눔과 섬김, 2016.

_____. 『톰 라이트에 대한 개혁신학적 반응』. 수원: 합신대학원 출판부, 2013.

_____. 『한국 교회가 나아 갈 길』. 개정판. 서울: CCP, 2018.

_____. 『하나님께 아룁니다』. 서울: 말씀과 언약, 2020.

전호진. 『선교학』. 서울: 개혁주의신행협회, 1989.

정홍열, 『사도신경 연구』. 서울: 기독교 서회, 2005.

천주교의 볼티모어 요리문답. Available at: https://www.catholicity.com/baltimore-catechism/lesson12.html.

합동신대원 교수단. 『행위로 구원?』. 수원: 합신대학원 출판부, 2017.

현요한. "교회 담임목사직 세습의 문제점들"(2018. 2. 10. 명성교회 세습 철회와 교회개혁을 위한 장신대 교수 모임).

「조선일보」. 2012년 6월 14일자 기사. A2면.

「조선일보」. 2012년 9월 26일 자 기사. A23면.

〈제 9 장의 참고 문헌〉

Bailey, Kenneth E. *Paul through Mediterranean Eyes: Cultural Studies in 1 Corinthians*. Downers Grove, IL: IVP, 2011. 김귀탁 옮김, 『지중해의 눈으로 본 바울』. 서울: 새물결 플러스, 2017.

Barclay, William. *The Letters to the Corinthians*. 2nd Edition. Edinburgh: St. Andrew Press, 1956 & Philadelphia: Westminster Press, 1956.

Barrett, C. K. *A Commentary on the First Epistle to the Corinthians*. London: Black, 1968 & New York: Harper and Row, 1968.

Barton, S. C. "Paul's Sense of Place: An Anthropological Approach to Community Formation in Corinth." *NTS* 32 (1986): 238-39.

Bethge, Eberhard. "Bonhoeffer's Christology and His Religionless Christianity." *Union Seminary Quarterly Review* XXIII/1 (Fall, 1967): 75.

Blomberg, Craig L. *1 Corinthians*, The NIV Application Commentary. Grand Rapids: Zondervan, 1994. 채천석 옮김. 『고린도전서』. 서울: 솔로몬, 2012.

Bonhoeffer, Dietrich. *Letters and Papers from Prison*. New York: Touchstone, 1997.

Bornkamm, Günther. "Lord's Supper and Church in Paul." In G. Bornkamm. *Early Christian Experience*, 123-60. London: SCM, 1969 & New York: Harper & Row, 1969.

Bruce, F. F. *I & II Corinthians*. The New Century Commentary. London: Marshall & Morgan & Scott, 1971. Reprint. Grand Rapids: Eerdmans, 1990.

Calvin, John. *Commentary on the Epistle of Paul the Apostle to the Corinthians*. Vol. 1. Trans. John Pringle. Edinburgh: Calvin Translation Society, 1843. Reprint. Grand Rapids: Baker, 1993.

Chenderlin, F. *"Do This as My Memorial"*: The Sematic and Conceptual Background and Value of Anamnesis in 1 Corinthians 11:24-25.

AB 99. Rome: Biblical Institute Press, 1982.

Cohn–Sherbok, D. "A Jewish Note on τὸ ποτήριον τῆς εὐλογίας." *NTS* 27 (1981): 704–709.

Collins, R. F. *First Corinthians*. Collegeville, Minn.: Glazier/Liturgical Press, 1999.

Conzelmann, Hans. *1 Corinthians: A Commentary*, Hermenia. German edition, 1969; Philadelphia: Fortress Press, 1975.

Coutsoumpos, Panayotis. *Paul and the Lord's Supper: A Socio–Historical Investigation*. SBL 84. New York: Peter Lang, 2005.

Craig, Clarence Tucker. "Introduction and Exegesis of the First Epistle to the Corinthians." In *The Interpreter's Bible*. Vol. 10. Nashville: Abingdon Press, 1953.

Cranfield, C. E. B. "St. Mark." In *The Cambridge Greek Testament Commentary*. Edited by C. F. D. Moule. Cambridge: Cambridge University Press, 1966.

Crossan, J. D. *The Historical Jesus: The Life of a Mediterranean Jewish Peasant*. SanFrancisco: Harper, 1991.

Cullmann, Oscar. *The Early Church*. London: SCM Press, 1956.

Dods, Marcus. *The First Epistle to the Corinthians*. In The Expositor's Bible series. Edited by W. Robertson Nicoll. London: Hodder and Stoughton, 1889.

Donahue, John F. *The Roman Community at Table during the Principate*. Ann Arbor: University of Michigan Press, 2004.

Edwards, T. C. *A Commentary on the First Epistle to the Corinthians*. 2nd Edition. London: Hodder & Stoughton, 1885.

Eriksson, Anders. *Traditions as Rhetorical Proof: Pauline Argumentation in 1 Corinthians*. Stockholm: Almqvist & Wiksell, 1998.

Fee, Gordon D. *I Corinthians: Study Guide*. Brussels, Belgium: International Correspondence Institute, 1979.

_____. *The First Epistle to the Corinthians*. NICNT. Grand Rapids:

Eerdmans, 1987.

Findlay, G. G. "St. Paul's First Epistle to the Corinthians." In W. T. Nicoll (Ed.) *Expositor's Greek Testament.* London, 1900; Grand Rapids: Eerdmans, 1961.

Friesen, Steven J. "Poverty in Pauline Studies: Beyond the So-Called New Consensus." *JSNT* 26 (2004): 323-61.

Gaventa, Beverly R. "'You Proclaim the Lord's Death': 1 Corinthians 11:26 and Paul's Understanding of Worship." *Review and Expositor* 80 (1983): 377-87.

Godet, Fr d ric Louis. *Commentary on the First Corinthians.* Edinburgh: T. & T. Clark, 1889. Reprint. Grand Rapids: Kregel Publications, 1977.

Goudge, H. L. *The First Epistle to the Corinthians.* 4th Edition. London: Methuen & Co., 1903.

Grosheide, Frederik Willem. *The First Epistle to the Corinthians.* NIC. Grand Rapids: Eerdmans, 1953.

Hays, Richard B. *First Corinthians.* Interpretation. Louisville, Kentucky: Westminster/John Knox Press, 1997.

Héring, Jean. *The First Epistle of St. Paul to the Corinthians.* London: Epworth Press, 1962.

Hodge, Charles. *A Commentary on 1 & 2 Corinthians.* 1857 & 1859. Reprinted in One Volume. Edinburgh: Banner of Truth Trust, 1974.

Hofius, Ottfried. "Herrenmahl und Herrenmahlparadosis: Erwägungen zu 1 Kor 11,23b-25." *ZThK* 85 (1988): 371-408="The Lord's Supper and the Lord's Supper Tradition: Reflections on 1 Corinthians 11:23b-25." *One Loaf, One Cup: Ecumenical Studies of 1 Cor 11 and Other Eucharistic Texts,* 75-115. Edited by B. F. Meyer. Macon, GA: Mercer University Press, 1993.

Holladay, Carl R. *The First Letter of Paul to the Corinthians.* The Living Word Commentary 8. Austin: Sweet Publication, 1979.

Hooker, Morna D. *The Gospel according to St. Mark.* Peabody: Hendrickson and London: Black, 1991.

Horrell, David G. "Domestic Space and Christian Meetings at Corinth: Imagining New Contexts and the Buildings East of the Theatre." *NTS* 50 (2004): 349–69.

Horsley, Richard A. *1 Corinthians.* Nashville: Abingdon Press, 1998.

Jeremias, J. *The Eucharistic Words of Jesus.* 3rd edition. London: SCM, 1966

_____. "This is my Body." *Expository Times* 83 (1972): 196–203.

Kähler, Martin. *The So-called Historical Jesus and the Historic Biblical Christ.* Trans. Carl E. Braaten. Philadelphia, Fortress Press, 1964.

Kistemaker, S. J. *1 Corinthians.* Grand Rapids: Baker, 1993.

Lenski, R. C. H. *The Interpretation of St. Paul's First and Second Epistle to the Corinthians.* Columbus, OH: Wartburg Press, 1937.

Lietzmann, Hans. *Messe und Herrenmahl.* Bobb: A. Marcus & E. Weber, 1926. Translated by Dorothea H. G. Reeve. *Mass and Lord's Supper: A Study in the History of the Liturgy.* Leiden: Brill, 1953.

Mare, W. Harold. "1 Corinthians." In *The Expositor's Bible Commentary.* Vol. 10. Grand Rapids: Zondervan, 1976.

Marshall, I. Howard. *Last Supper and Lord's Supper.* Grand Rapids: Eerdmans, 1980.

Martin, Alfred. *First Corinthians.* Neptune, New Jersey: Loizeaux Brothers, 1989.

Meier, J. "The Eucharist as the Last Supper: Did It Happen?" *Theology Digest* 42 (1995): 335–51.

Meyer, B. F. (Ed.) *One Loaf, One Cup: Ecumenical Studies of 1 Cor 11 and Other Eucharistic Texts.* Macon, GA: Mercer University Press, 1993.

Mitchell, Margaret M. *Paul and the Rhetoric of Reconciliation.* Louisville, Kentucky: Westminster/John Knox Press 1993.

Moffatt, James. *The First Epistle of Paul to the Corinthians.* London: Hodder and Stoughton, 1938.

Morris, Leon. *1 Corinthians.* Tyndale New Testament Commentaries. Revised Edition. Grand Rapids: Eerdmans, 1985.

Moule, C. F. D. "The Judgment Theme in the Sacraments." In W. D. Davis and D. Daube (Eds.) *The Background of the NT and Its Eschatology: In Honour of C. H. Dodd,* 464–81. Cambridge: Cambridge University Press, 1956.

Moulton, James H. and George Milligan. *The Vocabulary of the Greek Testament.* Grand Rapids: Eerdmans, 1980.

Munck, Johannes. *Paul and the Salvation of Mankind.* London: SCM Press, 1959.

Murphy-O'Connor, Jerome. *St. Paul's Corinth: Texts and Archeology.* Wilmington: Glazier, 1983.

Orr, William F. and James A. Walther. *1 Corinthians.* The Anchor Bible. Garden City, New York: Doubleday & Co., 1976.

Parry, R. St. John. *The First Epistle of Paul the Apostle to the Corinthians.* 2nd Edition. Cambridge: Cambridge University Press, 1926.

Prior, David. *The Message of 1 Corinthians: Life in the Local Church,* The Bible Speaks Today. Leicester: IVP & Downers Grove, Ill.: IVP, 1985.

Richard A. Horsley, *1 Corinthians.* Nashville: Abingdon Press, 1998. 159.

Ridderbos, Herman. "The Canon of the New Testament." In *Revelation and the Bible,* 187–201. Edited by Carl Henry. Grand Rapids: Baker, 1958.

Robertson, Archibald T. and A. Plummer. *A Critical and Exegetical Commentary on the First Epistle of St. Paul to the Corinthians.* ICC. 2nd Edition. Edinburgh: T&T Clark, 1914. Reprint, 1975.

Schmithals, Walter. *Gnosticism in Corinth: An Investigation of the Letters to the Corinthians.* Nashville: Abingdon Press, 1971.

Schweizer, Eduard. *The Lord's Supper, According to the New Testament.* Philadelphia: Fortress, 1967.

Short, John "Exposition of the First Epistle to the Corinthians." In *The Interpreter's Bible.* Vol. 10. Nashville: Abingdon Press, 1953.

Slater, W. J. (Ed.) *Dining in a Classical Context.* Ann Arbor: University of Michigan Press, 1991.

Smith, Barry D. "The Problem with the Observance of the Lord's Supper in the Corinthian Church." *Bulletin for Biblical Research* 20/4 (2010): 517-44.

Snyder, Graydon F. *First Corinthians.* A Faith Community Commentary. Macon, Georgia: Mercer University Press, 1992.

Soards, Marion L. *1 Corinthians.* New International Biblical Commentary. Carlisle, Cumbria, UK: Paternoster and Peabody, MA: Hendrickson Publishers, 1999.

Stuhlmacher, Peter. "The New Testament Witness Concerning the Lord's Supper." In *Jesus of Nazareth, Christ of Faith,* 58-102. Peabody, MA.: Hendrickson, 1993.

Talbert, C. H. *Reading Corinthians: A Literary and Theological Commentary on 1 and 2 Corinthians.* New York: Crossroad, 1987.

Theissen, Gerd. "Social Integration and Sacramental Activity: An Analysis of 1 Cor. 11:17-34." German in 1974. Translated in his *The Social Setting of Pauline Christianity: Essays on Corinthians,* 145-74. Philadelphia: Fortress, 1982.

Thiselton, Anthony C. "Realized Eschatology at Corinth." *NTS* 24 (1978): 510-26.

_____. *The First Epistle to the Corinthians.* NIGTC. Carlisle: Paternoster Press and Grand Rapids: Eerdmans, 2000.

Vang, Preben. *1 Corinthians.* Teach the Text Commentary Series. Grand Rapids: Baker, 2014.

von Soden, H. F. "Sacrament and Ethics in Paul" (1931). In *The Writings of St. Paul,* 257-68. Edited by Wayne Meeks. New York: W. W.

Norton & Company, 1972.

Watson, Nigel. *The First Epistle to the Corinthians*. Epworth Commentaries. Petersborough, UK: Epworth, 2005.

Wilson, Geoffrey B. *1 Corinthians*. A Digest of Reformed Comment. Edinburgh: The Banner of Truth Trust, 1978.

Winnett, A. R. "The Breaking of the Bread: Does it Symbolize the Passion?" *Expository Times* 88 (1977): 181–82.

Winter, Bruce W. "The Lord's Supper at Corinth: An Alternative Reconstruction." *Reformed Theological Review* 37 (1978): 73–82.

Winter, Bruce W. *After Paul Left Corinth: The Influence of Secular Ethics and Social Change*. Grand Rapids: Eerdmans, 2001.

Wire, A. Clark. *The Corinthian Women Prophets: A Reconstruction through Paul's Rhetoric*. Minneapolis: Fortress, 1990.

Witherington, III, Ben. *Conflict and Community in Corinth*. Grand Rapids: Eerdmans, 1995.

김세윤. 『고린도전서 강해』. 서울: 두란노 아카데미, 2007.

박윤선. 『신약 주석: 고린도전서』. 서울: 영음사, 1962. 20쇄, 2003.

이상근. 『신약 성서 주해 고린도전, 후서』. 서울: 총회교육부, 1969. 7판, 1978.

전경연. 『고린도 서신의 신학 논제』. 서울: 대한기독교출판사, 1988.

_____. 『한국 주석 고린도전서』. 서울: 성서교재간행사, 1989.

조병수. 『우리는 한 몸이라: 고린도전서를 어떻게 읽을 것인가?』. 서울: 성서유니온, 2015.

〈제 10장의 참고 문헌〉

Baldwin, Joyce. *Women Likewise*. London: Falcon, 1973.

Barnett, P. W. "Wives and Women's Ministry." *Evangelical Quarterly* 61 (1989): 225–38.

Barrett, C. K. *The Pastoral Epistles in the New English Bible*. New Century Bible. Oxford: Clarendon, 1963.

Barron, B. "Putting Women in their Place: 1 Timothy and Evangelical Views of Women in Church Leadership." *Journal of Evangelical Theological Society* 33 (1990): 451–59.

Barth, Markus *Ephesians*. 2 Vols. Anchor Bible. New York: Doubleday, 1974.

Baugh, S. M. "The Apostle among the Amazons." *Westminster Theological Journal* 56 (1994): 153–71.

_____. "A Foreign World: Ephesus in the First Century." In *Women in the Church*, 13–52. Edited by A. J. Köstenberger, T. R. Schreiner, and H. S. Baldwin. Grand Rapids: Baker, 1995.

Bilezikian, G. *Beyond Sex Roles*. Grand Rapids: Baker, 1985.

Blomberg, C. L. "Not Beyond What Is Written: A Review of Aida Spencer's Beyond the Curse: Women Called to Ministry." *Criswell Theological Review* 2 (1988): 403–21.

Boomsma, C. *Male and Female, One in Christ: New Testament Teaching on Women in Office*. Grand Rapids: Baker, 1993.

Bray, Gerald L. "The Fall Is a Human Reality." *Evangelical Review of Theology* 9 (1985): 334–38.

Carson, Donald A. "'Silence in the Churches': On the Role of Women in 1 Corinthians 14:33b–36." In *Recovering Biblical Manhood and Womanhood*, 141.

Catholic Biblical Association of America's Task Force on the Role of Women in Early Christianity. "Women and Priestly Ministry: The New

Testament Evidence. *Catholic Biblical Quarterly* 41 (1979): 603–13.

Cleary, Francis X. "Women in the New Testament: St. Paul and the Early Pauline Tradition." *Biblical Theological Bulletin* 10 (1980): 78–82.

Clowney, Edmund. *The Church.* Leicester: IVP, 1995.

Culver, R. D. "Traditional View: Let the Women Keep Silent." In *Women in Ministry: Four Views.* Edited by B. Clouse and R. G. Clouse. Downers Grove, Ill.: IVP, 1989.

Dibelius, M. and H. Conzelmann. *The Pastoral Epistles.* Hermenia. Philadelphia: Fortress, 1972.

Doriani, D. "Appendix 2: History of the Interpretation of 1 Timothy 2." In *Women in the Church,* 215–69. Edited by A. J. K stenberger, T. R. Schreiner, and H. S. Baldwin. Grand Rapids: Baker, 1995.

Doughty, D. J. "Women and Liberation in the Churches of Paul and the Pauline Tradition." *Drew Gateway* 50 (1979): 1–21.

Earle, Ralph. "1, 2 Timothy." *The Expositor's Bible Commentary* 11. Grand Rapids: Zondervan, 1978.

Ellicott, C. J. *The Pastoral Epistles of St. Paul.* 3rd Edition. London: Longman, 1864.

Evans, M. J. *Woman in the Bible.* Downers Grove, IL: IVP, 1983.

Fee, Gordon D. *1–2 Timothy, Titus.* Good News Commentary. San Francisco: Harper & Row, 1984.

_____. *The First Epistle to the Corinthians.* NICNT. Grand Rapids: Eerdmans, 1987.

_____. "Issues in Evangelical Hermeneutics: Part III. The Great Watershed, Intentionality and Particularity/Eternality: I Timothy 2:8–15 as a Test Case." *Crux* 26 (1990): 31–37. Reprinted in *Gospel and Spirit, 52–65.* Peabody, MA: Hendrickson, 1991.

Foh, Susan T. "A Male Leadership View: The Head of the Woman is the

Man." In *Women in Ministry: Four Views*. Edited by B. Clouse and R. G. Clouse. Downers Grove, Ill.: IVP, 1989.

Ford, J. M. "Biblical Material Relevant to the Ordination of Women." *Journal of Ecumenical Studies* 10 (1973): 669–94.

Gärtner, Bertil. "*Didaskalos*: The Office, Man and Woman in the New Testament." Trans. J. E. Harborg, *Concordia Journal* 8 (1982): 52–60.

Gritz, S. H. *Paul, Women Teachers, and the Mother Goddess at Ephesus*. Lanham, Md.: University Press of America, 1991.

Groothuis, R. M. *Good News for Women: A Biblical Picture of Gender Equality*. Grand Rapids: Baker, 1997.

Grudem, Wayne. "Prophecy – Yes, But Teaching No: Paul's Consistent Advocacy of Women's Participation without Governing Authority." *Journal of Evangelical Theological Society* 30 (1987): 11–23.

Guthrie, Donald. *The Pastoral Epistles*. Revised Edition, Tyndale New Testament Commentaries. Grand Rapids: Eerdmans, 1990.

Harris, T. J. "Why Did Paul Mention Eve's Deception? A Critique of. P. W. Barnett's Interpretation of 1 Timothy 2." *Evangelical Quarterly* 62 (1990): 335–52.

Hayter, Mary. *The New Eve in Christ*. Grand Rapids: Eerdmans, 1987.

Hommes, N. H. "Let Women be Silent in the Church: A Message Concerning the Worship Service and the Decorum to be Observed by Women." *Calvin Theological Journal* 4 (1969): 5–22.

Hoover, Karen W. "Creative Tension in Timothy 2:11–15." *Brethren Life and Thought* 22 (1977): 163–65.

Houlden, J. L. *The Pastoral Epistles*. The Pelican New Testament Commentaries. Harmondsworth and New York: Penguin, 1976.

Huizenga, H. "Women, Salvation and the Birth of Christ: A Reexamination of 1 Timothy 2:15." *Studia Biblica et Theologica* 12 (1982): 17–26.

Hurley, J. B. *Man and Woman in Biblical Perspective*. Grand Rapids: Zondervan, 1981.

Hurley, James B. "Did Paul Require Veils or the Silence of Women? A Consideration of 1 Cor. 11:2–16 and 1 Cor. 14:33b–36." *Westminster Theological Journal* 35 (1973): 193–200.

_____. *Man and Woman in Biblical Perspective*. Grand Rapids: Zondervan, 1981.

Jewett, Paul King. *Man as Male and Female*. Grand Rapids: Eerdmans, 1975.

_____. "Why I Favor the Ordination of Women. *Christianity Today* 19/18 (1975): 7–12.

Johnson, L. T. *Letters to Paul's Delegates: 1 Timothy, 2 Timothy, Titus*. The New Testament in Context. Valley Forge, PA: Trinity, 1996.

Kaiser, Jr., W. C. "Paul, Women and the Church." *Worldview Challenge* (September 1976): 9–12.

Keener, C. S. *Paul, Women, and Wives: Marriage and Ministry in the Letters of Paul*. Peabody, MA: Hendrickson, 1992.

Kelly, J. N. D. *A Commentary on the Pastoral Epistles*. New York: Harper & Row, 1960. Reprinted. Peabody, Mass.: Hendrickson Publishers, 1987.

Knight, III, G. W. "ΑΥΘΕΝΤΕΩ in Reference to Women in 1 Tim 2:12." *New Testament Studies* 30 (1984): 143–57.

_____. *The Pastoral Epistles*. NIGTC. Grand Rapids: Eerdmans, 1992.

Kroeger, R. C. and C. C. Kroeger, *I Suffer Not a Woman: Rethinking I Timothy 2:11–15 in the Light of Ancient Evidence*. Grand Rapids: Baker, 1992.

Lea, Thomas D. and Hayne P. Griffin, Jr. *1, 2 Timothy, Titus*. The New American Commentary 34. Nashvillle, Tennessee: Broadman, 1992.

Lenski, R. C. H. *The Interpretation of St. Paul's Epistles to the Colossians, to the Thessalonians, to Timothy, to Titus, and to Philemon*. Columbus, Oh: Wartburg, 1946.

Liddon, H. P. *Explanatory Notes on St. Paul's First Epistle to Timothy.*

London: Longmans, Green, 1897.

Lock, Walter. *A Critical and Exegetical Commentary on the Pastoral Epistles.* Edinburgh: T. & T. Clark, 1924.

Mickelsen, A. "An Egalitarian View: There is Neither Male nor Female in Christ." In *Women in Ministry: Four Views,* 173-206.

Moo, Douglas J. "I Timothy 2:11-15: Meaning and Significance." *Trinity Journal* 1 (1980): 62-83.

_____. "The Interpretation of 1 Timothy 2:11-15: A Rejoinder." *Trinity Journal* 2 (1981): 198-223.

_____. "What Does It Mean Not to Teach or to Have Authority over Men? 1 Timothy 2:11-15." In *Recovering Biblical Manhood and Womanhood.* Edited by John Piper and W. Wayne Grudem. Wheaton, IL.: Crossway, 1991. 2nd Edition, 2006.

Motyer, S. "Expounding 1 Timothy 2:8-15." *Vox Evangelica* 24 (1994): 95-96.

Moule, C. F. D. *An Idiom-Book of New Testament Greek.* 2nd Edition. Cambridge: Cambridge University Press, 1959.

Mounce, William. *Pastoral Epistles.* Word Biblical Commentary 46. Nashville: Thomas Nelson Publishers, 2000.

Murphy-O'Conner, J. "Sex and Logic in 1 Corinthians 11:2-16." *Catholic Biblical Quarterly* 42 (1980): 488-89.

Oden, T. C. *First and Second Timothy and Titus, Interpretation.* Atlanta: John Knox, 1989.

Omansen, Roger L. "The Role of Women in the New Testament Church." *Review and Expositor* 83 (1986): 15-25.

Osborne, G. R. "Hermeneutics and Women in the Church." *Journal of Evangelical Theological Society* 20 (1977): 337-52.

Osburn, C. D. "auvqente.w (1 Timothy 2:12)." *Restoration Quarterly* 25 (1982): 1-12.

Padgett, Alan. "Wealthy Women at Ephesus: I Timothy 2:8-15 in Social

Context." *Interpretation* 41 (1987): 19–31.

Payne, Philip B. "Libertarian Women in Ephesus: A Response to Douglas Moo's Article 'I Timothy 2:11–15: Meaning and Significance.'" *Trinity Journal* 2 (1981): 169–97.

_____. "The Interpretation of 1 Timothy 2:11–15: A Surrejoinder." In *What does the Scripture Teach about the Ordination of Women*, 96–115. The Committee on Ministerial Standing of the Evangelical Free Church of America. Minneapolis, MN: The Evangelical Free Church of America, 1986.

Porter, Stanley E. "What does it Mean to be 'Saved by Childbirth' (1 Timothy 2.15)?" *Journal for the Study of the New Testament* 49 (1993): 87–102.

Prohl, Russell C. *Women in the Church*. Grand Rapids: Eerdmans, 1957.

Redekop, G. N. "Let the Women Learn: 1 Timothy 2:8–15 Reconsidered." *Studies in Religion* 19 (1990): 235–45.

Reymond, Robert L. *A New Systematic Theology of the Christian Faith*. Tennessee: Thomas Nelson, 1998.

Roberts, Mark D. "'Woman Shall be Saved'–A Closer Look at 1 Timothy 2:15." *Reformed Journal* 33 (1983): 18–20.

Saucy, R. L. "Women's Prohibition to Teach Men: An Investigation into Its Meaning and Contemporary Application." *Journal of Evangelical Theology* 37 (1994): 79–97.

Scanzoni, Letha and Nancy Hardesty. *All We're Meant to Be: A Biblical Approach to Women's Liberation*. Waco, TX: Word, 1974.

Scholer, D. M. "1 Timothy 2:9–15 and the Place of Woman in the Church's Ministry." In *Women, Authority and the Bible*, 208–11. Edited by A. Mickelsen. Downers Grove, Ill.: IVP, 1986.

Schreiner, Thomas R. "Did Paul Believe in Justification by Works? Another Look at Romans 2." *Bulletin for Biblical Research* 3 (1993): 131–58.

_____. "An Interpretation of 1 Timothy 2:9–15: A Dialogue

with Scholarship." In *Women in the Church*, 105–54. Edited by
A, J. K stenberger, T. R. Schreiner and H. S. Baldwin. Grand
Rapids: Baker, 1995.

_____. "Head Coverings, Prophecies, and the Trinity, 1
Corinthians 11:2–16." In *Recovering Biblical Manhood and
Womanhood*, 138ff. Edited by John Piper and W. Wayne Grudem.
Wheaton, IL.: Crossway, 1991. 2nd edition, 2006.

_____. *New Testament Theology: Magnifying God in Christ*.
Grand Rapids: Baker, 2008.

Scott, E. F. *The Pastoral Epistles*. Moffatt New Testament Commentary.
New York: Harper and Brothers, 1936.

Sigountos, James G. and Myron Shank. "Public Roles for Women in the
Pauline Church: A Reappraisal of the Evidence." *Journal of the
Evangelical Theological Society* 26 (1985): 289–98.

Spencer, Aida Besan on. "Eve at Ephesus: Should Women Be Ordained as
Pastors According to the First Letter to Timothy 2: 11–15?"
Journal of Evangelical Theological Society 17 (1974): 215–22.

_____. *Beyond the Curse: Women Called to Ministry*.
Nashville: Nelson, 1985.

Towner, P. H. "Gnosis and Realized Eschatology in Ephesus. of the Pastoral
Epistles) and the Corinthian Enthusiasm." *Journal of the Study
of New Testament* 31 (1987): 95–124.

_____. *The Goal of Our Instruction: The Structure of Theology and
Ethics in the Pastoral Epistles*. Sheffield: Scheffiels Academic,
1989.

_____. *1–2 Timothy and Titus*. IVP New Testament Commentary.
Downers Grove, IL: IVP, 1994.

Trompf, G. W. "On Attitudes Towards Women in Paul and Paulinist
Literature: 1 Corinthians 11:3–26 and Its Context." *CBQ* 42
(1980): 196–215.

Tucker, Ruth A. and Walter L. Liefeld. *Daughters of the Church, Women* and Ministry from the New Testament Time to the Present. Grand Rapids: Zondervan, 1987.

Walker, William O. "The 'Theology of Woman's Place' and the 'Paulinist' Tradition." Sēmeia 28 (1988): 101–12.

Waltke, Bruce. "1 Corinthians 11:2–16: An Interpretation." Bibliotheca Sacra 135 (1978): 46–57.

Warfield, B. B. "VIII. Critical Note: Some Exegetical Notes on 1 Timothy: II. Connection and Meaning of 1 Timothy II. 8–15." Presbyterian Review 8 (1921): 502–4.

Williams, Don. Apostle Paul and Women in the Church. Ventura, CA: Gospel Light Publications, 1977.

Witherington, Ben. Women in the Earliest Churches. Cambridge: Cambridge University Press, 1988.

Wolters, A. "Review of I Suffer Not a Woman." Calvin Theological Journal 28 (1993): 203–13.

Yarbrough, R. W. "I Suffer Not a Woman: A Review Essay." Presbyterian 18 (1992): 25–33.

김세윤. 『하나님이 만드신 여성』. 서울: 두란노, 2004.

_____. 『고린도전서 강해』. 서울: 두란노, 2008.

이승구. 『기독교 세계관이란 무엇인가?』. 서울: SFC, 2003.

_____. 『기독교 세계관으로 바라보는 21세기 한국 사회와 교회』. 서울: SFC, 2005. 개정판. 서울: CCP, 2018.

〈제 15장의 참고 문헌〉

Bratt, James D. *Dutch Calvinism in Modern America*. Grand Rapids: Eerdmans, 1984.

David, Hans T. and Arthur Mendel. (Eds.) *The New Bach Reader: A Life of Johann Sebastian Bach in Letters and Documents*. Rev. and Expanded by Christoph Wolff. New York, 1998.

Forkel, Johann Nicolaus. *Über Johann Sebastian Bachs Leben, Kunst, und Kunstwerke*. Leipzig, 1802. 강해근 옮김. 『바흐의 생애와 예술, 그리고 작품』. 서울: 한양대학교 출판부, 2005.

Leaver, Robin A. "J. S. Bach's Faith and Christian Commitment." *The Expository Times* 96 (March 1985): 168–73.

Miller, L. David. "J. S. Bach's Bible." *The Hymn* 25 (January 1974): 14–28.

Reid, W. Stanford. (Ed.) *John Calvin: His Influence in the Western World*. Grand Rapids: Zondervan, 1982.

Schweitzer, Albert. *Bach* (1950). Trans. Ernest Newman. *J. S. Bach*. 2 Vols. New York: Macmillan, 1966.

Seebaß, Friedrich. *Johann Sebastian Bach: Der Thomaskantor*, 김영재 역. 『요한 세바스챤 바흐: 삶과 음악의 종교적 뿌리』. 서울: 예솔, 2011.

Smend, Friedrich. "Luther and Bach." *The Lutheran Quarterly* 1 (Novermber 1949): 399–410.

Snyder, Kerala J. *Dietrich Buxtehude: Organist in Lübeck*. University of Rochester Press, 2007.

Wolff, Christoph. *Johann Sebastian Bach: The Learned Musician*. New York: W. W. Norton, 2000. 변혜련 옮김. 『요한 세바스챤 바흐 1』. 서울: 한양대출판부, 2007.

강일구. 『바흐, 신학을 작곡하다』. 서울: 동연, 2012.

강해근, 나주리 책임 편집. 『바흐를 바라보는 새로운 시선들』. 서울: 음악세계, 2007.

박용수. 『바흐 평전』. 서울: 유비, 2011.